LA FRANCE

LE ROYAUME-UNI

LA MER DU NORD

Langues maternelles

Le français langue maternelle majoritaire

Le français langue maternelle d'une minorité importante

Langues officielles

Le français est la seule langue officielle

Le français est une des langues officielles du pays ou de l'état

Le français est la langue de la culture ou des affaires pour une partie importante de la population

LES PAYS-BAS (m. pl.)

LA BELGIQUE

la Wallonie

LE LUXEMBOURG

Dunkerque

Calais

Boulogne

Lille

NORD-PAS-DE-CALAIS

LA MANCHE

Cherbourg

Dieppe

Amiens

PICARDIE

Charleville-Mézières

HAUTE-NORMANDIE

Le Havre

Rouen

Reims

Verdun

Metz

ÎLE-DE-FRANCE

Paris

CHAMPAGNE-ARDENNE

LORRAINE

Nancy

Strasbourg

Caen

BASSE-NORMANDIE

Versailles

Chartres

Fontainebleau

Troyes

BRESSE

ALSACE

L'ALSACE (f.)

St. Malo

le Mont-St. Michel

LES VOSGES

Colmar

L'ALLEMAGNE (f.)

Brest

BRETAGNE

Rennes

Le Mans

CENTRE

Orléans

la Loire

BOURGOGNE

FRANCHE-COMTÉ

la Saône

Angers

Blois

Tours

Dijon

Besançon

Nantes

la Loire

PAYS DE LA LOIRE

LIMOUSIN

Bourges

LA FRANCE

LE JURA

LA SUISSE

Poitiers

L'OCÉAN ATLANTIQUE (m.)

La Rochelle

POITOU-CHARENTES

AUVERGNE

RHÔNE-ALPES

le Val d'Aoste

Limoges

Clermont-Ferrand

Lyon

PÉRIGORD

L'ITALIE (f.)

Bordeaux

Rocamadour

Grenoble

LES ALPES

AQUITAINE

la Garonne

LE MASSIF CENTRAL

le Rhône

Moissac

Albi

Nîmes

Avignon

Nice

PROVENCE-ALPES-CÔTE D'AZUR

Biarritz

MIDI-PYRÉNÉES

Toulouse

Montpellier

Arles

Aix-en-Provence

Cannes

LE PAYS BASQUE

Lourdes

Carcassonne

LANGUEDOC-ROUSSILLON

Marseille

MONACO (f.)

LES PYRÉNÉES (f.pl.)

Perpignan

LA MER MÉDITERRANÉE

la CORSE

L'ANDORRE (f.)

L'ESPAGNE (f.)

0   25   50   75   100 MILLES

0   50   100   150 KILOMÈTRES

LE MONDE

LE GROENLAND

500 1,000 1,500 2,000 MILLES

1,000   2,000   3,000 KILOMÈTRES

L'OCÉAN ARCTIQUE (m.)

LA FÉDÉRATION RUSSE

l'Alaska (m.) (LES ÉTATS-UNIS)

le Nunavut

les Territoires du Nord-Ouest (m. pl.)

le Yukon

LE CANADA

la Colombie Britannique

l'Alberta (m.)

le Manitoba

la Saskatchewan

le Québec

Saint-Pierre-et-Miquelon (LA FRANCE)

Terre-Neuve (f.)

l'Ontario (m.)

le Maine

le Nouveau-Brunswick

L'AMÉRIQUE DU NORD (f.)

LES ÉTATS-UNIS (m. pl.)

le New Hampshire

le Vermont

la Nouvelle-Écosse

le Massachusetts

le Rhode Island

la Louisiane

le Connecticut

Les Îles Hawaii (m. pl.) (LES ÉTATS-UNIS)

L'OCÉAN ATLANTIQUE (m.

LE MEXIQUE

LE BELIZE

LES CARAÏBES (m. pl.)

L'AMÉRIQUE CENTRALE (f.)

LE GUATEMALA

LE SALVADOR

LE HONDURAS

LE NICARAGUA

LE PANAMA

LE COSTA RICA

la GUYANE FRANÇA (LA FRANCE)

LE VENEZUELA

LA COLOMBIE

VANUATU (m.)

Wallis-et-Futuna (LA FRANCE)

TUVALU

KIRIBATI

LES SAMOA (f.pl.)

LA GUYANA

LE SURINAM

(LA RÉPUBLIQUE DE) L'ÉQUATEUR (m.)

LE PÉROU

L'AMÉRIQUE DU SUD (f.)

LA POLYNÉSIE FRANÇAISE

FIDJI (m.)

TONGA (m.)

LA BOLIVIE

LE BRÉSIL

la Nouvelle-Calédonie (LA FRANCE)

LE PARAGUA

LE CHILI

L'ARGENTINE (f.)

LE URUGUAY (m.)

L'OCÉAN PACIFIQUE (m.)

LA NOUVELLE-ZÉLANDE

135°   120°   105°

45°

30°

15°

0°

15°

30°

45°

195°   180°   165°   150°   135°   120°   105°   90°   60°   45°

L'EUROPE

Langues maternelles

☐ Le français langue maternelle majoritaire

☐ Le français langue maternelle d'une minorité importante

Langues officielles

▨ Le français est la seule langue officielle

▨ Le français est une des langues officielles du pays ou de l'état

▨ Le français est la langue de culture ou des affaires pour une partie importante de la population

LA FINLANDE

LA FÉDÉRATION RUSSE

LA NORVÈGE

L'ESTONIE (f.)

LA MER BALTIQUE

LA SUÈDE

LA FÉDÉRATION RUSSE

LA LETTONIE

LA LITUANIE

LE DANEMARK

LA MER DU NORD

LA BIÉLORUSSIE

LES PAYS-BAS (m. pl.)

LA POLOGNE

L'UKRAINE (f.)

LE ROYAUME-UNI

L'ALLEMAGNE (f.)

LA MOLDAVIE

Bruxelles — LA BELGIQUE
— la Wallonie

LA RÉPUBLIQUE TCHÈQUE

Paris

LE LUXEMBOURG

L'AUTRICHE (f.)

LA SLOVAQUIE

LA HONGRIE

LA ROUMANIE

Berne — LA SUISSE
Genève

LA FRANCE

LA SLOVÉNIE

LA CROATIE

L'OCÉAN ATLANTIQUE (m.)

— le Val d'Aoste

LA BOSNIE-HERZÉGOVINE

LA SERBIE

LA BULGARIE

Monté Carlo

L'ITALIE (f.)

LE MONTÉNÉGRO

LA MACÉDOINE

MONACO (f.)

la CORSE

L'ALBANIE (f.)

LA TURQUIE

L'ANDORRE (f.)

la SARDAIGNE

LA GRÈCE

L'ESPAGNE (f.)

LA MER MÉDITERRANÉE

CHYPRE (f.)

| 0 | 25 | 50 | 75 | 100 MILLES |

| 0 | 50 | 100 | 150 KILOMÈTRES |

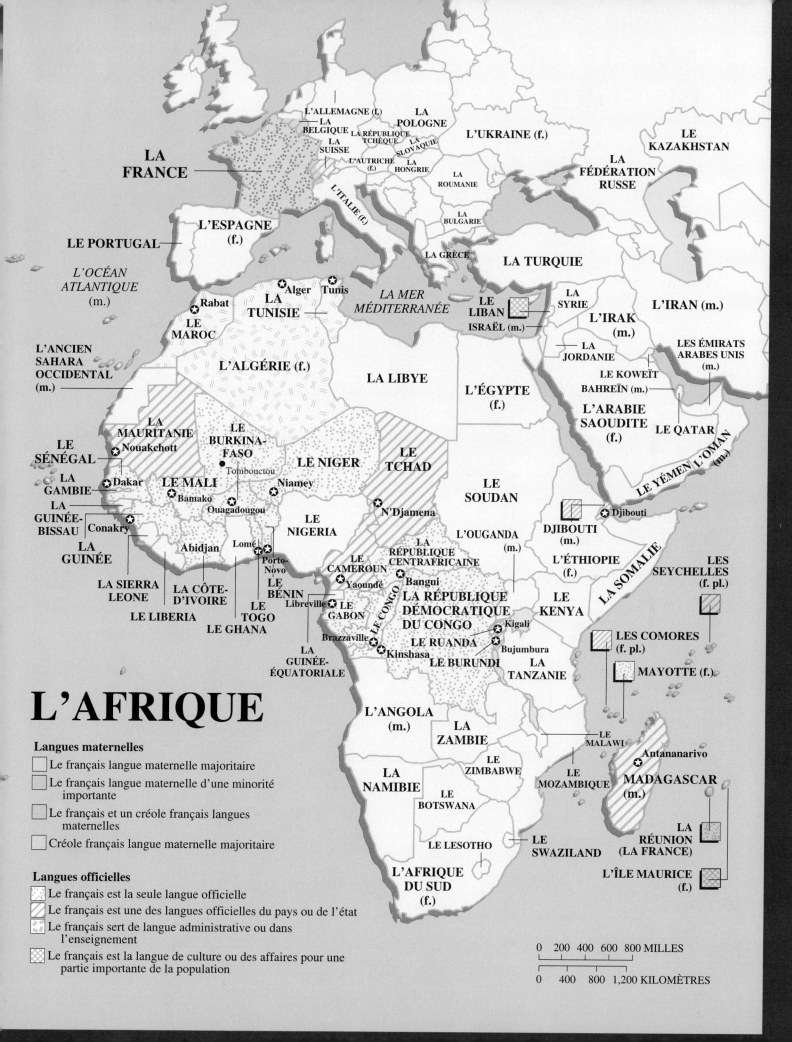

L'AMÉRIQUE DU NORD

L'OCÉAN ARCTIQUE (m.)

LE GROËNLAND

l'Alaska (m.)
(LES ÉTATS-UNIS)

le Yukon

les Territoires du Nord-Ouest (m. pl.)

le Nunavut

Saint-Pierre-et-Miquelon

L'AMÉRIQUE DU NORD (f.)

LE CANADA

la Colombie Britannique

l'Alberta (m.)

la Saskatchewan

le Manitoba

l'Ontario (m.)

le Québec

le Maine

Terre-Neuve (f.)

Langues maternelles

☐ Le français langue maternelle majoritaire

☐ Le français et un créole français langues maternelles

☐ Créole français langue maternelle majoritaire

☐ Le français langue maternelle d'une minorité importante

Langues officielles

☐ Le français est la seule langue officielle

☐ Le français est une des langues officielles du pays ou de l'état

☐ Le français sert de langue administrative ou dans l'enseignement

le New Hampshire

le Vermont

Québec
Montréal

Ottawa

l'Île du Prince-Edouard (f.)

la Nouvelle-Écosse

le Nouveau-Brunswick

le Massachusetts

le Rhode Island

le Connecticut

LES ÉTATS-UNIS (m. pl.)

la Louisiane

Les Îles Hawaii (m. pl.)
(LES ÉTATS-UNIS)

L'AMÉRIQUE CENTRALE (f.)

LE MEXIQUE

GOLFE DU MEXIQUE

LE BELIZE

L'OCÉAN ATLANTIQUE (m.)

CUBA (m.)

LA JAMAÏQUE

LES CARAÏBES (m. pl.)

HAÏTI (m.)

LA GUYANE FRANÇAISE (LA FRANCE)

LES CARAÏBES

CUBA (m.)

LA RÉPUBLIQUE DOMINICAINE

la Guadeloupe (LA FRANCE)

PUERTO RICO (m.)

Port-au-Prince

Pointe-à-Pitre

HAÏTI (m.)

LA MER DES CARAÏBES

DOMINIQUE (f.)

Fort-de-France

la Martinique (LA FRANCE)

SAINTE LUCIE (f.)

MILLES	
0	300

KILOMÈTRES	
0	450

LE GUATEMALA

LE SALVADOR

LE HONDURAS

LE NICARAGUA

LE COSTA RICA

LE PANAMA

(LA RÉPUBLIQUE DE) L'ÉQUATEUR (m.)

L'OCÉAN PACIFIQUE (m.)

LE VENEZUELA

LA COLOMBIE

Cayenne

LA GUYANE

LE SURINAM

LE BRÉSIL

LE PÉROU

L'AMÉRIQUE DU SUD (f.)

LA BOLIVIE

À 45° LATITUDE	0	200	400	600	800 MILLES
	0	400	800		1,200 KILOMÈTRES

Invitation
au monde francophone

SECOND EDITION

GILBERT A. JARVIS
The Ohio State University

THÉRÈSE M. BONIN
The Ohio State University

DIANE W. BIRCKBICHLER
The Ohio State University

ANNE LAIR
University of Northern Iowa

THOMSON

HEINLE

Australia Canada Mexico Singapore Spain United Kingdom United States

THOMSON

HEINLE

Invitation au monde francophone
Second Edition
Jarvis / Bonin / Birckbichler / Lair

Editor-in-Chief: *PJ Boardman*
Publisher: *Janet Dracksdorf*
Acquisitions Editor: *Lara Semones*
Senior Development Editor: *Glenn A. Wilson*
Senior Production Project Manager: *Esther Marshall*
Marketing Manager: *Lindsey Richardson*
Manufacturing Manager: *Marcia Locke*
Compositor: *Pre-Press Company*

Project Management: *PrePress Company / Sev Champeny*
Photo Manager: *Sheri Blaney*
Photo Reseacher: *Linda Finigan*
Interior Design: *Linda Beaupré*
Illustrators: *Dave Sullivan / Paul Weiner*
Cover Designer: *Diane Levy*
Printer: *Transcontinental Interglobe*

Cover Image: Dubuffet © *"Houle du Virtuel," "oil on canvas, 220 x 190 cm, 5–13 November 1963. Collection: Musée National* d'Art *Moderne, Centre Pompidou, Paris."* Art Resource, NY; Artists Rights Society, NY.

For permission to use material from this text or product, submit a request online at http://www.thomsonrights.com.
Any additional questions about permissions can be submitted by email to thomsonrights@thomson.com

Library of Congress Cataloging-in-Publication Data

Jarvis, Gilbert A.
   Invitation au monde francophone / Gilbert A. Jarvis, Thérèse M. Bonin, Diane W. Birckbichler ; [in collaboration with] Anne Lair. -- 2nd ed.
      p. cm.
   ISBN-13: 978-1-4130-0133-4
   ISBN-10: 1-4130-0133-5 (student text) -- ISBN 1-4130-0136-X (IAE)
   1. French language--Textbooks for foreign speakers--English. I. Bonin, Thérèse M.
II. Birckbichler, Diane W. III. Lair, Anne. IV. Title.

PC2129.E5J368 2004
448.2421--dc22   2004048021

Scope and Sequence

Scope and Sequence

To the Student

From Paris to New Orleans, from Montréal to Martinique, there is a world filled with French-speaking peoples—and an increasing mobility among them that brings new diversity and perspectives to every part of French culture. You are invited to experience and explore this richness in the second edition of *Invitation au monde francophone.*

   Invitation au monde francophone is a beginning French text designed to help you develop communicative proficiency and cross-cultural understanding. Vibrant photographs and interesting *documents authentiques* such as passports, brochures, application forms, and business cards give you glimpses into the everyday life of French-speaking peoples. The **Info-culture** sections in each chapter provide you with up-to-date cultural information and ask you to make cross-cultural comparisons. A **Chez nous...** section in each chapter invites you to explore a different French-speaking area of the world.

   Invitation au monde francophone provides you with a proven approach that combines a solid introduction to important French structures, a manageable, logical presentation of vocabulary, interesting and up-to-date readings useful learning strategies and more—all presented within a rich context that illustrates the chapter's theme. A careful sequence of structure patterns is presented in every chapter, each of which is related to an important language function such as talking about past events, describing people you know, asking questions, and complaining. Abundant communication activities and role-play situations provide opportunities for you to practice the language in realistic situations.

Organization of *Invitation au monde francophone*

Point de départ

This section uses illustrations and brief narrations to introduce new vocabulary centered on a topic that is related to the chapter theme. Each chapter's **Point de départ** is recorded on your *Text Audio CDs.*

   Communication et vie pratique. These varied communication activities involve you in the active use of the newly presented vocabulary.

Info-culture

The two **Info-culture** sections in each chapter provide up-to-date information about important aspects of everyday life. Each **Info-culture** is followed by an activity called **Et vous?** that asks you to interpret an authentic document or to discuss cultural similarities and differences.

Explorations

This section leads to a logical progression from understanding s particular grammar topic to practicing it in meaningful contexts, and most importantly, to using the grammatical structures in communicative situations. Each chapter introduces three grammar points.

   Situation. The **Situation** conversation that follows each grammar presentation demonstrates the use of the presented structure in a real-life context. These conversations are recorded on your *Text Audio CD.*

   Avez-vous compris? This comprehension check evaluates your understanding of the **Situation** dialog.

   Communication et vie pratique. The varied formats in this activity set give you the opportunity to communicate about a wide range of topics. In addition to opportunities to express your own personal thoughts, opinions, and experiences, these activities often include survival and role-play situations that enable you to see how well you would get along in a French-speaking country.

Intégration et perspectives

This section starts with a reading that recombines and integrates grammar and vocabulary that you have studied in the chapter and provides additional cultural and/or human-interest perspectives. Each of these readings is preceded by a brief **Pour mieux lire** strategy designed to help you maximize your comprehension of the reading.

Communication et vie pratique. Like its counterpart in other sections of the chapter, this activity set presents communication and survival situations that prompt you to further integrate and use the language you have already learned in new contexts.

One of the activities in this works with an audio track recorded on your *Text Audio CD*. You will listen to short narratives, brief conversations, and radio announcements and then demonstrate comprehension by answering open-ended questions. **Pour mieux comprendre** helps you develop good listening strategies. Another activity in this set focuses on writing and appears with a **Pour mieux écrire** writing strategy.

Chez nous...

Highlighting a different francophone area in each chapter, these colorful segments offer some general information on each locale, a brief first-person account about daily life there, and activities that invite you to explore the area in more depth.

Bien prononcer

The most significant features of spoken French (and their written counterparts) are described in each chapter, with corresponding recordings on your *Text Audio CDs*. You practice both individual sounds and short conversations that contain these sounds.

Visual icons

 This icon signals that there is material on the *Text Audio CD* corresponding to a particular activity or point of presentation in the text.

 This icon signals that a particular activity prompts you to search for information on the Internet.

 These icons signal where you can find the reading, listening, and writing strategies included in each chapter.

▍ Student program components

***Invitation au monde francophone,* Second Edition, Textbook with Free Text Audio CDs.** The text has a preliminary chapter and fifteen regular chapters, and a variety of useful appendices including verb charts and glossaries. Each copy of the text comes packaged with the *Text Audio CDs* containing recordings that work in conjunction with several parts of each chapter. An icon in the text signals when to use the audio CD.

Invitation à écouter, à lire et à écrire. This combined workbook and lab manual contains written and listening/oral activities corresponding to each chapter of the textbook. A quick self-check called **Êtes-vous prêts?** *(Are you ready?)* is provided before each group of grammar practice activities to help you determine whether or not you need further review of the grammar explanations in the textbook before you attempt the written exercises. Tracking information appears with each of the listening/speaking exercises for use with the *Lab Audio CDs.*

Lab Audio CDs. These CDs are available for students who do not have access to language laboratory facilities or who would like additional audio practice while using ***Invitation au monde francophone.***

QUIA™ Online Workbook/Lab Manual. QUIA™ is the most advanced and easy-to use e-learning platform for delivering activities to you over the Web. This online version of the Workbook/Lab Manual in the QUIA platform allows you to get immediate feedback on your work—anytime, anywhere.

Answer Key to the Workbook/Lab Manual (with Lab Audio Script). This handy resource includes answers to the Workbook/Lab Manual plus the script for the Lab Audio CDs.

Student Multimedia CD-ROM. Great for out-of-class instruction or self-paced practice, this text-specific, dual-platform interactive multimedia CD-ROM follows a four-skills (listening, speaking, reading, writing) plus culture model. The structure of the CD-ROM parallels that of the main text, making it easy and intuitive to navigate.

WebTutor™ Tool Box for WebCT and Blackboard. Preloaded with content and available free via PIN code when packaged with this text, **WebTutor™ ToolBox** pairs all the content of *Invitation*'s rich **Book Companion Web Site** with all the sophisticated functionality of a WebCT or Blackboard product.

Book Companion Web Site at http://invitation.heinle.com. When you use ***Invitation au monde francophone,*** you have access to a rich array of learning resources that you won't find anywhere else. The Web site provides useful resources designed to work specifically with ***Invitation*** such as cultural Web exploration activities for each chapter, self-correcting quizzes, and video activities.

To the Student

Acknowledgments

Special thanks are owed to the students, instructors, and teaching assistants at The Ohio State University who used the first edition of *Invitation au monde francophone.* We have benefited greatly from their feedback and appreciate their enthusiasm for the pedagogical principles that *Invitation au monde francophone* exemplifies. Their reactions, comments, and suggestions have been particularly helpful as we prepared the second edition of this textbook and its ancillaries. We are particularly grateful to Melissa Gruzs for her outstanding proofreading and copyediting skills and for her continued inspiration in the preparation of the workbook/lab manual. The enthusiasm, support, and expertise of Lara Semones, Acquisitions Editor, Glenn A. Wilson, Senior Development Editor, and Janet Dracksdorf, Publisher, have been very much appreciated, as has the diligent work of Catherine Kraus, Editorial Assistant. Thanks also go to Heather Bradley, Assistant Editor, and to Maurice Albanes, Technology Project Manager, for their contribution to print and technology ancillaries. Special thanks go to Esther Marshall, Senior Production Project Manager, whose eagle-eyed editing skills, attention to detail, enthusiasm for the project, and unfailing courtesy have been exemplary. Our thanks also go to all the freelancers involved with the production of this edition: Melissa Gruzs, copyeditor; Sev Champeny, project manager and native reader; Jackie Rebisz and Serge Laîné, proofreaders; Sylvie Pittet, permissions researcher; Linda Beaupré, interior designer; Diane Levy, cover designer; Dave Sullivan and Paul Weiner, illustration modifications; and PrePress Company and its outstanding production staff for composition and technical project management, and in particular Erin Dawson, Christopher Forestieri, and Roberta Peach.

We are also grateful to the following people who contributed to the program's supporting ancillary components: to Melissa Gruzs, for her great contribution as co-author of the Workbook/Lab Manual; to Jean-Louis Dassier, University of Northern Michigan, for the testing program; to Erin Joyce, Baker University, for revisions and new activities on the Interactive Multimedia CD-ROM; to John Angel, University of Louisiana-Lafayette, for the cultural exploration activities on the Web site; and to Jennifer Hall, Mount Union College, for the Web site's self-scoring practice exercises.

Reviewers for the previous edition

Brigitte Sys, *Seton Hall University*
Dominick A. De Filippis, *Wheeling Jesuit University*
Doug Mrazek, *Clark College*

Erica Abeel, *John Jay College of Criminal Justice*
Gisele Feal, *Buffalo State College*
Ken Gordon, *Central Missouri State University*
Marie T. Gardner, *Plymouth State College*

Reviewers for this edition

Debra Anderson, *East Carolina University*
John Angel, *University of Louisiana-Lafayette*
Tony Beld, *Central Missouri State University*
Kim Campbell, *New York University*
Peter Constentein, *Borough of Manhattan Community College-CUNY*
Jean-Louis Dassier, *University of Northern Michigan*
Tony DiSalvo, *Frederick Community College*
Alain-Philippe Durand, *University of Rhode Island*
Maryse Fauvel, *College of William & Mary*

Lynne Gelber, *Skidmore College*
Kenneth Gordon, *Central Missouri State University*
Jennifer Hall, *Mount Union College*
Chinedum E. Ikegwu, *North Carolina A&T State University*
Erin Joyce, *Baker University*
Lara Mangiafico, *George Mason University*
George McCool, *Towson University*
Patricia Pierce, *Baylor University*
Katia Sainson, *Towson University*

Premiers contacts

Apprendre le français, c'est important

Voilà dix bonnes raisons

Un   Approximately 500,000,000 people around the world speak French.

Deux   French is spoken by two and one-half million people in the United States.

Trois   French is the second most important language on the Internet because of the number of Web pages and the amount of communication in French.

Quatre   France has considerable influence in the world because it provides more foreign aid than any other country except Japan.

Cinq   French is among the principal languages of diplomacy and of international organizations.

Six   French is an official language of Belgium, Switzerland, Luxembourg, Canada, the United Nations, the European Union, and several African, Caribbean, and Polynesian countries.

Sept   France has the fourth largest economy in the world after the United States, Japan, and Germany.

Huit   The United States has been the largest direct investor in France, and France has been one of the three largest investors in the United States.

Neuf   France is the second largest exporter of agricultural products in the world after the United States.

Dix   More tourists visit France than any other country in the world.

Apprendre le français, c'est intéressant

▌ Bonjour, tout le monde!

Tracks 2–6
CD 1

Salut

JULIE: Salut, je m'appelle Julie. Et toi?
NICOLAS: Je m'appelle Nicolas.

Greet and introduce yourself to other students in your class.

Comment ça va?

JULIE: Comment ça va?
NICOLAS: Ça va bien, merci. Et toi?
JULIE: Pas mal... Et toi, Benjamin, ça va?
BENJAMIN: Oui, assez bien.

Get together with several students and ask one another how you are doing.

Au revoir

NICOLAS: Au revoir.
           À plus tard.
BENJAMIN: Au revoir.

Say good-bye to other students and say that you will see them later.

Bonjour, madame

MME DURAND:	Bonjour, monsieur. Comment vous appelez-vous?
NICOLAS:	Bonjour, madame. Je m'appelle Nicolas Legrand.
MME DURAND:	Et vous, mademoiselle? Comment vous appelez-vous?
JULIE:	Je m'appelle Julie Dubourg.

Greet your instructor and introduce yourself.

Comment allez-vous?

JULIE:	Bonjour, madame. Comment allez-vous?
MME DURAND:	Très bien, merci. Et vous?
JULIE:	Ça va très bien.

Greet your instructor and ask how he or she is. Then say good-bye and that you will see him or her later.

Track 7

▍Dans la salle de classe

Qu'est-ce que c'est?

Learn to identify the things and people that you find in a classroom. Practice repeating these words with your instructor.

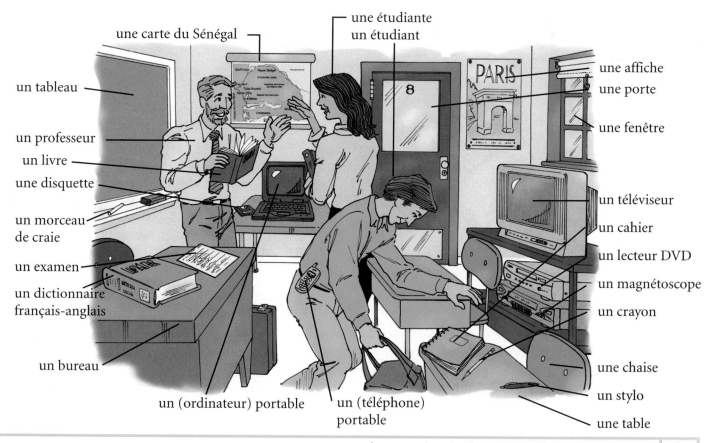

une carte du Sénégal

une étudiante
un étudiant

un tableau

un professeur
un livre
une disquette
un morceau de craie
un examen
un dictionnaire français-anglais
un bureau

un (ordinateur) portable

un (téléphone) portable

une affiche
une porte
une fenêtre

un téléviseur
un cahier
un lecteur DVD
un magnétoscope
un crayon
une chaise
un stylo
une table

Qu'est-ce que c'est? Name the items in your classroom that your instructor or another student points out.

Dans la classe, il y a... Draw a rough sketch of a classroom and put six or more items in your drawing. Without seeing the picture, another student will guess what you have included; you will answer **oui** or **non**.

EXEMPLE
— *Est-ce qu'il y a une chaise?*
— *Oui.*
— *Est-ce qu'il y a une affiche?*
— *Non.*

▌ Quelques expressions utiles

Track 8

En français, s'il vous plaît!

The following expressions will be useful to you in the classroom and in other situations.

Est-ce que vous comprenez?	*Do you understand?*
Oui, je comprends.	*Yes, I understand.*
Non, je ne comprends pas.	*No, I don't understand.*
Savez-vous le nom de ce pays?	*Do you know the name of this country?*
Non, je ne sais pas.	*No, I don't know.*
Répétez, s'il vous plaît.	*Please repeat that.*
Qu'est-ce que ça veut dire?	*What does that mean?*
Comment dit-on... en français?	*How do you say . . . in French?*

Expressions de politesse

Use the following expressions to thank someone or to excuse yourself.

Merci (beaucoup).	*Thank you (very much).*
De rien.	*You're welcome.*
Pardon.	*Pardon me.*
Excusez-moi.	*Excuse me.*

Écoutez bien

Learn to recognize the following expressions that your instructor will use in class.

Allez au tableau.	*Go to the board.*
Écoutez bien.	*Listen carefully.*
Regardez bien.	*Watch carefully.*
Passez-moi vos devoirs.	*Give me your homework.*
Ouvrez votre livre.	*Open your book.*
Fermez votre cahier.	*Close your notebook.*
Prenez une feuille de papier.	*Take out a piece of paper.*

Dites-le en français... What would you say in French in the following situations?

You don't understand what your instructor has said.
You want to ask how to say "Internet" in French.
You don't know the answer to a question.
You want to ask what something means.
You want to thank another student.

Avez-vous compris? Your instructor or another student is going to ask you to perform one of the following actions. Do it to show that you understand.

Passez-moi un stylo, s'il vous plaît.
Allez au tableau.
Ouvrez la porte.
Répétez, s'il vous plaît.
Fermez la fenêtre.
Ouvrez votre livre.

▌ Bien prononcer, c'est important!

Track 9 Practice saying the alphabet in French.

a	[a]	Anatole	n	[ɛn]	Nicolas
b	[be]	Béatrice	o	[o]	Omar
c	[se]	Cécile	p	[pe]	Paulette
d	[de]	Diane	q	[ky]	Quentin
e	[œ]	Eugène	r	[ɛr]	Renée
f	[ɛf]	Florian	s	[ɛs]	Serge
g	[ʒe]	Gérard	t	[te]	Thérèse
h	[aʃ]	Henri	u	[y]	Ursule
i	[i]	Irène	v	[ve]	Véronique
j	[ʒi]	Julien	w	[dubləve]	William
k	[ka]	Karim	x	[iks]	Xavier
l	[ɛl]	Luc	y	[igrɛk]	Yvette
m	[ɛm]	Michelle	z	[zɛd]	Zoé

The following accents are part of the spelling of French words and tell you how to pronounce certain letters.

l'accent aigu	é	Sénégal
l'accent grave	è	Michèle, où, à Paris
l'accent circonflexe	ê, â, û, î, ô	la forêt, le château, bien sûr, une île, Jérôme
la cédille	ç	François
le tréma	ï, ë	les Caraïbes, Noël

Votre prénom, s'il vous plaît... According to a recent survey, the following names are among the most popular first names in **Québec**. Pronounce and spell each of them.

Filles	Garçons
Mégane	William
Laurie	Jérémie
Camille	Samuel
Ariane	Gabriel
Sarah	Xavier
Noémie	Olivier
Gabrielle	Anthony
Émy	Mathis
Audrey	Zacharie
Maude	Félix

Et dans les pays francophones... ? These students from French-speaking countries introduce themselves and tell where they are from. What do they say?

EXEMPLE   Acha (Cameroun)
Je m'appelle Acha. Je suis du Cameroun.

1. Aida (Sénégal)
2. Binéka (Congo)
3. Fatima (Sénégal)
4. Kouly (Togo)
5. Raouda (Tchad)
6. Amadou (Sénégal)
7. Gali (Tchad)
8. Habib (Sénégal)
9. Kassi (Togo)
10. Nemba (Cameroun)

Et vous? Imagine that you are registering for a course in France and have been asked to spell your full name. Another student will play the role of the school administrator and will write it down. The administrator will spell your name back to make sure the spelling is correct.

Les pays francophones. With your instructor, repeat and spell the names of French-speaking countries around the world, using the maps in the front of your book.

▌ C'est quel jour?

Les jours de la semaine

With your instructor, practice saying the days of the week shown on this Canadian calendar.

Dimanche	Lundi	Mardi	Mercredi	Jeudi	Vendredi	Samedi
Les Archives de la Ville de Québec					1 ❖ Confédération, fête du Canada	2
3 ❖ 1608 Fondation de Québec, 386ᵉ anniversaire	4 ❖ Fête nationale des Américains	5	6	7 ❖ Du 7 au 17: Festival d'été de Québec ● NL	8	9
10	11	12	13	14 ❖ Fête nationale des Français ○ PQ	15	16
17	18	19	20	21 ❖ Fête nationale des Belges ○ PL.	22	23
24 /31	25	26 ❖ Sainte Anne, patronne du Canada	27	28	29 ○ DQ	30

Les nombres de 0 à 31

With your instructor, practice saying the numbers from 0 to 31.

0	zéro	8	huit	16	seize	24	vingt-quatre
1	un	9	neuf	17	dix-sept	25	vingt-cinq
2	deux	10	dix	18	dix-huit	26	vingt-six
3	trois	11	onze	19	dix-neuf	27	vingt-sept
4	quatre	12	douze	20	vingt	28	vingt-huit
5	cinq	13	treize	21	vingt et un	29	vingt-neuf
6	six	14	quatorze	22	vingt-deux	30	trente
7	sept	15	quinze	23	vingt-trois	31	trente et un

C'est quel jour? Use the French-Canadian calendar on page 6 to tell the dates of the following holidays and events.

> **EXEMPLE**   la fête des Belges
> *C'est le 21 juillet.*

1. la fondation de Québec
2. la fête nationale des Américains
3. la fête du Canada
4. le festival d'été
5. la fête nationale des Français
6. la fête de la Sainte-Anne

 Internet. Use the Internet to find out how many national holidays there are in France each year. How are they different from holidays that you are accustomed to? Use a search engine to find a site that will give you the information, or try http://www.tonsite.com/lesfetes.asp. Remember that Web addresses change frequently and that a particular server may no longer be operational.

If the Web sites suggested are no longer available, use a search engine to find similar information (e.g., http://fr.yahoo.com or http://www.google.fr).

Les notes. In France, students are graded on a 0–20 scale where 10 is a passing grade. Tell how each of the following students did on their end-of-year exams.

> **EXEMPLE**   Lamartine, Julien 13/20
> *treize sur vingt*

1. Verdurin, Mathieu   8/20
2. Maréchal, Irène   11/20
3. Démonet, Patrick   15/20
4. Verron, Annick   16/20
5. Roche, Caroline   5/20
6. Martinez, Luc   9/20
7. Perron, Céline   12/20
8. Ghezali, Ahmed   18/20

Codes postaux. Read aloud the following postal codes for Canada.

1. M3C 2T8
2. V5A 1S6
3. G1G 1P2
4. G1R 3Z3
5. H4T 1E3
6. H3A 1Y2
7. H3A 2J4
8. J3L 2M1
9. M1P 2J7
10. L4C 3G5

Apprendre le français, c'est facile!

What you know about English can help you as you begin to study French. A good example of the head start you have in learning French is the large number of *cognates*—words that are spelled the same (**sport, international, tennis**) or similarly (**qualité, technologie**) in French and in English. In the items from Montreal's *La Presse* shown below, see how many cognates you can find. Compare your list of words with lists that other students have made.

Les visiteurs internationaux sont moins nombreux au Québec cet été

OLYMPIQUES D'HIVER DE 2010
Vancouver obtient les Jeux

CET ÉTÉ, JE PASSE MES VACANCES ICI, AU CANADA.

Camping? Laissez-vous tenter! The sports-store ad is advertising end-of-season specials on tents. With that context in mind and remembering that many French words are similar to English, can you guess the meaning of the following words that appear in the ad?

1. Solde
2. Obtenez
3. 40% de rabais
4. Exposition

Aujourd'hui dans la presse. You are already familiar with the contents of a newspaper. With that in mind and using any similarities between French and English, see how many of the sections of *La Presse* you can identify.

AUJOURD'HUI DANS LA PRESSE			
Bandes dessinées	E2	Monde	A10 à A12
Bridge	E6	Mots croisés	E2
Décès	E7	Mot mystère	E2
Êtes-vous observateur	E4	Petites annonces	
Feuilleton	E2	- immobilier	E4, E5
Forum	A13	- marchandises	E5
Horaire spectacles	C4	- emplois	E5
Horaire télévision	C2	- automobile	E5, E6
Horoscope	E6	- affaires	D2
Loteries	A2, B6	Quoi faire	D12

MÉTÉO *Voir page S16*
Ciel variable
Maximum 30, minimum 21

Camping?
Laissez-vous tenter!

Grand solde de tentes

Obtenez jusqu'à 40% de rabais

• Exposition intérieure et extérieure
• Plus de 135 modèles différents
• Prix d'entrepôt
• Aussi spéciaux sur démonstrateurs

André Jac Sport
5520, boul. des Laurentides, Laval
4 km au nord de la 440 / 6 km au sud de la 640
(450) 622-2410 / Sans frais 1 800 997-2410

Visites commentées. The week-ender section of *La Presse* offers a variety of activities, among them guided tours. What is the general idea of each of the following tours, and when are they available?

VISITES COMMENTÉES

>>> **L'Association du quartier du Musée** offre des visites commentées à pied, du mercredi au dimanche à 11h et 14 h. Départs : hall du Musée des beaux-arts, 1380, rue Sherbrooke Ouest. Bilingues et gratuites. Rens. : 514 288-6176.

>>> **Le Groupe de recherche d'intérêt public de McGill** offre une visite commentée sur l'histoire du Sud-Ouest de Montréal, les vendredis, samedis et dimanches à 15h et à 19h. Départs : station de métro Lionel-Groulx. Activité gratuite. Réservation nécessaire : 514 859-9041.

>>> **Guidatour** offre les visites commentées *La Cité de Julie Papineau (l'Est de la ville)* à 10h, et *La Cité de Julie Papineau (l'Ouest de la ville)* à 13h, le dimanche 6 juillet. Départs : angle de la rue Notre-Dame et de la place d'Armes. Coût : 14 $, 13 $ 7 $. Réservation nécessaire : 514 844-4021.

Chasse au trésor. Understanding where different features are found in your textbook will be very useful to you. Alone or in small groups, indicate in English the page or pages on which you can find the follow-ing information in your textbook.

1. an overview of the content of each chapter
2. goals and objectives for chapter 3
3. the French-English vocabulary list for chapter 1
4. the **Info-culture** sections for chapter 2
5. a definition of grammar terms
6. French-English dictionary
7. English-French dictionary
8. an overview of verb tenses in French
9. the vocabulary list for chapter 4
10. the pronunciation section for chapter 9

La vie à l'université

Fonctions

Dans ce chapitre, vous allez apprendre à
- parler de vos préférences
- identifier et nommer
- parler de vos activités
- poser des questions et répondre à des questions

Vocabulaire et structures

Point de départ: Faisons connaissance
Exploration 1: Les noms et les articles
Exploration 2: Les verbes du premier groupe
Exploration 3: La forme interrogative et la forme négative

Point de départ:
Faisons connaissance

Je m'appelle Catherine. J'habite à Lyon. J'étudie...

les maths *(f)* et

les sciences *(f)*
(la biologie, la physique
et la chimie).

J'aime beaucoup les sciences. Je trouve ça passionnant *(exciting)*.

En général, j'aime bien...

l'université *(f)*,

le campus,

les cours *(m)* et les profs
(les professeurs),

mais je n'aime pas beaucoup...

le resto U (le restaurant
universitaire)

et la bibliothèque.

J'aime mieux...

manger à la maison

et étudier avec des amis *(m)*.

Après les cours, je travaille
dans un bureau.

Pendant le week-end, j'aime...

écouter des CD *(m)*,

regarder la télé (la
télévision)

ou inviter des amis.

J'aime beaucoup
marcher. Je trouve
ça reposant.

Track 11

Moi, je m'appelle Mathis. J'habite à Québec. J'étudie...

la littérature,

la linguistique et les
langues *(f)* étrangères.

J'aime bien les cours, mais j'aime mieux...

le sport

et les vacances *(f)*.

Je n'aime pas beaucoup étudier—je trouve ça ennuyeux *(boring)*.

Et je déteste les examens *(m)*!

Pendant le week-end, je travaille dans un magasin.

Après les cours et le travail, j'aime...

naviguer sur Internet ou chatter avec des amis.

J'aime aussi *(also)* nager

et manger avec des amis. Je trouve ça sympa.

Track 12

Autres matières:

J'étudie... le commerce
   les sciences politiques
   la philosophie
   l'histoire *(f)*
   l'anglais *(m)*
   le français
   l'espagnol *(m)*
   l'informatique *(f)*
    (computer science)

Autres opinions:

Je trouve ça... facile / difficile
     intéressant / ennuyeux
     agréable / désagréable
     reposant / fatigant
     utile / inutile

Communication et vie pratique

Ⓐ Les cours. Tell another student which of the following courses you are taking and ask whether he or she has the same classes.

EXEMPLE   *J'étudie les maths, la chimie et le français. Et toi?*

les maths	le commerce	l'histoire	le français
la biologie	l'informatique	les sciences politiques	l'anglais
la physique	la littérature	la philosophie	la linguistique
la chimie	la géographie		

Ⓑ Préférences. Do you like or dislike the following activities? Give your preferences, and then ask another student what he or she likes to do. He or she will react to the items on your list (**Je trouve ça... facile / difficile, agréable / désagréable, utile / inutile, intéressant / ennuyeux, reposant / fatigant**).

EXEMPLE   marcher
— *J'aime marcher. Et toi?*
— *Moi aussi. Je trouve ça reposant.*
ou:
— *Pas moi. Je trouve ça ennuyeux et fatigant.*

oui	non		oui	non	
❑	❑	regarder la télé	❑	❑	étudier les sciences
❑	❑	naviguer sur Internet	❑	❑	écouter des CD
❑	❑	parler français	❑	❑	chatter sur Internet
❑	❑	marcher	❑	❑	étudier la littérature
❑	❑	nager	❑	❑	manger avec des amis

Ⓒ Présentations. Introduce yourself to another student in your class using the following as a guide. Keep track of what he or she says and fill in the grid.

1. Je m'appelle...
2. J'habite à...
3. J'étudie...
4. Après les cours, j'aime / je n'aime pas...
5. Pendant le week-end, j'aime / je n'aime pas...

Il / Elle s'appelle
Il / Elle habite à
Il / Elle étudie
Après les cours, il / elle
Pendant le week-end, il / elle

Info-culture: Passe d'abord ton bac!

To enter the university, French students must pass the **baccalauréat d'enseignement général (le bac),** a demanding examination taken at the end of the French **lycée** (*high school*).

- At the **lycée,** students choose to emphasize literary, scientific, or economic studies in preparation for the **bac.** Students take required subjects (**les matières obligatoires**) and elective subjects (**les matières facultatives**) in the area they have chosen.

- There are many study guides available to help students prepare for the **bac. Les annales du bac** are booklets containing sample test items and responses.

- Every spring, students across the country take the same examination in their area of specialization. Depending on their course of study, they can choose:

  le baccalauréat général
  le bac L (série littéraire) (*literary studies*)
  le bac S (série scientifique) (*scientific studies*)
  le bac ES (série économique et sociale) (*economics and social science studies*)
  le bac technologique (*science and technology*)
  le bac professionnel (*for students learning a trade*)

- Examinations are graded on a 0 to 20 scale by panels of **examinateurs.** To pass the exam, a student must get at least 10 out of 20. If a student gets only 8/20, he or she is given a second chance and is allowed to take an oral exam (**l'oral de rattrapage**) administered the following week by a panel of professors who are unfamiliar with the student. Below 8/20, a student must repeat the last year of high school (**redoubler la terminale**) and retake the exam the next year. Over the past ten years, approximately 78% have passed the **baccalauréat** in June.

- The results of the **baccalauréat** are published in the newspaper and on the Internet.

Et vous?

The following questions are typical of those found on the **baccalauréat;** they come from the **philosophie** and **économie** sections of the examination. Are they similar to questions that American students encounter on exams? How would you answer them?

À quoi reconnaît-on une théorie scientifique?
(*How do you recognize a scientific theory?*)

Les hommes peuvent-ils avoir des droits sans avoir des devoirs?
(*Can people have rights without having obligations?*)

L'art est-il un luxe?
(*Is art a luxury?*)

Qu'est-ce que c'est qu'une œuvre d'art?
(*What is a work of art?*)

Le pouvoir de l'État s'oppose-t-il à la liberté individuelle?
(*Is there a conflict between the power of the government and individual freedom?*)

Dans quelle mesure une réduction du temps de travail peut-elle réduire le chômage?
(*To what extent can a reduced workweek help reduce unemployment?*)

Exploration ①

▌Identifier et nommer: Les noms et les articles

You have already learned to identify things using indefinite articles (**un livre, une chaise, des amis**). In the tables that follow, you can see that all nouns in French have a gender—they are either masculine or feminine. Most nouns form their plurals by adding an **s.** Indefinite articles convey a meaning similar to *a* or *an* and *some.*

Les articles indéfinis	Singulier	Pluriel
Masculin	un‿étudiant	des‿étudiants[1]
Féminin	une étudiante	des‿étudiantes

— Qu'est-ce que c'est?
— C'est **un** dictionnaire. Et ça, c'est **un** ordinateur.

The plural indefinite article **des** is not omitted in French as it often is in English.

Je parle avec **des** amis.   *I'm speaking with (some) friends.*

You have also learned to name specific things you like or subjects you study; here you used the definite article (**J'étudie les sciences; j'aime la chimie.**).

Les articles définis	Singulier	Pluriel
Masculin	**le** livre	**les** livres
Féminin	**la** chaise	**les** chaises
Masculin ou féminin devant une voyelle	**l'**étudiant	**les**‿étudiants
	l'étudiante	**les**‿étudiantes

1.1 The definite article can be used much like *the* in English.

Je regarde **le** livre.   *I'm looking at the book.*
J'aime écouter **la** radio.   *I like to listen to the radio.*

It also precedes abstract nouns and nouns used in a general sense.

J'aime **le** sport.   *I like sports.*
J'étudie **la** chimie.   *I'm studying chemistry.*

1.2 **Le** is also used with days of the week to indicate that something happens every week on that day. Compare:

Le dimanche, je ne travaille pas.   *On Sundays, I don't work.*
Dimanche, je ne travaille pas.   *(This) Sunday, I'm not working.*

[1]When a masculine or feminine noun begins with a vowel or a mute **h** as in **histoire,** the **s** in **des** is linked to the next word with a **z** sound: **des‿amis** or **des‿histoires.** The **n** sound is also linked: **un‿ami.** In this chapter, **liaison** is marked with ‿ to remind you of it.

1.3 Although there are exceptions, certain endings are usually feminine:

-té	la liberté, la charité
-ion	l'opinion, la division, la nation
-ée	la dictée, la journée
-ie	la partie, la démocratie
-ure	la voiture, la culture

Others are usually masculine:

-ment	le monument
-age	le village
-eau	le tableau
-isme	le classicisme

Situation: Visite du campus

Track 13 Laure is showing a friend around her campus and is telling her what some of the buildings are.

LAURE: Regarde. Voici la résidence où j'habite.
ANNE: Et ça, qu'est-ce que c'est?
LAURE: C'est le bâtiment des sciences et le laboratoire de chimie.
ANNE: Et ça?
LAURE: C'est un complexe sportif.
ANNE: Et ici, c'est la bibliothèque?
LAURE: Non, c'est un centre multimédia très moderne.

> **Mots à retenir: voici** *here is,* **la résidence** *dormitory,* **où** *where,* **le bâtiment** *building,* **la bibliothèque** *library,* **un complexe sportif** *a sports center,* **ici** *here*

Avez-vous compris?

Tell what campus buildings are mentioned in the **Situation**.

> **EXEMPLE**   *Sur le campus, il y a...*

Communication et vie pratique

A Petits boulots. Several of your friends have part-time jobs. Ask where they are working. Another student will respond.

> **EXEMPLE**   Laurent / centre sportif
> — *Où est-ce que Laurent travaille?*
> — *Dans un centre sportif.*

1. Saïd / centre multimédia
2. Isabelle / bibliothèque
3. Sébastien / complexe sportif
4. Amélie / résidence
5. Nicolas / restaurant

B Dans le centre multimédia. Describe to another student one of the rooms in the new multimedia center on the campus where you are studying.

> **EXEMPLE** *Il y a des CD,* etc.

C Les études universitaires. Several French students are preparing for the end-of-year exams. Ask what courses each of the following people is taking; another student will respond.

> **EXEMPLE** Sophie: biologie, chimie
> — *Qu'est-ce que Sophie étudie?*
> — *La biologie et la chimie.*

1. Danielle: histoire, sciences politiques
2. Marc: langues étrangères, linguistique
3. Véronique: physique, chimie
4. Samuel: maths, sciences
5. Séverin: littérature, philosophie
6. Coralie: informatique, commerce

D Et toi? Tell what courses you are taking, and use the scale that follows to tell how much you enjoy them. Then, find out what courses other students are taking and their impressions of them.

> **EXEMPLE** — *J'étudie le français, l'anglais et la biologie.*
> *J'aime le français et la biologie, mais je n'aime pas*
> *beaucoup le cours d'anglais. Et toi?*
> — *Moi, j'aime assez l'histoire, mais je n'aime pas les maths.*

Je déteste	Je n'aime pas	J'aime	J'aime beaucoup

E **Après les cours.** Several students are talking about what they generally like to do after class and on weekends. What does each person say? Then tell what you and your friends generally do.

> EXEMPLE mardi / travailler à la bibliothèque
> *Le mardi, j'aime travailler à la bibliothèque.*

1. vendredi / inviter des amis
2. lundi et mardi / nager
3. mercredi et jeudi / travailler à la bibliothèque
4. dimanche / regarder la télé
5. samedi et dimanche / chatter sur Internet

C'est votre tour

Imagine that you are studying in France and are showing a friend around the **Université de Paris X-Nanterre.** Answer your friend's questions about the different buildings that you see. Use the **Situation** on page 18 and the map below as a guide.

> EXEMPLE — *Et ça, qu'est-ce que c'est?*
> — *C'est la bibliothèque.*

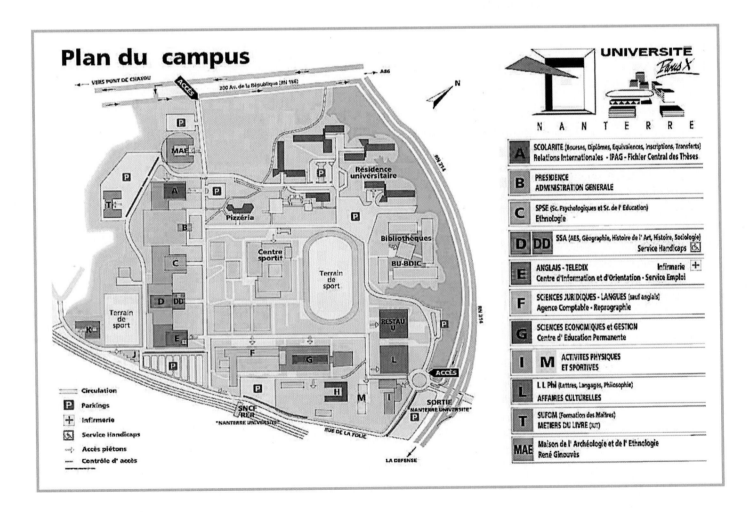

Exploration ②

Parler de vos activités:
Les verbes du premier groupe

To tell what we do, we use verbs such as the following (many of which you have already encountered):

chercher *(to look for)*	manger	téléphoner
danser	marcher	travailler
écouter	nager	trouver
habiter	parler	voyager *(to travel)*
inviter	regarder	

Note that the verbs in this list are given in the infinitive form. You will learn how to conjugate these verbs below.

Verbs can be modified with adverbs to express

- how frequently we do something.

    J'étudie rarement. *(rarely)*
    souvent. *(often)*
    quelquefois. *(sometimes)*
    tout le temps. *(all the time)*

- when we do something.

    J'étudie le lundi.
    pendant la semaine. *(during the week)*
    tous les jours. *(every day)*

- how well we do something.

    Je danse bien.
    très bien.
    assez bien. *(fairly well)*
    mal. *(badly)*
    très mal. *(very badly)*

French verb endings change according to the subject of the verb. The **-er** verb chart also shows subject pronouns.

t r a v a i l l e r				
	Singulier		**Pluriel**	
I	**je** travaille[2]	*we*	**nous** travaillons[3]	
you	**tu** travailles	*you*	**vous** travaillez	
he/she/it/one	**il / elle / on** travaille	*they*	**ils / elles** travaillent	

[2]The present tense in French can express several meanings: *I work; I am working; I do work.*
[3]**Voyager, manger,** and other verbs ending in **-ger** add an **e** in the **nous** form: **Nous mangeons bien; nous voyageons souvent.**

2.1 Tu is used to address a close friend, relative, child, or pet; **vous** is used in more formal situations and always when addressing more than one person. French students often use **tu** right away with each other.

Tu danses bien, Pierre!
Paul et Nicole, vous habitez à Paris?
Vous parlez très bien anglais, madame.

2.2 On is an impersonal pronoun that means *one, it, they, we,* or *people.* In conversational French, **on** is often used in place of **nous.**

On parle français en Belgique.
On aime mieux écouter la radio.

2.3 Il and **ils** replace masculine nouns; **elle** and **elles,** feminine nouns. A mixed group of masculine and feminine nouns is replaced by **ils.**

Jean-François et Patrick regardent la télé.	**Ils** regardent la télé.
Candice et Julie parlent anglais.	**Elles** parlent anglais.
Nicolas et Caroline étudient les maths.	**Ils** étudient les maths.

Situation: On mange ensemble?

Track 14   Guillaume calls Sophie and Denis to see if they can go out for dinner.

GUILLAUME:	Allô, Sophie?
SOPHIE:	Ah, bonsoir, Guillaume. Comment ça va?
GUILLAUME:	Bien, merci. Dis, on mange ensemble ce soir?
SOPHIE:	Impossible. Je travaille.
GUILLAUME:	Et Denis, il travaille aussi?
SOPHIE:	Je pense que oui.
GUILLAUME:	Et demain?
SOPHIE:	On reste à la maison pour étudier.
GUILLAUME:	Alors, une autre fois peut-être.
SOPHIE:	Oui, à bientôt.

> **Mots à retenir: allô** *hello (used on phone),* **bonsoir** *good evening,* **ensemble** *together,* **ce** *this,* **le soir** *evening,* **aussi** *also,* **je pense que oui** *I think so,* **demain** *tomorrow,* **rester** *to stay,* **la maison** *house, home,* **alors** *well then,* **autre** *other,* **une fois** *one time,* **peut-être** *perhaps*

Avez-vous compris?

Qu'est-ce que Sophie fait ce soir? Et demain? Et Denis, qu'est-ce qu'il fait ce soir? Et demain?

Communication et vie pratique

A **Comment est ton anglais?** Some friends are expecting English-speaking visitors and are trying to decide whose English is good enough to welcome their guests. What do they say?

> **EXEMPLE** Marc / bien
> *Marc parle bien.*

1. Michelle / très bien
2. je / mal
3. nous / assez bien
4. Guillaume / très mal
5. tu / très très mal
6. vous / bien

B **Après les cours.** Several friends are asking about what they and others are doing tonight. Tell what they do. Then tell other students in your class which of the following you plan to do (*Moi, je travaille à la bibliothèque et après, je regarde la télé. Et toi?*).

> **EXEMPLE** Paul et Omar / regarder la télé
> *Ils regardent la télé.*

1. Nathalie et Damien / manger avec des amis
2. je / travailler à la bibliothèque
3. nous / écouter des CD
4. vous / parler avec des amis
5. tu / rester à la maison
6. Suzanne / regarder la télé

C **Rarement ou souvent?** Ask other students how often they do the following activities. Answer using words such as **rarement, souvent,** and **quelquefois.**

> **EXEMPLE** parler souvent français
> — *Tu parles souvent français?*
> — *Non, je parle rarement français.*

1. étudier pendant le week-end
2. regarder souvent la télé
3. écouter quelquefois la radio
4. travailler tout le temps
5. parler quelquefois français
6. étudier souvent à la bibliothèque
7. manger quelquefois avec des amis
8. voyager souvent

D **Emploi du temps.** Tell when Florian is doing the following activities based on his weekly calendar. As you tell what he is doing, use the days of the week and expressions such as **le lundi, le mardi,** etc., **pendant le week-end,** and **tous les jours.** Then jot down activities for your own calendar for the week and describe them to another student. He or she will fill out a schedule form according to what you say.

L'emploi du temps de Florian

lundi	étudier avec des amis
mardi	parler anglais avec John
mercredi	travailler chez McDo
jeudi	marcher avec Jacques
vendredi	travailler chez McDo
	manger au restaurant
samedi	nager avec des amis
dimanche	rester à la maison
	téléphoner à papa

L'emploi du temps de...

lundi	
mardi	
mercredi	
jeudi	
vendredi	
samedi	
dimanche	

E **Me voici à l'université!** Jean-Luc has sent a series of pictures to some friends back home to show them a little about his life at the university. Using vocabulary you know, create captions that he might put under each picture. You might also want to use pictures of your own and create captions for them.

EXEMPLE   *Ici, je téléphone à des amis.*

1.

2.

3.

4.

5.

6.

7.

8.

C'est votre tour

Imagine that you are calling French friends, played by other students, to invite them to dinner. Use the **Situation** (p. 22) and the **scénarios** that follow as a guide.

Scénario 1. Vous téléphonez à Omar et Harice, mais ils travaillent ce soir. Demain, ils restent à la maison pour étudier.

Scénario 2. Vous téléphonez à Anne-Sophie. Elle regarde un DVD. Demain, elle étudie à la bibliothèque.

Scénario 3. Vous téléphonez à Stéphane et à Thomas. Stéphane étudie, et Thomas parle avec des amis. Demain, ils mangent avec des amis.

Exploration ③

Poser des questions et répondre à des questions: La forme interrogative et la forme négative

Questions are used to get information, to clarify meaning, or to indicate that we do not understand. If we do not understand, we can also respond with expressions such as these:

> Répétez, s'il vous plaît.
> Pardon?
> Excusez-moi, mais...

As you have learned, yes-or-no questions can be asked simply by raising your voice at the end of the question or by placing **est-ce que** in front of a statement.

> Vous parlez anglais?   **Est-ce que** vous parlez anglais?

3.1 To ask someone else to ask a question, use **Demandez à... si...**

> — **Demandez** à Michèle **si** elle parle anglais.
> — Michèle, est-ce que vous parlez anglais?

3.2 To ask for or to give elaboration or clarification, use:

Pourquoi?	*Why?*
Pourquoi pas?	*Why not?*
Parce que...	*Because . . .*

3.3 To answer a question negatively, **ne... pas** is used; to indicate *never,* use **ne... jamais.**

> — Est-ce que vous parlez anglais?
> — Non, madame, je **ne** parle **pas** anglais.

> — Elle travaille tout le temps?
> — Non, elle **ne** travaille **jamais.**

Note that when an infinitive follows a conjugated verb, the negative structure surrounds the conjugated verb.

> Nous **n'**aimons **pas** voyager.

3.4 The following expressions are useful in indicating agreement or disagreement.

Moi aussi,...	*Me too, . . .*	**Pas moi,...**	*Not me, . . .*
Je pense que oui.	*I think so.*	**Je pense que non.**	*I don't think so.*
Je suis d'accord.	*I agree.*	**Je ne suis pas d'accord.**	*I don't agree.*
C'est vrai.	*That's true.*	**Ce n'est pas vrai.**	*That's not true.*

Situation: Anglais ou français?

Track 15 Antoine has just found out that Nathalie has an American roommate and is asking questions about her.

ANTOINE: Est-ce qu'elle parle bien français?
NATHALIE: Non, pas très bien, mais elle essaie.
ANTOINE: Elle aime la vie ici, n'est-ce pas?
NATHALIE: Je pense que oui.
ANTOINE: Vous parlez souvent anglais ensemble?
NATHALIE: Non, presque jamais.
ANTOINE: Qu'est-ce qu'elle étudie ici?
NATHALIE: Le français et l'histoire.

> **Mots à retenir: essayer** *to try,* **n'est-ce pas** *doesn't she, isn't that so,* **presque** *almost,* **qu'est-ce que** *what*

Avez-vous compris?

Tell what you found out about Nathalie's American roommate.

Communication et vie pratique

A Qu'est-ce que tu étudies? Make a list of the courses you are taking and then tell another student what you are studying. Ask if he or she has the same courses.

> **EXEMPLE** — *Moi, j'étudie le commerce. Et toi?*
> — *Oui, moi aussi, j'étudie le commerce.*
> ou:
> — *Non, je n'étudie pas le commerce.*

B Absolument pas! Fabienne and Thibaut are talking about their interests. Fabienne is positive about things; Thibaut is somewhat negative and contradicts everything that Fabienne says. What does Thibaut say?

> **EXEMPLE** FABIENNE: Moi, j'aime bien le prof d'anglais.
> THIBAUT: *Moi, je n'aime pas le prof d'anglais.*

1. Je trouve les cours intéressants.
2. J'aime beaucoup les profs.
3. Moi, j'aime parler anglais.
4. Les étudiants travaillent beaucoup.
5. Nous regardons souvent la télévision.
6. Nous aimons voyager.
7. J'aime travailler à la bibliothèque.
8. Nous aimons nager.

C **Pas vraiment.** Claire is asking Pierre how he likes university life. Unfortunately, things are not going well. What does he say?

> **EXEMPLE** CLAIRE: aimer l'université
> PIERRE: non... pas beaucoup
>
> CLAIRE: *Est-ce que tu aimes l'université?*
> PIERRE: *Non, je n'aime pas beaucoup l'université.*

CLAIRE: aimer les professeurs
PIERRE: non...
CLAIRE: trouver le cours de géographie intéressant
PIERRE: non...
CLAIRE: parler avec des profs
PIERRE: non... pas très souvent
CLAIRE: étudier souvent à la bibliothèque
PIERRE: non... pas souvent
CLAIRE: regarder quelquefois la télé
PIERRE: non... jamais
CLAIRE: travailler beaucoup
PIERRE: non... pas beaucoup

D **Activités et loisirs.** Ask questions to find out which students in your class like to do the following activities in their free time and how frequently (e.g., **ne... jamais, rarement, quelquefois, souvent, tous les jours**).

> **EXEMPLE** nager souvent
> — *Est-ce que tu nages souvent?*
> — *Oui, je nage assez souvent.*
> ou:
> — *Non, je ne nage jamais.*

1. nager tous les jours
2. regarder souvent la télé
3. parler avec des amis
4. aimer voyager
5. écouter des CD
6. marcher tous les jours
7. aimer danser
8. inviter des amis

C'est votre tour

A group of French students is spending a semester on your campus. Make up a list of questions that you might ask them about how they like life here, what they are studying, what they like to do, and so on. Then role-play a conversation with the visitors (played by other students in your class).

Intégration et perspectives

❙ Mosaïque

> **Pour mieux lire:** When you don't know the meaning of a word that you en-
> counter in a text or in conversation, remember that you can often guess the mean-
> ing of the word from the context in which it appears. Guess the meaning of some of
> the words you don't know in the following descriptions of students in a French café.

Several students from different French-speaking countries are getting acquainted in
a neighborhood café in Paris.

Amadou Dadié *(Dakar, Sénégal)*

Je m'appelle Amadou. J'étudie la médecine. C'est assez difficile, mais je trouve ça passionnant. J'aime bien le campus et la
ville. Je déteste le climat ici. Je partage un appartement avec
deux camarades du Cameroun. Le soir, nous mangeons au
restaurant universitaire et après ça, nous aimons bien regarder
la télévision ou parler ensemble.

Patrick et Fabienne Boutin *(Trois-Rivières, Canada)*

Patrick étudie le droit international et moi, j'étudie la gestion.
Nous travaillons presque tout le temps mais, pendant le week-
end, nous aimons inviter des amis ou visiter les musées de la
ville. Nous ne mangeons pas souvent au restaurant parce que
ça coûte trop cher. En général, nous trouvons la vie ici très
agréable.

Gabrielle Martin *(Lausanne, Suisse)*

Je m'appelle Gabrielle Martin. Je travaille pour une compagnie
multinationale et j'étudie pour être interprète à l'ONU. J'aime
beaucoup la vie ici. J'aime danser, marcher dans les rues, regarder les gens et les magasins. J'adore voyager et rencontrer
des gens. Je cherche une camarade de chambre qui parle
anglais.

Djenat Youssef *(Rabat, Maroc)*

Je m'appelle Djenat Youssef. J'étudie la sociologie et je donne
des cours d'arabe dans un lycée. Il y a des cours et des profs intéressants ici, mais les étudiants ne travaillent pas beaucoup. Je
n'aime pas beaucoup le sport; je préfère[4] rester à la maison et
regarder des films à la télévision.

---

[4]**Préférer** is a regular **-er** verb except that in the **je, tu, il(s)**, and **elle(s)** forms, there are different
accents: **je préfère, tu préfères, il/elle/on préfère, nous préférons, vous préférez, ils/elles préfèrent.**

Mots à retenir: partager *to share,* **le droit** *law,* **la gestion** *management, administration,* **mais** *but,* **la ville** *city,* **coûter** *to cost,* **trop** *too, too much, too many,* **cher** *expensive, dear,* **pour** *for, to,* **être** *to be,* **l'ONU (l'Organisation des Nations Unies)** *the United Nations,* **la rue** *street,* **les gens** *(m pl) people,* **rencontrer** *to meet,* **un(e) camarade de chambre** *a roommate,* **donner** *to give,* **un lycée** *a French secondary school*

Avez-vous compris?

For each of the students described in the reading, give the following information.

Nom	Pays d'origine	Études	Activités / Préférences

Faisons connaissance... Using the reading as a guide and with vocabulary you know, introduce yourself to the class or to another student in your class. You may also create a portrait of yourself or of another student that you might send to French-speaking students or put on a class Web page.

 Internet. Make a list of five facts about Dakar, Amadou's hometown. Compare your list with those of other students. Use a search engine to do your research or check http://www.dakarville.sn/. You might also want to do a search of the hometowns of the other students described in the **Intégration et perspectives** reading (Lausanne, Trois-Rivières, Rabat).

If the Web sites suggested are no longer available, use a search engine to find similar information (e.g., http://fr.yahoo.com or http://www.google.fr).

When French students have passed the **baccalauréat,** they are offered several options. There are three major types of postsecondary educational opportunities for French students, each leading to different career opportunities and different diplomas.

- **Instituts universitaires de technologie (I.U.T.)**
  Baccalauréat required
  Areas of study: general and technical studies
  Two-year course of study leading to the **Diplôme universitaire de technologie (D.U.T.)**

- **Universités** (There are 71 universities in France, 13 in or near Paris; 2 in French overseas departments—**Antilles-Guyane** and **La Réunion;** and 2 in overseas territories—**Polynésie française** and **Nouvelle-Calédonie.** For more information on these universities, you can visit: http://www.education.gouv.fr/sup/univ.htm.)
  Baccalauréat required
  Areas of study: law, medicine, arts and sciences
  Two-year degree leading to the **Diplôme d'études universitaires générales (D.E.U.G.),** followed by an optional one-to-two-year course of study leading to the **licence** and **maîtrise.**
  Further options are also available, with the highest degree being the **doctorat.**
  Coût: Approximate yearly costs apply to all French universities: tuition— 150 euros; library / medical fees—10 euros; health insurance (**sécurité sociale**)— 175 euros; single rooms cost approximately 115 euros per month, and meals are about 2.50 euros each.

- **Grandes écoles,** still the most prestigious higher-education institutions, from which the majority of France's political, financial, and educational leaders graduate
  Baccalauréat required, preferably **avec mention** (with honors)
  Two years of **classes préparatoires** after the **bac** are also required before taking the highly competitive entrance exams to the **grandes écoles.**
  Areas of study vary but are related to career options: **École nationale d'administration** (government and diplomacy), **École normale supérieure** (education), **Hautes études commerciales** (business), **École polytechnique** (engineering), **École des Beaux-Arts** (arts), **Saint-Cyr** (national defense), **École navale** (national defense).

French higher education is starting to adopt the European education system. This system is based on the following three diplomas: **licence, master,** and **doctorat.** By the year 2006, all French universities will use the **LMD** system.

Et vous?

Use the following graph to tell the different degree options that French students have after they have received the **baccalauréat,** and tell the length of time required for each diploma. How does this information compare with education in the United States?

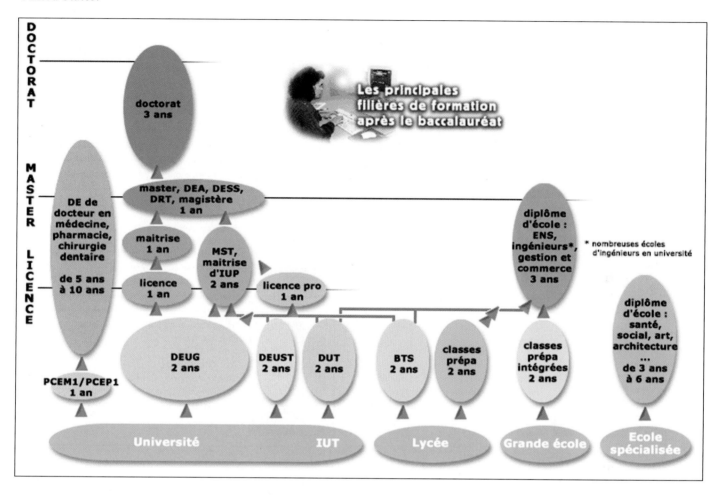

 Internet. Visit http://www.education.gouv.fr/sup/univ.htm and choose a university in a location that interests you or one suggested by your instructor. Visit the Web site of that university and find out information such as the following: majors offered, international programming, student activities, student residences, and other information of interest to you. You might also want to visit the Web sites of **Polynésie française** and **Nouvelle-Calédonie,** the two universities in France's **territoires d'outre-mer.**

Communication et vie pratique

A Offres de colocation. The following ads were placed on an Internet site by students looking for roommates (**colocataires**). The students describe themselves briefly and also list their age, Zodiac sign, whether they are working (**en activité**), and whether they smoke (**fumeur[-euse]** or **non-fumeur[-euse]**). After reading each description, match them with the descriptions of American students who want to share a room with a French roommate.

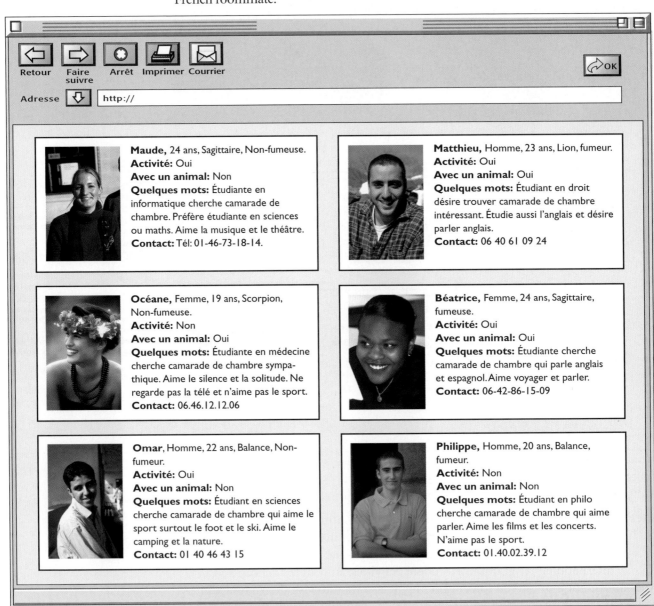

Maude, 24 ans, Sagittaire, Non-fumeuse.
Activité: Oui
Avec un animal: Non
Quelques mots: Étudiante en informatique cherche camarade de chambre. Préfère étudiante en sciences ou maths. Aime la musique et le théâtre.
Contact: Tél: 01-46-73-18-14.

Matthieu, Homme, 23 ans, Lion, fumeur.
Activité: Oui
Avec un animal: Oui
Quelques mots: Étudiant en droit désire trouver camarade de chambre intéressant. Étudie aussi l'anglais et désire parler anglais.
Contact: 06 40 61 09 24

Océane, Femme, 19 ans, Scorpion, Non-fumeuse.
Activité: Non
Avec un animal: Oui
Quelques mots: Étudiante en médecine cherche camarade de chambre sympathique. Aime le silence et la solitude. Ne regarde pas la télé et n'aime pas le sport.
Contact: 06.46.12.12.06

Béatrice, Femme, 24 ans, Sagittaire, fumeuse.
Activité: Oui
Avec un animal: Oui
Quelques mots: Étudiante cherche camarade de chambre qui parle anglais et espagnol. Aime voyager et parler.
Contact: 06-42-86-15-09

Omar, Homme, 22 ans, Balance, Non-fumeur.
Activité: Oui
Avec un animal: Non
Quelques mots: Étudiant en sciences cherche camarade de chambre qui aime le sport surtout le foot et le ski. Aime le camping et la nature.
Contact: 01 40 46 43 15

Philippe, Homme, 20 ans, Balance, fumeur.
Activité: Non
Avec un animal: Non
Quelques mots: Étudiant en philo cherche camarade de chambre qui aime parler. Aime les films et les concerts. N'aime pas le sport.
Contact: 01.40.02.39.12

Les étudiants américains:

Richard aime beaucoup le sport et la nature.

Katie aime beaucoup les voyages et les langues étrangères.

David adore les activités artistiques... cinéma, musique, etc.

Suzanne est très sérieuse; elle étudie beaucoup pour ses cours.

Joseph ne parle pas bien français et il cherche un camarade de chambre qui parle anglais.

Elizabeth étudie les maths. Elle aime l'informatique, les films et la musique.

B **Réponse.** From the ads in activity A, choose the student you would like to room with and then write a brief e-mail in which you introduce yourself to that person. Include information about the interests that you share. Begin your e-mail with **Chère** (for a female) or **Cher** (for a male); end the e-mail with **Cordialement.**

> **Pour mieux écrire:** It helps to organize your writing ahead of time. List the different types of information you want to put in your letter (e.g., name, activities, interests you share) and then jot down the ideas you want to include. Use this brainstorming list to help you compose your letter.

C **Au téléphone.** Caroline Menton is looking for a new roommate. She calls Annick Lesage, who has placed an ad on the student bulletin board. Listen to their conversation, and then tell why Caroline is not happy with her current living arrangements and why Annick and Caroline are probably compatible as roommates.

Track 16

> **Pour mieux comprendre:** Sometimes it is useful to be selective in what you focus on while listening. Listen twice to the following conversation, the first time for things that Caroline doesn't like about her present situation, then for things that Caroline and Annick have in common.

D **On partage un appartement?** Imagine that you have just arrived in Strasbourg and want to find a roommate. Call possible French roommates (played by other students in your class). Introduce yourself and ask questions to find out if you would like to room with this person. Talk with at least three students before making your choice; the French students will also decide which caller seems the most promising. Compare the results.

Invitation au voyage: Destination la Suisse

You are going to read about Switzerland from the perspective of Christophe, a young man from the German-speaking part of the country who, like most people in Switzerland, also speaks French. Before reading what Christophe has to say, on page 36, see if you can fill out the following grid alone or with a small group. Guess or estimate if you don't know the answer, and place your ideas in the column marked **Votre opinion.** After reading Christophe's description, fill out the **Chez nous** section of the grid and compare this information with your ideas.

La Suisse	Votre opinion	Chez nous
Population		
Capitale		
Villes principales		
Langues parlées		
Écoles spécialisées		

Chez nous

○○○○○○○○○

en Suisse

«D'abord, permettez-moi de me présenter: Je m'appelle Christophe. J'habite dans une petite ville en Suisse allemande, avec ma femme et mes deux enfants.

   Ma langue maternelle est l'allemand. Mais, ici, en Suisse, pratiquement tout le monde parle français, allemand et italien. Et dans certaines régions, on parle aussi le romanche. C'est parce que la Suisse est une confédération de vingt-trois cantons indépendants. Dans l'ouest du pays, dans la partie qui touche la France, on parle français; au sud, dans la partie qui touche l'Italie, on parle italien; et ici, dans la partie qui touche l'Allemagne et l'Autriche, on parle allemand. Alors, pour nous, les Suisses, c'est normal de parler plusieurs langues.

   La Suisse est le siège de nombreuses organisations internationales et il y a toujours beaucoup de visiteurs étrangers. Alors, nous étudions aussi l'anglais—ou une autre langue étrangère—au lycée. C'est sans doute aussi pour cette raison qu'il y a un si grand nombre d'interprètes ici! Alors, si vous désirez être interprète ou traducteur, venez étudier en Suisse. Il y a de nombreuses écoles spécialisées dans ce genre d'études et dans tous les aspects de l'industrie touristique.»

Superficie totale: 41 293 km²	**Population:** 7 290 000 h
Capitale: Berne **Villes importantes:** Genève, Lausanne, Zurich	
Langues: français, allemand, italien et romanche	
Institutions: république, état fédéral	**Monnaie:** le franc suisse (CHF)

Avez-vous compris?

Indicate whether the following statements are true (**vrai**) or false (**faux**) based on the **Chez nous en Suisse** reading.

EXEMPLE   Zurich est la capitale de la Suisse.
C'est faux. Berne est la capitale de la Suisse.

1. On parle italien dans l'ouest de la Suisse.
2. On parle français dans le sud.
3. Il y a 30 cantons indépendants en Suisse.
4. Il y a de nombreuses organisations internationales.
5. Il y a aussi de nombreuses écoles de traduction et d'interprétariat.
6. Genève est la capitale de la Suisse.

 A **Exploration.** What aspect of Swiss society would you like to know more about? Radio? Television? Literature? Languages? Geography? Economy? Other? Find an Internet source (or library reference) that gives you information on the topic and in English (at this point), give a brief description of the site and share several pieces of information that you found. Then in French tell whether you liked the site and why or why not. Use the grid that follows to give your oral or written report. Share the source and some of the information that you found with your instructor or your classmates.

Adresse du site:
Renseignements utiles:
Impressions du site:

 B **Petit séjour.** You have the opportunity to spend the summer in Switzerland and can choose among the following cities: Geneva, Zurich, Lausanne, Berne, Lugano. (You can also choose another Swiss city if you would prefer.) Which city would you choose and why? Use library and Internet resources to help you make your decision, and then compare your choice with those of other students.

Bien prononcer

Tracks
17–18
Liaison refers to a consonant sound that is added to link one word to another. In French, a **liaison** may occur when a word that normally ends in a silent consonant (**s, t, x,** or **n**) is followed by a word that begins with a vowel sound. For a **liaison** to occur, the first word must in some way modify or qualify the second. Note also that in a **liaison, s** and **x** are pronounced **z.**

Articles

les_étudiants   un_Américain   les_examens

Subject pronouns

vous_étudiez   ils_habitent   on_aime

Adverbs or adjectives

C'est_intéressant.   C'est_assez facile.
C'est bien_agréable.   C'est très_important.

Numbers

deux_hommes   trois_Anglais   six_enfants

Petite conversation. Practice repeating the following conversation.

— Vous_aimez Grenoble?
— Oui, c'est_une ville très_agréable.
— Vous_habitez dans_un_appartement?
— Oui, avec deux_amis.

Vocabulaire

La vie universitaire (Voir pp. 12–14)
Les verbes du premier groupe (Voir pp. 21–22)
Les adverbes (Voir p. 21)

Noms

ami(e) (m, f) friend
arabe (m) Arabic
bâtiment (m) building
camarade (m, f) **de chambre** roommate
compagnie (f) company
droit (m) law
film (m) film

fois (f) time, instance
gens (m pl) people
gestion (f) management
interprète (m, f) interpreter
magasin (m) store
maison (f) house, home
médecine (f) medicine (profession)

musée (m) museum
résidence (f) **universitaire** dormitory
restaurant (resto) (m) restaurant
rue (f) street
soir (m) evening

télévision (télé) (f) television
université (f) university
vacances (f pl) vacation
vie (f) life
ville (f) city
week-end (m) weekend

Verbes

adorer to adore
aimer bien to like
aimer mieux to prefer, like better
coûter to cost
danser to dance
détester to hate

donner to give
écouter to listen (to)
essayer to try
étudier to study
habiter to live (in, at)
manger to eat
marcher to walk

partager to share
penser to think
préférer to prefer
regarder to look
rencontrer to meet, run into
répéter to repeat

rester to stay
téléphoner to telephone
travailler to work
trouver to find
voyager to travel

Adjectifs

agréable pleasant
cher(-ère) dear; expensive
désagréable unpleasant
difficile difficult
ennuyeux(-euse) boring
étranger(-ère) foreign

facile easy
fatigant(e) tiring
impossible impossible
intéressant(e) interesting
inutile useless
moderne modern

passionnant(e) fascinating, exciting
politique political
reposant(e) relaxing
sportif(-ive) athletic

sympathique (sympa) nice, likeable
utile useful
vrai(e) true

Divers

à to, in, at
allô hello (on the telephone)
alors then, so
après after
aussi also
avec with
bonsoir good evening
ce this, that
dans in

demain tomorrow
en général in general
ensemble together
être d'accord to agree
ici here
mais but
naviguer sur Internet to surf the Internet
ne... jamais never

ne... pas not
n'est-ce pas? right?
ou or
où where
parce que because
pendant during
penser que oui (non) to think so (not)
peut-être perhaps

pour for
pourquoi why
presque almost
quelquefois sometimes
qu'est-ce que what
s'il vous plaît please
tous les jours every day
trop too much
voici here is

Identité

Fonctions

Dans ce chapitre, vous allez apprendre à
- identifier les nationalités et les professions
- identifier et décrire les gens et les choses
- compter jusqu'à 100

Vocabulaire et structures

Point de départ: Qui est-ce?
Exploration 1: Le verbe **être** et quelques adjectifs
Exploration 2: Les adjectifs qualificatifs
Exploration 3: Les nombres de 30 à 100

Point de départ: Qui est-ce?

Je vous présente Stéphane Simon.
Il est suisse.
Il habite maintenant *(now)* à
   Genève, mais il est de Lausanne.
Il est dentiste.
Il est marié.

Je vous présente Danielle Petit.
Elle est française. Elle est de Toulouse.
Elle est étudiante. Elle étudie la biologie.
Elle désire être vétérinaire.
Elle n'est pas mariée. Elle est célibataire.

Quelques nationalités

Il est...		Elle est...
allemand *(German)*		allemande
américain		américaine
anglais		anglaise
mexicain		mexicaine
canadien		canadienne
algérien		algérienne

Il est...		Elle est...
espagnol		espagnole
japonais		japonaise
sénégalais		sénégalaise
belge		belge
italien		italienne

Quelques professions

Il est...	Elle est...	Il est...	Elle est...

assistant social	assistante sociale	avocat	avocate

commerçant	commerçante	comptable	comptable

informaticien	informaticienne	ingénieur	ingénieur

Il est…	Elle est…	Il est…	Elle est…

instituteur ou
professeur des
écoles

institutrice ou
professeure des
écoles

journaliste

journaliste

médecin

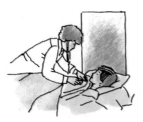

médecin

psychologue

psychologue

technicien

technicienne

vendeur

vendeuse

Communication et vie pratique

A **Présentations.** You have been asked to introduce students to each other at an international student conference. Based on the information on the name tags on page 45, what would you say?

EXEMPLES   *Je vous présente Pierre Ledoux. Il est français. Il est de Lyon.*

                Je vous présente Renate Schmidt. Elle est suisse. Elle est de Zurich.

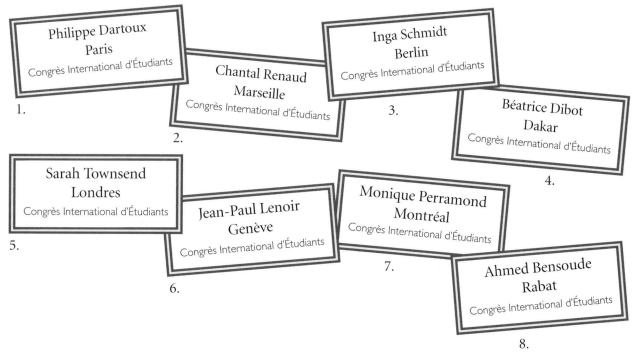

Philippe Dartoux
Paris
Congrès International d'Étudiants

1.

Chantal Renaud
Marseille
Congrès International d'Étudiants

2.

Inga Schmidt
Berlin
Congrès International d'Étudiants

3.

Béatrice Dibot
Dakar
Congrès International d'Étudiants

4.

Sarah Townsend
Londres
Congrès International d'Étudiants

5.

Jean-Paul Lenoir
Genève
Congrès International d'Étudiants

6.

Monique Perramond
Montréal
Congrès International d'Étudiants

7.

Ahmed Bensoude
Rabat
Congrès International d'Étudiants

8.

B **Les cartes de visite.** The **cartes de visite** of various people are shown here. Describe each of them by giving the information requested in the **renseignements à donner.**

Renseignements à donner:

nom et prénom	Il / Elle s'appelle...
adresse	Il / Elle habite...
profession	Il / Elle est...
ville d'origine	Il / Elle est de...

Anne-Marie Joureau
Ingénieur

44, rue de la Poste
33018 Bordeaux

Denis Journeau
Comptable
44, rue de la Poste
33018 Bordeaux

JEAN-CLAUDE ANDRÉ
MÉDECIN
25, AVENUE JEAN-JAURÈS
29421 BREST

CLAUDINE BASTIEN
DENTISTE,
3, QUAI SAINT-HUBERT
45001 ORLÉANS

Armand Simon

Avocat
18, cours Franklin-Roosevelt
44005 Nantes

Sabine Mercier

Psychologue
39, promenade des
Anglais
06002 Nice

André Seguin
Commerçant
79, rue du Mont-Blanc
74061 Annecy

Jacqueline Bertrand

Journaliste
68, rue du Port
13001 Marseille

C **Votre carte de visite.** Using the business cards in activity B as a guide, make up a business card in French reflecting the profession that you have chosen. You may also try to find (or design) a logo to put on the card. When finished, imagine that you are at a business meeting where you are passing out your cards so that you can be introduced to other attendees. Practice introducing one another using the business cards you have created.

EXEMPLE *Je vous présente Richard Smith. Il habite à Chicago.*
Il est médecin.

Les origines

Because of its position at the western edge of the continent, France has often been referred to as the "melting pot" of Europe. Its population descended from the intermingling of Gauls, Celts, Romans, Franks, and Vikings. During the twentieth century, this mix was further enriched by the arrival of immigrants from diverse regions of Europe (Poland, Italy, Spain, Portugal), from Indochina, and from Africa, especially from the Arab countries of North Africa (**le Maghreb**). Although France is one of the founding members of the European Union, the delicate balance between the ideal of a unified Europe and the desire for each country to retain its independence and uniqueness is very much at the center of French political debate. The geographic and cultural diversity of France is also reflected in the current appeal of regionalism. People's pride in their regional identity expresses itself in domains as varied as sports teams, culinary and cultural traditions, regional products, and linguistic heritage.

Les valeurs

A recent survey found that when asked what they valued most, French people chose the following:

la famille	93%	l'avenir (*future*)	67%
les études	86%	la patrie (*country*)	67%
le progrès	82%	la religion	51%
le travail	79%	l'idéal politique	31%
le mariage	76%		

When asked which of the three concepts that form the motto "**Liberté, égalité, fraternité**" they value most, 65% chose freedom, 21% equality, and 12% solidarity.

Les papiers d'identité

Une carte d'identité: Used for all major identification purposes and for travel within the **Union européenne (UE).**

Un passeport: Needed for travel to countries outside the **UE.**

Une carte d'électeur: Acquired at age 18 and required in order to vote.

Un permis de conduire: Obtained at age 18 after taking special courses at an **auto-école** and passing a rigorous exam; possibility of **la conduite accompagnée** (driving in the company of a licensed driver) at the age of 16.

Un livret de famille: Gives information about each member of the family, when the parents got married, when each child was born, and also when family members died.

Une carte d'étudiant: Required for university identification purposes and used for discounts in museums, movies, trains, and so on.

Et vous?

How do you think Americans might rank the values listed on page 46? Compare your ideas with those of other students in the class. Then compare the **papiers d'identité** with American identification papers.

Exploration ①

Identifier et décrire les gens et les choses: Le verbe *être* et quelques adjectifs

To tell who or where you are, where you are from, or what you are like, you can use the verb **être** *(to be)*.

— Est-ce que vous **êtes** étudiant?
— Non, je **suis** professeur.

— Vous **êtes** de Genève?
— Non, je **suis** de Lausanne.

— Ils **sont** à la bibliothèque?
— Non, ils ne **sont** pas à la bibliothèque.

ê t r e	
je **suis**	nous **sommes**
tu **es**	vous **êtes**
il / elle / on **est**	ils / elles **sont**

To identify people or things, the phrase **c'est** *(it is, that is)* can be used. It can be followed by a name (**C'est Monique**), by a noun (**C'est le professeur**), or by a stress pronoun (**C'est moi**). The stress (or disjunctive) pronouns are:

C'est **moi.**	C'est **nous.**
toi.	**vous.**
lui. *(he, him)*	**eux.** *(they, them)*
elle. *(she, her)*	**elles.** *(they, them)*

1.1 Adjectives are often used with **être.** They agree in number and gender with the nouns they modify. Some adjectives have identical masculine and feminine forms and simply add **s** for the plural.

Il est optimiste.   Ils sont optimiste**s.**
Elle est optimiste.   Elles sont optimiste**s.**

Some useful adjectives of this type are:

célèbre *(famous)*	moderne	pratique
formidable *(great)*	modeste	sévère *(strict)*
honnête	optimiste / pessimiste	sympathique (sympa)
jeune *(young)*	pauvre / riche	timide
juste / injuste *(fair / unfair)*	possible / impossible	triste *(sad)*

1.2 Adjectives can also be modified by adverbs.

pas assez	assez	très	trop
not enough	*rather*	*very*	*too (much)*

Il est **assez** timide.
Les professeurs sont **trop** sévères.

1.3 *C'est* vs. *Il / Elle est.* **C'est** (or **Ce sont**) + article + noun (either modified or not modified by an adjective) is used primarily to identify. **Il / Elle est** (or **Ils / Elles sont**) + adjective (or nouns used as adjectives expressing nationality, religion, or profession) is used primarily to describe. Compare:

C'est (Ce sont)...	Il / Elle est (Ils / Elles sont)...
C'est une Française.	Elle est française.
C'est un professeur.	Elle est professeure.
C'est un professeur formidable.	Elle est formidable.
Ce sont des étudiants.	Ils sont étudiants.

Note that **c'est...** can also be used with an adjective when making a general comment:

C'est injuste *(It's unfair)* versus **il / elle est injuste** *(he/she is unfair).*

Situation: À la gare

Track 23   Catherine and Gérard are at the train station with their friends Claude and Suzanne waiting for the arrival of Daniel Johnson, an American student, who is going to spend a semester at the **École supérieure de commerce de Nantes.**

CATHERINE: Excusez-moi... Daniel Johnson, c'est vous?
DANIEL: Oui, c'est moi.
CATHERINE: Bonjour, Daniel. Bienvenue à Nantes.
DANIEL: Merci. Je suis content d'être ici.
CATHERINE: Daniel, je vous présente Claude et Suzanne. Ils sont de Nantes aussi.
DANIEL: Enchanté. Bonjour, Claude. Bonjour, Suzanne.
CATHERINE: Vous n'êtes pas trop fatigué?
DANIEL: Non, pas trop.

> **Mots à retenir: la bienvenue** *welcome,* **content** *happy,* **enchanté** *pleased (to meet you),* **fatigué** *tired*

Avez-vous compris?

Qui est à la gare, et dans quelle ville? Quelle est la nationalité de chaque personne? Quelle est la réaction de Daniel?

Communication et vie pratique

A **De quelle ville est-ce que tu es?** Students at Laval University in Quebec are telling where they are from. Use the following map to formulate their statements.

> EXEMPLE — *De quelle ville est Geneviève?*
> — *Elle est de Trois-Rivières.*

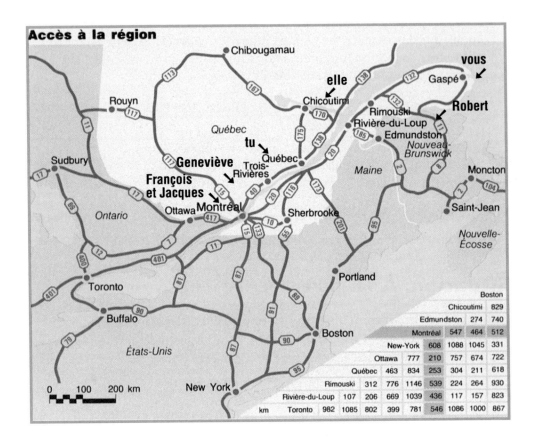

B **Et toi?** Ask questions to find out where students in your class are from. See if you can find people from the same town.

> EXEMPLE — *De quelle ville est-ce que tu es?*
> — *Je suis de Détroit. Et toi?*

C Commentaires. Do you or others have the following characteristics? If not, what are you or they like?

> **EXEMPLE** nous / trop pessimiste
> *C'est vrai; nous sommes quelquefois trop pessimistes.* ou
> *Ce n'est pas vrai; nous sommes très optimistes.*

1. je / assez optimiste
2. mes amis / très sympathique
3. les étudiants / quelquefois trop timide en cours de français
4. le professeur de français / formidable
5. les professeurs / pas très sévère
6. je / pas assez riche

D Opinions. Use the cues provided to ask other students their opinions about different aspects of campus life. Use adverbs such as **assez, très,** and **trop** in your answers.

> **EXEMPLE** Les salles de classe à l'université? (agréables? désagréables? modernes?)
> — *Comment sont les salles de classe?*
> — *Elles ne sont pas modernes, mais elles sont assez agréables.*

1. Le français? (difficile? facile? utile?)
2. Les étudiants? (formidables? pauvres? timides? sympa?)
3. Les cours? (difficiles? faciles? intéressants? agréables?)
4. Les professeurs? (justes? sévères? intéressants? sympa?)
5. Le campus? (agréable? moderne? formidable?)
6. Le climat? (agréable? désagréable?)
7. Les résidences universitaires? (modernes? agréables?)

C'est votre tour

You are going to an international dinner and have prepared a name tag with your name, nationality, profession, and hometown. You may use your own identity or create a French identity. Once you get to the party, your host or hostess asks you to circulate and introduce several guests to others at the party. Use the **Situation** on page 49 as a guide.

Exploration ②

Décrire les gens et les choses: Les adjectifs qualificatifs

Adjectives are used to describe people and things.

Il est	amusant.	Elle est	amusante.
	charmant.		charmante.
	compliqué. *(difficult)*		compliquée.
	content.		contente.
	doué. *(talented)*		douée.
	embêtant. *(annoying)*		embêtante.
	excellent.		excellente.
	fatigué.		fatiguée.
	fort. *(strong)*		forte.
	impatient.		impatiente.
	indépendant.		indépendante.
	intelligent.		intelligente.
	intéressant.		intéressante.
	parfait.		parfaite.
	passionnant.		passionnante.
	patient.		patiente.
	poli.		polie.

French adjectives agree in number (an **s** is usually added in the plural) and in gender (an **e** is usually added in the feminine form) with the people or things they describe.

	Singulier	**Pluriel**
Masculin	Il est patient.	Ils sont patients.
Féminin	Elle est patiente.	Elles sont patientes.

2.1 Many adjectives end in a consonant that is not pronounced in the masculine form but is pronounced in the feminine form when an **e** is added.

Marc est patient, mais Monique n'est pas patiente.

If the masculine singular form ends in **s, s** is not added in the plural.

Il est français.   Ils sont français.

An adjective that describes a combination of masculine and feminine nouns is always masculine plural.

Alain et Yvonne sont intelligents.

2.2 Some adjectives follow slightly different patterns.

	Singulier	**Pluriel**
Masculin	sportif	sportifs
Féminin	sportive	sportives

actif / active, impulsif / impulsive, naïf / naïve, compréhensif / compréhensive (*understanding*)

	Singulier	**Pluriel**
Masculin	sérieux	sérieux
Féminin	sérieuse	sérieuses

ambitieux / ambitieuse, courageux / courageuse, heureux / heureuse (*happy*), paresseux / paresseuse (*lazy*)

	Singulier	**Pluriel**
Masculin	canadien	canadiens
Féminin	canadienne	canadiennes

italien / italienne, parisien / parisienne, tunisien / tunisienne

Track 24

Situation: Possibilité de promotion

Several employees are up for a promotion. Mme Mermet, the personnel director, asks her assistant, Gilbert Lacoste, his opinion of the candidates.

MME MERMET: Que pensez-vous de Gérard Sylvestre?
GILBERT: À mon avis, c'est un type assez compétent, mais sans plus.
MME MERMET: Et Élisabeth Morisot?
GILBERT: C'est une femme exceptionnelle. Elle est intelligente... Elle est ambitieuse... Elle est gentille... Elle est...
MME MERMET: Et Alain Dampierre?
GILBERT: C'est un homme fascinant. Il a toujours des idées intéressantes, mais il n'est pas très réaliste.

> **Mots à retenir: à mon avis** *in my opinion,* **un type** *a guy,* **sans plus** *nothing more,* **une femme** *a woman,* **gentil(le)** *nice,* **une idée** *an idea*

Avez-vous compris?

Qu'est-ce que Gilbert pense des employés mentionnés par Mme Mermet?

Nom	Qualités	Défauts
Gérard Sylvestre		
Élisabeth Morisot		
Alain Dampierre		

Communication et vie pratique

A Et les femmes alors? You overhear a conversation between Hubert, who thinks that men are superior to women, and Suzanne, who doesn't agree at all. What do they say?

> **EXEMPLE** ambitieux
> HUBERT: *Les hommes sont ambitieux.*
> SUZANNE: *Les femmes aussi sont ambitieuses.*

1. sérieux
2. sportif
3. intelligent
4. courageux

5. fort
6. indépendant
7. patient
8. parfait

B C'est mon avis et je le partage! Decide what general characteristics you think men and women have. Then find out if other students agree or disagree with you and tell which opinions are the same and which are different.

> **EXEMPLE** — *À mon avis, les hommes ne sont pas assez patients.*
> — *Je ne suis pas d'accord; ils sont très patients.*

C Qualités et défauts. Madame Besnard and her associate are evaluating different part-time employees at Quick Snack. What do they say about each one?

> **EXEMPLE** Candice? assez gentil / pas assez sérieux
> *Candice est assez gentille, mais elle n'est pas assez sérieuse.*

1. Claire? très intelligent / pas assez poli
2. Martiné? assez sympa / trop impulsif
3. Valérie? très compétent / pas assez ambitieux
4. Christian? assez gentil / embêtant
5. Carine? très poli / pas très compétent
6. Anne? très indépendant / assez paresseux
7. Sylvie? assez intelligent / pas très courageux
8. Luc? assez fort / trop naïf

D Et toi? Imagine that you are applying for a job at Quick Snack and have to make a list of your strengths and weaknesses. What would you say?

> **EXEMPLE** *En général, je suis assez sérieux(-euse). Je suis intelligent(e) et très poli(e). Quelquefois, je ne suis pas assez patient(e).*

C'est votre tour

Your class is hosting a group of exchange students from the **École supérieure de commerce de Nantes.** Your instructor wants to assign several of your classmates to welcome and escort the visitors and to familiarize them with the campus and the city. Interview other students in your class. To make your recommendations for the selection, ask them about their interests, strengths, and weaknesses. Fill out the grid with your notes, then report back to your instructor with the results. Use the **Situation** on page 53 as a guide.

Nom	Intérêts	Qualités	Défauts

Exploration ③

▌ Compter jusqu'à 100: Les nombres de 30 à 100

You have already learned the numbers up to 31 so that you could indicate any date. The remaining numbers up to 100 (**cent**) are

30 **trente**	50 **cinquante**	70 **soixante-dix**	90 **quatre-vingt-dix**
31 **trente et un**	51 **cinquante et un**	71 **soixante et onze**	91 **quatre-vingt-onze**
32 **trente-deux**	52 **cinquante-deux**	72 **soixante-douze**	92 **quatre-vingt-douze**
33 **trente-trois**	53 **cinquante-trois**	73 **soixante-treize**	93 **quatre-vingt-treize**
34 **trente-quatre**	54 **cinquante-quatre**	74 **soixante-quatorze**	94 **quatre-vingt-quatorze**
35 **trente-cinq**	55 **cinquante-cinq**	75 **soixante-quinze**	95 **quatre-vingt-quinze**
36 **trente-six**	56 **cinquante-six**	76 **soixante-seize**	96 **quatre-vingt-seize**
37 **trente-sept**	57 **cinquante-sept**	77 **soixante-dix-sept**	97 **quatre-vingt-dix-sept**
38 **trente-huit**	58 **cinquante-huit**	78 **soixante-dix-huit**	98 **quatre-vingt-dix-huit**
39 **trente-neuf**	59 **cinquante-neuf**	79 **soixante-dix-neuf**	99 **quatre-vingt-dix-neuf**
40 **quarante**	60 **soixante**	80 **quatre-vingts**	100 **cent**
41 **quarante et un**	61 **soixante et un**	81 **quatre-vingt-un**	
42 **quarante-deux**	62 **soixante-deux**	82 **quatre-vingt-deux**	
43 **quarante-trois**	63 **soixante-trois**	83 **quatre-vingt-trois**	
44 **quarante-quatre**	64 **soixante-quatre**	84 **quatre-vingt-quatre**	
45 **quarante-cinq**	65 **soixante-cinq**	85 **quatre-vingt-cinq**	
46 **quarante-six**	66 **soixante-six**	86 **quatre-vingt-six**	
47 **quarante-sept**	67 **soixante-sept**	87 **quatre-vingt-sept**	
48 **quarante-huit**	68 **soixante-huit**	88 **quatre-vingt-huit**	
49 **quarante-neuf**	69 **soixante-neuf**	89 **quatre-vingt-neuf**	

Note that some numbers are different in Switzerland and Belgium: **septante** 70 (Switzerland and Belgium); **huitante** 80 (Switzerland); **octante** 80 (Belgium); **nonante** 90 (Switzerland and Belgium).

3.1 To ask how much something costs, use the question **Combien est-ce que ça coûte?** or the more conversational **Combien est-ce que ça fait?** *(How much does that make?)*, **Ça fait combien?** or **C'est combien?**

— Combien est-ce que ça coûte?
— Ça coûte cinquante-huit euros.

— Ça fait combien?
— Ça fait quatre-vingt-dix euros.

3.2 For basic mathematical operations, **plus** is used for *plus*, **moins** for *minus*, **fois** for *times*, and **divisé par** for *divided by*. **Ça fait** can be used to express the result.

— Cinquante-neuf **moins** trente-deux, combien est-ce que **ça fait**? (or **ça fait combien**?)
— **Ça fait** vingt-sept.

Situation: Demande d'emploi

Track 25 Mireille Rivière is applying for a job. The interviewer is asking her questions to fill out the personnel form.

L'EMPLOYEUR: Quelle est votre adresse?
MIREILLE: 75, rue Voltaire.
L'EMPLOYEUR: Ville et code postal?
MIREILLE: Lyon 69006.
L'EMPLOYEUR: Numéro de téléphone?
MIREILLE: C'est le 04 78 22 44 62.
L'EMPLOYEUR: Nom et adresse de votre employeur précédent?
MIREILLE: Agence Publicis, 63, rue de la République. Téléphone: 04 78 91 35 33.

Avez-vous compris?

Est-ce que les renseignements suivants sont vrais ou faux?

Mireille Rivière habite 95 rue Voltaire. Le code postal est 79006. Le numéro de téléphone de Mireille est le 04 18 22 44 72. Le nom et l'adresse de son employeur précédent sont Agence Publicis, 73, rue de la République.

Communication et vie pratique

A **Distances.** Your friends are telling how far they have to commute each day to the **Université de Caen.** What do they tell you?

EXEMPLE 35
J'habite à trente-cinq kilomètres de l'université.

1. 99
2. 55
3. 70
4. 77
5. 61
6. 86
7. 42
8. 93
9. 91
10. 69

B **Services publics et sociaux.** An employee of the **Syndicat d'Initiative** in **Châtillon sur Chalaronne** is giving out phone numbers for special services. One student will play the role of the caller and will ask for the number of a service. The employee, played by another student, will give the number, using the guide that follows as a reference. Vocabulary is provided to help you understand the emergency services. (Note that the numbers for the **pompiers, gendarmerie,** and **urgences médicales** are the same all over France.)

CANTON DE CHATILLON SUR CHALARONNE

CHATILLON SUR CHALARONNE
SERVICES PUBLICS ET SOCIAUX

MAIRIE -	
Services Administratifs - Place de la Mairie	Tél : 04 74 55 04 33
Services Techniques - Place de l'Hôtel de Ville	Tél : 04 74 55 01 90
Services Techniques de Voirie - 65 rue Bergerat	Tél : 04 74 55 23 13
LA POSTE :Avenue de la Poste	
Renseignements	Tél : 04 74 55 02 56
Receveur	Tél : 04 74 55 02 32
POMPIERS	Tél : 18
GENDARMERIE	Tél : 17
URGENCES MEDICALES	Tél : 15
SAMU Bourg	Tél : 04 74 23 15 15
G.D.F. Dépannage Sécurité	Tél : 04 74 04 92 23
E.D.F. Dépannage Sécurité	Tél : 04 74 04 04 50
ECLAIRAGE PUBLIC	N° Vert (appel gratuit) : 0800 28 77 93
ASSISTANTE SOCIALE	Tél : 04 74 55 01 15

The words in **Mots en contexte** are provided to help you understand an activity but are not words that you need to learn.

Mots en contexte: Services techniques de voirie *garbage collection;* la poste *post office;* renseignements *information;* receveur *postmaster;* pompiers *fire department;* gendarmerie *police station;* SAMU (Service d'aide médicale d'urgence) *medical emergency squad;* E.D.F. / G.D.F. (Électricité / Gaz de France); éclairage public *street lights*

EXEMPLE
— *La mairie. Les services administratifs, s'il vous plaît?*
— *C'est le zéro quatre, soixante-quatorze, cinquante-cinq, zéro quatre, trente-trois.*

1. La mairie. Les services techniques?
2. La poste. Les renseignements?
3. Les pompiers?
4. La gendarmerie?
5. Les urgences médicales?
6. Le SAMU?
7. L'E.D.F.?
8. L'assistante sociale?

C Renseignements. Imagine that you are working for ESIG, a company that helps students find internships. Prospective interns are calling to obtain phone numbers, addresses, and so forth of your offices in various cities. Answer their questions based on the information that follows.

EXEMPLE — *Pour Orléans, quelle est l'adresse?*
— *2, rue Girodet. Téléphone: 02 38 62 10 45.*

ANGERS : ESTM-LEBRETON - 4, St Maurille, 49100. Tél. 02 41 25 35 15 • AMIENS : 3, rue Vincent Auriol, 80000. Tél. 03 22 71 71 00 • BORDEAUX • 122-124, rue du Docteur A. Barraud, 33000. Tél. 05 56 81 43 16 • GRENOBLE : 14 bld, Gambetta, 38000. Tél. 04 76 86 60 30 • LILLE : 70, rue de Bouvines, 59000. Tél. 03 20 19 13 13 • LYON : 11 bis, bld Vivier-Merle 69003. Tél. 04 72 68 78 30 • NANTES : 1, allée Baco, 44000. Tél. 02 40 35 38 38 • NICE : 37, bd Carabacel, 06000. Tél. 04 93 13 15 90 • ORLEANS : 2,rue Girodet, 45000. Tél. 02 38 62 10 45 • PARIS : 15, rue Soufflot, 75005. Tél. 01 44 41 82 82 • RENNES : 39, rue du Capitaine Maignan, 35000. Tél. 02 99 67 60 29 • ROUEN : 16, Place Saint Marc, 76000. Tél. 02 35 70 00 50. • STRASBOURG : 24, rue du 22 Novembre, 67000. Tél. 03 88 23 01 67 • TOULOUSE : 1, rue Caraman, 31000. Tél. 05 62 73 67 89.

C'est votre tour

You are applying for a summer internship at a French firm. The employer (played by another student) will ask questions similar to those in the **Situation** on page 57. Answer the questions based on your own experience.

Intégration et perspectives

▌ Vos papiers, s'il vous plaît...

Pour mieux lire: Knowing what you might expect to read or hear in a particular context helps increase your comprehension. For each of the three situations given in the **Intégration et perspectives** reading, imagine the questions that would be asked for each of the forms: a discount card for students, a work permit, and a traveler's visa. Then compare your ideas with the questions asked in the conversation.

Dans la vie quotidienne, il est souvent nécessaire de montrer des papiers d'identité ou de donner des renseignements pour prouver qui on est.

Dans un bureau de la SNCF[2]
Béatrice Lacombe, qui est étudiante, désire obtenir une carte de réduction sur les chemins de fer.

L'EMPLOYÉ: Quel est votre nom?
BÉATRICE: Je m'appelle Béatrice Lacombe.
L'EMPLOYÉ: Quelle est votre date de naissance?
BÉATRICE: Je suis née à Chambéry, le 9 mai 1980.
L'EMPLOYÉ: Vous êtes mariée ou célibataire?
BÉATRICE: Je suis célibataire.
L'EMPLOYÉ: Vous êtes étudiante?
BÉATRICE: Oui, je suis étudiante en médecine.
L'EMPLOYÉ: Et quelle est votre adresse?
BÉATRICE: 97, avenue des Alpes, Grenoble 38002.

Dans un bureau de la préfecture
Nabil Abdellah, un réfugié politique algérien, désire obtenir une carte de séjour en France.

L'EMPLOYÉ: Comment vous appelez-vous?
NABIL: Je m'appelle Nabil Abdellah.
L'EMPLOYÉ: Quelle est votre nationalité?
NABIL: Je suis algérien.
L'EMPLOYÉ: Quelle est votre date de naissance?
NABIL: Je suis né le 18 avril 1965.
L'EMPLOYÉ: Et où êtes-vous né?
NABIL: Je suis né à Oran.
L'EMPLOYÉ: Quelle est votre formation?
NABIL: Je suis ingénieur.
L'EMPLOYÉ: Quelle est votre adresse actuelle?
NABIL: Je suis chez des amis. Ils habitent ici, à Lille.
L'EMPLOYÉ: À quelle adresse, s'il vous plaît?
NABIL: 48, rue de la Poste, appartement 54B.

[2]Société nationale des chemins de fer français (*French national railway company*)

Au consulat japonais à Toronto

Georges Arsenault, un Canadien français, désire obtenir un visa pour un voyage d'affaires à Tokyo.

L'EMPLOYÉE: Nom et prénom, s'il vous plaît?
GEORGES: Je m'appelle Georges Arsenault.
L'EMPLOYÉE: Nationalité?
GEORGES: Je suis québécois.
L'EMPLOYÉE: Date et lieu de naissance?
GEORGES: Je suis né le 20 juin 1966 à Rivière du Loup.
L'EMPLOYÉE: Domicile?
GEORGES: J'habite maintenant à Montréal, 75, rue de la République.
L'EMPLOYÉE: Profession?
GEORGES: Architecte. Je travaille dans une entreprise de travaux publics.
L'EMPLOYÉE: But du voyage?
GEORGES: C'est un voyage d'affaires.

Mots à retenir: montrer *to show,* **les renseignements** *(m) information,* **qui** *who,* **la carte de réduction** *discount card,* **la date de naissance** *date of birth,* **je suis né(e)** *I was born,* **le permis** *permit, license,* **la formation** *training, background,* **chez** *at the house of, place of,* **le voyage d'affaires** *business trip,* **le lieu** *place,* **le domicile** *residence, address,* **l'entreprise** *(f) business, company,* **le but** *purpose, goal*

Avez-vous compris?

Donnez les renseignements suivants sur chaque personne.

Nom et prénom	Date / Lieu de naissance	État civil	Profession	Domicile actuel	But (*goal*) de la conversation

Info-culture: Images du Québec

The following song was written by Claude Gauthier, a French-Canadian singer. Its words evoke, with simplicity, what it is like to be a French Canadian. It also reveals that many French Canadians want to find their own identity and cultural heritage apart from the rest of Canada.

> *Je suis de lacs et de rivières.*
> *Je suis de gibier et de poissons.*
> *Je ne suis pas de grandes moissons.*
> *Je suis de sucre et d'eau d'érable, de pater noster, de credo.*
> *Je suis de dix enfants à table.*
> *Je suis de janvier sous zéro.*
> *Je suis d'Amérique et de France.*
> *Je suis de chômage et d'exil.*
> *Je suis d'octobre et d'espérance.*
> *Je suis l'énergie qui s'empile d'Ungava à Manicouagan.*
> *Je suis Québec mort ou vivant.*

Mots en contexte: le gibier *wild game*, le poisson *fish*, la moisson *harvest*, le sucre *sugar*, l'eau *(f)* d'érable *maple sap*, le pater noster, le credo *Roman Catholic prayers*, sous *below*, le chômage *unemployment*, l'espérance *(f) hope*, s'empiler *to pile up*, mort *dead*, vivant *alive*

Et vous?

Tell whether the following statements reflect the image of Quebec created in the poem. What are your own impressions of Quebec?

1. Quebec is a land of many lakes and rivers.
2. There are large grain harvests in Quebec.
3. Making maple sugar is a traditional activity in Quebec.
4. Quebec is noted for its mild winters.
5. Most French Canadians are Catholic.
6. Quebec is a blend of French and North American cultures.
7. The production of electricity is an important part of Quebec's economy.
8. French Canadians feel a sense of pride and loyalty for their heritage.

 Internet. What advice about visiting **le Québec** can you find on the Internet (e.g., http://www.bonjourquebec.com/)?

If the Web sites suggested are no longer available, use a search engine to find similar information (e.g., http://fr.yahoo.com or http://www.google.fr).

Communication et vie pratique

A **Cours pour étrangers.** David, an American student, is registering for courses in the **cours pour étrangers** of the **Université de Nice.** Élise Martel is helping him fill in the forms. Listen to their conversation and give the following information.

Track 26

Pour mieux comprendre: As you did with the **Intégration et perspectives** reading, review the form to be filled in and anticipate the questions that Élise will ask David to get the information for each of the categories. This strategy will increase your comprehension.

Nom: _____

Prénom: _____

Nationalité: _____

Adresse: Rue: _____

Ville: _____

Pays: _____

B **Fiche d'inscription.** Imagine that you are planning to study in France. Another student will play the role of the university employee who will ask you questions to obtain the information needed for the **fiche d'inscription.**

FICHE D'INSCRIPTION
REGISTRATION FORM

à remplir par l'étudiant
(to be filled in by the student)

NOM : M. Mme Mlle,. . . . .
(Surname)

NOM DE JEUNE FILLE. . . . .
(Maiden name)

PRÉNOM. . . . .
(First name)

Photo d'identité

NATIONALITÉ. . . . . SEXE . . . .
(Nationality)

DATE DE NAISSANCE . . . .
(Date of birth)   JOUR *(day)*   MOIS *(month)*   AN *(year)*

ADRESSE DANS VOTRE PAYS . . . .
(Home address)

N° RUE . . . .
(N°, street)

VILLE . . . .
(Town)

PAYS . . . .
(Country)

Désire participer à la session de : *(wishes to attend the following session)*

1ère SESSION : 7 au 31 JUILLET   2ème SESSION : 4 au 28 AOUT

ou une quinzaine du : . . . . .au . . . .
(or two weeks, from: to)

C **Un programme d'échange.** You have just found out that your university offers several internships in France where you can teach English to French students and at the same time take courses in French at a French university. You decide to apply for the internship, and you need to write a letter of introduction. Show that you are a good candidate for the internship by explaining who you are, where you live, what you are like, and what your interests are.

Pour mieux écrire: Because people often have a hard time editing and revising their own work, having another person look over a piece of writing to make sure that it reads well and covers important information can be useful. Try this strategy with a draft of your letter of application for the internship. Another student can tell whether you have included important information, whether you convince the reader that you are a good candidate, whether the letter is well organized, whether there are grammar or vocabulary errors, and so on. Incorporate his or her suggestions in your final version.

ⓓ Interview. Representatives of the French organization that sponsors the internships (played by other students in your class) are interviewing candidates for these positions. The interviewers will ask you questions based on your letter of introduction. Speak with at least two interviewers. The rest of the class listens and helps select who will be given the internships.

Invitation au voyage: Destination le Canada

You are going to read about Canada from the perspective of Amélie Simon, who describes her life and her family. Before reading what Amélie has to say, on page 66, work alone or with several classmates and place the following Canadian provinces in the appropriate spot on the map provided.

EXEMPLE   *L'île du Prince-Édouard, c'est le numéro 1.*

l'Alberta
la Colombie-Britannique
l'île du Prince-Édouard
le Manitoba
le Nouveau-Brunswick

la Nouvelle-Écosse
le Nunavut
l'Ontario
le Québec

le Saskatchewan
Terre-Neuve et le Labrador
les Territoires du Nord-Ouest
le Yukon

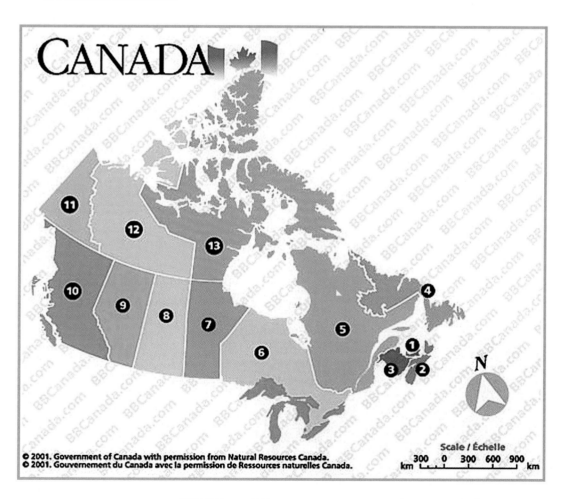

Réponses: 1 = l'île du Prince-Édouard; 2 = la Nouvelle-Écosse; 3 = le Nouveau-Brunswick; 4 = Terre-Neuve et le Labrador; 5 = le Québec; 6 = l'Ontario; 7 = le Manitoba; 8 = le Saskatchewan; 9 = l'Alberta; 10 = la Colombie-Britannique; 11 = le Yukon; 12 = les Territoires du Nord-Ouest; 13 = le Nunavut

Chez nous

○ ○ ○ ○ ○ ○ ○ ○

au Canada

«Vous et moi, nous sommes voisins... Nous partageons un continent, et sans doute aussi, l'amour des grands espaces, de la liberté et des barbecues!

Je m'appelle Amélie Simon. Je suis canadienne, plus précisément, canadienne française. Je suis de Montréal, mais j'habite maintenant à Vancouver, dans l'ouest du Canada. J'habite ici, avec ma famille, depuis l'âge de 18 ans. Je parle anglais et français. Je parle aussi assez bien le vietnamien parce que ma mère est d'origine vietnamienne. Ma famille et moi, nous retournons souvent au Québec parce que c'est là que tout le reste de la famille habite. Chaque année, en septembre, il y a une grande réunion de famille. Je suis toujours contente de voir mes cousins et cousines. Ils sont très sympa. Commerçants, dentistes, ingénieurs, avocats, psychologues, etc.: presque toutes les professions—et, bien sûr, des points de vue très différents—sont représentés! Alors, les discussions sont passionnantes, et très, très animées!

Moi, je suis étudiante en médecine et ma spécialité est la pédiatrie. C'est ma dernière année d'études à l'université. Après ça, je vais faire un stage d'un an ou deux dans un hôpital. J'espère retourner au Québec et trouver un poste à l'hôpital de l'université Laval. Après mes études, mon but est de travailler dans une organisation internationale comme Médecins sans frontières. Les enfants sont souvent les premières victimes de la guerre, des épidémies ou des catastrophes naturelles; alors, je pense que c'est important d'utiliser mon talent et ma formation pour les aider... »

Superficie totale: 9 976 139 km^2	Population: 31,7 millions d'habitants
Capitale: Ottawa **Villes principales:** Montréal, Québec, Toronto, Vancouver	
Langues: anglais, français	
Institutions: État fédéral	**Monnaie:** le dollar canadien

Avez-vous compris?

Give the following information about **Amélie**.

1. Quelle est sa nationalité?
2. Quelle est la nationalité de sa mère?
3. Quelles langues est-ce qu'Amélie parle?
4. Où est-ce qu'elle habite maintenant?
5. Pourquoi est-ce qu'elle retourne au Québec chaque année en septembre?
6. Quelles sont les professions de ses cousins et de ses cousines?
7. Qu'est-ce qu'Amélie étudie, et quelle est sa spécialité?
8. Qu'est-ce qu'elle espère faire l'an prochain? Et après cela?

 A **Quiz géo.** In what provinces are Montreal, Quebec, Toronto, Vancouver, and Ottawa located? What is the capital of Canada, and in what province is it located? Bonus points for each of the provincial capitals that you can name. Check your answers at Web sites such as the following: http://canada.gc.ca/othergov/provf.html and http://www.canoe.qc.ca/TopoPolitiqueCanada/provinces.html

 B **Étudier au Québec.** Go to the official Web site of the **Université Laval** (http://www.ulaval.ca/) and find out the following information that might be useful for someone interested in studying there. Choose three or more of the areas listed below.

1. Quelques bonnes raisons pour étudier à l'université Laval
2. Quelques exemples de services pour les étudiants
3. Quelques exemples de départements
4. Quelques exemples de cours pour étrangers
5. Quelques exemples d'activités pour les étudiants
6. Quelques dates importantes du calendrier universitaire

█ Bien prononcer

The masculine and feminine forms of many adjectives differ in sound as well as in spelling. The spoken form of the feminine adjective ends in a pronounced consonant; the consonant sound is dropped in the masculine.

Féminin	**Masculin**
/ɑ̃t/	/ɑ̃/
amusante	amusant
intelligente	intelligent
/øz/	/ø/
sérieuse	sérieux
courageuse	courageux
/ɛn/	/ɛ̃/
canadienne	canadien
italienne	italien

Petite conversation. Repeat the following conversation.

— C'est une fille intéressante?
— Oui, elle est très intéressante, mais elle n'est pas très amusante.
— Les gens trop sérieux, je trouve ça fatigant!

Vocabulaire

Les nationalités (Voir p. 42)
Les professions (Voir pp. 43–44)
Les adjectifs (Voir pp. 48–49, 52–53)
Les nombres de 30 à 100 (Voir p. 56)

Noms

adresse (f) address
bienvenue (f) welcome
but (m) goal, purpose
date (f) date
domicile (m) address, residence
entreprise (f) business, company

femme (f) woman
formation (f) training, background
homme (m) man
idée (f) idea
lieu (m) place

naissance (f) birth
nationalité (f) nationality
nom (m) name
numéro (m) number
permis (m) permit
prénom (m) first name

renseignement (m) information
travail (m) work
type (m) character, guy
voyage (m) **d'affaires** business trip

Adjectifs

actuel(le) current
célibataire unmarried, single
content(e) happy
enchanté(e) pleased (to meet you)

fascinant(e) fascinating
fatigué(e) tired
gentil(le) nice
marié(e) married
quel(le) what

Divers

à mon avis in my opinion
chez at the place of, at the house of
maintenant now

montrer to show
qui who
sans plus nothing more
toujours always

La famille et le logement

Fonctions

Dans ce chapitre, vous allez apprendre à
- parler de votre maison
- parler de votre famille et de vos possessions
- expliquer les rapports entre les gens et les choses
- décrire votre maison et votre famille

Vocabulaire et structures

Point de départ: La maison
Exploration 1: Le verbe **avoir** et les membres de la famille
Exploration 2: La préposition **de** et les adjectifs possessifs
Exploration 3: Les adjectifs prénominaux

Point de départ: La maison

Le logement: Les options

- ▪ Louer *(rent)* ou être propriétaire *(owner)*

- ▪ Habiter dans une maison ou dans un appartement

- ▪ Rester où on est ou déménager *(move)*

La maison

Voici l'extérieur et le plan général de la maison des Maréchal. C'est une maison de six pièces.

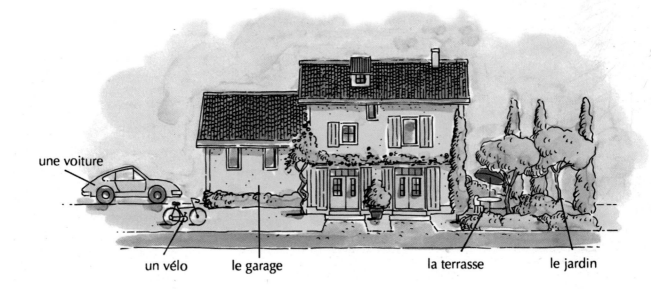

une voiture

un vélo   le garage   la terrasse   le jardin

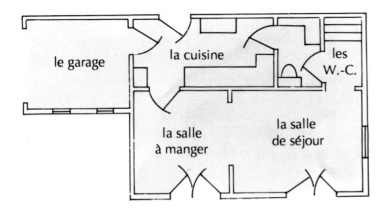

le garage

la cuisine

les W.-C.

la salle à manger

la salle de séjour

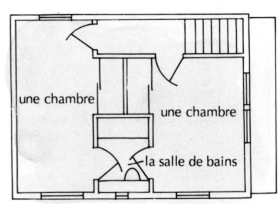

une chambre

une chambre

la salle de bains

Les meubles

Voici l'intérieur de la maison des Dubois.

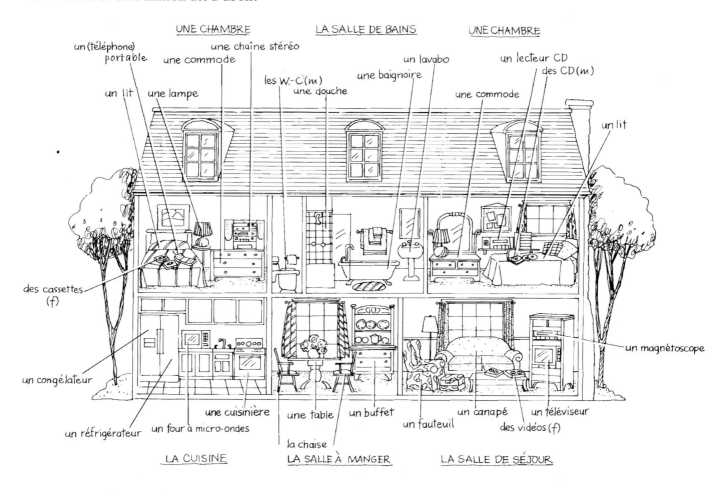

Communication et vie pratique

Ⓐ Agence immobilière. You are working for a real estate agency and are describing several floor plans to prospective clients. Use the plans that follow as a guide.

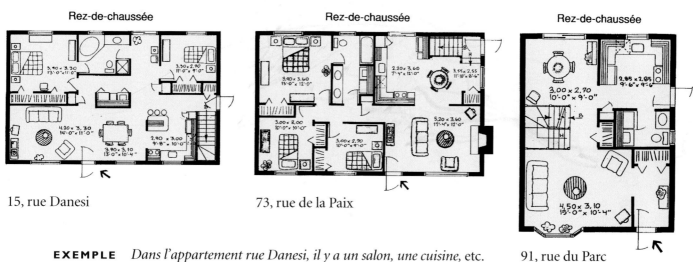

Rez-de-chaussée

15, rue Danesi

Rez-de-chaussée

73, rue de la Paix

Rez-de-chaussée

91, rue du Parc

EXEMPLE *Dans l'appartement rue Danesi, il y a un salon, une cuisine, etc.*

B **On déménage.** You are moving into a new apartment. Make a list of at least 10 items that a friend will help you move. Then give this list to your friend, who will ask where each item goes.

> **EXEMPLE** — *Et la table?*
> — *Dans la cuisine, s'il te plaît.*

 C **Internet.** Use a search engine to find a French-language real estate Web site. You might search, for example, for **immobilier en France** or **immobilier au Québec.** Briefly describe in French one of the properties listed, and compare your description to those of other students.

D **Votre chambre.** Tell what you have, do not have, and would like to have in your room.

> **EXEMPLE** *J'ai une chaîne stéréo, mais je n'ai pas de lecteur CD.*
> *Je voudrais avoir un magnétoscope.*

E **Petites annonces.** Tell what items are being advertised in the classified ads of this week's edition of *Pub Hebdo Angers.* Although you will not understand every word in these ads, you will be able to understand what people are trying to sell. Then make up one or more ads to put into a class version of these classified ads.

> **EXEMPLE** *Il y a des magnétoscopes,* etc.

Électroménager

■ Cuisinière Dietrich mixte, état neuf, sécurité gaz, porte froide, cause déménagement, achetée 1000 euros, vendue 610 euros –

■ Cause déménagement vends combiné frigo-congel BOSCH 150 euros. Machine à laver INDESIT, ouverture frontale, 275 euros. Gazinière INDESIT, 4 brûleurs + four 120 euros

■ Particulier vend réfrigérateur-congélateur combiné 2 portes Indésit neuf grande capacité cause déménagement et reprise d'études.

■ Vends cuisinière ROSIERE. Encadrement en aluminium et intérieur gris. État neuf! prix, 275 euros. Dispo fin juin –

■ A vendre cause déménagement: 1 frigo-congélateur: 200 euros, 1 sèche-linge à condensation: 50 euros, 1 micro-onde: 30 euros, 1 lave-linge: 250 euros –

Meubles

■ Vends salle à manger complète + salon assorti (cause changement) moderne. État neuf PRIX à discuter

■ Meuble TV chêne massif, état neuf, tiroir magnétoscope, plateau TV sur glissière. 750 euros

■ Vends chambre en chêne massif clair avec 2 lits en 90. Armoire et chevet. Le tout 230 €.

■ Vends living en teck avec vitrine et bar très bon état. Prix 160 €

■ Vends lit à barreaux en bois pour bébé + matelas 50 euros.

Électronique

■ Vends téléphone portable SIEMENS A36 réseau bouygues av carte SIM + chargeur pr 25 euros.

■ Vends lecteur DVD de salon compatible avec CD audio. Très bon état 70 euros

■ Vends combiné téléviseur-magnétoscope Samsung, téléviseur 51 cm magnétoscope 4 têtes de lecture prix: 250 €

Informatique

■ Vends moniteur cause achat écran plat. Très bon état. 250 euros

■ Vends IBM PC - 1 tour + 1 clavier + la souris 450 MHtz 256 Mo 20 GO DD WINDOWS XP 610 €

■ Vends Playstation 2 neuve sans jeux mais avec 2 manettes, cause besoin d'argent 205 euros

■ COMPAQ ARMADA 545 euros TTC. IBM THINKPAD 489 euros TTC.

■ Vends Powerbook TiG4 800Mhz 1 800 euros. Écran 15 pouces, mémoire 512MB, disque dur 40GB, combo CDRW-DVD, carte airport, OS10.2/9.2.

L'appartement

A large percentage of French city dwellers live in apartments. Apartment living in France and in the United States is different, however, in several ways.

- Most buildings (except in the suburbs) combine businesses on the street level and apartments on the upper floors.

- Many apartments are owned by residents.

- A **concierge** usually lives on the ground floor and takes care of the safety and up-keep of the building.

- Apartment buildings range from the **immeuble de grand standing** to the low-cost, government-sponsored **HLM (habitation à loyer modéré).**

La maison individuelle

Single-family homes are usually found in the suburbs or in small towns or villages.

- They often include a courtyard **(la cour),** an outdoor eating area **(la terrasse),** and a backyard area **(le jardin),** and are usually surrounded by a hedge or a wall to ensure privacy.

- Traditional building materials are stone, stucco, and brick. Wood houses are limited to chalets in the mountains and very old wood frame houses found in historic parts of some cities.

- The climate and agriculture of a region traditionally have influenced the shape of the home, its roof line, and home-building materials. In wine-making regions, for example, the living quarters are usually on the second floor above the cellars. When new homes are built, they are required to fit the architecture of the region.

- Country homes that may be several centuries old (but with considerable inside remodeling) are still lived in by local residents or are purchased by city people, who use them as **résidences secondaires** (weekend or summer homes).

- Homes are usually passed down from one generation to the next, and the French move less frequently than Americans.

Et vous?

The following photos of homes depict houses from several French-speaking parts of the world. What similarities and differences do you notice among them? Are they like any types of homes in the United States?

En France

Au Québec

Au Maroc

Au Sénégal

Exploration ①

Parler de votre famille et de vos possessions: Le verbe *avoir* et les membres de la famille

We often like to talk about our families. Here are some useful words.

La famille

les parents *(m) parents; relatives*

le père *father*	la mère *mother*
le beau-père *father-in-law;* *stepfather*	la belle-mère *mother-in-law,* *stepmother*
le mari *husband*	la femme *wife, woman*

les enfants *children*

le fils *son*	la fille *daughter, girl*
le frère *brother*	la sœur *sister*
le demi-frère *half brother,* *stepbrother*	la demi-sœur *half sister,* *stepsister*
l'oncle *(m)*	la tante *aunt*
le cousin	la cousine

les grands-parents

le grand-père	la grand-mère

The verb **avoir** can be used to tell how many family members we have.

avoir	
j'**ai**	nous **avons**
tu **as**	vous **avez**
il / elle / on **a**	ils / elles **ont**

— Est-ce que tu **as** un frère?
— Non, mais j'**ai** trois sœurs.

1.1 When the verb **avoir** is used in the negative, any indefinite article (**un, une, des**) that follows it becomes **de** or **d'.**

Il a **un** vélo.	Il n'a pas **de** vélo.
J'ai **des** frères.	Je n'ai pas **de** frères.

1.2 Avoir is also used in several idiomatic expressions.

■ In the expresssion **il y a** to indicate what *there is* or *there are*.

Il y a un lecteur DVD sur la table.
Il n'**y a** pas de meubles dans la maison.

■ In the expression **avoir besoin de** to indicate that you need something.

J'**ai besoin de** travailler.
Nous **avons besoin d'**un ordinateur.

■ In the expression **avoir envie de** to indicate that you feel like doing or having something.

Je n'**ai** pas **envie de** travailler.
Elle **a envie d'**une moto.

■ To talk about how old you are.

— Quel âge **avez**-vous?
— J'**ai** vingt-deux ans.

Track 30

Situation: Étudiante au pair

Diane, a young American, is an **au pair** student in a French family. She is speaking with Claire.

CLAIRE: Tu as des frères et sœurs?
DIANE: Non, je suis fille unique. Et toi?
CLAIRE: J'ai un grand frère et une petite sœur.
DIANE: Quel âge est-ce qu'ils ont?
CLAIRE: Mon frère a 24 ans et ma sœur a 16 ans. Elle est encore au lycée.
DIANE: Tu as de la chance. Moi, j'aimerais bien avoir un frère ou une sœur.

> **Mots à retenir: unique** *only, sole,* **encore** *still, yet,* **avoir de la chance** *to be lucky*

Avez-vous compris?

Combien d'enfants est-ce qu'il y a dans la famille de Diane? Combien de frères et de sœurs est-ce qu'il y a dans la famille de Claire, et quel âge est-ce qu'ils ont?

Communication et vie pratique

Ⓐ Arbre généalogique. Working in pairs, ask and answer questions about Pierre's family tree on page 79. One student will ask who various family members are; the other will give the relationship between Pierre and that person.

EXEMPLE   — *Qui est Monique Lefèvre?*
              — *C'est la tante de Pierre.*

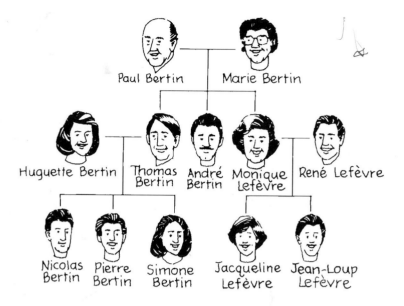

Paul Bertin   Marie Bertin

Huguette Bertin   Thomas Bertin   André Bertin   Monique Lefèvre   René Lefèvre

Nicolas Bertin   Pierre Bertin   Simone Bertin   Jacqueline Lefèvre   Jean-Loup Lefèvre

B **Dans quelle ville?** Some friends are telling where members of their families live. What do they say?

> **EXEMPLE**   Philippe / tante / à Lille
> *Philippe a une tante à Lille.*

1. nous / cousins / à Strasbourg
2. je / oncle / à Lyon
3. vous / cousins / à Paris
4. tu / frère / à Nice
5. Anne / sœur / à Tours
6. Marc et Caroline / frères / à Grenoble

C **Et toi?** Tell another student in which cities you have friends and relatives. Find out if he or she has friends or relatives in the same places.

> **EXEMPLE**   *J'ai une cousine à New York et des amis à Chicago. Et toi?*

D **Sondage.** Some Belgian friends have asked you about the types of electronic equipment owned by American students. Based on an informal poll you take in your class, what will you tell them?

> **EXEMPLE**   téléviseur
> — *Est-ce que tu as un téléviseur?*
> — *Oui, j'ai un téléviseur.*
> *Résultats: Quinze étudiants sur vingt ont un téléviseur.*

1. magnétoscope
2. ordinateur
3. chaîne stéréo
4. portable
5. lecteur DVD
6. lecteur CD
7. CD
8. téléviseur

C'est votre tour

Imagine that you are working as an **au pair** in a French family, and that a new friend asks you about your family back home (brothers, sisters, parents). Using the **Situation** on page 78 as a guide, role-play the conversation with another student. Then switch roles.

Exploration ②

Expliquer les rapports entre les gens et les choses: La préposition *de* et les adjectifs possessifs

Possession and relationships among people and things are expressed by the preposition **de.**

> C'est le frère **de** Paul.
> Quelle est l'adresse **de** la résidence universitaire?

2.1 De combines with the definite article in the following ways:

de + **le** becomes **du**	C'est la porte **du** bureau.
de + **les** becomes **des**	Voici la chambre **des** enfants.
de + **la** remains **de la**	C'est une amie **de la** mère de Monique.
de + **l'** remains **de l'**	Où est la voiture **de l'**oncle Jean?

2.2 Ownership or relationship is often indicated with a possessive adjective (such as *my, your, their* in English). A possessive adjective in French agrees in gender and number with the noun it modifies. Note that the same forms are used for *his, her, its,* and *one's* in French.

Les adjectifs possessifs

	Singulier		Pluriel
	Masculin	**Féminin**	**Masculin et féminin**
my	**mon** frère	**ma** sœur	**mes** parents
your	**ton** frère	**ta** sœur	**tes** parents
his/her/its/one's	**son** frère	**sa** sœur	**ses** parents
our	**notre** frère	**notre** sœur	**nos** parents
your	**votre** frère	**votre** sœur	**vos** parents
their	**leur** frère	**leur** sœur	**leurs** parents

Mon, ton, and **son** are used with all masculine singular nouns and with feminine singular nouns that begin with a vowel sound.

> Est-ce que tu aimes **mon** affiche?
> **Ton** amie Françoise est très sympathique.
> **Son** appartement est très moderne.

2.3 Ownership can also be expressed by **être à** followed by a noun or a stress pronoun.

> Le chien **est à** Denise.
> Les chats **sont à** moi.

Situation: Qui est-ce?

Track 31

Jacques is showing his mother some photos of his new friend, Catherine Dupré, and her family.

SA MÈRE: Tu as des photos de sa famille?
JACQUES: Oui, regarde. Voici ses parents. Sa mère est prof d'anglais.
SA MÈRE: Et son père?
JACQUES: Il travaille avec ses deux frères. Ils ont un magasin de vêtements.
SA MÈRE: Et ici, c'est la maison des Dupré?
JACQUES: Non, c'est la maison de leurs cousins. Ils habitent dans le même quartier.

Mots à retenir: les vêtements *(m) clothes,* **même** *same,* **le quartier** *neighborhood*

Avez-vous compris?

Décrivez la famille de Catherine.

Communication et vie pratique

A **Trousseau de clés.** You have a set of seven keys **(les clés),** each of which is numbered. Your friend, who is going to house-sit for you, asks what each key is for. What do you say?

> **EXEMPLE** Numéro 1 (voiture)
> — *Le numéro l, c'est quelle clé?*
> — *C'est la clé de la voiture.*

Numéro 2 (garage)
Numéro 3 (maison)
Numéro 4 (salle de bains)
Numéro 5 (chambre)
Numéro 6 (porte du jardin)
Numéro 7 (bureau)

B **Photo de famille.** You have a picture of a friend and his family with notes to remind you who each person is. As your French friends (played by other students) point to different people, tell them who they are.

> **EXEMPLES** — *Qui est-ce?*
> — *C'est la sœur de mon ami.*
>
> — *C'est sa grand-mère?*
> — *Non, c'est sa tante.*

Key: 1. his father; 2. his cousin; 3. his mother; 4. his sister's son; 5. his sister; 6. his sister's husband; 7. his sister; 8. his sister's friend

ⓒ Famille et amis. Describe your family or friends to another student, including information about what they do and what they are like.

> **EXEMPLE** *J'ai un frère et deux sœurs. Mon père est avocat et ma mère est médecin.*

C'est votre tour

Imagine that a friend (played by another student) is visiting you and your roommate for the first time and is asking about your possessions and photos. Based on the following picture, decide which items belong to you and which belong to your roommate. Answer your friend's questions (e.g., **—Est-ce que c'est ton vélo? —Non, ce n'est pas mon vélo, c'est le vélo de Robert.**).

Exploration ③

Décrire votre maison et votre famille: Les adjectifs prénominaux

Several adjectives that are often used to describe people and things are usually placed before the noun.

Les adjectifs prénominaux		
Masculin	**Féminin**	
un **petit** quartier	une **petite** maison	*small*
un **grand** quartier	une **grande** maison	*large, tall*
un **joli** quartier	une **jolie** maison	*pretty*
un **bon** quartier	une **bonne** maison	*good*
un **mauvais** quartier	une **mauvaise** maison	*bad*

Other prenominal adjectives have different masculine singular forms before consonants and vowels.

Masculin devant une consonne	Masculin devant une voyelle	Féminin	
un **beau** quartier	un **bel** appartement	une **belle** maison	*beautiful*
un **nouveau** quartier	un **nouvel** appartement	une **nouvelle** maison	*new*
un **vieux** quartier	un **vieil** appartement	une **vieille** maison	*old*

In formal French, when one of these adjectives precedes a plural noun, the indefinite article **des** becomes **de** (de beaux quartiers, de grandes maisons). In most other cases, however, **des** can be used. Note that **beau** and **nouveau** form their plural by adding an **x** (**de nouveaux appartements**).

Situation: Tiens, Nicolas!

Track 32 Laurent and Nicolas have just run into one another and are catching up on each other's news.

LAURENT: Bonjour, Nicolas! Qu'est-ce que tu fais ici?
NICOLAS: Je cherche un nouvel appartement.
LAURENT: Meublé ou non meublé?
NICOLAS: Meublé de préférence.
LAURENT: Il y a un petit studio à louer dans mon immeuble.
NICOLAS: Est-ce que le gaz et l'électricité sont compris?
LAURENT: Je ne sais pas. Parle au propriétaire. C'est un vieil ami de mes parents.
NICOLAS: Ah oui, c'est génial, ton idée!
LAURENT: Alors, bonne chance.

> **Mots à retenir: faire** *to do; to make*, **meublé** *furnished*, **de préférence** *preferably*, **l'immeuble** *(m) apartment building*, **compris** *included*, **génial** *great*, **bonne chance** *good luck*

Avez-vous compris?

Quelle sorte d'appartement est-ce que Nicolas cherche? Est-ce qu'il y a un appartement à louer dans l'immeuble de Laurent? Comment est cet appartement?

Communication et vie pratique

A **Je suis d'accord.** Two friends are looking at a house. One comments on different rooms in the house; the other agrees. What do they say?

> **EXEMPLES** —La cuisine n'est pas très grande.
> —*Oui, c'est vrai; ce n'est pas une très grande cuisine.*
>
> —Le jardin est assez petit.
> —*Oui, c'est vrai; c'est un assez petit jardin.*

1. Le jardin est très joli.
2. La salle de séjour est grande.
3. Le bureau est trop petit.
4. La salle à manger n'est pas très belle.
5. Cette chambre est assez petite.
6. La maison est assez vieille.
7. Le garage n'est pas très grand.
8. La terrasse est belle.

B **Description.** You are helping some French friends who will be on your campus for a year to find a place to live. Using ads from your campus or local paper and descriptions of rooms in residence halls, tell them what is available in the area. Answer your friends' questions.

C **Conversation.** You meet an old friend, Pierre, and you ask him how things are going. Pierre (played by another student) responds using the cues given. Then redo the activity, asking another student these same questions; he or she will answer based on his or her own experience.

> **EXEMPLE** VOUS: Est-ce que tu as un appartement?
> PIERRE: (petit) *Oui, j'ai un petit appartement.*

VOUS: Est-ce que tu as un appartement?
PIERRE: (très joli)
VOUS: Tu as des camarades de chambre?
PIERRE: (très sympa)
VOUS: Tu as un travail?
PIERRE: (bon)
VOUS: Tu as des profs sympa?
PIERRE: (très sympa)
VOUS: Tu as une voiture?
PIERRE: (vieux)
VOUS: Tu as un ordinateur?
PIERRE: (nouveau)
VOUS: Tu as des amis américains?
PIERRE: (anglais)

D **Compliments.** Imagine that you are with a French friend and want to compliment him or her about the following. Use the examples as a guide.

> **EXEMPLE** appartement
> ou *Tu as un très joli appartement.*
> *Ton appartement est très joli.*

1. parents
2. sœur
3. frère
4. maison

5. amis
6. grands-parents
7. chambre
8. amis

C'est votre tour

You are going to spend several weeks on the **Côte d'Azur** and want to find an apartment. You've called the real estate agent (played by another student) and are asking questions about the apartments he or she has available. The real estate agent bases his or her answers on the ads on the following Web page.

> **EXEMPLE** *Est-ce qu'il y a une salle à manger? Est-ce qu'elle est assez grande?*

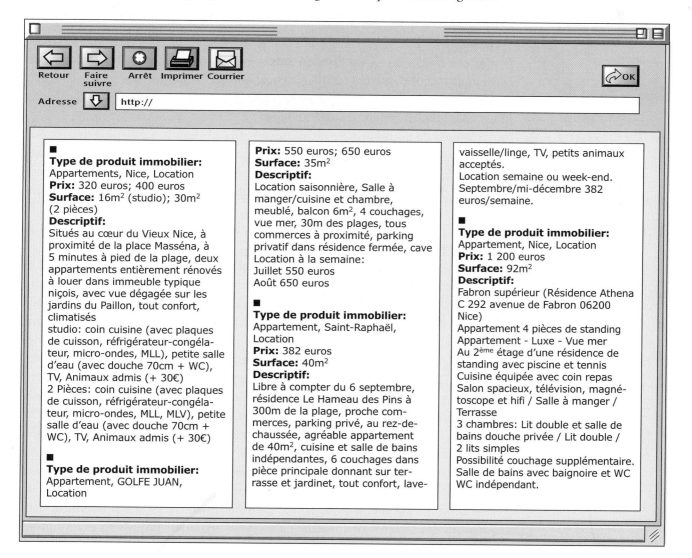

■
Type de produit immobilier:
Appartements, Nice, Location
Prix: 320 euros; 400 euros
Surface: 16m² (studio); 30m²
(2 pièces)
Descriptif:
Situés au cœur du Vieux Nice, à proximité de la place Masséna, à 5 minutes à pied de la plage, deux appartements entièrement rénovés à louer dans immeuble typique niçois, avec vue dégagée sur les jardins du Paillon, tout confort, climatisés
studio: coin cuisine (avec plaques de cuisson, réfrigérateur-congélateur, micro-ondes, MLL), petite salle d'eau (avec douche 70cm + WC), TV, Animaux admis (+ 30€)
2 Pièces: coin cuisine (avec plaques de cuisson, réfrigérateur-congélateur, micro-ondes, MLL, MLV), petite salle d'eau (avec douche 70cm + WC), TV, Animaux admis (+ 30€)

■
Type de produit immobilier:
Appartement, GOLFE JUAN, Location

Prix: 550 euros; 650 euros
Surface: 35m²
Descriptif:
Location saisonnière, Salle à manger/cuisine et chambre, meublé, balcon 6m², 4 couchages, vue mer, 30m des plages, tous commerces à proximité, parking privatif dans résidence fermée, cave
Location à la semaine:
Juillet 550 euros
Août 650 euros

■
Type de produit immobilier:
Appartement, Saint-Raphaël, Location
Prix: 382 euros
Surface: 40m²
Descriptif:
Libre à compter du 6 septembre, résidence Le Hameau des Pins à 300m de la plage, proche commerces, parking privé, au rez-de-chaussée, agréable appartement de 40m², cuisine et salle de bains indépendantes, 6 couchages dans pièce principale donnant sur terrasse et jardinet, tout confort, lave-

vaisselle/linge, TV, petits animaux acceptés.
Location semaine ou week-end.
Septembre/mi-décembre 382 euros/semaine.

■
Type de produit immobilier:
Appartement, Nice, Location
Prix: 1 200 euros
Surface: 92m²
Descriptif:
Fabron supérieur (Résidence Athena C 292 avenue de Fabron 06200 Nice)
Appartement 4 pièces de standing
Appartement - Luxe - Vue mer
Au 2ème étage d'une résidence de standing avec piscine et tennis
Cuisine équipée avec coin repas
Salon spacieux, télévision, magnétoscope et hifi / Salle à manger / Terrasse
3 chambres: Lit double et salle de bains douche privée / Lit double / 2 lits simples
Possibilité couchage supplémentaire.
Salle de bains avec baignoire et WC
WC indépendant.

Intégration et perspectives

▌ Le Français moyen, c'est nous...

Pour mieux lire: Nadine Deschamps describes her family. You know, therefore, that you will be finding out information about each of the members of her family. To help you efficiently construct a portrait of the family, first skim the reading and list the names of the family members. Then read the passage again to find out one or two pieces of information about each of them. You might want to compare what you find with what other students find.

La famille française typique, qu'est-ce que c'est?... Après tout, c'est peut-être nous, les Deschamps, tout simplement!...

Selon les statistiques, le nombre moyen d'enfants par famille est 1,9 (!)... Mon mari et moi, nous avons deux enfants, deux garçons. Florian a 13 ans et Jérémie a 11 ans. Nous avons de la chance parce qu'ils sont très gentils. Ils travaillent bien à l'école et ils ont presque toujours de bonnes notes en classe. En général, Florian est un garçon très sérieux. Il est doué en musique et il a une très jolie voix. Il chante dans la chorale de notre quartier (et aussi à l'occasion de toutes nos réunions de famille!). Jérémie préfère jouer... ou taquiner son grand frère! Il est passionné de football et c'est lui le gardien de but de son équipe.

Comme de nombreux Français, nous habitons dans la banlieue d'une grande ville. Dans notre cas, c'est une banlieue ouvrière de Lyon. Le quartier est assez modeste mais calme et agréable. Le bureau de poste où je travaille est situé dans le quartier, et il y a plusieurs bonnes écoles à une très courte distance de chez nous. Alors, tous les jours, les enfants et moi, nous rentrons manger à la maison à midi. C'est très pratique. Patrick, mon mari, travaille aussi à la poste, mais dans un autre quartier de Lyon.

Les parents de Patrick sont maintenant en retraite, et nous habitons dans leur ancienne maison. Elle n'est pas très grande mais bien suffisante pour quatre personnes. Il y a aussi une petite cour et un grand jardin où les enfants aiment jouer.

Patrick est fils unique. Il est d'une famille d'ouvriers. Moi, Nadine, je suis d'une famille de cultivateurs qui habitent dans le même village et cultivent les mêmes terres génération après génération! J'ai encore plusieurs oncles et tantes qui habitent dans le village. Je n'ai plus mon père mais ma mère continue à habiter dans la maison où je suis née. Mes enfants—ainsi que les enfants de mon frère—adorent passer leurs vacances chez elle. Manger les bons légumes de leur grand-mère, jouer avec les animaux de leur oncle André et de leur oncle Jean, et faire de grandes promenades dans la nature, pour eux, c'est le bonheur!

La vie que nous avons maintenant est bien différente de la vie de nos parents et de nos grands-parents. Je pense que l'évolution de notre famille est assez typique de l'évolution des familles françaises. Par exemple, ma mère est d'une famille de sept enfants et mon père d'une famille de cinq enfants, mais mon mari et moi, nous avons seulement deux enfants. C'est la même chose pour mon frère et ma belle-sœur qui, eux-aussi, ont seulement deux enfants. Les jeunes de tous les milieux ont maintenant la possibilité de faire des études, de voyager, de pratiquer différents sports et surtout de choisir une profession qu'ils aiment! Et ça, c'est bien différent de la vie de mes parents et grands-parents!

Mots à retenir / Mots en contexte: **moyen** *average*, simplement *simply*, **la note** *grade*, la voix *voice*, taquiner *to tease*, le gardien de but *goalie*, **l'équipe** *(f) team*, **la banlieue** *suburb*, ouvrier / ouvrière *working class*, le bureau de poste *post office*, en retraite *retired*, la cour *courtyard*, **ouvrier / ouvrière** *worker*, la terre *land*, **ne... plus** *no longer*, ainsi que *as well as*, **les légumes** *(m) vegetables*, **la vie** *life*, **penser** *to think*, tous les milieux *every social background*, **surtout** *especially*, **choisir** *to choose*

Words that you should learn because they will be used again **(Mots à retenir)** are in bold print; words that simply help you understand the readings **(Mots en contexte)** are in regular print.

Avez-vous compris?

Describe each of the members of the Deschamps family, giving as much information as you can.

The structure and definition of the French family

■ Couples are having fewer children (1.9 per family, on the average).

■ Couples are getting married later in life (the average age is more than 27).

■ Unmarried couples (**l'union libre**), single-parent families (**la famille mono-parentale**), and same-sex couples are more common. The **Pacte civil de solidarité (PACS),** established in 1999, gives unmarried heterosexual couples and homosexual couples the same rights as married couples.

■ Divorces have become more frequent (38 percent).

Parent–child relations

■ The emotional role of the family as a place for sharing and belonging remains very important for both parents and children.

■ Despite the pressures of modern life, mealtimes continue to play an important role in bringing the family members together daily and for special occasions.

■ Most teenagers report good relationships with their parents, though one third think their parents are not strict enough.

■ Young people tend to share their parents' views on topics such as politics and religion.

■ More and more young people between the ages of 20 and 30 continue to live with their parents. This is due to several reasons: high unemployment, the cost of living, and the fact that students are staying in school longer.

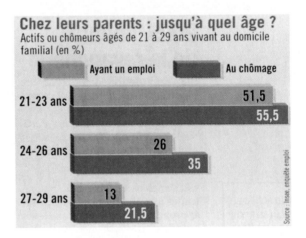

Chez leurs parents : jusqu'à quel âge ?
Actifs ou chômeurs âgés de 21 à 29 ans vivant au domicile familial (en %)

	Ayant un emploi	Au chômage
21-23 ans	51,5	55,5
24-26 ans	26	35
27-29 ans	13	21,5

Source : Insee, enquête emploi

The role of the state

■ The French government has a long-established tradition of actively supporting the family.

■ Special monetary **allocations** are given to families. The main ones are **allocations familiales** (the amount varies depending on the number of children and the family income) and the **complément familial,** an additional subsidy given to families with more than three children or with a very young child.

- Women are entitled to a maternity leave (**le congé de maternité**) of up to 16 weeks, receive 80% of their salary while on leave, and are guaranteed their job at the end of the maternity leave. Fathers are entitled to a **congé de paternité** of 11 days at the birth of the first child and 18 days for additional children.

- Government-subsidized and controlled day-care centers (**les crèches**) are readily available for working parents.

Et vous?

Based on the information provided in the **Info-culture** section, what are some similarities and differences between American and French families?

Communication et vie pratique

A **Plan d'une maison.** Imagine that friends from Quebec who are planning to work in the United States have asked you to help them find a home. Using the floor plan that follows, describe the house that you have identified for them. You can also bring in other ads or floor plans from your local paper.

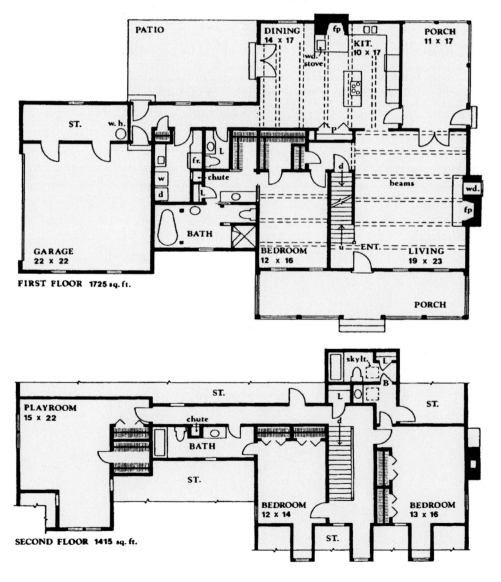

B Appartements pour étudiants. Bien-être immo offers rooms and apartments for students studying in Poitiers. Call the real estate agent in charge (played by another student) and talk about your rental options. The rental agent will indicate whether the option you are interested in is available and if it is not, what else is. Use the ads and the questions that follow as a guide. The question marks invite you to add your own questions.

Les chambres
De 12 à 20m², elles se composent d'une pièce principale (canapé ou lit, armoire ou placard, table-bureau et chaises). La cuisine et les sanitaires sont en commun pour 3 personnes.
Loyer de 252 à 305 euros (toutes charges comprises)

Les studios
De 16 à 30m², ils se composent d'une pièce principale (lit ou canapé, table, chaises, bureau, armoire ou placard penderie) avec kitchenette équipée (évier, réfrigérateur, plaques de cuisson, placard) et d'une salle d'eau WC.
Loyer de 327 à 465 euros (selon les immeubles, chauffage en plus)

Les 2 pièces
De 25 à 35m², ils se composent d'un séjour (canapé, table et chaises) avec kitchenette équipée (évier, réfrigérateur, plaques de cuisson, placard), d'une chambre (lit 2 personnes, armoire ou placard penderie) et d'une salle d'eau WC.
Loyer de 458 à 519 euros

Les trois pièces
De 35 à 50m², ils se composent d'un séjour (canapé, table et chaises, étagère) avec kitchenette équipée (évier, réfrigérateur, plaques de cuisson, placard), de deux chambres (lit 2 personnes, armoire ou placard penderie) et d'une salle d'eau WC.
Loyer à partir de 580 euros

Questions du client	Questions de l'agent immobilier
Est-ce que l'appartement est meublé?	C'est pour combien de personnes?
Combien de pièces est-ce qu'il y a?	Où est-ce que vous travaillez?
Est-ce que l'appartement est assez grand?	Est-ce que vous êtes étudiant(e)?
Est-ce qu'il y a un garage?	De combien de pièces est-ce que vous avez besoin?
Est-ce que le gaz et l'électricité sont compris?	Est-ce que vous avez un chien ou un chat?
?	Est-ce que vous avez besoin d'un garage?
	?

C **Accueil France Famille.** An employee of **Accueil France Famille,** an organization that finds host families for foreign students, is taking a call from Mme Lenormand. Listen for information regarding the kind of accommodations Mme Lenormand has to offer. Then answer the questions listed here.

Track 33

> **Pour mieux comprendre:** Knowing ahead of time the topics spoken about in a conversation can help your comprehension. Make a list of the information that Mme Lenormand might be asked about in this situation (e.g., number of children), and then listen to see which of the items you listed are included.

Pourquoi est-ce que l'employée d'Accueil France Famille est contente de parler avec Mme Lenormand?

Combien d'enfants a Mme Lenormand et quel âge ont-ils?

Qui parle anglais dans la famille?

Quelle est la profession de Mme Lenormand?

Quel type de logement a la famille Lenormand?

Pourquoi est-ce que Mme Lenormand a maintenant une chambre libre?

D **Votre famille.** You are submitting an application to **Accueil France Famille** to spend some time with a French family. They have asked you to prepare a description of yourself (what you are like, your interests, etc.), your family, and your home so that they can find a good placement for you.

> **Pour mieux écrire:** One of the ways in which readers judge the effectiveness of what we write is by the amount and variety of words we use. To help enrich your descriptions, make a list of as many adjectives as you can think of (maybe looking back to **chapitre 2**). Use the list to describe yourself and your family.

Invitation au voyage: Destination la Louisiane

You are going to read about Louisiana from the perspective of Anne-Marie. Before reading what she has to say, alone or with another student, tell what you know about each of the following names, which are closely associated with Louisiana. Then share your answers with other students in the class before reading the **Chez nous** section on page 92.

Cajun
la cuisine créole
Baton Rouge
l'Acadie
la musique cajun
les bayous
le carnaval du Mardi gras

Chez nous

○ ○ ○ ○ ○ ○ ○ ○ ○

en Louisiane

«Dans son poème, Claude Gauthier dit "Je suis d'Amérique et de France". Eh bien, moi, je suis d'Amérique, de France et d'Afrique! Je suis afro-américaine et j'habite en Louisiane, dans la région de Baton Rouge. Je suis aussi "cajun" du côté de mes grands-parents paternels, et j'ai un nom français: Anne-Marie Lejeune. ("Cajun" est dérivé d'"acadien", c'est-à-dire, le nom des pionniers français installés en Acadie. Expulsés de leur pays par les Anglais en 1755, les Acadiens trouvent refuge en Louisiane. Leur tragique histoire est immortalisée dans le poème de Longfellow intitulé "Évangéline".) Mes ancêtres sont donc ces malheureux exilés acadiens et les pauvres esclaves noirs transportés d'Afrique pour travailler dans les plantations du sud des États-Unis.

Ici, en Louisiane, nous avons une langue, une culture et une cuisine qui reflètent le mélange de toutes ces influences. Nous parlons français, mais un français bien différent du français de Paris! Notre bonne cuisine, riche en épices et en arômes, elle aussi, est bien différente de la cuisine française traditionnelle. (Mais elle est très appréciée par les nombreux touristes qui visitent nos bayous ou qui participent au grand carnaval du Mardi gras à La Nouvelle-Orléans!) Notre musique marie les rythmes et les instruments de la vieille musique folklorique acadienne, le blues des Noirs et les thèmes de la musique "country".

Nous sommes très fiers de nos traditions, de notre culture et de notre communauté. Nous aimons les grandes réunions de famille et les fêtes où tout le monde mange, danse, raconte des histoires et chante son amour de la vie. Comme on dit ici, en cajun, "Laissez les bons temps rouler!"»

Superficie:	Population:
128 595 km²	4 482 646 h

Capitale: Baton Rouge
Villes principales: La Nouvelle-Orléans, Shreveport, Lafayette

Langues parlées: anglais, cajun

Avez-vous compris?

Give five or more pieces of information about Anne-Marie or about Louisiana based on what you have read in the **Chez nous** section.

A **Quelques dates importantes.** Match the dates that follow with important events in Louisiana's history. Knowing these dates will give you some historical background for the **Chez nous** that you have just read. Responses are given at the bottom of the page.

1. The founding of Acadia in Nova Scotia
2. Large influx of French refugees in Acadia after the French Revolution
3. First arrival of Acadian immigrants in Louisiana
4. The French sell Louisiana to the United States
5. Louisiana becomes a state

a. 1803
b. 1789
c. 1812
d. 1764
e. 1605

 B **Chasse au trésor.** Identify five or more of the following terms, using library references, your own experience, or the Internet, (e.g., do a search under **cajun** or check out **CODOFIL**'s (**Conseil pour le développement du français en Louisiane**) Web site at http://www.codofil.org/francais/whatis.html).

1. Le nom d'un plat *(dish)* cajun
2. Le nom d'un chef créole, très présent sur les chaînes de télévision américaines
3. Le nom d'une station de radio Internet pour la musique cajun
4. Quelques mots de vocabulaire cajun
5. Le nom d'un groupe de musique cajun
6. La date du Mardi gras
7. Quelques ingrédients importants dans la cuisine créole ou cajun
8. Cinq villes de Louisiane qui ont un nom français

If the Web sites suggested are no longer available, use a search engine to find similar information (e.g., http://fr.yahoo.com or http://www.google.fr).

Réponses: 1. e; 2. b; 3. d; 4. a; 5. c

▌ Bien prononcer

Ⓐ There are three basic nasal vowel sounds in French: /ɔ̃/ as in **mon,** /ɛ̃/ as in **magasin,** and /ɑ̃/ as in **étudiant.** Practice repeating words containing the sound /ɔ̃/.

mon	maison	mon livre	mon‿ami
ton	leçon	ton lit	ton‿oncle
son	concert	son chien	mon‿affiche

Ⓑ Note the difference between the pronunciation of **bon** /bɔ̃/ with a nasal sound and **bonne** /bɔn/. Note also that **bon** /bɔ̃/ becomes /bɔn/ (the same pronunciation as the feminine form **bonne**) when it is followed by a vowel sound.

/ɔ̃/	/ɔn/	/ɔn/
un bon prof	un bon‿élève	une bonne classe
un bon camarade	un bon‿hôtel	une bonne amie
un bon travail	un bon‿emploi	une bonne idée

Petite conversation. Practice repeating the following conversation.

— Marion est contente de son appartement?
— Non, pas vraiment. Elle a de bons voisins, mais leurs enfants sont embêtants.

Vocabulaire

La maison (Voir pp. 72–73)
La famille (Voir p. 77)
Les adjectifs possessifs (Voir p. 80)
Les adjectifs prénominaux (Voir p. 83)

Noms

banlieue *(f) suburb*
chance *(f) luck; chance*
gaz *(m) gas*
immeuble *(m) apartment building*
lecteur *(m)* **CD** *CD player*

lecteur *(m)* **DVD** *DVD player*
légume *(m) vegetable*
logement *(m) housing*
note *(f) grade*
ouvrier(-ière) *worker*

partie *(f) part*
plan *(m) diagram, map*
propriétaire *(m, f) landlord, owner*
quartier *(m) neighborhood*
sport *(m) sports*

studio *(m) studio apartment*
temps *(m) time; weather*
vêtements *(m pl) clothes, clothing*
vie *(f) life*

Verbes

avoir *to have*
avoir besoin de *to need*
avoir de la chance *to be lucky*
avoir envie de *to feel like (doing something)*

chanter *to sing*
choisir *to choose*
continuer *to continue*
faire *to do; to make*
garder *to keep; to take care of*

jouer *to play*
louer *to rent*
passer *to spend (time)*
penser *to think*
préparer *to prepare*
rentrer *to go back (home)*

Adjectifs

adorable *adorable*
compris(e) *included*
confortable *comfortable*
court(e) *short*
dernier(-ière) *last*

doué(e) *gifted, talented*
génial(e) *great*
même *same, even*
meublé(e) *furnished*
moyen(ne) *average*

ouvrier(-ère) *working class*
tous, toutes *all*
unique *only, sole*

Divers

comme *like, as*
de préférence *preferably*
déjà *already*
encore *yet, still, again*
enfin *finally*
être passionné(e) de *to be a fan of*

il y a *there is, there are*
là *there, over there*
ne... plus *no longer*
parce que *because*
peu *little*
quand *when*

selon *according to*
seulement *only*
surtout *in particular*
tout *quite*

Bon voyage!

Fonctions

Dans ce chapitre, vous allez apprendre à
- parler de vos voyages
- indiquer votre destination et vos intentions
- dire où vous allez
- indiquer le prix et la date

Vocabulaire et structures

Point de départ: Les voyages
Exploration 1: Le verbe **aller**
Exploration 2: Les prépositions et les noms de lieux
Exploration 3: Les nombres supérieurs à 100 et les nombres ordinaux

Point de départ: Les voyages

Les moyens de transport: Comment est-ce que vous préférez voyager?

en voiture   en autocar   en avion

en train   en bateau   à pied   à vélo

La saison: En quelle saison est-ce que vous préférez prendre vos vacances?

en automne   en hiver   au printemps   en été

L'endroit: Où est-ce que vous préférez passer vos vacances?

à la montagne   à la campagne   au bord de la mer

en ville

dans votre pays

à l'étranger

Les activités: Quand vous voyagez, quelles sont vos activités préférées?

faire des excursions

acheter[1]
des souvenirs

visiter des musées
et des monuments

aller à la plage

aller au concert,
au cinéma et au théâtre

rencontrer des gens

prendre des photos

Le logement: Où est-ce que vous préférez rester / loger?

dans un hôtel

chez des amis ou
chez des parents

dans un camping

dans une auberge
de jeunesse

[1] **Acheter** *(to buy)* is a regular **-er** verb except that an **accent grave** is added in all but the **nous** and **vous** forms: **j'achète, tu achètes, il/elle/on achète, nous achetons, vous achetez, ils/elles achètent.**

Communication et vie pratique

A **Bon voyage!** Ask another student about his or her vacations. He or she will also ask what your vacation preferences are.

1. Où est-ce que tu préfères passer tes vacances?
2. En quelle saison est-ce que tu préfères voyager?
3. Comment est-ce que tu préfères voyager?
4. Avec qui est-ce que tu aimes voyager?
5. Où est-ce que tu préfères rester?
6. Quand tu voyages, quelles sont tes activités préférées?

B **Petit sondage.** Some French friends have asked you about the vacation preferences of Americans. To answer them, do an informal survey of the vacation patterns of students in your class. Use activity A or the **Point de départ** to form your questions. Then prepare an oral or written report of what you found out from your survey.

1. La ville ou l'état où les étudiants de votre classe préfèrent passer leurs vacances
2. Leur saison préférée pour les vacances
3. Leur moyen de transport préféré
4. Le type de logement qu'ils préfèrent
5. Leurs activités préférées

Info-culture: Vive les vacances!

Vacations are very important in France, where every employee is guaranteed a minimum of five weeks paid vacation. In contrast to Americans, who often take shorter vacations (or who may not take any), the French value their vacations very highly. In fact, France has a **Ministère du Tourisme,** which is responsible for promoting vacation sites, encouraging travel to France, and regulating hotels and restaurants. The majority of people take their vacation during the summer (**les grandes vacances**), which causes massive traffic jams on French highways and freeways and greatly increases the number of train travelers at peak departure periods (**les grands départs**) and times when people return (**la rentrée**). Through the use of the **bison futé** (see logo below), the government alerts the public to major areas of congestion and suggests alternate routes, where possible, or alternate departure days. Recently, people have begun to take shorter, more frequent vacations, especially during the winter for **les vacances de neige.** Among the more popular types of vacations are:

- vacations on the **Côte d'Azur,** in **Provence,** or elsewhere in the south of France

- **vacances à thème,** where people enjoy or learn a sport or activity such as sailing, hiking, horseback riding, or bicycling in the French countryside

- vacations in their own country homes, in farmhouses called **fermes d'hôtes,** or through a national network of rental country homes called **gîtes ruraux** where they experience country life in a variety of settings

- camping in the countryside, in the mountains, or at the beach

- travel outside of France or stays in vacation clubs such as the **Club Méditerranée**

During the summer, French children and teenagers can participate in a variety of activities:

- summer camps, called **colonies de vacances,** which are sponsored and subsidized by cities, religious groups, or the government

- participation in summer programs (often sponsored by the **Ministère de la Jeunesse et des Sports**) to learn sailing, scuba diving, mountain climbing, theater, arts and crafts, and so forth

- foreign language exchange programs and study tours (**les vacances linguistiques**)

Although less often than in the United States, French students also have summer jobs, often in resort areas or in summer camps.

Et vous?

Read the following list of Internet links to travel agencies and the types of vacations that they offer. What does this list tell you about vacations that the French like to take? Are there any agencies that offer tours that would interest you? Which ones, and why? Are the types of vacations offered by these travel agencies similar to those that Americans generally like to take?

CAPRICORNE VOYAGES — Agence de voyages spécialisée dans les Antilles françaises: billetterie, hébergement, transport, croisières, prestations à la carte.

CFA DE VOYAGES — Vols et circuits vers l'Asie-Pacifique.

FORMULES BRETAGNE — Séjours par thèmes et location de vacances en Bretagne: hôtel, résidence, villas, gîtes et chambres d'hôtes.

OLIVIER TOURS ORGANISE PARIS (OTOP) — Visites personnalisées de Paris et de la France.

PLANET-TERRE — Circuits sur les cinq continents: trek au Népal, VTT en Bolivie, 4x4, cheval en Mongolie.

PLEIN SOLEIL — Agence de voyages exotiques: Antilles, Réunion, Guadeloupe, Martinique et île Maurice.

SAHARA DESERT — Agence voyages tourisme Niger Libye Mauritanie: agence de voyages, sahara, désert, 4x4, chameau, Zaïre (République Démocratique du Congo), Niger, Tchad, Ténéré, Mali.

TOTEM — Tour-opérateur spécialisé dans les séjours de ski tout compris (hébergement, transport, matériel, nourriture, assurance). Destiné en particulier aux groupes et aux étudiants.

TOUR-PROVENCE — Tour-operator: programmes naturalistes, sportifs ou culturels.

VOYAGE-SCOLAIRE — Organisation de voyages éducatifs ou scolaires en France, Grande-Bretagne et Irlande.

ROUTE DES CUISINES — Propose différents séjours de tourisme gastronomique en Inde, au Maroc et en Turquie.

 Internet. Search the Internet for vacations in a French-speaking country. Choose a location that appeals to you and write a paragraph in French about why it does. Compare your choice with those of other students. You might want to start by searching on yahoo.fr (http://fr.yahoo.com/) under **voyages au Québec, voyages au Sénégal** or for another French-speaking country of your choice.

Exploration ①

Indiquer votre destination et vos intentions: Le verbe *aller*

To indicate movement or travel and to express future plans, the verb **aller** *(to go)* can be used.

aller	
je **vais**	nous **allons**
tu **vas**	vous **allez**
il / elle / on **va**	ils / elles **vont**

— Vous **allez** à Genève?
— Non, nous **allons** à Lausanne.

1.1 **Aller** is often used with the preposition **à.** Note how **à** combines with the definite article.

à + **le** becomes **au**   Je vais **au** concert.
à + **les** becomes **aux**   Il parle **aux** enfants.
à + **la** remains **à la**   Nous restons **à la** maison.
à + **l'** remains **à l'**   Ils sont **à l'**hôtel.

1.2 To express future plans or intentions, the conjugated form of **aller** is followed by an infinitive.

Nous **allons voyager** en train.   Elle **va étudier** à l'étranger.

Some useful expressions for talking about future plans are:

aujourd'hui *(today)*   l'année prochaine *(next year)*
la semaine prochaine *(next week)*   le week-end prochain
demain   pendant les vacances *(during vacation)*

We also often talk about the month (**le mois**) in which something is going to happen.

janvier	avril	juillet	octobre
février	mai	août	novembre
mars	juin	septembre	décembre

Je vais visiter Paris en mai.
En juillet, nous allons passer nos vacances à la plage.

To indicate a particular date, use **le + la date + le mois.** The only exception is the first day of the month: **le premier janvier, le premier avril.**

Nos vacances commencent le premier août et nous voyageons du 3 au 15 août.

Situation: Fermeture annuelle

Track 41 It is the last week of July, and a customer is wondering when Madame Dubourg's pharmacy will close for the family's annual vacation.

MME PASQUIER: Vous n'allez pas fermer cette année?
MME DUBOURG: Si, on va fermer la semaine prochaine.
MME PASQUIER: Vous avez des projets pour vos vacances?
MME DUBOURG: D'habitude, nous allons sur la côte, mais cette année, je voudrais passer quinze jours à la montagne.
MME PASQUIER: Et vos enfants?
MME DUBOURG: Ma fille va aller aux États-Unis avec un groupe d'étudiants. Les garçons vont faire du camping avec des copains.

> **Mots à retenir: fermer** to close, **l'année** (f) year, **si** yes (in response to a negative question), **les projets** (m) plans, **je voudrais** I would like, **le garçon** boy, **le copain** pal, buddy

Avez-vous compris?

Quels sont les projets des différents membres de la famille Dubourg?

Communication et vie pratique

A **Pendant le week-end.** Danielle and her friends have plans for the weekend. Using the cues provided, tell where they are going. Then tell what your plans are for the weekend.

> EXEMPLE Catherine / concert
> *Catherine va au concert.*

1. Rémi / plage
2. Amar / restaurant
3. Camille / bibliothèque
4. Frédéric / cinéma

5. Julie / théâtre
6. Martine / musée
7. Matisse / montagne
8. Aïda / campagne

B **Le 1er mai.** Several students are talking about their plans for **la fête du Travail** (similar to Labor Day in the U.S.). What do they say?

> EXEMPLE Jean-Claude / prendre des photos
> *Jean-Claude va prendre des photos.*

1. nous / faire du camping
2. Claudine / aller à la plage
3. mes amis / aller au théâtre
4. vous / visiter des musées

5. je / rester à la maison
6. tu / aller chez tes parents
7. mon frère / aller à la montagne
8. ma sœur / faire une excursion

C **Le week-end prochain.** Ask other students if they plan to do these things next weekend. Keep track of their answers so that you can report back what they plan to do.

> **EXEMPLE** aller à la bibliothèque
> — *Est-ce que tu vas aller à la bibliothèque?*
> — *Oui, je vais peut-être aller à la bibliothèque.*

	oui	non	peut-être
1. aller au concert			
2. manger dans un bon restaurant			
3. aller à la campagne			
4. aller chez des amis			
5. aller au cinéma			
6. étudier pour un examen			
7. regarder la télé			
8. rester à la maison			
9. aller au théâtre			
10. ?			

D **Suggestions.** Imagine that you and some friends are making plans for the weekend. Ask them if they would like to do the following things. They will indicate whether they like the idea.

> **EXEMPLE** — *On va à la montagne?*
> — *Oui, c'est une bonne idée.*
> ou — *Non, je préfère rester ici.*

1.

2.

4.

5.

3.

6.

7.

8.

C'est votre tour

You are a reporter interviewing French families about their vacation plans. Ask the families (played by other students) where they are going, where they are going to stay, and what they are going to do while on vacation. The families can use one of the **fiche-vacances** that follow or make up one of their own to answer the questions.

Angélique et Sylvie Perron

Destination: Nice / **Logement:** Auberge de jeunesse
Activités: plage, visite de la vieille ville, faire des
   excursions dans la région
Dates: du 1ᵉʳ au 30 septembre

Jean-Luc Villon et Maryse Dupont

Destination: Avignon / **Logement:** Hôtel de la Tour
Activités: théâtre, cinéma, musées, visites de la ville
Dates: du 1ᵉʳ au 15 août

Les Delaleu

Destination: Genève / **Logement:** chez des cousins
Activités: visiter la ville, faire des excursions en voiture,
   faire du ski
Dates: du 1ᵉʳ au 15 février

Exploration ②

Dire où vous allez: Les prépositions et les noms de lieux

To talk about countries and cities in French, you need to know not only the name of the country but also whether the country is masculine or feminine. The French names of some countries follow. Note that the countries in the first two columns are feminine (as are all countries ending in **e,** except **le Mexique**), and the countries in the third are masculine. Several countries do not take an article at all (e.g., **Israël, Haïti**).

l'Allemagne	la Hollande (les Pays-Bas, *m*)	le Brésil
l'Angleterre	l'Inde	le Canada
l'Australie	l'Irlande	le Danemark
la Belgique	l'Italie	les États-Unis
la Chine	la Norvège	le Japon
l'Égypte	la Pologne	le Maroc
l'Espagne	la Russie	le Mexique
la France	la Suisse	le Portugal
la Grèce	la Tunisie	le Sénégal
		le Viêt Nam

2.1 The preposition used with place names depends on the kind of place:

à + city	**à** Paris
	à Chicago
en + feminine country	**en** France
	en Belgique
au + masculine country	**au** Canada
aux + plural country name	**aux** États-Unis
	aux Antilles
chez + person's name	**chez** Madame Ménard
+ person	**chez** des amis
+ stress pronoun	**chez** moi
+ person's profession	**chez** le dentiste

2.2 All continents are feminine: **l'Afrique, l'Amérique du Nord, l'Amérique du Sud, l'Antarctique, l'Asie, l'Australie, l'Europe.** Use **en** with continents.

Nous allons **en** Europe l'été prochain.

Situation: Les grands départs

Track 42 Paris, July 31. A reporter is interviewing vacationers who are caught in a traffic jam on their way out of the city.

LE REPORTER: Alors, c'est le grand départ?
M. ARLAND: Non, pas aujourd'hui. Nous allons chez des amis à la campagne.
LE REPORTER: Allez-vous passer vos vacances en France ou à l'étranger?
MME ARLAND: À l'étranger. Cette année, nous allons en Espagne et au Portugal.
                Et l'année prochaine, nous avons l'intention de visiter le Maroc
                et la Tunisie.
LE REPORTER: Alors, bon voyage!

Mots à retenir: le départ *departure,* **avoir l'intention de** *to intend, plan to*

Avez-vous compris?

Où va la famille Arland ce week-end? Et cette année? Et l'année prochaine?

Communication et vie pratique

Ⓐ À l'auberge de jeunesse. Some students have met in **une auberge de jeunesse.** Using the cues provided, tell how they introduce themselves. Then introduce yourself by role-playing this situation with other students in your class.

EXEMPLE   Brigitte / Nice / France
                Je m'appelle Brigitte. J'habite à Nice en France.

1. Pablo / Séville / Espagne
2. Maria / Lisbonne / Portugal
3. Juanita / Acapulco / Mexique
4. Karl / Vienne / Autriche
5. Théo / Athènes / Grèce

6. Erik / Oslo / Norvège
7. Djenat / Alexandrie / Égypte
8. Bob / Philadelphie / États-Unis
9. Hiro / Tokyo / Japon
10. Amadou / Dakar / Sénégal

Ⓑ Projets de voyage. Where are the following people going this summer? Use the cues provided to tell what they say.

EXEMPLE   Henri / Espagne et Portugal
                Henri va en Espagne et au Portugal.

1. mes amis / Sénégal et Côte d'Ivoire
2. Monsieur Robert / Suisse et Italie
3. je / Tunisie et Maroc
4. nous / Canada et États-Unis

5. vous / Pologne et Russie
6. tu / Angleterre et Irlande
7. ma sœur / Japon et Chine
8. Régis / Belgique et Pays-Bas

C **Et toi?** Decide which countries you would like to visit. Then find out if another student would like to visit those countries also. You may want to consult the maps at the front of the book.

> **EXEMPLE** — *Je voudrais aller au Brésil. Et toi?*
> — *Pas moi. Je voudrais aller en Irlande et en Norvège.*

D **Bonnes vacances!** What would be a good vacation spot abroad for the following people?

> **EXEMPLE** Pour ma camarade de chambre, des vacances...
> *Pour ma camarade de chambre, des vacances en Italie.*

1. Pour mon / ma prof de français, un voyage...
2. Pour les étudiants de notre classe, des vacances...
3. Pour mes amis, trois semaines...
4. Pour ma famille, quinze jours...
5. Pour moi, des vacances...

E **Quiz-Géo.** Tell where the following cities are located. Then give the names of additional cities and see if other students can name the country where each is located.

> **EXEMPLE** Dakar
> — *Où est Dakar?*
> — *C'est au Sénégal.*

1. Bruxelles	6. Montréal
2. Genève	7. Tunis
3. Londres	8. Strasbourg
4. Berlin	9. Rome
5. Moscou	10. Lisbonne

C'est votre tour

You are working for a travel agency, and your boss (**le patron / la patronne**) has asked you to plan the specific itinerary (**le circuit**) for each major area of the world. Working alone or in small groups, choose the five countries that you would include in your **circuit** of each area. Be prepared to explain and defend your choices! Then get together with other teams or individuals also working at the agency. Compare your choices and negotiate in order to come up with the agency's final list of countries that will be part of the **circuit** for each area. Check the maps at the front of the book to verify or find out the names of the countries you want to include.

#1	Circuit Europe
#2	Circuit Asie
#3	Circuit Afrique
#4	Circuit Amérique du Sud
#5	Circuit Amérique du Nord
#6	Circuit Amérique centrale

Exploration ③

Indiquer le prix et la date: Les nombres supérieurs à 100 et les nombres ordinaux

Numbers above 100 (**cent**) are expressed in the following way:

101	**cent un**
102	**cent deux**
159	**cent cinquante-neuf**
200	**deux cents**
264	**deux cent soixante-quatre**
1 000	**mille**
2 000	**deux mille**
19 300	**dix-neuf mille trois cents**
541 000	**cinq cent quarante et un mille**
2 000 000	**deux millions**

3.1 Periods (**un point**) and commas (**une virgule**) have opposite functions in French and English. Thus, commas are used to express decimals. For large numbers, either a period or a space can be used.

76,5%	soixante-seize **virgule** cinq pour cent
5,8%	cinq **virgule** huit pour cent
317.530	trois cent dix-sept mille cinq cent trente

3.2 Years up to the year 2000 can be expressed in two ways.

1999	mille neuf cent quatre-vingt-dix-neuf
	dix-neuf cent quatre-vingt-dix-neuf
2020	deux mille vingt

The preposition **en** is used with dates:

Louis Pasteur est né en 1822 et il est mort en 1895.

3.3 To indicate the order or rank of things or events, ordinal numbers (*first, second, third*, etc.) are used. Just as English often uses the suffix *-th* in ordinal numbers (*fifth, ninth*), French uses the suffix **-ième** for all ordinal numbers except **premier** and **première**. As in English, ordinal numbers are used with centuries (**un siècle**).

premier / première (1er / ère)	neuvième*	seizième*
deuxième (2e)	dixième	dix-septième
troisième	onzième*	dix-huitième
quatrième*	douzième*	dix-neuvième*
cinquième*	treizième*	vingtième
sixième	quatorzième*	vingt et unième
septième	quinzième*	etc.
huitième		

Nous sommes maintenant au vingt et unième siècle.
Albert Camus est un auteur du 20e siècle.

*Note the spelling changes in the items marked with an asterisk (e.g., **neuf → neuvième, quatre → quatrième**).

Situation: Réservation d'une chambre d'hôtel

Track 43

Laurence Rivière is calling to reserve a room at the **Hôtel du Mont Blanc** for a business trip to Geneva.

L'EMPLOYÉ: Allô. Ici l'Hôtel du Mont Blanc.
LAURENCE: Bonjour, monsieur. Je voudrais réserver une chambre pour le trente juin.
L'EMPLOYÉ: C'est pour combien de personnes?
LAURENCE: Pour une personne.
L'EMPLOYÉ: Et pour combien de nuits?
LAURENCE: Une nuit seulement.
L'EMPLOYÉ: Voyons... Oui, nous avons encore une chambre libre.
LAURENCE: Quel est le prix?
L'EMPLOYÉ: Cent soixante francs ou cent euros.
LAURENCE: Le petit déjeuner est compris?
L'EMPLOYÉ: Oui, madame, tout est compris.

> **Mots à retenir: combien de** how many, **la nuit** night, **voyons** let's see, **libre** free, **le prix** price, **le petit déjeuner** breakfast, **tout** everything

Avez-vous compris?

Qu'est-ce que l'employé va noter dans le registre de l'hôtel?

Nom du client:
Nombre de personnes:
Nombre de nuits:
Prix de la chambre:

Communication et vie pratique

A **Arrondissements.** You are working at the **Office du Tourisme** in Paris, where tourists are asking about the location of certain monuments. Tell them in what **arrondissements** (administrative districts) the places are located.

> EXEMPLE   le Quartier latin (6e)
> — *Où est le Quartier latin?*
> — *Dans le sixième.*

1. la Sorbonne
2. la tour Eiffel
3. la Gare de Lyon
4. le Centre Pompidou
5. le Sacré-Cœur
6. le Louvre
7. la Gare de l'Est
8. le Bois de Boulogne

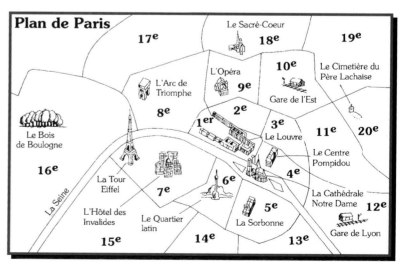

B **Quelle est la distance?** You are working for a travel agency that does considerable business with Quebec. Clients (played by other students) call and ask the distances between Quebec City and different cities. Use the following chart to answer their questions.

EXEMPLE — *Quelle est la distance entre Québec et Montréal?*
— *La distance est de deux cent quarante-six kilomètres.*

Distance entre la ville de Québec et...	
Montréal	246 kilomètres
Toronto	780 kilomètres
Boston	633 kilomètres
Détroit	1 136 kilomètres
New York	846 kilomètres
Chicago	1 647 kilomètres
Washington	1 196 kilomètres

C **Agence de voyages.** You are working at **Nouvelles Frontières** and are answering customers' questions about the prices of different trips. Using the information that follows, how would you respond to your customers' questions? Role-play the situation.

EXEMPLE Tunisie (1 023 €)
— *Combien coûte le voyage en Tunisie?*
— *Mille vingt-trois euros.*

1. Le Viêt Nam (1 715 €)
2. Découverte de la Chine (2 090 €)
3. L'Ouest Canadien (1 840 €)
4. L'Afrique du Sud (1 610 €)
5. L'Égypte (749 €)
6. La Turquie (797 €)
7. La Tunisie (1 023 €)
8. L'Espagne (803 €)

D **Populations.** Working with a partner, ask each other the population of the following cities around the French-speaking world.

EXEMPLE Montréal 3 300 000
— *Quelle est la population de Montréal?*
— *Montréal a trois millions trois cent mille habitants.*

1. Dakar 2 250 000
2. Québec 670 000
3. Rabat 1 636 600
4. Bruxelles 978 453
5. Tunis 674 323
6. Pointe-à-Pitre 20 948
7. Fort-de-France 134 727
8. Genève 429 007

E **Testons nos connaissances.** Give the centuries for each of the following French authors.

EXEMPLE Victor Hugo (19e)
Victor Hugo est un auteur du dix-neuvième siècle.

1. Jean Racine (17e)
2. Voltaire (18e)
3. Léopold Senghor (20e)
4. Molière (17e)
5. Émile Zola (19e)
6. Albert Camus (20e)
7. Honoré de Balzac (19e)
8. Rabelais (16e)
9. Madame de Sévigné (17e)
10. Simone de Beauvoir (20e)
11. Mariama Bâ (20e)
12. Jean-Paul Sartre (20e)
13. Aimé Césaire (20e)
14. Montaigne (16e)

C'est votre tour

You are working for **Frantour** in Biarritz and are trying to help customers (played by other students) find hotel rooms in the city. Based on their needs, find accommodations for each of your customers. As you talk with your customers, make sure that you point out the services offered by the different hotels. Your customers will decide how many will be in their party, what kinds of rooms they need, and how long they plan to stay.

Biarritz

La douceur du climat plaisait déjà à l'Impératrice Eugénie de Montijo en 1854. Elle serait surprise aujourd'hui de voir les surfeurs s'amuser sur l'océan même si le casino, les villas et les restaurants pour gourmets ont conservé à la ville son image d'élégance.

1 HÔTEL VAL FLORÈS **
 F49E01

Hôtel à l'ambiance décontractée à 3 km de la gare, à 700 m de la mer et du centre-ville. Restaurant et terrasse ombragée. Animaux admis. 19 chambres avec douche et wc, téléphone, TV câblée avec C+. Petit déjeuner continental.

Offert : documentation touristique.
8e Nuit gratuite (sauf du 1/7 au 31/8).

2 HÔTEL ARGI EDER **
 F49G01

Hôtel tranquille et central à 3 km de la gare. Salon de lecture et télévision. Animaux non admis. 19 chambres avec douche et wc, téléphone. Petit déjeuner continental.
8e Nuit gratuite (sauf du 1/7 au 31/8).

3 HÔTEL ALBION ***
 F49H01

Hôtel moderne et confortable à 3 km de la gare. Ascenseur, bar. Animaux admis. 42 chambres climatisées avec bain et wc, TV par satellite, téléphone, minibar. Petit déjeuner continental.
Offert : un verre d'accueil.

7e Nuit gratuite (du 8/7 au 31/8).
6-7e Nuit gratuite (du 1/5 au 7/7 et du 1/9 au 2/11).

4 TONIC HÔTEL ***
 F49K01

Hôtel à l'ambiance tonique situé à 3 km de la gare. Ascenseur, bar, restaurant, salle de réunions. Animaux admis. 63 chambres avec bain (hydromassage ou bains de vapeur) et wc, téléphone, TV câblée, sèche-cheveux. Petit déjeuner buffet.
8e Nuit gratuite

SÉJOUR THALASSO

THALASSOTHÉRAPIE LOUISON BOBET

En plein cœur de Biarritz, à proximité des principaux hôtels, l'Institut Louison Bobet, vous propose un programme personnalisé de remise en forme: douche sous-marine, bains multi-jets, applications d'algues, massage, gymnastique en piscine....

Intégration et perspectives

▌ Voyage aux Antilles

 Pour mieux lire: You have already seen that many French words are spelled the same as their English counterparts. Notice in this reading how many words resemble English words even though they are not identical to them. Guessing the meanings of these words (e.g., **magie, rhum, émeraude**) will improve your comprehension.

You work for **Voyages Maisonneuve** and have been asked to prepare cards listing some of the major features that your company offers. Based on the information in the ad for Martinique and Guadeloupe (on page 115), fill out the card found after the ad in the **Avez-vous compris?** section.

Les Antilles

DU MERCREDI 5 AU JEUDI 14 NOVEMBRE

« *La Martinique : l'île aux fleurs. La Guadeloupe : l'île d'émeraude,*
Les Saintes. Laissez-vous séduire par la magie des Caraïbes : plages
de sable blanc, végétation tropicale, épices, rhum et biguine, un
cocktail d'odeurs et de couleurs. »

1er jour : LYON - PARIS - FORT DE FRANCE

Présentation à l'aéroport de Lyon Saint-Exupéry, formalités d'enregistrement et
envol pour Fort de France, via Paris. Arrivée en fin d'après-midi, transfert à l'hôtel,
cocktail de bienvenue, dîner, logement.

Du 2e au 4e jour : SÉJOUR EN MARTINIQUE

Séjour en pension complète à l'hôtel "Les Amandiers***" situé à proximité de Sainte-
Luce, pittoresque village de pêcheurs de la côte sous le vent, en bordure de plage et
au milieu d'un jardin tropical. Les chambres sont climatisées et équipées de sanitaire
complet, téléphone, télévision, terrasse ou loggia. A votre disposition à l'hôtel :
piscine, restaurant, bar, service de blanchisserie, et boutiques. Serviette de plage à
disposition et chaises longues. Courts de tennis.

Programme des excursions

- Nord tropical : Départ vers les hauteurs de Fort de France pour les jardins de
Balata. Visite du site de Saint-Pierre et traversée des plantations de bananes et
ananas. Déjeuner et départ par Marigot et Le Lorrain. Retour et vue sur la
presqu'île de la Caravelle.

- Sud impérial : Excursion qui vous aidera à mieux connaître l'histoire agricole du
pays. Visite de la maison de la canne, distillerie "La Mauny", baignade et barbecue
sur la plage des Salines.

5e jour : FORT DE FRANCE - POINTE A PITRE

Transfert à l'aéroport et envol à destination de Pointe à Pitre. Transfert à l'hôtel,
déjeuner, après-midi libre, dîner, logement.

Du 6e au 8e jour : SÉJOUR EN GUADELOUPE

Séjour en pension complète à l'hôtel "Marissol Coralia***" situé à Gosier, niché dans
un parc tropical face à la mer. Les chambres sont climatisées et équipées de sanitaire
complet, téléphone, télévision, terrasse ou loggia. A votre disposition à l'hôtel :
piscines avec chaises longues et parasols, courts de tennis, restaurants, bar et
boutiques.

Programme des excursions

- Tour de grande terre : Sainte-Anne, les Grands Fonds, arrêt au cimetière de Morne
à l'eau. Arrêt aux Portes d'Enfer et à la Pointe de Grande Vigie. Port Louis,
déjeuner antillais. La Pointe des Châteaux.

- Les saintes : Excursion en bateau, tour de l'île et visite guidée du Fort Napoléon,
baignade et déjeuner de spécialités
au bord de l'eau. Temps libre.

9e jour : POINTE A PITRE - PARIS

Matinée libre et déjeuner à l'hôtel,
transfert à l'aéroport et envol pour
Paris. Dîner, logement à bord.

10e jour : PARIS - LYON

Petit-déjeuner en vol et retour à Lyon
Saint-Exupéry.

EXCURSIONS ET BOISSONS INCLUSES DANS LE PRIX DU VOYAGE

SUPPLÉMENT CHAMBRE INDIVIDUELLE : 220 €
ACOMPTE A L'INSCRIPTION : 550 €
ASSURANCE ANNULATION : 55 €

LE PRIX COMPREND :

- Les transports aériens Clermont-Ferrand/
Fort de France et Pointe à Pitre/
Clermont-Ferrand sur vols réguliers
- Le transport aérien Fort de France/
Pointe à Pitre
- Les transferts aux hôtels
- Le logement en chambre double
avec bain ou douche/WC en hôtels***
- Les repas (1/4 vin inclus) du dîner
du 1er jour au déjeuner du 9e jour
- Les excursions prévues au programme
- Les services de notre accompagnatrice
- L'assurance Assistance/Rapatriement

Avez-vous compris?

Dates possibles	
Prix et services	
Séjour en Martinique: • Activités principales • Autres excursions possibles	
Séjour en Guadeloupe: • Activités principales • Autres excursions possibles	

Mots à retenir / Mots en contexte: **l'île** *(f) island,* **émeraude** *(f) emerald,* **laisser** *to let, allow,* séduire *to seduce,* le sable *sand,* les épices *(f) spices,* **envol** *(m) departing,* **l'après-midi** *(m) afternoon,* le pêcheur *fisherman,* **le séjour** *stay,* **pension complète** *full room and board,* en bordure de *bordering,* **au milieu de** *in the middle of,* **climatisé** *air-conditioned,* la loggia *balcony,* la blanchisserie *laundry,* les hauteurs *(f) heights,* **l'ananas** *(m) pineapple,* **connaître** *to know, understand,* baignade *(f) swimming,* **piscine** *(f) swimming pool,* **la matinée** *morning,* **le vol** *flight,* acompte *(m) à l'inscription payment when signing up,* **douche** *(f) shower,* **le repas** *meal,* **la boisson** *drink*

Info-culture: Les Antilles

Guadeloupe and Martinique are located in the Caribbean, southeast of Cuba and Haiti in a group of islands known as the Lesser Antilles (**les Petites Antilles**). They have been French since 1635. They are part of the **départements d'outre-mer (les DOM),** that used to be a part of the French colonial empire. There are 96 **départements** in continental France and four **DOM:** (1) **la Guadeloupe,** (2) **la Martinique,** (3) **La Réunion** in the Indian Ocean, and (4) **la Guyane** on the northeast coast of South America. There are also three **territoires d'outre-mer (les TOM): la Polynésie française, la Nouvelle-Calédonie** and **Wallis et Futuna. Mayotte,** a collectivité territoriale since 1976, is waiting to become a **DOM. Saint-Pierre-et-Miquelon,** two small islands off the coast of Newfoundland, is also a **collectivité territoriale.**

Warm winds and the sea give Guadeloupe and Martinique a tropical climate. Their volcanic origin accounts for spectacular and varied terrain that attracts many tourists from Europe and North America. **La montagne Pelée** and **la Soufrière** are still active volcanoes.

Guadeloupe is actually two islands (**Basse-Terre** and **Grande-Terre**) separated by the **rivière Salée** and has a population of 422,496. Its administrative capital is **Basse-Terre,** and its business capital is **Pointe-à-Pitre.** Martinique has a population of 381,427; its capital is **Fort-de-France.** The economy of both Martinique and Guadeloupe is largely agricultural; the main crops are sugarcane, bananas, pineapples, avocados, citrus fruit, and flowers. Tourism, however, remains the main economic resource, and Martinique and Guadeloupe are among the favorite destinations of French tourists.

Et vous?

Would you like to visit Martinique or Guadeloupe? Why or why not? Are there other **départements d'outre-mer** or **territoires d'outre-mer** that you would like to visit?

Communication et vie pratique

A Internet. Assume that you are going to visit Martinique. Plan what you want to see and do by searching the Internet. Use a search engine, or check sites such as http://www.touristmartinique.com.

Track 44

Pour mieux comprendre: Sometimes it is useful to listen for specific pieces of information the first time you hear a conversation and then get more details the next time you listen. Listen to the conversation and tell whether Raymonde, Michel, or Mathieu wants to (1) travel abroad, (2) take guided tours, (3) go to North Africa.

B À l'agence de voyages. Three friends, Michel, Raymonde, and Mathieu, are consulting a travel agent. Listen to their conversation and then complete the statements that follow.

1. Les trois amis désirent passer leurs vacances...
2. Ils préfèrent prendre leurs vacances...
3. Pour leurs prochaines vacances, ils pensent que c'est préférable de...
4. Les pays que Michel désire visiter sont situés...
5. Le voyage que l'agent propose est un voyage de...
6. Ils vont être obligés de prendre leurs vacances en septembre parce que...

C Vacances d'été. Jot down ideas about a vacation you would like to take this summer: destination, type of transportation, activities, season or month of travel, preferred type of lodging, cost, and so forth. Then talk with a travel agent (played by another student) and look for a trip that you would like from among those that the agent offers in the next activity.

D Agents de voyages. You are working in a travel agency and are receiving calls or visits from prospective customers. Try to find a vacation that suits your customers' tastes and pocketbook. You may be able to find information on the World Wide Web to use in your descriptions of places around the French-speaking world.

E Au syndicat d'initiative. You are working for your local tourist bureau. Tell French visitors what kinds of accommodations, activities, and transportation are available in your area. Consider putting this information into a brochure or flyer (or on a Web site) to give to French visitors in your town.

Pour mieux écrire: Decide whether you are going to prepare a brochure, a flyer, or a possible Web site. Then find samples that will give you ideas about format and presentation (use of graphics, photos, information included, headlines, bulleted lists, etc.) that can be used to make your product more attractive and useful.

Invitation au voyage: Destination Tahiti

You are going to read about Tahiti from the perspective of Moana Rivière. Before reading what he has to say, make a list of nouns and adjectives that you think are closely associated with an exotic place such as Tahiti. Then share your ideas with other students in the class. After reading the **Chez nous** section on page 120, check to see whether your impressions were reflected in the text.

Chez nous

○ ○ ○ ○ ○ ○ ○ ○ ○

à Tahiti

La Polynésie française, un des territoires français d'outre-mer (TOM), comprend les îles de la Société (avec Tahiti), les Marquises, les Tuamotu, les Gambier et les îles Australes.

Principale ville: Papeete (sur l'île de Tahiti)	
Superficie totale: 4 200 km²	Population: 262 125 h
Langues: français et tahitien	Monnaie: l'euro

«Eh oui, je suis de Tahiti, ce merveilleux petit coin du monde que tout le monde rêve de visiter!

En fait, j'habite sur l'île de Moorea qui est au nord-ouest de Tahiti, à environ trente minutes en bateau. Mais pour vous, le mot magique, c'est Tahiti. C'est un mot qui évoque l'exotisme, la luxuriance de la végétation, l'extraordinaire beauté des paysages et les belles vahinés (femmes tahitiennes) qui dansent sur la plage.

Pour nous, Tahiti, ce n'est pas seulement un paradis tropical, c'est l'endroit où nous essayons de gagner notre vie! En fait, beaucoup de gens ici travaillent dans l'industrie touristique. Moi, par exemple, je suis le skipper d'un catamaran de dix-huit mètres qui emmène les touristes — et quelquefois les gens d'ici — visiter les différentes îles de la Polynésie. Nous avons des croisières toute l'année. Avec une croisière de huit jours, par exemple, vous allez visiter les îles Marquises, ou Bora Bora et les îles Sous-le-Vent.

Ma femme travaille aussi. Elle donne des cours de danse tahitienne. Elle enseigne dans une des nombreuses écoles de musique et de danse où les enfants apprennent les danses et les chants traditionnels polynésiens. Les filles commencent à l'âge de quatre ans, et pour les garçons, c'est à cinq ans. C'est important pour nous de cultiver notre art et nos traditions. Au mois de juillet, pour les fêtes du Heiva, nous avons un grand festival de danse qui s'appelle la Taupitinui, en tahitien.»

Avez-vous compris?

Based on the information in the **Chez nous** section, write a short description of Moana Rivière, his family, and Tahiti. Share your descriptions with other students in the class.

 Ⓐ Projets de voyage. Alone or with a group of students, plan a trip to Tahiti using the following questions as a guide. Visit a Web site devoted to Tahiti (e.g., http://www.tahiti1.com/fr/default.asp) to help you organize the different aspects of your trip. Compare your plans with those of other students.

1. Combien de temps est-ce que vous allez rester à Tahiti?
2. En quelle saison est-ce que vous allez voyager?
3. Où est-ce que vous allez rester?
4. Quelles vont être vos activités principales?

Ⓑ Gauguin à Tahiti. Like several artists of the **fin de siècle** in search of a simple life, nature, and exoticism, Paul Gauguin lived in Tahiti for a period of years. While there, he was inspired by the simple lifestyle, the beautiful women, and the luxurious tropical climate and scenery of the island. Following are two of Gauguin's paintings done while he was in Tahiti. In French, describe the paintings and then tell why you like or do not like them. Share your ideas with other students in the class and see to what extent you agree or disagree with their ideas.

Bien prononcer

A Practice repeating the nasal sound /ɛ̃/ as in **province** and note the different letter combinations associated with this sound.

matin	impossible	américain	chien
médecin	simple	train	rien
intéressant	sympathique	prochain	bien

B Note the difference in the pronunciation of the masculine and feminine forms of nouns and adjectives whose masculine forms end in /ɛ̃/. This change occurs whenever **in, ain,** or **ien** is followed by a vowel or by another **n** or **m.**

/ɛ̃/	/ɛn/	/ɛ̃/	/in/
américain	américaine	cousin	cousine
mexicain	mexicaine	voisin	voisine
marocain	marocaine	copain	copine
italien	italienne	Martin	Martine
canadien	canadienne		
tunisien	tunisienne		
pharmacien	pharmacienne		

Petite conversation. Practice repeating the following conversation.

— Vous avez des projets intéressants pour l'été prochain?
— Nous allons au Canada, chez ma cousine.
— Votre cousine est canadienne?
— Oui, nous avons plusieurs cousins canadiens.

Vocabulaire

Les voyages (Voir pp. 98–99)
Les saisons (Voir p. 98)
Le verbe **aller** (Voir p. 103)
Les mois de l'année (Voir p. 103)
Les prépositions et les noms de lieux (Voir p. 107)
Les nombres supérieurs à 100 et les nombres ordinaux (Voir p. 110)

Noms

ananas *(m) pineapple*
année *(f) year*
après-midi *(m) afternoon*
auberge *(f)* **de jeunesse** *youth hostel*
boisson *(f) drink*
cinéma *(m) movies, movie theater*
copain(-ine) *(m, f) friend, pal*

déjeuner *(m) lunch*
départ *(m) departure*
douche *(f) shower*
endroit *(m) place*
équipe *(f) team*
garçon *(m) boy; waiter*
gens *(m pl) people*
île *(f) island*
journée *(f) day, daytime*
mer *(f) sea*
monde *(m) world*

moyen *(m) means*
nuit *(f) night*
petit déjeuner *(m) breakfast*
piscine *(f) swimming pool*
plage *(f) beach*
prix *(m) price*
projet *(m) plan, project*
promenade *(f) walk, stroll*
repas *(m) meal*

retour *(m) return*
séjour *(m) stay*
semaine *(f) week*
souvenir *(m) memory, souvenir*
spécialité *(f) specialty, special feature*
vol *(m) flight*

Verbes

acheter *to buy*
aller *to go*
connaître *to know*
fermer *to close*
laisser *to let, allow*

prendre *to take*
réserver *to reserve*
je voudrais *I would like*
voyons *let's see*

Adjectifs

climatisé(e) *air-conditioned*
libre *free*

prochain(e) *next*
tout(e) *every, all*

Divers

à l'étranger *abroad*
aujourd'hui *today*
au milieu de *in the middle of*

combien de *how much, how many*
entre *between*
pendant *during*

Bon appétit!

Fonctions

Dans ce chapitre, vous allez apprendre à
- parler de ce que vous aimez manger
- identifier et préciser
- acheter et consommer
- commander au restaurant

Vocabulaire et structures

Point de départ: La nourriture et les magasins d'alimentation
Exploration 1: Les adjectifs démonstratifs
Exploration 2: Le partitif
Exploration 3: Le verbe **prendre** et le verbe **boire**

Point de départ: La nourriture et les magasins d'alimentation

En France, beaucoup de gens achètent leurs provisions chaque jour dans les différents magasins de leur quartier. D'autres préfèrent aller au supermarché une ou deux fois par semaine ou aller au marché.

À la boulangerie-pâtisserie...

Mme Lebrun va chaque jour à la boulangerie pour acheter son pain. Qu'est-ce qu'elle va acheter aujourd'hui?

À la boucherie-charcuterie...

Quelle sorte de viande est-ce que Philippe va acheter aujourd'hui? Voici...

LES CHARCUTERIES

LA VIANDE

À l'épicerie...

Après son travail, Philippe passe à l'épicerie pour acheter des fruits et des légumes.
Voici...

Communication et vie pratique

Ⓐ Préférences. First, make a list of the fruits, vegetables, and meats that you like and dislike. Then talk about your food preferences with another student.

je déteste	je n'aime pas	j'aime	j'aime beaucoup	j'adore

EXEMPLE
— *Quels fruits et légumes est-ce que tu aimes?*
— *J'aime beaucoup les cerises et les pommes, mais je n'aime pas beaucoup les bananes. Et toi?*

Ⓑ C'est à quel rayon, s'il vous plaît? Imagine that you are shopping at the supermarket **Centre Leclerc** and need to find certain items. Ask one of the employees (played by another student) where you can find each of the items listed below. He or she will consult the map that follows and respond to your questions.

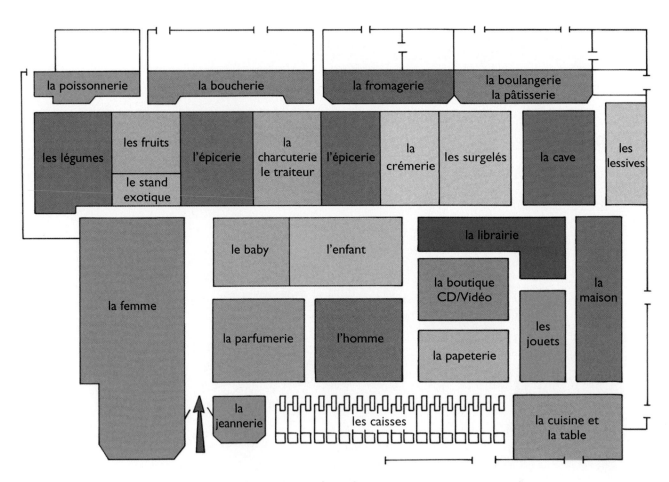

EXEMPLE petits pois
— *Où sont les petits pois, s'il vous plaît?*
— *Là-bas, au rayon légumes.*

1. poires
2. petits gâteaux
3. pain
4. œufs
5. poulet
6. fromages
7. haricots verts
8. saucisses

C **Le jeu des familles.** Make a list of four food items for each of the following categories: **les viandes, les légumes, les fruits, les desserts.** Then place each word on a small note card. Shuffle the cards and deal them all to the four players in your group. The goal of the game is to put together a full category of foods (e.g., four vegetables). The first player asks another player if he or she has a particular item in one of the categories; if the answer is "yes," the player is given the card and continues to ask either the same player or a different player for other items until a negative answer is given. When a "no" is given, it is the next player's turn. The first player to successfully assemble a category wins.

> **EXEMPLE** — *Dans la famille des fruits, est-ce que tu as la pomme?*
> — *Oui, j'ai la pomme.*
> ou — *Non, je n'ai pas la pomme.*

Info-culture: Les repas

In general, food plays a more important role in France than in the United States. Although eating habits are changing, one can still say that French people are less inclined than Americans to eat at fast-food restaurants and that the quality of food and of the wine and conversation that accompany the meal are very important for them. Despite the growing popularity of frozen foods (**les produits surgelés**), the French still prefer fresh meats and produce and are more likely to buy seasonal fruits and vegetables.

Le petit déjeuner

- Usually consists of **café au lait** (coffee and heated milk in about equal proportions) served in a bowl; **croissants,** French bread, or **biscottes** (similar to melba toast); butter; and jam.

- Children often drink hot chocolate rather than **café au lait.**

- Cereals and orange juice are becoming more popular.

Le déjeuner

- Usually eaten between noon and 2:00 P.M.

- Students in elementary school through high school are given about an hour and a half to eat their lunch, whether at school or at home.

- Increasingly eaten outside the home.

- Regains its traditional importance on weekends or during vacation.

- Dishes are served in courses rather than all at once.

- A more elaborate **déjeuner** prepared on Sundays or special occasions is usually served with wine and is composed of:
  Un apéritif (before-dinner drink)
  Les hors-d'œuvre (also called **entrées**) such as **une salade de tomates, du pâté,** or **de la quiche.**
  Fish or meat (sometimes both)
  Vegetables
  Salad
  Cheeses (**le plateau de fromages**)
  Dessert (**pâtisseries, glaces,** or **fruits**)
  Coffee and sometimes an after-dinner liqueur called **un digestif**

Le goûter

An afternoon snack, usually French bread with chocolate or Nutella (**une tartine**) or **des petits gâteaux secs.**

Le dîner

- Traditionally a lighter meal than **le déjeuner** (e.g., soup, an omelette, or a light meat and vegetable dish, bread, and cheese or fruit).
- Increasingly becoming a larger meal because family members cannot come home for the noon meal.
- Usually served between 7:00 and 8:00 P.M. and lasting 30 minutes to an hour.
- An important family get-together time.

Et vous?

A French friend is coming to the United States and has asked you about American food; tell your friend what to expect, using what you've learned about meals in France as a point of reference for comparison.

Exploration ①

Identifier et préciser: Les adjectifs démonstratifs

Sometimes we want to be very specific in identifying things. To do this, demonstrative adjectives *(this, that, these, those)* are used. Like all French adjectives, they agree in gender and number with the nouns they modify.

Les adjectifs démonstratifs		
	Singulier	**Pluriel**
Masculin devant une consonne	**ce** restaurant	**ces** restaurants
Masculin devant une voyelle ou un h muet	**cet** hôtel	**ces** hôtels
Féminin	**cette** maison	**ces** maisons

Ce matin, je vais faire le marché.
Où est **cet** hôtel?
J'achète toujours mon pain dans **cette** boulangerie.
Ces haricots verts ne sont pas bons.

When you want to distinguish between *this* and *that* or *these* and *those*, the suffixes **-ci** (for *this* and *these*) and **-là** (for *that* and *those*) are added to the noun.

Est-ce que vous préférez **ces pêches-ci** ou **ces pêches-là**?

You now know three ways to identify objects and people.

	Masculin	**Féminin**	**Pluriel**
Articles indéfinis	un	une	des
Articles définis	le (l')	la (l')	les
Adjectifs démonstratifs	ce (cet)	cette	ces

Situation: Au marché

Track 50   Madame Vallois is shopping at an open-air market and stops at her favorite fruit and vegetable stand.

LE MARCHAND: Bonjour, madame. Vous désirez... ?
MME VALLOIS: Qu'est-ce que vous avez de bon aujourd'hui?
LE MARCHAND: Ces fraises sont excellentes.
MME VALLOIS: Et ces pêches, combien est-ce qu'elles coûtent?

LE MARCHAND:	Trois euros le kilo.
MME VALLOIS:	Vous n'avez pas de cerises?
LE MARCHAND:	Non, nous n'avons plus de cerises en cette saison.
MME VALLOIS:	Alors, je vais prendre ces tomates, ce melon et ces fraises.

Avez-vous compris?

Indiquez quels produits le marchand a et quels produits il n'a pas. Indiquez aussi ce que Madame Vallois achète.

Communication et vie pratique

A **Ça coûte combien, s'il vous plaît?** You are shopping in an outdoor market and ask the price of various items. What do you ask?

EXEMPLE les petits pois
Combien coûtent ces petits pois?

1. les pommes
2. le saucisson
3. les oranges
4. les bananes
5. le fromage
6. la salade
7. les œufs
8. les tomates

B **Au restaurant.** While eating out with friends, you want to comment on how good the food is. What do you say?

EXEMPLE fromage
Ce fromage est excellent.

Mots descriptifs: excellent, parfait, très bon, assez bon, délicieux

1. haricots verts
2. veau
3. fruits
4. poulet
5. fromage
6. tarte
7. gâteau
8. fraises

ⓒ Compliments et commentaires. Imagine that you are in the following situations and want to compliment your French-speaking friends about various things. What would you say?

> **EXEMPLE** Vous mangez dans un bon restaurant avec vos amis.
> *Ce restaurant est excellent! J'aime bien ce restaurant.*

1. Vous visitez leur ville.
2. Vous mangez un bon repas ensemble.
3. Vous regardez un film ensemble.
4. Vous allez à un concert avec vos amis.
5. Vous allez dans une pâtisserie avec des amis.
6. Vous visitez le quartier où ils habitent.

C'est votre tour

You are at a grocery store where you comment on the quality of the items and ask the shopkeeper how much each item costs. Another student will play the role of the shopkeeper and will respond to your questions. After you have made your selections, tell the shopkeeper what you have chosen. Use the illustration that follows as a guide.

> **EXEMPLE** — *Ces cerises coûtent combien, s'il vous plaît?*
> — *Trois euros le kilo.*
> — *Alors, je vais prendre ces tomates et ces haricots.*

Exploration ②

Acheter et consommer: Le partitif

Some things, such as coffee, salt, and patience, cannot be counted. In English, we often use the words *some, no,* and *any,* or we use the noun alone. We say, for example, *I would like some coffee; we don't have any time; he has no patience; we have money.* In French, the partitive article conveys these meanings.

Le partitif		
	Affirmatif	**Négatif**
Devant un nom masculin	**du** café	**pas de** café
Devant un nom féminin	**de la** salade	**pas de** salade
Devant une voyelle ou un h muet	**de l'**eau minérale	**pas d'**eau minérale

2.1 Note that after a negative verb, the partitive article becomes **de.**

Nous ne mangeons jamais **de** viande.
Vous n'avez pas **d'**artichauts?

2.2 **De** is also used in other expressions of quantity, weights, measures, and serving or packaging sizes.

- assez de *(enough)*
  (un) peu de *([a] little of)*
  beaucoup de
  trop de

- une boîte de *(a box, can of)*
  un paquet de
  une bouteille de
  une tasse de *(a cup of)*
  une carafe de
  une tranche de *(a slice of)*
  un morceau de *(a piece of)*
  un verre de *(a glass of)*

- un kilo (kilogramme, kg) de
  une livre (500 grammes) de
  (a pound of)
  une demi-livre (250 grammes)
  de *(a half-pound of)*
  un litre / un demi-litre de

2.3 Note that when food items are counted as separate items *(a loaf of bread, an orange)* or used in the plural *(some green beans, some fruits),* the indefinite article is used.

Je voudrais **une** baguette et **un** gâteau.
Nous allons manger **des** petits pois et **des** carottes.

2.4 Note also the contrast between partitive and definite articles. The partitive is used to indicate an unspecified amount of a noncountable item. If a verb expresses consumption (**acheter, consommer, manger, avoir**), that is a clue to using the partitive. On the other hand, the definite article is used to refer to general categories, such as when talking about likes and dislikes (using verbs such as **aimer, préférer,** and **détester**).

Je mange **du** fromage.	↔	J'aime **le** fromage.
Je vais acheter **de la** viande.	↔	J'aime bien **la** viande.
Je voudrais **du** chocolat.	↔	J'adore **le** chocolat.

Situation: Le goûter

Track 51   Henri has just come home from school and wants his after-school snack.

HENRI: Maman, est-ce qu'il y a du pain et du chocolat pour mon goûter?
LA MÈRE: Il y a encore un peu de pain, mais il n'y a plus de chocolat. Je vais aller au supermarché.
HENRI: Qu'est-ce que tu vas acheter?
LA MÈRE: Quelques tranches de jambon, du poisson et des petits suisses.
HENRI: Et ma tablette de chocolat, tu n'oublies pas, hein?
LA MÈRE: Non, bien sûr. Regarde dans le frigo. Il reste du lait?
HENRI: Il y a encore un peu de lait mais il n'y a plus de jus de fruit.

> **Mots en contexte / Mots à retenir: le goûter** *snack,* **le poisson** *fish,* **des petits suisses** *individually wrapped pieces of soft cheese,* **oublier** *to forget,* **hein?** *eh? okay?* **le frigo** *refrigerator, fridge,* **Il reste du lait?** *Is there any milk left (remaining)?,* **le jus** *juice*

Avez-vous compris?

Indiquez ce qu'Henri désire manger pour son goûter, ce que sa mère a l'intention d'acheter et ce qu'il y a dans le frigo.

Communication et vie pratique

Ⓐ Au restaurant universitaire. You are asking French friends how often the following foods are served in the **restaurant universitaire.** What do they say?

> **EXEMPLE**   soupe (quelquefois)
> — *Est-ce qu'il y a souvent de la soupe au menu?*
> — *Oui, on mange quelquefois de la soupe.*

1. viande (souvent)
2. poisson (rarement)
3. glace (quelquefois)
4. salade (souvent)
5. pain (toujours)
6. fromage (souvent)
7. légumes (toujours)
8. fruits (toujours)

B **Et toi?** Your French friends have asked what American students generally eat. Base your answer on what is usually served in your dining hall or on what you and your friends generally eat. Use the items listed in the preceding activity and add others that fit your situation.

> **EXEMPLE** *Nous mangeons souvent de la viande, mais il n'y a jamais de poisson au menu.*

C **C'est moi le chef!** You are planning to make one or more of the following dishes (or one of your favorite recipes) to serve to some French friends. Tell some of the ingredients you'll need to buy.

> **EXEMPLE** *Je vais préparer une salade. Pour cela, j'ai besoin d'acheter de la salade, des tomates, des carottes...*

1. une pizza
2. une salade
3. un sandwich
4. une soupe aux légumes
5. une omelette
6. une salade de fruits

D **Préférences et habitudes.** Find out if other students in your class like the following foods and how often they eat them. Tell them about your own preferences.

> **EXEMPLE** la glace
> — *Je mange souvent de la glace. J'adore la glace au chocolat. Et toi?*
> — *Moi, je préfère la glace à la fraise.*

1. le poisson
2. le pain français
3. le fromage français
4. la soupe

5. la viande
6. la glace
7. la salade
8. le dessert

E **Et pour le petit déjeuner?** The **Comité Français d'Éducation pour la Santé** published a pamphlet about the importance of eating a good breakfast. Based on the information in the brochure, describe the meal you would eat on mornings when you're in a hurry (**Pour les matins pressés et sans courage**) and for mornings when you have more time (**Pour les matins où vous avez le temps de vous laisser vivre**).

F À l'épicerie. Following is a shopping list that your French family has given to you. What would you tell the grocer?

EXEMPLE   beurre (250 g)
Je voudrais deux cent cinquante grammes de beurre, s'il vous plaît.

café (1 livre)

pâté de campagne (3 tranches)

chocolat (2 tablettes)

vin rouge (1 bouteille)

petits pois (4 boîtes)

petits gâteaux (1 paquet)

pêches (2 kg)

cerises (500 g)

C'est votre tour

Imagine that you have stopped to buy some groceries. Unfortunately, the store is almost out of many of the special items advertised this week (see p. 139). The employee (played by another student) knows which items are no longer available, but you do not. He or she is determined to sell you the few items that are left. Use the suggestions that follow as you role-play this situation.

Le client	Le marchand
Je voudrais...	Je regrette, mais nous n'avons plus de...
Est-ce que vous avez...	Oui, nous avons encore...
Je ne mange pas de...	Est-ce que vous aimez...
Je n'aime pas...	Les _____ sont très bon(ne)s en cette saison.
Est-ce qu'il reste...	C'est en promotion.
?	?

5 PAINS À LA CRÈME*
425 g
Soit le kg 3,65 €

Le lot 10^F 17
1,55 €
Fabriqués en **France**

PAVÉ RUSTIQUE*
490 g
Soit le kg 2,24 €

7^F 22
1,10 €
Fabriqué en **France**

FLAN EN BANDE*
650 g
Soit le kg 3,54 €

15^F 09
2,30 €
Fabriqué en **France**

* Concerne les magasins équipés d'un terminal de cuisson.

① **ESCALOPE DE VEAU À GRILLER**
(Noix, sous noix, noix pâtissières)

Le kg 74^F 78
11,40 €
Origine **France**

② **CÔTE DE VEAU AVEC OS**
(Côtes premières, secondes, découvertes, filet)

Le kg 82^F 32
9,50 €
Origine **France**

③ **LAPIN ENTIER**
(Découpé)
Alimentation végétale garantie
(Blé, maïs, colza, luzerne, tournesol, son, mélasse de canne, minéraux)
Rayon traditionnel

Le kg 31^F 49
4,80 €
Origine **France**

④ **STEAK OU RÔTI DE CHEVAL**
(Tende de tranche, tranche, rumsteck)

Le kg 65^F 27
9,95 €
Origine **France**

① **SAINT NECTAIRE AOC TOURY**
(Rayon fromages coupe)

Le kg 30^F 11
4,59 €

② **POULIGNY SAINT PIERRE AOC**
La pièce de 150 g
Soit le kg 17,87 €
(Rayon fromages coupe)

17^F 59
2,68 €

③ **BLEU D'AUVERGNE AOC ROUSSEL**
(Rayon fromages coupe)

Le kg 29^F 98
4,57 €

④ **PASSENDALE 50% MG**
(Rayon fromages coupe)

Le kg 58^F 84
8,97 €
Fabriqué en **Belgique**

CHOCOLAT DESSERT 1848 POULAIN
Le lot de 2 tablettes de 200 g
DONT 15% DE PRODUIT GRATUIT
soit 400 g
Soit le kg 7,03 €

Le lot 18^F 43
2,81 €

CHOCOLAT PRALINOISE POUR DESSERTS 1848 POULAIN
Le lot de 2 tablettes de 200 g
DONT 25% DE PRODUIT GRATUIT
soit 400 g
Soit le kg 7,03 €

Le lot 18^F 43
2,81 €

Exploration ③

Commander au restaurant: Le verbe *prendre* et le verbe *boire*

To talk about eating food or drinking beverages, the verbs **prendre** and **boire** are often used. In a restaurant, for example, you might hear questions such as **Et comme dessert, qu'est-ce que vous prenez? Qu'est-ce que vous allez boire?**

3.1 **Prendre** usually means *to take*, but with food items it is more like *to have*. **Prendre** is an irregular verb.

prendre	
je **prends**	nous **prenons**
tu **prends**	vous **prenez**
il / elle / on **prend**	ils / elles **prennent**

—Qu'est-ce que tu **prends** comme dessert?
—Je vais **prendre** un fruit.
—Et vous, qu'est-ce que vous **prenez**?
—Nous, nous ne **prenons** pas de dessert aujourd'hui.

Other common verbs conjugated like **prendre** are **comprendre** *(to understand)* and **apprendre** *(to learn)*.

Nous **apprenons** le français.

3.2 **Boire** *(to drink)* is also an irregular verb.

boire	
je **bois**	nous **buvons**
tu **bois**	vous **buvez**
il / elle / on **boit**	ils / elles **boivent**

—Qu'est-ce que vous **buvez**?
—Je **bois** quelquefois du thé, mais je ne **bois** jamais de café.

3.3 To indicate that you are hungry or thirsty, use **avoir faim** and **avoir soif**.

J'**ai faim.** Je vais prendre un sandwich.
J'**ai soif.** Je voudrais un grand verre d'eau.

In a French café or restaurant, the following names of beverages are useful:

un café crème *(coffee with cream)*
un café noir *(black coffee)*
une tasse de café
un thé *(tea)*
un chocolat chaud *(hot chocolate)*
un citron pressé *(fresh lemonade)*
une eau minérale
un jus de fruit

un verre de vin rouge / blanc *(glass of red / white wine)*
un apéritif *(before-dinner drink)*
un digestif *(after-dinner drink)*
une carafe de vin
une bière
un coca

Situation: Au restaurant

Track 52

Julie and Mathieu are ready to order lunch.

LE SERVEUR:	Vous prenez un apéritif?
MATHIEU:	Non, merci. Nous sommes prêts à commander. Nous prenons le menu à 20 euros.
LE SERVEUR:	Et comme boisson, qu'est-ce que vous prenez?
MATHIEU:	Moi, je bois toujours du vin rouge. Et toi, qu'est-ce que tu bois?
JULIE:	De l'eau minérale.
LE SERVEUR:	Fromage ou dessert?
JULIE:	Pas de fromage pour moi, mais je vais prendre une glace à la vanille.
MATHIEU:	Et pour moi, le plateau de fromages, s'il vous plaît.

> **Mots à retenir / Mots en contexte: prêt** *ready,* **commander** *to order (food),* **la boisson** *beverage,* le plateau *tray*

Avez-vous compris?

Quel menu est-ce que Mathieu et Julie prennent? Qu'est-ce qu'ils prennent comme boisson? Et comme dessert?

Communication et vie pratique

A Préférences. Several friends are telling you what they generally drink with their dinner. What do they say?

> **EXEMPLE** Michel / vin
> *Michel boit du vin.*

1. je / thé
2. Véronique / eau minérale
3. nous / vin
4. les enfants / lait
5. vous / bière
6. Samar / jus d'orange

B **Et toi, qu'est-ce que tu bois?** Tell how often you drink various beverages and for what meals. Share the information with other students.

```
jamais          rarement          souvent          tous les jours
```

> **EXEMPLE** café
> *Je ne bois jamais de café.*
> ou *Je bois du café tous les jours pour le petit déjeuner.*

Boissons: café, vin, coca, bière, lait, eau, eau minérale, jus d'orange, etc.

C **Préférences.** Dorothée's friend, her husband, and her children are coming to spend the weekend, and Dorothée wants to find out what their food preferences are. What does she ask?

> **EXEMPLE** Marc / pour le petit déjeuner
> *D'habitude, qu'est-ce que Marc prend pour le petit déjeuner?*

1. tu / pour le déjeuner
2. vous / pour le dîner
3. tu / pour le petit déjeuner
4. les enfants / pour le goûter
5. Marc / comme boisson
6. vous / comme dessert

D **Qu'est-ce qu'on mange?** Imagine that some French friends have asked you about your eating habits and how they compare with French preferences. First, answer the questions from your own perspective and share your answers with other students in the class to get a more general profile. Then work with your instructor and other students to determine how French students might answer these same questions. See what the differences and similarities are. The information in the **Info-culture** sections in this chapter will help you develop the French profile.

> **EXEMPLE** ce que tu prends le matin
> — *Qu'est-ce que tu prends le matin?*
> — *En général, je bois du café au lait et je mange des céréales. Et toi, qu'est-ce que tu prends?*

1. ce que tu manges le matin
2. ce que tu manges à midi
3. ce que tu manges le soir
4. ce que tu aimes boire quand tu as soif
5. ce que tu commandes quand tu vas dans un bon restaurant
6. si tu prends trois repas par jour
7. si bien manger est important pour toi et pour tes amis

E Dans un café français. The waiter (**le serveur**) or the waitress (**la serveuse**) in a French café asks you and your friends what you want to drink. Role-play the situation with another student.

> **EXEMPLE** LE SERVEUR: *Qu'est-ce que vous prenez aujourd'hui?*
> LE CLIENT: *Je vais boire un café* (ou *Je prends un café*).
> LE SERVEUR: *Un café crème ou un café noir?*
> LE CLIENT: *Un café crème, s'il vous plaît.*

C'est votre tour

Imagine that you and several friends are in a small family restaurant and have decided to order the **menu à 25 euros.** The waiter or waitress, played by another student, asks you what you want to order for the different courses: **comme entrée, comme viande, comme légume, comme dessert.**

> **EXEMPLE** LA SERVEUSE: *Qu'est-ce que vous prenez comme entrée?*
> LE CLIENT: *Je prends la soupe à l'oignon.*

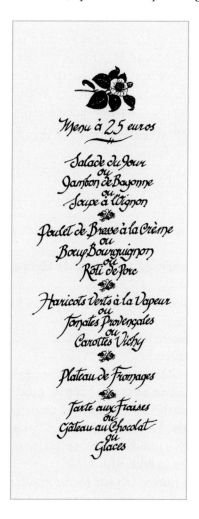

Menu à 25 euros

Salade du Jour
ou
Jambon de Bayonne
ou
Soupe à l'Oignon

Poulet de Bresse à la Crème
ou
Bœuf Bourguignon
ou
Rôti de Porc

Haricots Verts à la Vapeur
ou
Tomates Provençales
ou
Carottes Vichy

Plateau de Fromages

Tarte aux Fraises
ou
Gâteau au Chocolat
ou
Glaces

Intégration et perspectives

La jardinière de légumes

Pour mieux lire: As you have already seen, the ability to predict the content of a text improves your comprehension. For this text, make a list of the English words you would expect to find in a recipe for a vegetable casserole; then try to find the equivalent words in the French recipe.

Temps de préparation: 30 à 35 minutes.
Temps de cuisson: 35 minutes.
Ingrédients pour 6 à 8 personnes:

- 700 grammes de pommes de terre
- 400 grammes de carottes
- 5 petits oignons blancs
- 400 grammes de petits pois. Si ce n'est pas la saison des petits pois, utilisez des petits pois congelés. (Mais attention: pour la cuisson, respectez les indications données sur la boîte.)
- la moitié d'une laitue, coupée en grosses tranches
- 250 grammes de jambon coupé en petits cubes
- 50 grammes de beurre (ou, si vous préférez, deux ou trois cuillères à soupe de crème fraîche.)
- un bouquet garni: 1 feuille de laurier; 2 petites branches de thym, 2 ou 3 petites branches de persil
- sel et poivre

Préparer une casserole avec un litre d'eau salée et faire chauffer sur la cuisinière.
   Éplucher, laver et couper les pommes de terre en petits cubes.
   Éplucher les oignons.
   Éplucher les carottes. Couper les carottes en petites rondelles ou en petits bâtonnets.
   Préparer les petits pois et laver la laitue.
   Préparer le bouquet garni.
   Maintenant que tous les ingrédients sont prêts, placer les oignons et le bouquet garni dans la casserole d'eau bouillante. Ajouter les pommes de terre et les carottes. Placer un couvercle sur la casserole et laisser cuire à feu moyen pendant 20 à 25 minutes.
   Ajouter maintenant le jambon, les petits pois et la laitue et laisser cuire encore 15 minutes, sans couvercle.
   Pendant ce temps, préparer le plat où vous allez servir la jardinière et chauffer le plat sur une casserole d'eau chaude ou au micro-ondes.
   Quand la cuisson est terminée, placer les légumes dans le plat et ajouter le beurre –ou la crème—seulement au moment de servir.

Et maintenant, bon appétit!

Avez-vous compris?

Indiquez d'abord si les ingrédients suivants entrent ou non dans la composition de la jardinière de légumes. Ensuite, indiquez dans quel ordre il est nécessaire de placer ces ingrédients dans la casserole d'eau bouillante.

Pour la jardinière de légumes		
Ingrédients	**Oui**	**Non**
beurre	❏	❏
lait	❏	❏
haricots verts	❏	❏
carottes	❏	❏
petits pois	❏	❏
tomates	❏	❏
sel	❏	❏
poivre	❏	❏
sucre	❏	❏
fromage	❏	❏
laitue	❏	❏
pommes de terre	❏	❏
porc	❏	❏
bœuf	❏	❏
jambon	❏	❏
poulet	❏	❏
œufs	❏	❏
bouquet garni	❏	❏

Info-culture: Bon appétit!

Quel restaurant choisir?

Choosing a restaurant depends on your finances, your tastes, and the time you have available. Choices range from snack bars or bistros for a quick and inexpensive meal to a high-class restaurant where the meals are prepared by a team of apprentice chefs and sous-chefs under the guidance of a master chef, such as Paul Bocuse. Restaurants often serve specialties of their region.

- **La qualité de la table.** Consult one of the restaurant guides published in France, such as the *Guide Michelin,* to find out about the quality and price of the restaurant. The number of stars in the *Guide Michelin* indicates the quality of the restaurant. **Le Bib Gourmand** is used to indicate a good meal at moderate prices.

Les étoiles Michelin		
☐	❀❀❀	Une des meilleures tables, vaut le voyage
☐	❀❀	Table excellente, mérite un détour
☐	❀	Une très bonne table dans sa catégorie
☐	😋	Repas soignés à prix modérés

- **La carte, s'il vous plaît.** The menu is generally divided into several categories: **les entrées chaudes, les entrées froides; le plat principal (viande ou poisson accompagné de légumes); les fromages et les desserts.**

- **Repas à la carte ou repas à prix fixe?** If you want to eat only one or two things, order **à la carte.** Prices are given for each item on the **à la carte** menu. On the other hand, if you want a full meal, the **repas à prix fixe** is a better idea. The **prix fixe** menus vary in price, and some offer choices. For lunch especially, it is common to find **les formules,** consisting of **une entrée** and **un plat principal,** or **un plat principal, un dessert, vin maison,** and **café.** A restaurant will often offer a daily special, **le plat du jour.**

- **Votre bifteck, vous le voulez comment?** The following will help you order a steak (or other meat or fish) cooked the way you like it.

  bien cuit *(well done)*
  à point *(medium rare, i.e., just right)*
  saignant *(rare; in France, this means very rare)*

- **Le plateau de fromages.** France is known for its more than 400 varieties of cheese. When you order cheese, the server often brings a cheese tray. Ask for only a small amount of two or three kinds of cheese at the most.

- **L'addition, s'il vous plaît.** When finished, ask the waiter for the check. Although in general the tip (usually 15 percent) is included in the bill, it's a good idea to leave a few extra euros.

Et maintenant, bon appétit!

Et vous?

Look at the menu from **L'Auberge du Cheval blanc** and answer the following questions.

1. Is this a **prix fixe** or an **à la carte** menu?
2. What choices do you have for **l'entrée**? And for **le plat principal**?
3. How do you know that vegetables are served with the meal?
4. What choices do you have for the cheese course? for dessert?
5. How is the menu different from or similar to a menu from a comparable American restaurant?

Menu à 25,50 €

La cassolette des 12 escargots de Bourgogne au beurre d'ail
Le marbré de foie gras et de magrets fumés de canard Maison (sus. 2 €)
La timballe d'écrevisses et de St Jacques à la sauce safranée
Le flan d'asperge chaud et noix de St Jacques, à la crème d'asperge

****

Le pavé charolais poêlé et sa sauce morilles
Le coq au vin de Bourgogne
La blanquette de cuisses de grenouilles désossées à la crème
(au Mâcon blanc Clessé et crème)
Les médaillons de lotte à l'Armoricaine
Le pigeon fermier doré en cocotte et son jus (sus 2 €)

Les 3 garnitures

****

Le chariot des fromages affinés
ou le fromage blanc de chèvre à la crème

****

La carte des desserts

Toute notre viande de bœuf est née, élevée et abattue en France

Communication et vie pratique

Ⓐ Vous travaillez dans un restaurant. Imagine that you are working for the summer as a waiter or waitress in a French restaurant. Listen and write down what Monsieur and Madame Tabet order for lunch.

Track 53

> **Pour mieux comprendre:** You have been asked to listen to a conversation and then to tell what Monsieur and Madame Tabet order. Think about how you can get organized to listen efficiently. Are the waiter's questions important? Would it help to write down what each person orders? Or would it be more useful to write down each of the courses that you might expect the customers to have (e.g., **hors-d'œuvre, viande**) and then to mark down items ordered in each category? Select a technique, and have another student try a different one. Compare your results to see if one technique was more effective than another.

Ⓑ Bon appétit. Some French friends want you to prepare a typical American meal for them and have offered to buy the groceries. Decide what dishes you want to prepare; then tell your friends what items they need to buy and how much of each is needed.

Ce que vous allez servir comme...	Ce qu'il faut acheter comme...
entrée	viande
viande ou plat principal	légumes
légumes	fruits
fromage, dessert ou fruits	produits d'épicerie
boissons	boissons

Ⓒ Internet: Les cuisines régionales. The French are very devoted to the concept of **cuisines régionales.** Some of the more well-known dishes include **la quiche lorraine, le gratin dauphinois, la fondue bourguignonne, la fondue franc-comtoise, l'omelette normande, la bouillabaisse provençale, la ratatouille provençale.** Do an Internet search on Yahoo! France for one or several of these recipes; tell the ingredients that the dish consists of; what region it is from; and where that region is located. You can also look on Yahoo! France for information on **les régions de France.**

Ⓓ Au restaurant. Imagine that you are ordering from the menu on page 147. Decide what you are going to order. One student can play the role of the waiter / waitress and ask other students what they want to order.

Ⓔ Le *Guide du Routard*. The *Guide du Routard* recommends economical hotels and restaurants, especially for young people. They have asked you to rate several restaurants in your area and have provided the following form for your use. Once you have filled out the form, use the information to write a short review of the restaurant you have chosen. Imagine that the audience will be a group of French-speaking students who will be studying on your campus and that your review will be published in an all-French guide to campus.

Pour mieux écrire: You have a ready-made outline for your restaurant review, the *Guide du Routard* rating scale, which will help you organize your prose. However, you will need to keep other things in mind: (1) How will you attract the interest of your readers, perhaps through a catchy introductory sentence or two? (2) What photos or graphics might you include to make the review more attractive? (3) Would testimonials from diners help enhance your review? (4) How are you going to conclude your review (a short, snappy statement summarizing the positive and/or negative aspects of the restaurant would be useful)?

VOTRE OPINION SUR LES ADRESSES DE CE GUIDE

Nom du restaurant ou de l'hôtel _____

Adresse exacte _____

Numéro de téléphone _____

Votre avis sur:

	Très bon	Bon	Moyen	Mauvais
Accueil	❏	❏	❏	❏
Cuisine	❏	❏	❏	❏
Rapport: Qualité/Prix	❏	❏	❏	❏
Confort	❏	❏	❏	❏
Service	❏	❏	❏	❏
Calme	❏	❏	❏	❏
Cadre	❏	❏	❏	❏
Ambiance	❏	❏	❏	❏

Remarques et observations personnelles:

_____

_____

_____

Invitation au voyage: Destination Haïti

The following **Chez nous** focuses on Haiti. Before reading the selection on page 150, see how much you already know about Haiti: in particular, where it is located and what its capital is, a general estimate of its population, the languages spoken there, and anything you might know about Haitian cooking. You may want to work with another student or a group of students. Then compare your answers with the information given in the **Chez nous** section.

Chez nous

○ ○ ○ ○ ○ ○ ○ ○

en Haïti

«Chez nous, la base de l'alimentation est le riz et les haricots rouges, servis ensemble ou séparément, et accompagnés de légumes frais et d'un peu de viande. Les viandes préférées sont le porc, le bœuf et le poisson. Elles sont généralement préparées dans une sauce épaisse et très épicée. On utilise beaucoup de piment rouge, d'ail et d'oignons dans la cuisine créole qui est un mélange d'influence française et d'influence africaine.

Il y a aussi des plats traditionnels pour les occasions spéciales. Par exemple, le soir du 24 décembre, on mange ce qu'on appelle le grillot, c'est-à-dire du porc grillé servi avec des bananes grillées. Le 1er janvier est l'anniversaire de l'indépendance d'Haïti (1er janvier 1804). Pour commémorer cette occasion, on mange de la soupe au potiron préparée avec des légumes verts, des patates douces et du bœuf. Et comme c'est aussi le jour de l'an, on sert "la liqueur" aux parents et amis qui viennent souhaiter la bonne année. Pour préparer cette "liqueur", on fait bouillir du sucre et on ajoute un peu d'alcool et un colorant rouge au sirop ainsi obtenu.»

Superficie:	Population:
27 750 km²	7 527 817 h

Capitale: Port-au-Prince
Villes principales: Cap-Haïtien, Gonaïves, Les Cayes

Institutions:	Langues:
république	créole et français

Monnaie: les gourdes haïtiennes (GHT)

Avez-vous compris?

Answer the following questions about **la cuisine haïtienne**.

1. Quels aliments sont à la base de la cuisine haïtienne?
2. Quelles viandes est-ce que les Haïtiens préfèrent?
3. Quel plat traditionnel est-ce qu'on sert le soir du 24 décembre?
4. Qu'est-ce qu'on mange le 1ᵉʳ janvier?
5. Quels ingrédients est-ce qu'il y a dans la liqueur qu'on sert pour le jour de l'an (le 1ᵉʳ janvier)?

Exploration. Using library references, your own experience, or the Internet, (e.g.,http://www.haititourisme.org/ or http://www.toiledhaiti.com/), find out the following information about Haiti.

- La date de l'indépendance d'Haïti
- Les religions qu'on pratique en Haïti
- Le climat d'Haïti
- Quelques produits agricoles d'Haïti
- Quelques sites touristiques à Port-au-Prince
- Une ou deux chaînes de télévision ou de radio
- Le nom d'un journal haïtien
- Les liens (ties) présents et passés d'Haïti avec la France
- Les origines ethniques de la population haïtienne

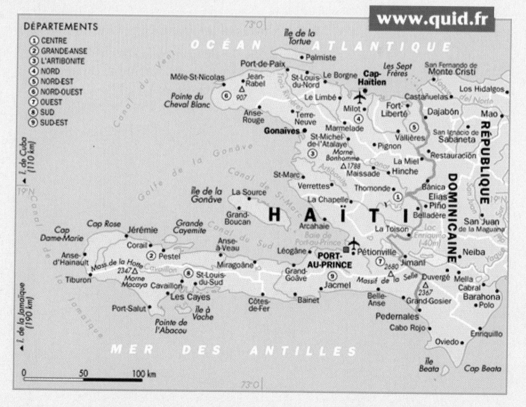

Bien prononcer

A The French /r/ is very different from the *r* sound in English. It is pronounced at the back of the mouth—almost in the throat—and resembles the sound one makes when gargling. It is also similar to the sound produced when saying the name of the German composer **Bach,** pronounced with a guttural **ch.** To learn the pronunciation of the French /r/, you can start (1) with a familiar sound, as in **Bach,** or (2) with words where the sound that precedes or follows the **r** is also pronounced toward the back of the mouth: /a/ as in **garage** or /k/ as in **parc.**

Now practice repeating the following words that end with an /r/ sound.

bar	père	beurre	porc
car	mère	heure	sport

B Practice repeating the following pairs of words, starting with words where the **r** is in the final position, then moving to words where the **r** is in the middle.

par → parent	sport → sportif
gare → garage	père → personne
car → carotte	mère → merci

C Practice repeating words where the **r** is preceded by another consonant sound.

agréable	étranger	chambre
géographie	entrer	nombre

Petite conversation. Practice repeating the following conversation.

— Prenez encore du fromage ou des fruits...
— Je préfère reprendre de la crème au caramel!
— Désirez-vous autre chose à boire?
— Oui, je voudrais un verre d'eau minérale.

Vocabulaire

La nourriture (Voir pp. 126–127)
Les magasins d'alimentation (Voir pp. 126–127)
Les adjectifs démonstratifs (Voir p. 132)
Le partitif (Voir pp. 135–136)
Les boissons (Voir p. 141)

Noms

alimentation *(f) food*
apéritif *(m) before-dinner drink*
boisson *(f) beverage, drink*
carafe *(f) carafe*
dessert *(m) dessert*
frigo *(m) refrigerator, fridge*

goûter *(m) snack*
gramme *(m) gram*
livre *(f) pound*
moitié *(f) half*
oignon *(m) onion*
poisson *(m) fish*
recette *(f) recipe*

repas *(m) meal*
sorte *(f) kind, type, sort*
tasse *(f) cup*
tranche *(f) slice*
verre *(m) glass*

Verbes

ajouter *to add*
avoir faim *to be hungry*
avoir soif *to be thirsty*
boire *to drink*
commander *to order (food)*
couper *to cut*

laver *to wash*
mettre *to put*
oublier *to forget*
prendre *to take, to have*
servir *to serve*

Adjectifs

blanc(he) *white*
chaque *each*
chaud(e) *hot, warm*

prêt(e) *ready*
rouge *red*

Divers

assez de *enough*
beaucoup de *much, many, a great deal*
ensuite *next, then*
environ *about, approximately*

hein *eh, okay*
il reste *there remains*
là-bas *over there*
peu de *few, little*
si *if*
trop de *too much, too many*

Chapitre six ○ ○ ○ ○ ○ ○ ○ ○

Le cadre de vie

Fonctions

Dans ce chapitre, vous allez apprendre à
- parler de votre pays et de votre ville
- trouver votre chemin
- parler de votre vie quotidienne
- poser des questions et demander des renseignements

Vocabulaire et structures

Point de départ: Mon pays, ma ville, mon quartier
Exploration 1: Les prépositions
Exploration 2: Le verbe **faire**
Exploration 3: Les mots interrogatifs et l'inversion

Point de départ: Mon pays, ma ville, mon quartier

Trois Français sur quatre habitent dans une ville. La plupart *(The majority)* louent ou possèdent un appartement dans un grand immeuble; d'autres possèdent une maison individuelle dans une des banlieues de la ville. Quand on arrive dans une nouvelle ville, et surtout dans un nouveau pays, il est important de savoir où sont situés les différents points d'intérêt et les services publics.

Première étape: Découverte d'un pays

Voici une carte de France qui indique les fleuves, les montagnes, les plaines et les principales villes.

Deuxième étape: Découverte d'une ville

Voici le plan général d'une grande ville.

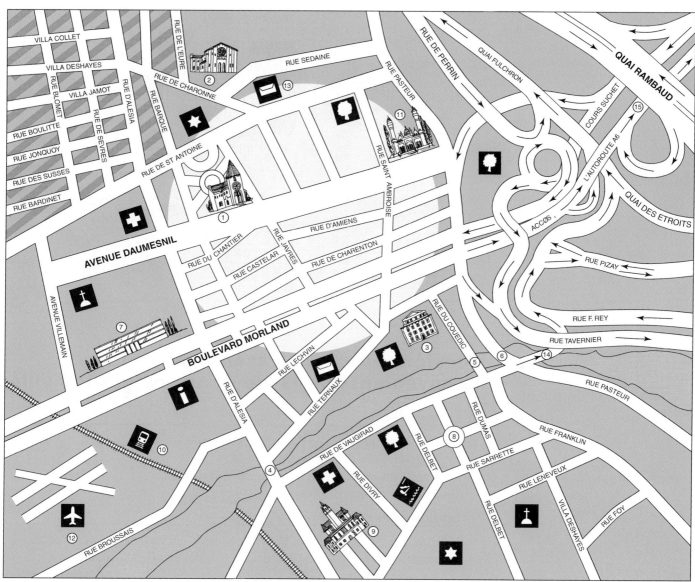

LÉGENDE DU PLAN

1. Église de L'Abbé de L'Epée
2. Musée des Beaux-Arts
3. Musée St-Pierre d'Art Contemporain
4. Pont Morand
5. Pont Pizay
6. Pont Gasparin
7. Stade G. Rambaud
8. Square Losserand Suisse
9. Mairie Daumesnil
10. Gare de Perrache
11. Mosquée du Monde Arabe
12. Ancy-le-Franc
13. Recette principale
14. Pont Pasteur
15. L'Autoroute A6

- un aéroport
- une poste
- un syndicat d'initiative
- une piscine
- un parc
- une rivière
- le centre-ville

- la gare SNCF
- un hôpital
- une synagogue
- un cimetière
- une banlieue
- une ligne de chemin de fer
- une autoroute

Troisième étape: Découverte d'un quartier

Voici un plan détaillé du centre-ville.

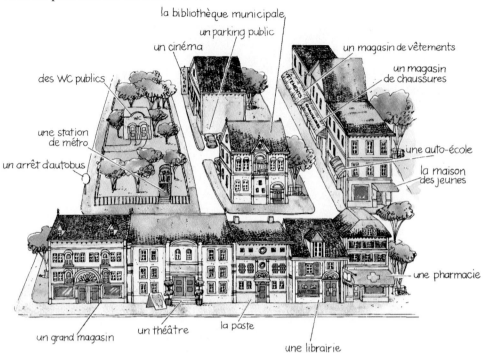

la bibliothèque municipale
un parking public
un cinéma
un magasin de vêtements
un magasin de chaussures
des WC publics
une station de métro
une auto-école
un arrêt d'autobus
la maison des jeunes
une pharmacie
un grand magasin
un théâtre
la poste
une librairie

Dernière étape: Les avantages et les inconvénients de la vie dans une grande ville

Les avantages

Il y a toujours quelque chose d'intéressant à faire ou à voir *(to see)*.
On n'a pas besoin d'avoir une voiture.
Les transports publics sont pratiques et bon marché.
Tout est à proximité.

Les inconvénients

Le bruit *(noise)*; La pollution; Les problèmes de circulation *(traffic)* et de stationnement *(parking)* si on possède une voiture; Le manque d'espaces verts

Communication et vie pratique

Ⓐ Quiz géo. Using the map of France on page 156, tell whether the following statements about French cities are true (**vrai**) or false (**faux**). Then make up additional statements about French or francophone cities to test other students' knowledge of geography.

1. Strasbourg est situé dans l'ouest de la France.
2. Lyon est situé sur la Loire.
3. Toulouse est situé dans le sud-ouest de la France.
4. Grenoble est situé dans les Alpes.
5. Bordeaux est situé sur la Garonne, dans le sud-ouest de la France.
6. Nantes est une ville de l'ouest de la France.
7. Lille est situé dans les Pyrénées.
8. ?

B **Votre ville.** Ask another student about his or her hometown. You can also talk about your hometown.

1. Comment est ta ville? Dans quelle partie des États-Unis est-ce qu'elle est située? Est-ce que c'est une grande ville ou une petite ville?
2. Est-ce que ta ville est située sur une rivière? Si oui, quel est le nom de cette rivière?
3. Est-ce qu'il y a un aéroport? Si oui, où est-ce qu'il est situé?
4. Est-ce qu'il y a un métro dans ta ville? Est-ce qu'il y a un bon service d'autobus?
5. Est-ce que tu habites dans le centre de la ville, en banlieue ou à la campagne?
6. Quelles sortes de magasins est-ce qu'il y a dans ton quartier?
7. Dans ton quartier, est-ce qu'il y a une église? un lycée? une bibliothèque? une piscine? un jardin public? d'autres points d'intérêt?

C **Scènes de la vie.** Using vocabulary from the **Point de départ,** tell as much as you can about these photos of French-speaking cities around the world.

Québec, Canada

Port-au-Prince, Haïti

Casablanca, Maroc

Dakar, Sénégal

France possesses a modern and sophisticated transportation system. Because of its traditional central role, Paris remains the hub of the three major transportation networks.

Les routes

- France has a modern system of freeways called **autoroutes** that link all major cities.

- Most highways are toll roads (**autoroutes à péage**).

- The best known is **autoroute A6** (also called the **Autoroute du soleil**), which links Paris to the **Côte d'Azur.**

- French drivers tend to drive faster and more aggressively than Americans. French cars are smaller than cars in the United States because gasoline prices are much higher and parking is at a premium.

- The speed limit on the **autoroutes** in France is **130 km/h (kilomètres à l'heure).**

Le réseau autoroutier

Pays	Limite de vitesse (km/h)
Belgique	120
Luxembourg	120
Suisse	100–120
Monaco	60
Maroc	100
Québec	100

Le train

- The **Société Nationale des Chemins de Fer (SNCF)** runs France's nationalized railway system.

- Train travel provides a convenient means of transportation in France, especially the **TGV (train à grande vitesse),** which can travel at more than **300 km/h.** The **TGV**s run between the major cities of France, providing a modern, efficient, and rapid means of transportation for the tourist or the business traveler.

- Trains are competitive with France's domestic airlines, but fare less well against competition from travel by car.

- New **TGV** lines link Paris to other European capitals, including the **Eurostar** to London by way of the **tunnel sous la Manche (le Chunnel)** and the **Thalys** from Brussels to Cologne.

L'avion

- Air France handles international travel and is the fifth largest airline in the world.

- **Régional** is the domestic airline that provides transportation to all major French and European cities.

- The two major Paris airports are Roissy-Charles de Gaulle, mostly for international travel, and Orly, for both international and domestic travel.

- Airbus, which manufactures large domestic and overseas aircraft, is a joint French, German, Spanish, and British company.

Et vous?

Prepare a description of the transportation system in your country (**les routes, le train, l'avion,** etc.), pointing out the similarities and differences between your country and France.

Exploration ①

Comment trouver votre chemin: Les prépositions

To find your way, you often have to ask about locations and understand the directions you are given. The following expressions are useful in understanding and giving directions.

Traversez la rue.	*Cross the street.*
Allez jusqu'à la pâtisserie.	*Go as far as the pastry shop.*
Allez tout droit.	*Go straight ahead.*
Tournez à gauche.	*Turn (to the) left.*
Tournez à droite.	*Turn (to the) right.*
Prenez l'autobus numéro sept.	*Take bus number seven.*
Descendez place Carnot.	*Get off at Carnot Square.*

When we talk about locations, we often use prepositions such as these:

à côté de *(beside, next to)*	La boulangerie est **à côté du** cinéma.
au coin de *(at the corner of)*	Il y a un café **au coin de** la rue.
au milieu de *(in the middle of)*	L'université est **au milieu de** la ville.
derrière *(behind)*	La pharmacie est **derrière** la poste.
devant *(in front of)*	L'arrêt d'autobus est **devant** l'épicerie.
en face de *(across from, facing)*	La librairie est **en face de** vous.
entre *(between)*	Trois-Rivières est **entre** Montréal et Québec.
loin de *(far from)*	La banque est **loin de** l'hôtel.
près de *(near)*	La piscine est **près de** la gare.
sous *(under)*	Est-ce qu'il y a une station de métro **sous** la place de l'Opéra?
sur *(on, on top of)*	Cette boutique est située **sur** les Champs-Élysées.

Situation: Excusez-moi, monsieur l'agent

Track 59

Alain Rollet is asking a police officer for directions.

ALAIN: Excusez-moi, monsieur l'agent... Je cherche l'hôtel Beauséjour. C'est loin d'ici?

L'AGENT: Non, c'est à trois ou quatre rues d'ici, à côté de l'église Saint-Vincent.

ALAIN: C'est dans quelle direction?

L'AGENT: Sur votre gauche. Il faut prendre la rue Sully, là-bas, en face de vous. Ensuite, vous continuez jusqu'à la place Carnot, vous traversez la place, vous passez derrière l'église, et vous tournez à droite. L'hôtel est entre l'église et le cinéma Rex.

Mots à retenir: chercher *to look for,* **église** *(f) church,* **il faut** *you have to, it is* *necessary,* **là-bas** *over there*

Avez-vous compris?

Faites un plan pour montrer comment aller jusqu'à l'hôtel Beauséjour.

Communication et vie pratique

A **Où est-ce qu'ils habitent?** Manu is explaining where his friends live. Tell whether his statements are true. The numbers on the map indicate the approximate location of his friends' apartments.

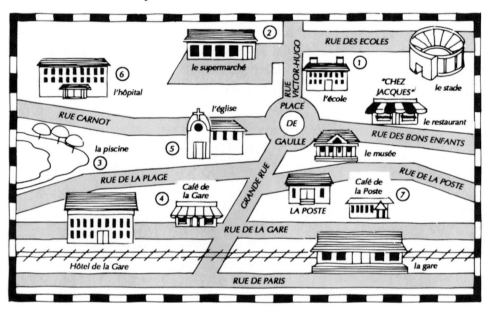

EXEMPLE   François (#7) habite près de la piscine.
Non, il n'habite pas près de la piscine.

1. Jean-Luc (#3) habite entre la poste et le musée.
2. Nadine (#5) habite assez loin de la gare.
3. Julien (#4) habite derrière l'église.
4. Véronique (#6) habite rue de la Poste.
5. Solange (#1) habite en face de l'école.
6. Catherine (#2) habite à côté de l'hôtel de la Gare.

B **Excusez-moi...** While you are at the railroad station, travelers (played by other students) ask you how to get to various places in town. Using the map from activity A, tell how you would respond.

EXEMPLE   —*Où est le stade, s'il vous plaît?*
—*Il est assez loin d'ici.*

 C **Internet.** Find a map of the **Université Laval** (check out a Web site such as http://www.ulaval.ca/Al/interne/plan/cartetunnel.html) and give directions for finding different buildings on campus or for accessing the university from various locations in Quebec City.

If the Web sites suggested are no longer available, use a search engine to find similar information (e.g., http://fr.yahoo.com or http://www.google.fr).

D Votre quartier. Describe the neighborhood where you live, including as much information as you can about the locations of what is found in your area. If you live in a residence hall, describe where your dorm is located and what buildings surround it.

EXEMPLE   *J'habite un petit appartement assez près du campus. En face de chez moi, il y a une épicerie et une pharmacie...*

C'est votre tour

Imagine that you are at the railroad station in Dakar, and you want to find out where the following landmarks are located: **la mosquée, le Marché Sandaga, la cathédrale, le musée,** and **le palais présidentiel.** You ask a resident (played by another student) who gives you directions. Use the map of Dakar that follows.

1. Grande Mosquée
2. Gare
3. Marché Sandaga
4. Cathédrale
5. Musée Ifan
6. Palais Présidentiel

Exploration ②

▌ Parler de votre vie quotidienne: Le verbe *faire*

Many of our daily activities are expressed with the verb **faire** *(to do, to make)*.

Le travail

faire le ménage	*to do housework*
faire son lit	*to make one's bed*
faire la vaisselle	*to do the dishes*
faire des courses / faire des achats	*to run errands / to go shopping*
faire ses devoirs	*to do one's homework*
faire la cuisine	*to cook, do the cooking*

Les loisirs

faire du sport	*to participate in sports, to exercise*
faire du ski	*to go skiing*
faire du camping	*to go camping*
faire un voyage	*to take a trip*
faire une promenade	*to go for a walk*

Faire is an irregular verb.

faire	
je **fais**	nous **faisons**
tu **fais**	vous **faites**
il / elle / on **fait**	ils / elles **font**

— Qu'est-ce que vous **faites** samedi?
— Nous **faisons** des achats et après ça, nous allons **faire** une petite promenade.

Situation: Qui fait quoi à la maison?

Track 60

Madeleine and Nathalie are talking during their lunch hour. Madeleine is asking Nathalie how she manages to get everything done at home.

MADELEINE: Comment est-ce que tu arrives à tout faire?
NATHALIE: Mon mari fait la vaisselle et moi, je fais la cuisine, ou vice versa.
MADELEINE: Qui fait le ménage?
NATHALIE: Nous faisons le ménage ensemble. Les enfants rangent leurs affaires et nettoient leur chambre. Mon mari passe l'aspirateur et vide les poubelles. Moi, je fais le reste.
MADELEINE: Vous faites aussi les courses ensemble?
NATHALIE: Oui, la plupart du temps.

Mots à retenir: ranger *to put away,* **les affaires** *(f) things,* **nettoyer** *to clean,* **l'aspirateur** *(m) vacuum cleaner,* **vider** *to empty,* **la poubelle** *trash can*

Avez-vous compris?

Quelles sont les responsabilités de chaque membre de la famille?

Communication et vie pratique

Ⓐ Qu'est-ce que tu fais? Thibaut and a friend are making plans for the weekend and need to figure out what everyone is doing. What questions do they ask?

> **EXEMPLE**   Fabien / samedi
> *Qu'est-ce que Fabien fait samedi?*

1. tu / maintenant
2. Jacques / ce soir
3. Serge et Mireille / ce week-end
4. vous / dimanche après-midi
5. nous / demain soir
6. Michèle / samedi soir

Ⓑ Tout le monde est occupé. Your friends are letting you know what their plans are for the weekend. What do they say?

> **EXEMPLE**   Philippe / faire ses devoirs
> *Philippe fait ses devoirs.*

1. je / faire mes devoirs
2. Jacques / faire du camping
3. Corinne et Tristan / faire du ski
4. vous / faire des courses
5. tu / faire du sport
6. nous / faire le ménage

Ⓒ Interview. Make a schedule of activities that you plan to do for the next week or so. Then find out what another student is doing and whether you have similar plans.

> **EXEMPLE**   — *Qu'est-ce que tu fais samedi?*
> — *Je fais le ménage et après ça, je vais aller au cinéma.*
>   *Et toi?*
> — *Moi, je vais faire du ski avec des amis.*

D Et les Américains? Imagine that some French friends are asking about typical activities of Americans. How would you answer?

1. Où est-ce que les Américains font leur marché, en général?
2. Dans les familles américaines, est-ce que ce sont les femmes, les hommes ou les enfants qui font la vaisselle? Et le ménage? Et le marché?
3. Qui vide les poubelles, et qui passe l'aspirateur?
4. Est-ce que les enfants américains ont des devoirs à faire chaque soir?
5. Est-ce que les Américains aiment faire des promenades à pied pendant le week-end?
6. Est-ce que les Américains font souvent du camping?
7. Est-ce que les Américains font beaucoup de sport?

C'est votre tour

You are sharing an apartment with several French students. Decide which of you is going to do each of the following household tasks. Use the suggestions provided to help you negotiate.

Suggestions:

j'accepte de...	je n'aime pas...
je refuse de...	je préfère...
je regrette, mais...	d'accord, je...

> **EXEMPLE** *Si tu fais la vaisselle, j'accepte de vider les poubelles.*

1. faire le ménage
2. faire la vaisselle
3. faire le marché
4. faire des courses
5. vider les poubelles
6. passer l'aspirateur
7. faire la cuisine
8. nettoyer la salle de bains

Exploration ③

Poser des questions et demander des renseignements: Les mots interrogatifs et l'inversion

The following words are frequently used to ask questions:

combien	*(how much, how many)*	**Combien** est-ce que ça coûte?
comment	*(how)*	**Comment** est-ce que vous allez voyager?
où	*(where)*	**Où** est-ce que tu vas?
pourquoi	*(why)*	**Pourquoi** est-ce que tu es triste?
quand	*(when)*	**Quand** est-ce que vous faites vos devoirs?
que	*(what)*	**Qu'**est-ce que vous faites lundi soir?
qui	*(who)*	Avec **qui** est-ce que vous travaillez?

3.1 Since the first chapter, you have known how to ask *yes / no* questions using **est-ce que** or by intonation. Another way, which you will encounter especially in written French, is by inversion (reversing the subject pronoun and the verb and adding a hyphen). Inversion is normally not used with **je.**

Vous allez au cinéma ce soir.	**Allez-vous** au cinéma ce soir?
Ils prennent le métro.	**Pourquoi prennent-ils** le métro?
C'est près d'ici.	**Est-ce** près d'ici?
Elle est contente.	**Est-elle** contente?
Vous faites le marché demain.	**Quand faites-vous** le marché?

3.2 In the third person singular, **-t-** is added when the verb does not end in a **t** or **d.**

Il habite à Paris.	**Habite-t-il** à Paris?
Il y a une banque près d'ici.	**Y a-t-il** une banque près d'ici?

3.3 When the subject is a noun, it usually is not inverted, but its corresponding pronoun is added.

Sébastien **va-t-il** faire un voyage?
Quand ses parents **arrivent-ils**?

Situation: Travail et résidence

Track 61 A journalist is doing research on working conditions in Paris. He is speaking with Madame Simon.

LE JOURNALISTE:	Dans quel arrondissement habitez-vous?
MME SIMON:	Dans le 19ᵉ, à côté de la Porte des Lilas.
LE JOURNALISTE:	Et où travaillez-vous?
MME SIMON:	Dans le centre, près des Invalides.
LE JOURNALISTE:	Comment allez-vous à votre travail?
MME SIMON:	Je prends le métro.
LE JOURNALISTE:	Est-ce direct?
MME SIMON:	Non, il faut changer plusieurs fois.

> **Mots à retenir: l'arrondissement** (m) *administrative district,* **plusieurs** *several*

Avez-vous compris?

Qu'est-ce que le journaliste va noter dans le tableau suivant?

Résidence	
Travail	
Moyen de transport utilisé	
Simplicité ou difficulté du trajet	

Communication et vie pratique

A **À l'agence immobilière.** Bernard is looking for a new apartment. Using the real estate agent's answers as a guide, give the questions that Bernard asks about the apartment. Replace the underlined words with the appropriate interrogative word.

> EXEMPLE <u>Un vieux monsieur</u> habite maintenant dans l'appartement.
> *Qui habite maintenant dans l'appartement?*

1. Il va quitter l'appartement <u>la semaine prochaine</u>.
2. Il partage l'appartement <u>avec un étudiant étranger</u>.
3. Il y a <u>huit pièces</u> dans cet appartement.
4. Les chambres sont <u>très grandes</u>.
5. La salle de bains est <u>entre les deux chambres</u>.
6. Les gens du quartier vont en ville <u>en bus</u>.
7. L'arrêt d'autobus est <u>en face de l'appartement</u>.
8. Les voisins aiment <u>promener leur chien</u> dans le parc pendant le week-end.

B **Famille d'accueil.** Suzanne is planning to spend a year in **Montréal** and has prepared a list of specific questions to include in her letter to her host family. She wants to know the following. What does she say?

> **EXEMPLE**   si c'est une ville agréable
> *Est-ce une ville agréable?*

1. si c'est une grande ville
2. si les habitants de Montréal sont sympathiques
3. s'il est possible de faire du ski pendant le week-end
4. si les gens font souvent du ski
5. s'il y a des musées intéressants à visiter
6. si les étudiants habitent dans le centre-ville
7. si les résidences universitaires sont loin du centre-ville
8. s'il faut prendre le métro pour aller en ville

C **Comment est votre ville?** You have been put in contact with a French family with whom you will live during a stay in France. You are writing a letter to find out about them and about the town where they live. What questions might you include in your letter?

> **EXEMPLES**   *Combien d'enfants y a-t-il dans votre famille?*
> *Habitez-vous près de l'université?*

D **À l'Office du tourisme.** You are working at the **Office du tourisme** in Cannes. Tourists (played by other students) ask you questions about the town. Use the information on the map that follows to answer their questions.

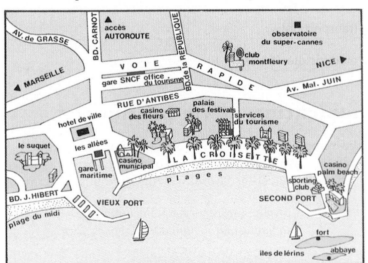

> **EXEMPLE**   combien de casinos il y a à Cannes
> *— Combien de casinos y a-t-il à Cannes?*
> *— Il y a trois casinos.*

1. s'il est possible de visiter les îles de Lérins
2. si le vieux port est intéressant à visiter
3. où est situé le Palais des festivals
4. si les casinos sont près de la Croisette
5. si la gare maritime est loin de la gare SNCF
6. si les plages sont près du centre-ville

C'est votre tour

You are staying with a group of students in a hotel located on the Left Bank near the subway station **Saint-Michel.** Other students ask you how to go to different places. Use the **plan du métro**, the **Situation on page 169,** and the questions provided here to help you give the appropriate directions. Note that subway lines are generally identified by their two end points, framed in black on the map. The **métro** lines can also be referred to by their number. Once you have found the **métro** line, you need to make sure you are headed in the right direction.

Questions possibles: Quelle ligne faut-il prendre? Est-ce direct? Combien de fois faut-il changer? Où faut-il descendre?

EXEMPLES *Pour aller à la gare du Nord, il faut prendre la ligne Porte d'Orléans–Porte de Clignancourt, direction Porte de Clignancourt.*

Pour aller au Louvre, il faut changer à Châtelet.

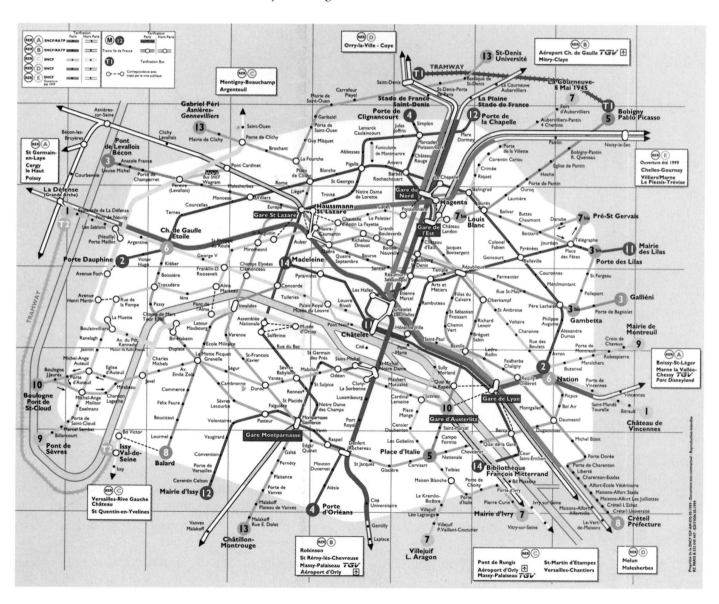

Intégration et perspectives

Où habiter? À Paris ou en province?
Dans le centre-ville ou en banlieue?

Pour mieux lire: Titles and headings often tell us a great deal about what we are going to read. This title has three parts, and each is a question. What do you think the content of the passage is going to be?

«Cette fois, c'est décidé, nous quittons Paris!» Pour un agent immobilier, cette phrase est aussi familière que le refrain d'une chanson. «Ils sont avides de grand air, de grandes maisons... et d'économies. Mais cinq ans plus tard, ils sont encore là», explique un agent parisien.

Selon le dernier recensement, les principales destinations des Parisiens qui décident vraiment de quitter la capitale sont le Centre, la région Provence-Alpes-Côte d'Azur, la Picardie, la région Rhône-Alpes et la Bretagne. Pour le choix de leur nouvelle résidence, ils sont très attentifs à la qualité des écoles et des équipements publics, aux facilités offertes par les transports publics et à la proximité des commerces, expliquent les professionnels.

Paris

«Cette ville est infiniment plus désirable que tout autre lieu en France... Paris cumule la familiarité d'un village avec l'immensité d'une grande métropole; elle a tout le charme des régions françaises plus une dimension planétaire», explique Monsieur Bruchner.

Pour Dominique, il n'y a pas d'hésitation: «J'aime mille fois mieux vivre dans une grande ville! Et dans le centre de préférence!» s'exclame-t-elle. «Tout est à proximité, donc pas besoin de voiture; ça simplifie la vie! Il suffit de faire quelques pas pour trouver tout ce qu'on veut. Chaque jour, je fais mes provisions chez les commerçants du quartier. Et j'en profite pour regarder les vitrines des magasins! Ou les gens aux terrasses des cafés! Ou les affiches dans les kiosques! Il y a toujours quelque chose d'intéressant à faire ou à voir! Une ville, c'est animé, ça bouge! Et si, de temps en temps, j'ai envie de prendre l'air, je suis à deux pas d'un jardin public.»

La banlieue

«Quand on dit "banlieue", on pense tout de suite aux cités HLM. Mais on oublie que certaines villes de banlieue sont pleines de charme», explique un professionnel. «La banlieue, c'est tous les avantages de la ville, moins le stress.»

«J'ai un cerisier et un pommier dans mon jardin. Je suis réveillée par les oiseaux. Et je suis à vingt minutes en train de la gare de l'Est», observe Geneviève. «J'ai un cinéma à trois minutes à pied et une salle de spectacle au bout de la rue.»

«J'habite une petite oasis de paix, verte et tranquille, à 7 kilomètres de la Porte de Bercy», ajoute Pascal.

«Notre maison est à Saint Prix, un village ravissant près de la forêt de Montmorency. La forêt commence au bout du jardin, les écoles sont de bon niveau et le matin, nous avons des trains tous les quarts d'heure. Ça prend quarante minutes pour aller de chez moi au centre de Paris», observe Catherine.

La province

«À l'époque des téléphones mobiles, du fax et de l'Internet, pourquoi ne pas habiter en province, à Bordeaux par exemple, à trois heures de Paris par le TGV Atlantique. On trouve ici de beaux appartements pour pas cher. Et en plus, on a l'Atlantique à trois quarts d'heure et les Pyrénées à deux heures et demie!» explique un agent immobilier de Bordeaux.

«Nous avons une jolie maison à vingt kilomètres du Vieux Port de Marseille. On respire le parfum des fleurs et des herbes de Provence. Et le soir, ce sont les cigales qui nous donnent un concert!» s'exclame Pierre.

«Nous sommes ravis. Nous avons une grande maison dans un vieux village près de Lille. Nous avons un grand jardin et des fleurs partout», explique Céline. «En moins d'une demi-heure, j'emmène mes trois enfants à l'école. Excepté que quelquefois ça prend un peu plus quand je bavarde avec les commerçants du village!» ajoute son mari.

TEXTE BASÉ SUR DES ARTICLES DE L'EXPRESS ET SUR DES
CONVERSATIONS AVEC LES PERSONNES MENTIONNÉES.

Mots à retenir / Mots en contexte: quitter *to leave,* **l'immobilier** **(m)** *real estate,* **aussi... que** *as . . . as,* **la chanson** *song,* **plus tard** *later,* **expliquer** *to explain,* **le recensement** *census,* **vraiment** *truly,* **l'équipement** *(m) public public facilities and equipment,* **vivre** *to live,* **donc** *therefore,* **le pas** *step* **veut (vouloir)** *to want,* **profiter de** *to take advantage of, enjoy,* **la vitrine** *shop window,* **voir** *to see,* **animé** *lively, busy,* **bouger** *to move,* **tout de suite** *right away,* **plein** *full,* **le cerisier** *cherry tree,* **le pommier** *apple tree,* **réveillée** *awakened,* **l'oiseau** **(m)** *bird,* **le bout** *end,* **la paix** *peace,* **ravissant** *lovely, delightful,* **le niveau** *level,* **l'époque** *(f) age, era,* **en plus** *moreover, in addition,* **respirer** *to breathe,* **la cigale** *cicada, locust,* **donner** *to give,* **ravi** *delighted,* **partout** *everywhere,* **emmener** *to take,* **bavarder** *to chat*

Avez-vous compris?

According to the passage, what are the advantages of living in a large city, in the suburbs, and in the country? Compare your list to those of other students, and discuss these advantages as well as your own preferences.

à Paris ou dans une grande ville	
en banlieue	
en province	

à Paris

en banlieue

en province

Info-culture: Les villes et la vie urbaine

■ Although most French people own cars, they tend to use the excellent system of public transportation available in most French cities. A ride on the **autobus** is safe, efficient, and inexpensive. Buses run frequently and provide access to most parts of a city.

■ The Paris **métro** system is the oldest and most extensive subway system in France and is continually updated. To respond to the needs of increasing numbers of commuters and to reduce urban traffic congestion, 12 other cities in France have built subway systems: Grenoble, Lille, Lyon, Marseille, Montpellier, Nancy, Nantes, Orléans, Rennes, Rouen, Strasbourg, and Toulouse.

■ The suburbs, in constant expansion since World War II, mix single-family dwellings with government-built, low-cost, high-rise buildings **(les HLM),** which are often criticized for their unattractiveness and their sterility. In response to these criticisms, the French government has made a concerted effort to improve the appearance of **les HLM** and to locate them in the city rather than in suburban areas.

■ Communities located outside of urban centers now attract many people who prefer to avoid the stress of city life. Nearly 10% of the population lives in such communities and commutes to work in the cities. In the 1970s, the French government encouraged the construction of **villes nouvelles** and **villes-dortoirs** outside major urban areas to avoid overcrowding in cities and to alleviate traffic congestion. The **villes nouvelles,** generally located closer to a city, provide a more complete sense of community with stores, schools, churches, and other amenities. The **villes-dortoirs,** which are located farther away and tend to consist of blocks of apartment buildings with stores and services in the buildings, have been less successful in creating a sense of community.

■ Shopping centers **(les centres commerciaux)** are increasingly common, especially on the outskirts of cities. They house department stores, supermarkets, and small retailers.

■ **Les grandes surfaces** (superstores, large supermarkets) have become increasingly popular in France in recent years. French shoppers appreciate the time and money they save, though **les grandes surfaces,** usually located in the suburbs, have also been criticized because they have taken business away from small stores. Nonetheless, many shoppers still enjoy the specialized shops and department stores in downtown areas.

Et vous?

How would a description of cities and urban life in the United States compare to the description given of France? How is the U.S. transportation system different from the French system?

Communication et vie pratique

A **Un nouvel appartement.** You are looking for a new apartment and are talking to a real estate agent who describes three apartments to you. Listen to him describe the three apartments; then check the appropriate box to indicate if the following statements refer to the first, second, or third apartment described.

Track 62

Pour mieux comprendre: You may find it helpful to listen for information in a particular category and then move on to another category. With each successive listening, you add information about each apartment until you can reconstruct an accurate description of the three apartments: price, number of rooms, location, and other amenities.

	nº 1	nº 2	nº 3
1. Il y a seulement une chambre dans cet appartement.	❑	❑	❑
2. Le loyer est de 650 euros par mois.	❑	❑	❑
3. C'est dans le centre.	❑	❑	❑
4. C'est en banlieue.	❑	❑	❑
5. C'est près d'un parc.	❑	❑	❑
6. Cet appartement est à quarante-cinq minutes du centre.	❑	❑	❑

B **Connaissez-vous Paris?** Indicate whether the statements on page 177 are true or false based on the map of Paris. If a statement is false, reword it to make it true. You can also make up statements of your own to give to other students.

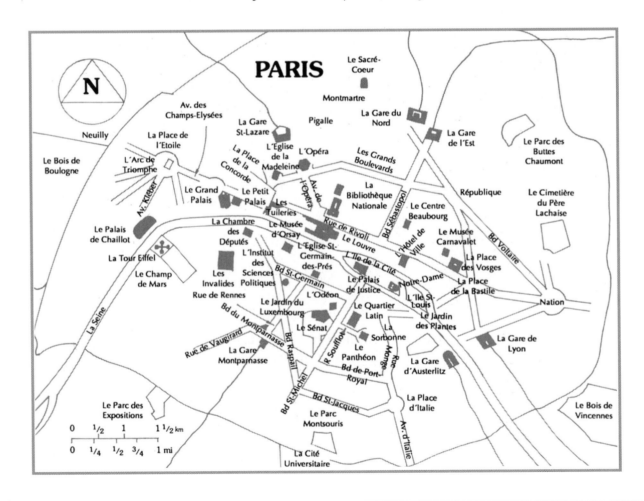

1. Les Tuileries sont à côté de la tour Eiffel.
2. Le Grand Palais est à côté du Petit Palais.
3. La cité universitaire est près de la Sorbonne.
4. La Bibliothèque nationale est sur le boulevard Saint-Germain.
5. La gare de l'Est est près de la gare du Nord.
6. La gare Montparnasse est à l'ouest de Paris.
7. L'église de la Madeleine est derrière le Sacré-Cœur.
8. Le musée d'Orsay est dans l'île de la Cité.

C **Excusez-moi, monsieur l'agent...** Imagine
you are a tourist in Paris who wants to get to
the following places. Another student will
play the role of the **agent de police** and
will tell you where each is located.
Refer to the map on page 176 to
locate each landmark.

Où est l'Opéra? le Sénat?
la gare du Nord? le musée
du Louvre? la tour Eiffel?
le jardin du Luxembourg?
le Sacré-Cœur? le Centre
Beaubourg? la place de la Bastille?
Notre-Dame?

D **On fait un peu de publicité.** You are working for a travel agency and have been
asked to write promotional material on a city of your choice in the French-speaking
world. The descriptions should be no longer than 75–100 words and should
include basic information such as population, location, major industries, and
major tourist attractions. Describe photos or illustrations that could accompany
your description.

Pour mieux écrire: Writing promotional material implies the use of positive, upbeat words and appealing photos. After you have collected the information
for your description, brainstorm with other students ways to make your material
appealing to your readers.

Invitation au voyage:
Destination la Mauritanie

You are going to read about **la Mauritanie,** on page 178, from the perspective of
Demba. Before reading what he has to say, get together with another student or a
group of students and tell what you already know about **la Mauritanie.**

Chez nous

○ ○ ○ ○ ○ ○ ○ ○

en Mauritanie

Superficie: 1 031 000 km²	Population: 2 747 312 h
Capitale: Nouakchott	
Institutions: république indépendante depuis 1960	
Monnaie: l'ouguiya (MRO)	Langues: français, arabe et langues locales

«Bonjour! Je m'appelle Demba. Mon pays est la Mauritanie, située en Afrique occidentale, entre le Maroc au nord, le Sénégal au sud et le Mali à l'est.

La majorité des Mauritaniens sont des Maures, c'est-à-dire des musulmans de race arabe ou berbère; mais moi, je suis du sud de la Mauritanie et j'appartiens à un groupe ethnique de race noire, appelé les Peuls. Je vis maintenant à Nouakchott, la capitale, loin de mon village natal. Comme la majorité des citadins, j'habite dans un appartement que je partage avec plusieurs copains. Mais je viens d'un village peul assez typique et je retourne voir ma famille aussi souvent que possible.

Chez nous, dans les villages peuls, on ne vit pas vraiment dans des maisons mais plutôt dans des concessions familiales. Chaque famille a sa concession. Elle est entourée d'une haie, mais on communique facilement d'une concession à l'autre, et les portes ne sont jamais fermées. À l'intérieur de chaque concession, il y a un bâtiment avec une salle principale, quelques chambres et une véranda. Mais on reste à l'intérieur seulement pendant la saison des pluies. Généralement, on vit dehors: on fait la cuisine dehors ou sous un hangar, on mange dehors et on dort dehors.

Le soir, on mange et on parle, assis sur des nattes. Il y a un coin pour les adultes et un coin pour les enfants. Les enfants peuvent écouter les conversations des adultes, mais ils ne peuvent pas participer à ces conversations. Il faut attendre l'âge de 14 ans pour être considéré comme un adulte!»

Avez-vous compris?

Tell whether each statement about Demba's description of life in Mauritania is **vrai** or **faux.**

1. La majorité des Mauritaniens sont catholiques.
2. La Mauritanie est située entre le Maroc et le Sénégal.
3. On parle français et arabe en Mauritanie.
4. Demba habite avec sa famille dans un village peul.
6. En général, on mange et on dort dehors, excepté pendant la saison des pluies**.**
7. Le soir, les enfants et les adultes parlent ensemble.

Les concessions familiales. Based on the description of the **concessions** in the **Chez nous** section, describe in as much detail as you can what the **concessions** are like and what life is like for those living there. Tell what you think the advantages and disadvantages of this type of housing arrangement are.

Bien prononcer

A Some vowels, like /i/ in **ici,** are pronounced with the lips spread; others, like /y/ in **tu,** are pronounced with the lips tightly rounded. Both of these sounds are pronounced in the front of the mouth. Thus, /i/ and /y/ differ only by the shape of the lips. In fact, if you have difficulty pronouncing the French /y/, try saying /i/ with your lips rounded. Compare and repeat:

si	su	mais si, c'est sûr
di	du	dis, c'est du vin pur
vi	vu	vite, regarde la vue
ni	nu	ni vu, ni connu
ti	tu	une petite habitude
ri	ru	Marie est dans la rue

B Practice repeating words and phrases containing the sound /y/. Remember to have your lips tightly pursed and reaching forward as if you were going to whistle or give a kiss.

Salut!	le bureau	impulsif	naturel
la voiture	le sucre	l'avenue	la rue
la musique	l'usine	mystique	plusieurs

C Note the difference between the sound /y/ as in **tu** and the sound /u/ as in **tout,** which is also pronounced with the lips rounded, but with the tongue more toward the back of the mouth. Compare and repeat:

su / sou	sur / sous
tu / tou	tu / tout
bu / bou	nu / nous
mu / mou	vu / vous
lu / lou	la rue / la roue

D The following section summarizes the differences in the way /i/, /y/, and /u/ are produced. Practice contrasting these sounds, and then repeat the words and sounds that follow.

Position of the tongue: Shape of the lips:	Front Spread /i/	Front Rounded /y/	Back Rounded /u/
	si	su	sou
	ti	tu	tou
	vi	vu	vou
	li	lu	lou
	di	du	dou
	mi	mu	mou
	fi	fu	fou

Petite conversation. Practice repeating the following conversation.

— L'épicerie est située dans quelle rue?
— Au bout de la rue Sully; c'est tout près d'ici.
— Vous êtes sûre?
— Absolument sûre.

Vocabulaire

Le cadre de vie (Voir pp. 156–158)
Les prépositions (Voir p. 162)

Le verbe **faire** (Voir p. 165)
Les mots interrogatifs (Voir p. 168)

Noms

affaires (f pl) things; business
agent (m) **de police** police officer
air (m) air, atmosphere
arrondissement (m) administrative district
aspirateur (m) vacuum cleaner
auto-école (f) driving school

avantage (m) advantage
cadre (m) setting
capitale (f) capital
chanson (f) song
charme (m) charm
choix (m) choice
circulation (f) traffic
direction (f) direction
église (f) church
étape (f) stage

fax (m) fax
herbe (f) grass, herbs
inconvénient (m) disadvantage
intérêt (m) interest
librairie (f) bookstore
lieu (m) place
oiseau (m) bird
paix (f) peace
parfum (m) scent, perfume

pas (m) step
phrase (f) sentence, phrase
plupart (f) majority
poubelle (f) trash can
provisions (f pl) food, supplies
qualité (f) quality
région (f) region
reste (m) rest, remainder
service (m) service

Verbes

arriver to arrive, happen; to manage to
changer to change
chercher to look for
descendre to go down, get off
donner to give

emmener to take (someone) along
expliquer to explain
indiquer to indicate
louer to rent
nettoyer to clean
penser to think

posséder to own
profiter de to take advantage of, enjoy
quitter to leave (a place or person)
ranger to put away
savoir to know

simplifier to simplify
tourner to turn
traverser to cross
se trouver to be located
vider to empty
vivre to live
voir to see

Adjectifs

animé(e) lively, busy
attentif(-ive) attentive
certain(e) certain

direct(e) direct
familier(-ière) familiar
individuel(le) individual

plein(e) full
plusieurs several
pratique practical

ravissant(e) delightful
tranquille peaceful
vert(e) green

Divers

aussi... que as . . . as
bon marché cheap
chacun(e) each one
donc therefore
en plus in addition, moreover

excepté except
excusez-moi excuse me
il faut you have to, it is necessary
là-bas over there

partout everywhere
plus more
plus tard later
quand when

que that; what
selon according to
tout de suite right away
vraiment truly

Terminal 2
Ici hall
Here hall D
Arrivées
Horaire
Time
Provenance
From
N° vol
Flight
Observations
Remarks
Arrivée
Arrival
1135 FRANCFORT
1135 BERLIN AF 1445 ARRIVE 1
1145 BORDEAUX AF 1529 ARRIVE 2
1145 BORDEAUX AF 8323 ARRIVE 1
1145 LUXEMBOURG IT 5218 ARRIVE 1
1155 GENEVE LGAF 1203 ARRIVE 2
1155 CLERMONT FD AF 2863 ARRIVE 1
1155 CLERMONT FD AF 8339 ARRIVE 2
1200 COLOGNE IT 6580 ARRIVE 2
1205 BARCELONE AF 1477 ARRIVE 2
AF 1113 PREVU A 1200 2
INFORMATIONS
ADP
Aéroports de Paris
INFORMATION
TOURING HOTELS
SHOWS
PORTS
DE
PARIS
HÔTELS SUR L'AÉRO

Le temps passe

Fonctions

Dans ce chapitre, vous allez apprendre à
- parler de ce que vous aimez regarder à la télé
- demander et indiquer l'heure
- parler du passé
- parler des décisions et des événements importants dans votre vie

Vocabulaire et structures

Point de départ: Sondage d'opinion sur la télévision et les spectacles
Exploration 1: L'heure
Exploration 2: Le passé composé avec l'auxiliaire **avoir**
Exploration 3: **Choisir** et les verbes du deuxième groupe

Tracks 65–67

Point de départ: Sondage d'opinion sur la télévision et les spectacles

À la maison

Quand vous êtes chez vous, combien de temps par jour passez-vous à regarder la télé ou des vidéos? Et combien de temps passez-vous à écouter la radio? Quelles stations écoutez-vous, et quel type de musique préférez-vous?

- ❏ la musique classique
- ❏ la musique pop
- ❏ le rap

- ❏ le rock
- ❏ la musique techno
- ❏ le jazz

Quelles chaînes de télévision et quel type d'émissions aimez-vous regarder?

❏ les informations (f)

❏ les causeries (f)

❏ les émissions (f) scientifiques ou culturelles

❏ les pièces (f) de théâtre

❏ les vidéoclips (m)

❏ les publicités / les pubs (f)

❏ la météo

❏ les reportages (m) sportifs et les matchs (m) télévisés

❏ les documentaires (m)

❏ les films (m) et les téléfilms (m)

❏ les feuilletons (m) et les séries (f)

❏ les spectacles (m) de variété

❏ les jeux *(m)* télévisés   ❏ les dessins *(m)* animés   ❏ les magazines *(m)*

Les sorties et les spectacles

Combien de fois par mois allez-vous... ?

	jamais	une ou deux fois	trois à cinq fois	plus de cinq fois
au cinéma	❏	❏	❏	❏
au théâtre	❏	❏	❏	❏
à un concert	❏	❏	❏	❏
à une exposition *(exhibit)*	❏	❏	❏	❏
à une conférence *(lecture)*	❏	❏	❏	❏
dans un café	❏	❏	❏	❏
en boîte *(f, nightclub)*	❏	❏	❏	❏

Les vedettes et le monde du spectacle

Quels sont...

■ vos chanteurs, vos chanteuses ou vos groupes préférés? Quelles sont vos chansons préférées?

■ vos acteurs ou vos actrices préférés? Dans quels films jouent-ils?

■ vos films préférés? Qu'est-ce que vous aimez dans ces films?
     le sujet?
     les acteurs?
     la musique?
     la photographie?
     l'histoire?
     les personnages?

Communication et vie pratique

Ⓐ Vos émissions préférées. Tell how much you like the different types of television programs listed in the **Point de départ.** Take a survey of the preferences of students in your class.

je déteste	je n'aime pas beaucoup	j'aime	j'aime beaucoup	j'adore

> **EXEMPLE**   *J'aime beaucoup les documentaires, mais je déteste les jeux télévisés.*

Ⓑ Internet. Use a search engine to access the Web site of a television station in France (e.g., http://www.TF1.fr or http://www.france2.fr) or a station in another French-speaking area such as Quebec (http://www.telequebec.qc.ca/) or the Antilles (http://www.antillestelevision.com/). Then find examples of the different programs given in the **Point de départ.**

If the Web sites suggested are no longer available, use a search engine to find similar information (e.g., http://fr.yahoo.com or http://www.google.fr).

Ⓒ Devinez. Describe a television / movie star or a show / movie to other students in your class. Start with one sentence that gives minimal information. If no one guesses correctly, give another clue that adds a bit more information. Continue until someone guesses the right answer.

> **EXEMPLE**   *C'est une série.*
> *Il y a beaucoup d'action.*
> *Les personnages principaux sont des médecins.*
> *En français, cette émission s'appelle* Urgences.

Ⓓ Sondage. Imagine that you have received a telephone call from a service that rates television programs. The company representative (played by another student) wants to know what you generally watch on different days of the week and what you think of the programs. The company suggests that you rate the programs using the scale that follows. Role-play the situation.

> *** **À ne pas manquer** (*Don't miss it*).
> ** **À regarder si vous êtes chez vous.**
> * **C'est un navet** (*a loser*).

> **EXEMPLE**   *Le jeudi, je regarde toujours* Urgences. *C'est une émission à ne pas manquer. L'histoire est toujours intéressante et les acteurs sont excellents.*

French television viewers have a choice of channels. **France 2, France 3,** and **France 5** are public channels; **TF1, M6,** and **Canal +** (a pay channel) are privately owned. **M6** broadcasts American series. **ARTE** is a public channel, a cooperative venture between Germany and France. Luxembourg, Belgium, Switzerland, and Monte Carlo also have independent stations that can be seen in parts of France. These channels have Web sites that can be accessed through a search engine such as Yahoo! France by typing in the name of the channel. **Eurovision** broadcasts special programs simultaneously via satellite in multiple countries, each with its own soundtrack in the appropriate language. Cable television channels and satellite broadcasts offer an increasing number of channels to French viewers and are growing in popularity.

The government-controlled **RTF (Radiodiffusion-télévision France)** is financed by special taxes paid by owners of television sets (the tax per household is approximately 120 euros annually). Consequently, **RTF** enjoys financial autonomy and does not depend exclusively on advertising to raise money for programming as is the case in the United States. This relative financial independence thus enables stations to offer more educational, cultural, and informational programming. The **CSA (Conseil supérieur de l'audiovisuel)** is also an important factor in radio and television programming. Its duties are to regulate advertising and the broadcasting of programs for young people as well. It also ensures that 120 hours of programming a week are devoted to programs of French or European origin. Its nine members are appointed by the government officials and the presidents of **le Sénat** and **l'Assemblée Nationale.** These close ties with the government have occasionally led to charges of biased programming and to turnover in management.

According to recent statistics, the French watch television approximately three and a half hours a day; this doesn't include listening to the radio, listening to tapes and CDs, or playing video games. More than 97% of French households have television sets; cable (9.6%) and satellite broadcasting (11.6%) are growing in popularity. In 1977, only 7,000 homes had VCRs; today, 78% of households have VCRs (3% have DVD players).

There are more than 5,700 radio stations in France, of which more than 2,400 are public. The main radio stations are **France Inter, France Bleu, France Culture, France Info, FIP, France Musique,** and **Le Mouv'.** The remaining stations are privately owned. The public radio stations are also controlled by the **CSA** and are required to broadcast 60% of their songs and programs in French. In each region, some radio stations broadcast programs in a regional dialect or in a foreign language. Other European stations, such as **RTL (Radio-Télé-Luxembourg)** and **RMC (Radio Monte Carlo),** are also available.

Et vous?

In your opinion, what are the advantages and disadvantages of a television system relying mostly on taxes placed on TV sets (and some limited advertising) for its financing, as is the case in France, versus a system relying entirely on advertising as in the United States?

Exploration ①

Comment demander ou indiquer l'heure: L'heure

To ask what time it is, say: **Quelle heure est-il?** (or **Est-ce que vous avez l'heure, s'il vous plaît?**) or, less formally, **Il est quelle heure?** To answer these questions, use the following patterns.

1.1 On the hour:

Il est une heure.   Il est quatre heures.   Il est midi.   Il est minuit.

1.2 On the half or quarter hour:

Il est trois heures et demie.   Il est midi et demi.   Il est deux heures et quart.   Il est huit heures moins le quart.

1.3 Minutes before or after the hour:

Il est une heure dix.   Il est midi vingt.   Il est trois heures moins dix.   Il est minuit moins vingt-cinq.

To indicate *A.M.*, use **du matin**; use **de l'après-midi** for the afternoon and **du soir** for the evening to indicate *P.M.*

> Je quitte la maison à sept heures du matin.
> À trois heures de l'après-midi, je vais à la bibliothèque.
> Chez nous, on mange à huit heures du soir.

1.4 These expressions are useful in talking about time.

être à l'heure	*to be on time*
être en avance	*to be early*
être en retard	*to be late*
Il est tôt.	*It's early.*
Il est tard.	*It's late.*

1.5 In official time schedules (e.g., for planes, trains, buses, TV or radio programs), the 24-hour system is used in France.

official time	conventional time
zéro heure trente (0h30)	minuit et demi
trois heures cinq (3h05)	trois heures cinq
douze heures (12h)	midi
quinze heures quinze (15h15)	trois heures et quart
vingt-trois heures cinquante-cinq (23h55)	minuit moins cinq
vingt-quatre heures (24h)	minuit

Situation: Au bureau de renseignements

Track 68 Monsieur Josserand téléphone au bureau de renseignements de la gare de La Part Dieu à Lyon pour savoir à quelle heure est le prochain train pour Paris.

M. JOSSERAND:	Allô, je voudrais savoir à quelle heure il y a un train pour Paris.
L'EMPLOYÉE:	Le prochain train est à onze heures trente-cinq.
M. JOSSERAND:	Ça va être trop juste... À quelle heure est le suivant?
L'EMPLOYÉE:	À midi dix, mais ce n'est pas un TGV. Je suis désolée.
M. JOSSERAND:	Et le prochain TGV, il est à quelle heure?
L'EMPLOYÉE:	À treize heures trente.

> **Mots à retenir: les renseignements** *(m) information*, **juste** *close, tight*, **le suivant** *the next one*, **le TGV (train à grande vitesse)** *high-speed train*, **désolée** *sorry*

Avez-vous compris?

Quels sont les trois choix possibles? Quels sont leurs avantages ou leurs inconvénients?

Communication et vie pratique

A **Quelle heure est-il?** Radio announcers give the time at various intervals. Use the clocks that follow to tell what they say.

1.   2.   3.   4.   5.

6.   7.   8.   9.   10.

B **Emploi du temps.** Use the following chart to give Philippe's class schedule. Then tell other students when you have your classes.

EXEMPLE   *Il a son cours de français le lundi à neuf heures.*

EMPLOI DU TEMPS 6ème B

	LUNDI	MARDI	MERCREDI	JEUDI	VENDREDI	SAMEDI
08h00 08h30	DESSIN *M. Dupas*			SCIENCES PHYSIQUES *M. Zouillé*	EDUCATION PHYSIQUE SPORT	HISTOIRE GEOGRAPHIE
09h00 09h30 10h00	FRANCAIS *Mme Fredici*	ALLEMAND		*M. Zouillé* Permanence	SPORT *Mme Lecuyer*	EDUCATION PHYSIQUE SPORT *Mlle Kapageshi*
10h30 11h00	ALLEMAND *Mme Fau*	MATHS		FRANCAIS	ALLEMAND	MATHS
11h30 12h00	MATHS *Mme Sourbie*	FRANCAIS			FRANCAIS OU HISTOIRE-GEO	MUSIQUE
13h30						
14h00 14h30	HISTOIRE GEOGRAPHIE *Mme Morin*	TECHNOLOGIE *Mme Bertrand*			BIOLOGIE	
15h00 15h30	FRANCAIS	*Mme Bertrand*		ALLEMAND	*M. Pean* Permanence	
16h00 16h30	EDUCATION PHYSIQUE SPORT *Mme Lecuyer*			MATHS	EDUCATION CIVIQUE	
17h00 17h30					chorale	

C **Tu es libre?** Some French students will be on campus, and your class has been asked to accompany them throughout the day and evening. Ask questions to find out when people will be free to accompany them.

> **EXEMPLE** — *Est-ce que tu es libre à neuf heures du matin?*
> — *Non, mais je suis libre entre midi et deux heures.*

D **À l'aéroport.** You are at **l'aéroport Roissy-Charles de Gaulle** in Paris and you are looking at a monitor announcing international flights. Tell a friend when these flights leave, using the 12-hour clock.

> **EXEMPLE** Montréal / 13h10
> *Il y a un avion pour Montréal à une heure dix.*

1. Rome / 18h30
2. Chicago / 12h35
3. New York / 16h20
4. Genève / 8h45
5. Bruxelles / 11h30
6. Dakar / 17h35
7. Londres / 6h15
8. Tokyo / 9h15

E **Qu'est-ce qu'il y a à la télé?** Below is an evening television schedule of programs in Montreal taken from *TVHebdo*. Answer the questions that follow based on the information in the schedule.

1. Combien de chaînes en langue française y a-t-il?
2. Est-ce qu'il y a un feuilleton? À quelle heure?
3. À quelle heure sont les informations sur les différentes chaînes?
4. Combien de films est-ce qu'il y a à la télé ce soir? Sur quelles chaînes, et à quelle heure?
5. Est-ce qu'il y a des jeux télévisés? À quelle heure?
6. Est-ce qu'il y a des reportages spéciaux? Sur quelles chaînes, et à quelle heure?
7. Est-ce qu'il y a une émission pour les enfants?

CANAUX	18h00	18h30	19h00	19h30	20h00	20h30	21h00	21h30	22h00	22h30	23h00	23h30	VD	VDO
RC **2 9** **13**	Ce soir		Chick'n Swell	Catherine	Un gars, une fille	Palmarès / Yelo Melo	L'Île de Gildor / Pierre Nadeau, Gaston L'Heureux, Natasha St-Pier		Le Téléjournal		Cinéma / FÉLIX ET LOLA (5) avec Charlotte Gainsbourg, Philippe Torreton		4	4
TVA **4 7** **8 10**	Le TVA 18 heures	Sucré Salé / Natasha St-Pier	Bec et Museau	La Série du peuple	Tribu.com		Fortier		Le TVA	Sucré Salé / Natasha St-Pier	Place Melrose (23:02)		7	7
TQ **15 17** **24 45**	Macaroni tout garni	Ramdam	Malcolm	Charlie Brown	La Grande Virée	...le grand bleu	Cinéma / BEAU-PÈRE (3) avec Patrick Dewaère, Ariel Besse		-		Les Grands Documentaires / Opération SalAMI (23:09)		8	8
TQS **16 30** **35**	Grand Journal (17:00)	Flash	Partis pour l'été	Une fois c't'un gars	Cinéma / SUR LES TRACES DE L'ENNEMI (5) avec Bruce Willis, Sarah Jessica Parker				Le Grand Journal	110%	Partis pour l'été	Cinéma / VACANCES...	5	5
CTV **12**	News		Access H.	eTalk Daily	The Amazing Race		CSI: Crime Scene Investigation		ER		CTV News	News	11	11
8			eTalk Daily	Jeopardy									45	58
CBC **6**	CBC News: Canada Now		Distinct Docs		Cinéma / RUPERT'S LAND (5) avec Samuel West, Ian Tracy				The National		The National	Cinéma	13	13
ABC **22**	News	ABC News	Dharma &...	Will & Grace	Cinéma / THE LOVE LETTER (5) avec Kate Capshaw				Primetime Thursday		News	Night. (23:35)	22	22
CBS **3**	News		CBS News	E.T.	The Amazing Race		CSI: Crime Scene Investigation		Without a Trace			Late... (23:35)	21	21
NBC **5**	News	NBC News	Jeopardy	Wheel of...	Friends	Scrubs	Will & Grace	Frasier	ER			Tonight... (23:35)	18	23
PBS **33**	The Newshour		Bus. Report	...Delivery	The New this Old House Hour		Frontline / Public Schools		Globe Trekker / ...Australia		BBC World News	Charlie Rose	43	64
57	BBC News	Bus. Report	The Newshour		Cincinnati Pops Patriotic...				Bill Moyers' World of Ideas				46	24
A&E	City Confidential / Malibu		American Justice		Biography / Jimmy Stewart		Cinéma / DEATH HITS THE JACKPOT (4) avec Peter Falk				Third Watch		73	39
ARTV	Jorane		Cesaria Evora		Cinéma / PASSION DANS LE DÉSERT (4) avec Ben Daniels				Artiste...	Jeunesse...	L'Actors Studio / Billy Joel		31	31
BRAV	Videos	Road to Avonlea		BookTV	Richler, Ink	Cinéma / THE COMMITMENTS (4) avec Robert Arkins, Michael Aherne					Law & Order		72	34
CD	Contact Animal		Exploits / Naissances		Commando		Biographies / Katharine Hepburn		Éléments déchaînés		Cinéma / ROLLERBALL (4)		20	20
CS	Jeux de vies		Maternelle	Mondialisation	Commission scolaire...		NASA Educational File		Quartier...	Capharnaüm	Galerie d'art		47	26
DISC	Crocodile Hunter		Daily Planet		Wild Discovery / Gator		Sci-Files / Opals		Survival! / The Fear Fighters		Daily Planet		37	37
EV	Vélo Mag	Mexico VR	...pratique	Villages, fête	Maritimes...	...de Corse	...à bord	Eau... & Cie	Bazaar	Lonely Planet / Vietnam	7e Ciel		23	51
FC	Amanda Sh.	All that	...Stevens	Jett	Boy Meets...	Mentors	Cinéma / ZENON: THE ZEQUEL (6)			...of the Dark	Your Big Break			67
FOX	Drew Carey	Seinfeld	That '70s Show	Seinfeld	Cinéma / THE HURRICANE (4) avec D. Washington, V. Reon Shannon				Cinéma / AIR BUD: 7th INNING FETCH (6)				36	46
GO	Global News	Global National	Train 48	E.T.	Friends	Reba	Will & Grace	Frasier	Without a Trace		Global News	Sports	3	3
HI	L'Histoire à la une		Des histoires d'alcool		Trouvailles... / Salon du livre		Les Têtes brûlées		Cinéma / OPÉRATION CROSSBOW (4) avec George Peppard				25	53
HIST	Hist. Bites	It Seems...	China Beach		Great Train / Railway Men...		MacArthur (1/2)				12 O'Clock High		49	47
LIFE	Zoo Diaries	Dogs, Jobs	...Homes	...Weddings	Extra	Matchmaker	Tall Ship Chronicles		...Hollywood	...Homes	Matchmaker	...Homes	71	29
MMAX	Max Musique		Salut les amoureux!		Musicographie / Blue Note		Révélations d'Hollywood		Histoire d'Hollywood / Les amours de Marilyn Monroe				32	48
MP	Top5 Franco	...the Pops	Infoplus	M. Net	Vidéo Clips		...the Pops		...la peau de	I.D. Mode	M. Net	...attaquent	30	30
MTL	Esmeralda		That '70s Show	Corriere...	...libanais	La Caravane	Sino-Montréal		The Guardian		Soul Call	Late... (23:35)	14	14
NW	BBC News	Bus. News	CBC News	The Docket	Close up... Ralph Benmergui		The National		the fifth estate		>replay		48	25
RDI	Euronews	Capital Actions	Le Monde	RDI à l'écoute	Ronald Reagan, le président		Le Téléjournal	RDI à l'écoute	L'île de glace		Journal RDI	Le Monde	19	19
RDS	Golf (16:00)	Sports 30		Boxe / L. Lewis - V. Klitschko		...en forme	Kickboxing: XFC1		Sports 30		Sharks H2O	Sports Gillette	33	33
S+	Sydney Fox l'aventurière		Brigade des mers		Coroner Da Vinci		La Loi & l'Ordre		Largo Winch		Balko		24	52
SHOW	This Hour has 22 Minutes		Poltergeist		Cold Squad		Made in...	Trailer Park	Curb your Enthusiasm				40	40
SPA	Outer Limits		Relic Hunter		Buffy the Vampire Slayer		Angel		Star Trek: Voyager		Outer Limits			32
SPN	Sportsnetnews	The Golf Report	Baseball / Blue Jays - Orioles						Sportsnetnews		The Golf Report	You Gotta...	38	38
TFO	Tilda	Horace et Tina	Panorama	Vivre à deux	Style et...	Les Marchés...	Cinéma / L'ÉGARÉ D'AMÉRIQUE (5)		...carrière		Panorama	Vivre à deux		
TLC	Hometime		Medical Detectives		Secrets of Forensic Science		Crime Scene Uncovered		Against the Law		Secrets of Forensic Science		39	27
TSN	LPGA Golf / U.S. Women's Open - 1re ronde			Strongman...	Boxing / Lennox Lewis - Vitali Klitschko				Sportscentre			TSN Profile	28	28
TTF	Laboratoire...	Sourire...	Sacré Andy!	Roboblatte	Kaput...	Méga Bébés	Les Simpson	Les Griffin	Planète crue	Daria	Les Simpson	Déchiqueteurs	34	45
TV5	Des chiffres	Journal FR2	Pyramide	Des mots de minuit / Titi Robin			Petites histoires à se...		Le Journal	Écrans...	Dites-moi... / Dorine Bourneton		15	15
TVO	G. Shrinks	Brainbounce	Changing Rooms		Studio 2		The Glass		Cinéma / WILD MAN BLUES (4)	Documentaire			74	56
VIE	...en vedette	Les Copines	Cinéma / SI LES MURS RACONTAIENT 2 (4) avec V. Redgrave				Quand la vie est un combat		Décore ta vie	Métamorphose	Oui, je le veux!	...le masque	35	44
VOX	TTr en face	Un air d'été		Mosaïque	Le Guide...	...beauté	...Invitation	Un air d'été		Top 50	Souper de filles		9	9
VRAK	...entre nous	...Montana	Gilmore Girls		Dawson		Buffy...						16	16
YTV	Spongebob	J. Neutron	Girlstuff	Yvon of...	Dragon Ball	Reboot	Goosebumps	Radio Active	Breaker...	Big Wolf...	Addam's...	My Family	44	18
Z	Les Médiums		...nerdz	Pleins Gaz	Destination: Lune		Au-delà du réel		Semaine... monstres d'acier		...nerdz	Le Teksho	26	54
CANAUX	18h00	18h30	19h00	19h30	20h00	20h30	21h00	21h30	22h00	22h30	23h00	23h30	VD	VDO

C'est votre tour

Vous travaillez au bureau de renseignements de la gare de Mâcon. Des clients (joués par d'autres étudiants de la classe) téléphonent pour savoir l'heure de départ de différents trains et l'heure d'arrivée à leur destination. Donnez les renseignements demandés.

Client 1: désire aller à Annecy et préfère partir le matin
Client 2: désire aller à Genève mais préfère partir entre deux et cinq heures
Client 3: désire aller à Aix-les-Bains et préfère arriver pendant l'après-midi

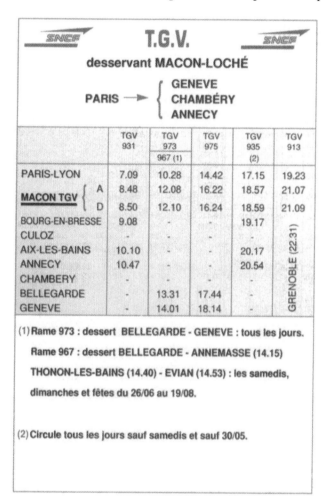

T.G.V. desservant MACON-LOCHÉ PARIS → GENEVE CHAMBÉRY ANNECY					
	TGV 931	TGV 973 967 (1)	TGV 975	TGV 935 (2)	TGV 913
PARIS-LYON	7.09	10.28	14.42	17.15	19.23
MACON TGV A	8.48	12.08	16.22	18.57	21.07
MACON TGV D	8.50	12.10	16.24	18.59	21.09
BOURG-EN-BRESSE	9.08	-	-	19.17	
CULOZ	-	-	-		
AIX-LES-BAINS	10.10	-	-	20.17	
ANNECY	10.47	-	-	20.54	
CHAMBERY	-	-	-		
BELLEGARDE	-	13.31	17.44	-	
GENEVE	-	14.01	18.14	-	

GRENOBLE (22.31)

(1) Rame 973 : dessert BELLEGARDE - GENEVE : tous les jours.

Rame 967 : dessert BELLEGARDE - ANNEMASSE (14.15)

THONON-LES-BAINS (14.40) - EVIAN (14.53) : les samedis,

dimanches et fêtes du 26/06 au 19/08.

(2) Circule tous les jours sauf samedis et sauf 30/05.

Exploration ②

Parler du passé: Le passé composé avec l'auxiliaire **avoir**

We often speak about what has already happened. Here are some frequently used words that indicate we are talking about the past.

> hier *(yesterday)*
> hier matin
> hier soir
> samedi dernier, samedi passé
> la semaine dernière, la semaine passée
> l'année dernière, l'année passée
> déjà *(already)*
> pas encore *(not yet)*

To indicate that an action has been completed, the **passé composé** is used. It expresses a meaning similar to three English constructions: *I traveled, I have traveled, I did travel.*

2.1 The **passé composé** of most verbs is formed by using the present tense of **avoir** and a past participle. Past participles of **-er** verbs replace the **-er** ending of the infinitive with **-é.**

Passé composé de voyager	
j'**ai** voyag**é**	nous **avons** voyag**é**
tu **as** voyag**é**	vous **avez** voyag**é**
il / elle / on **a** voyag**é**	ils / elles **ont** voyag**é**

> Elle **a travaillé** pendant le week-end.
> Nous **avons regardé** un match télévisé.

2.2 **Avoir, être, prendre, boire, faire,** and **voir** have irregular past participles.

> avoir → eu   être → été   prendre → pris
> boire → bu   faire → fait   voir → vu

> — Vous **avez été** contentes de vos résultats?
> — Oui, nous **avons eu** une bonne note.

> — Qu'est-ce que vous **avez fait** hier?
> — Nous **avons vu** un bon film.

2.3 In a negative sentence, **ne** precedes and **pas** (or **jamais**) follows the form of **avoir**.

Elle **n'a pas aimé** cette émission.
Ils **n'ont jamais visité** la Martinique.

Note that short adverbs are placed between the form of **avoir** and the past participle.

— Anne, **as**-tu **déjà fait** tes devoirs?
— Non, je **n'ai pas encore eu** le temps.

Situation: Vous avez été sages?

Track 69   M. et Mme Lemoine ont passé la soirée chez des amis. Ils demandent à leurs enfants s'ils ont été sages pendant leur absence.

MME LEMOINE:	Vous avez été sages?
DIDIER:	Bien sûr, maman.
MME LEMOINE:	Vous avez fait vos devoirs?
ISABELLE:	Oui, mais je n'ai pas eu le temps de finir mes maths.
MME LEMOINE:	Et toi, Didier, tu as appris ta table de multiplication?
DIDIER:	Non, maman.
MME LEMOINE:	Pourquoi pas?
DIDIER:	Parce que j'ai oublié mes affaires à l'école.

> **Mots à retenir: la soirée** *evening,* **demander** *to ask,* **sage** *good, well-behaved,* **bien sûr** *certainly,* **finir** *to finish,* **oublier** *to forget*

Avez-vous compris?

Indiquez ce que chaque enfant a fait, ce qu'il n'a pas fait et pourquoi.

Communication et vie pratique

Ⓐ Activités et occupations. Sylviane is telling you what she did on her day off. Use the cues provided to tell what she says.

> **EXEMPLE**   8h30 / téléphoner à Suzanne
> *À huit heures et demie, j'ai téléphoné à Suzanne.*

1. 9h / prendre mon petit déjeuner
2. 9h30 / écouter des CD
3. 12h15 / quitter la maison pour aller en ville
4. 1h30 / prendre un café avec des amis
5. 3h / faire des courses
6. 4h45 / avoir la visite d'une amie
7. 5h15 / acheter des provisions pour le dîner
8. 7h45 / regarder les informations

B **Qu'est-ce que vous avez regardé à la télé?** Tell what television programs you watched last week (day, time, program) and then ask other students what they watched.

> **EXEMPLE**   *Dimanche à quatre heures, j'ai regardé un match de football. Et lundi soir, j'ai regardé un téléfilm. Et toi, qu'est-ce que tu as regardé?*

C **Qui a fait quoi?** Create sentences expressing what you and your friends did during the past week by combining one element from each column.

> **EXEMPLE**   *Hier, j'ai invité des amis à dîner.*

		dîner chez des amis
		manger au restaurant
		avoir un examen difficile
		étudier mon français
		inviter des amis à dîner
lundi		regarder un film à la télé
mardi		écouter de la musique
mercredi	je	préparer un bon dîner
jeudi	mes amis	avoir la visite d'un(e) ami(e)
vendredi	mes amis et	être en retard pour mon cours
samedi	moi, nous	de français
dimanche	mon ami(e)	faire une promenade
hier		faire le ménage
la semaine		passer l'après-midi à la
dernière		bibliothèque
		faire des courses
		prendre un café avec des amis
		voir un film intéressant

D **Petite conversation.** Use the following questions to talk with another student about what he or she did yesterday. These questions contain both a main question and suggested related questions to help you gain skill in sustaining a conversation in French. Work with another student to think of additional follow-up questions to ask.

1. Est-ce que tu as regardé la télé hier soir?
   a. Est-ce que tu as regardé les informations?
   b. Est-ce que tu regardes les informations tous les jours?
   c. Est-ce que tu as regardé un film? Si oui, quel film?
   d. Est-ce que tu as regardé un documentaire? Si oui, sur quel sujet?
   e. ?

2. Est-ce que tu as écouté de la musique hier soir?
   a. Est-ce que tu as écouté de la musique classique?
   b. Quels sont tes chanteurs et tes chanteuses préférés?
   c. Est-ce que tu as acheté leur dernier CD?
   d. Quels CD est-ce que tu as écoutés?
   e. ?

3. Est-ce que tu as mangé à la maison hier soir?
    a. Qui a fait la cuisine?
    b. Qu'est-ce que tu as mangé?
    c. Est-ce que tu as invité des amis?
    d. À quelle heure est-ce que tu as mangé?
    e. ?

4. Est-ce que tu as vu des amis cette semaine?
    a. Combien de temps avez-vous passé ensemble?
    b. Qu'est-ce que vous avez fait?
    c. Est-ce que tu as été content(e) de passer un peu de temps avec eux?
    d. Est-ce que vous avez eu une conversation intéressante? Si oui, de quoi avez-vous parlé?
    e. ?

C'est votre tour

Imaginez que votre professeur(e) de français (joué[e] par un[e] autre étudiant[e]) n'est pas très content(e) de vous pour différentes raisons. Vous présentez vos excuses à votre professeur(e).

EXEMPLE   *Je suis désolé(e), madame. Je n'ai pas fait mes devoirs parce que mes camarades de chambre ont invité des amis à dîner.*

Problèmes possibles

Vous n'avez pas fait vos devoirs.
Vous avez laissé vos devoirs à la maison.
Vous avez été souvent absent(e).
Vous avez été absent(e) le jour de l'examen.
Vous avez été très souvent en retard.
?

Phrases utiles

Je regrette, mais...
Je suis désolé(e) madame (mademoiselle, monsieur), mais...
Excusez-moi, mais...

Excuses possibles

Vous avez été très occupé(e).
Vous n'avez pas eu le temps d'étudier.
Vous n'avez pas eu le temps de faire vos devoirs.
Vous avez quitté la maison très tôt et vous avez oublié votre livre.
Vous n'avez pas compris les explications.
Vous avez oublié la date de l'examen.
?

Exploration ③

Parler des décisions et des événements importants dans votre vie:
Choisir et les verbes du deuxième groupe

The following verbs are often used in talking about significant events in our lives.

grandir *(to grow up)*	J'**ai grandi** dans le nord de la France.
finir *(to finish)*	J'**ai fini** mes études en 2003.
réussir *(to succeed)*	En général, je **réussis bien** dans mes études, mais je n'**ai** pas **réussi** à tous mes examens.
choisir *(to choose)*	Je n'**ai** pas encore **choisi** ma future profession.
accomplir *(to accomplish)*	J'**ai** encore beaucoup de choses à **accomplir.**

These verbs belong to a pattern of verbs whose infinitives end in **-ir,** formed as follows:

c h o i s i r	
je chois**is**	nous chois**issons**
tu chois**is**	vous chois**issez**
il / elle / on chois**it**	ils / elles chois**issent**
passé composé: j'**ai** choisi	

Situation: On va au ciné?

Track 70 Valérie invite sa sœur Christine et Pierre son beau-frère à aller au cinéma ce soir.

VALÉRIE:	Vous finissez à quelle heure ce soir?
CHRISTINE:	Moi, je finis à six heures, mais Pierre ne rentre pas avant huit heures.
VALÉRIE:	Ça ne fait rien. La deuxième séance commence à neuf heures.
CHRISTINE:	Oui, mais qui va garder les enfants?
VALÉRIE:	Maman est libre ce soir. Alors, c'est d'accord? Vous choisissez le film et moi, je passe un coup de fil à maman.
CHRISTINE:	Alors, d'accord!

> **Mots à retenir: rentrer** *to come (return) home,* **ça ne fait rien** *it doesn't matter,* **la séance** *showing,* **commencer** *to start,* **garder** *to keep,* **d'accord** *okay,* **un coup de fil** *a phone call*

Avez-vous compris?

Faites l'inventaire de la situation.

Projet proposé par Valérie:	
Problèmes:	
Solutions:	

Communication et vie pratique

A **À quelle heure?** Thierry is planning to go to the movies with several friends and asks when they are free. Say when each finishes for the day. Then ask students in your class when they finish for the day (**À quelle heure est-ce que tu finis?**).

> **EXEMPLE** Marc / 6h
> *Marc finit à six heures.*

1. Monique / 2h
2. je / 5h30
3. nous / 4h
4. tu / avant 7h
5. vous / assez tôt
6. les autres / vers 5h

B **Souvenirs d'enfance.** A friend from the south of France is telling you where she and other members of her family grew up. What does she say?

> **EXEMPLE** ma grand-mère / Nice
> *Ma grand-mère a grandi à Nice.*

1. je / à Nice aussi
2. nous / en Provence
3. Pierre / dans les Alpes
4. ma tante / en Italie
5. mon père / près d'Avignon
6. mes cousins / dans un petit village

C **Et toi?** Find out in what cities your classmates grew up. If they moved, find out how long they spent in each place.

> **EXEMPLE** — *Où est-ce que tu as grandi?*
> — *J'ai grandi à San Diego où j'ai passé cinq ans. Après ça, nous avons habité à Los Angeles.*

D **Événements importants.** Use the following questions to ask another student about important events in his or her life.

1. Où est-ce que tu as grandi?
2. Quand est-ce que tu as fini tes études au lycée?
3. Quand est-ce que tu as commencé tes études à l'université?
4. En général, est-ce que tu réussis bien dans tes cours?
5. Quand est-ce que tu vas finir tes études?
6. Est-ce que tu as déjà choisi ta future profession? Si oui, quelle profession as-tu choisie?

C'est votre tour

Vous avez décidé d'inviter des amis (joués par d'autres étudiants de la classe) à venir voir un film chez vous, mais c'est difficile de trouver une heure où vous êtes tous libres, et vous avez des goûts très différents. Les titres des films et l'heure à laquelle ils passent sont indiqués sur le programme. Avant de commencer, notez à quelle heure vous êtes libre, à quelle heure vous désirez rentrer et quels films vous trouvez intéressants. Après ça, jouez la scène.

LE MEILLEUR DU LUNDI 1er AVRIL

■ FILMS

◆ RIO BRAVO avec John Wayne	**16.40**
◆ LES 400 COUPS avec Jean-Pierre Léaud	**20.45**
◆ LES MARAUDEURS ATTAQUENT avec J. Chandler	**20.45**
◆ RAGING BULL avec Robert DeNiro	**20.45**
◆ LES DIX COMMANDEMENTS avec Charlton Heston	**20.55**
◆ LA TOUR MONTPARNASSE INFERNALE	**21.00**
◆ LA COULEUR DE L'ARGENT avec Paul Newman	**21.00**
AFFLICTION avec Nick Nolte	**21.00**
◆ LES ARNAQUEURS avec Anjelica Huston	**22.35**
◆ L'ARNAQUEUR avec Paul Newman	**22.55**

■ TÉLÉFILMS

◆ LE CURÉ DE TOURS avec Jean Carmet	**13.35**
◆ CHASSEURS DE FRISSONS avec Casper Van Dien	**20.50**

1er avril lundi

Intégration et perspectives

▌ Qu'est-ce qu'il y a à la télé?

Pour mieux lire: No words have been glossed in the authentic and unedited television schedule from *Télé 7 Jours* that appears on the next page. The **Avez-vous compris?** asks you to think about what is being broadcast. To make your task easier, rely also on the television vocabulary you have already learned, your expectations of what you would find in a television schedule, and your ability to guess the meaning of words and phrases from context. Most important, relax, and don't worry if you don't understand everything—you will still be able to complete the activity.

Avez-vous compris?

Consultez le programme de télé présenté dans *Télé 7 Jours* à la page 202 et choisissez les émissions qui conviennent pour les personnes suivantes. Indiquez le titre de l'émission, la chaîne et l'heure.

1. quelqu'un qui a des enfants

2. quelqu'un qui aime le sport

3. quelqu'un qui aime regarder des feuilletons et des séries

4. quelqu'un qui préfère les documentaires

5. quelqu'un qui aime les jeux télévisés

23 avril mercredi

6.00 EURONEWS 27120
Actualités internationales

7.00 TO3 53869014
🎬 Dessins animés : **Cédric** ; **Les Razmoket** ; **Ginger** ; **Sourire d'enfer** ; **Titeuf** ; **Jackie Chan** ; **Beyblade** ; **Les Chevaliers de l'outre-monde** ; **L'Œil du loup** ; **Kaput et Zösky**

11.05 TOUS ÉGAUX 6783762
présenté par Florian Gazan

11.35 BON APPÉTIT, BIEN SÛR
Magazine culinaire présenté par Joël Robuchon 8774491
La tarte aux groseilles, par le chef **Patrice Trincali** et **Un cœur qui bat !**
Dyslexie

12.00 LE 12-14 1485120
Météo, Le Journal de RFO et **Le Journal des journaux**

13.50 KENO 8890743

13.55 C'EST MON CHOIX
Magazine présenté par Évelyne Thomas 9707014

15.00 CYCLISME 8088694
en direct de Huy (Belgique)
La Flèche wallonne
Commentaires de Jean-René Godart et Bernard Thévenet
Épreuve classée « hors catégorie », cette course très convoitée a vu l'an dernier un courageux mais méconnu grimpeur voler la vedette aux stars du peloton comme l'Italien **Michele Bartoli** (troisième). Son nom : **Mario Aerts**, un Belge de 27 ans, qui fêtait à cette occasion la première grande victoire de sa carrière. Son fait d'arme : les ascensions du mur de Huy et ses fameux pourcentages : 1 km à 13,5 % de moyenne, avec un passage à 20 % !

16.35 TO3 8600830
🎬 **Les Razmoket** ; **La Double Vie d'Eddie McDowd** et **Envie d'agir**

17.30 MON KANAR 78859
🎬 Le JT des 8-12 ans, présenté par François Pêcheux

17.45 C'EST PAS SORCIER
🎬 Magazine de la science et de la découverte
Ⓡ **Les Œufs** 89385
Comment se forme un œuf ? Comment se nourrit et respire l'embryon qui s'y développe ? Qu'est-ce qui différencie les systèmes de reproduction vivipares et ovipares ? Réponses avec **Fred** et **Jamy**, qui nous expliquent tout sur les premiers moments de la vie chez les papillons, les autruches, les serpents ou les hippocampes.

18.15 UN LIVRE UN JOUR
Magazine littéraire présenté par Olivier Barrot 4622507
Tempête sur le tweed, de Glen Baxter (éditions Hoëbeke)

18.20 QUESTIONS POUR
🎬 **UN CHAMPION** 69507
Jeu animé par Julien Lepers et **La Santé d'abord** :
La Vaccination des 0-2 ans

18.50 LE 19-20 et **Météo** 1825675

20.10 TOUT LE SPORT 7193743

20.20 LE FABULEUX
DESTIN DE... 954491
présenté par Isabelle Giordano
Invités : **Annie Cordy** et **Alexandre Debanne**

20.55 Vie privée - Vie publique
912830 MAGAZINE PROPOSÉ ET PRÉSENTÉ PAR MIREILLE DUMAS

Frères et sœurs, amour et rivalité 𝄢𝄢

Parce qu'ils sont nés dans une même famille, les enfants sont-ils obligés de s'aimer pour la vie ? Les liens du sang sont-ils plus forts que tout ? Les épreuves ou les moments heureux qu'ils traversent ont-ils une influence sur les rapports qui les unissent ? Les invités de Mireille Dumas évoquent leurs relations affectueuses, passionnelles ou conflictuelles avec leurs frères ou sœurs.

Alain et Agnès Soral, Mireille Dumas, Virginie et Grégoire Lemoine, Muriel et sa sœur Christine Bravo

Virgine Lemoine et son frère, **Grégoire**, étaient très jeunes à la mort de leur mère. Devant un père démissionnaire, leur frère aîné, Étienne, 14 ans, les prend sous son aile. Aujourd'hui, des liens très forts les unissent. **Christine Bravo** avait 7 ans lorsque sa sœur, **Muriel**, est née. Elle l'a détestée d'emblée. Le temps a passé et, bien que très différentes, elles partagent une relation fusionnelle. **Brigitte**, **Danièle** et **Nadine Kakou** sont issues d'une famille de 7 enfants. Elles évoquent leur frère, **Élie**, le comique disparu en 1999, et leur sœur, morte de chagrin huit mois plus tard. Une fratrie unie par un amour intense. A l'opposé de ce modèle familial de type méditerranéen, les relations entre la comédienne **Agnès Soral** et son frère, **Alain Soral**, sociologue, cinéaste et écrivain, sont plus complexes. Les neuf enfants **Darrasse**, eux, se sont déchirés durant vingt ans pour un héritage avant de se retrouver. **Pierre Mayol** évoque son frère, Jacques, qui inspira à Luc Besson *Le Grand Bleu*. Avec **Marcel Rufo**, pédopsychiatre, auteur de *Frères et sœurs, une maladie d'amour* (Fayard).

22.55 MÉTÉO 8588168 | **23.00 SOIR 3** 49385 |

23.20 Chagall, à la Russie, aux ânes et aux autres... 𝄢𝄢𝄢
2008439 DOCUMENTAIRE - Durée : 55 mn
RÉALISÉ PAR FRANÇOIS ET LÉVY KUENTZ

Très tôt, Marc Chagall (1887-1985) a su qu'il consacrerait sa vie à peindre. Refusant de s'enfermer dans un style, il a souvent pris à contre-pied les courants avant-gardistes de son époque (cubisme, surréalisme...). De son enfance à Vitebsk (Biélorussie) à son installation à Saint-Paul-de-Vence, dans le sud de la France, parcours de l'homme et de l'artiste.

■ *L'exposition « Chagall, connu et inconnu » se tient à Paris, aux Galeries nationales du Grand Palais, jusqu'au 23 juin.*

Marc Chagall

NOTRE AVIS *Entretiens avec le peintre et ses proches, interventions éclairées des spécialistes, archives familiales et autres inédits... Ce document sur la vie de l'homme et sur une partie de son œuvre protéiforme concourt à une passionnante (re)découverte de l'univers « chagallien ».* VP

Votre nuit

0.20 Ⓡ **OMBRE ET LUMIÈRE**
par Philippe Labro 20434
Invitée : **Marie-France Pisier**

0.50 LES DOSSIERS
DE L'HISTOIRE 5785076
𝄢𝄢𝄢 Ⓡ **Chronique d'une renaissance : Musée national des Arts asiatiques - Guimet**
Ce lieu, unique au monde, raconte l'Asie au travers de milliers de statues, sculptures, manuscrits et autres objets d'art.

Notre avis *C'est presque d'un œil indiscret, mais toujours curieux, que l'on suit le travail minutieux des architectes, conservateurs, restaurateurs, spécialistes du soclage, de l'éclairage.* ÉV

1.40 Ⓡ Le Fabuleux Destin de... **2.05** Ⓡ Un livre un jour. **2.10** Ⓡ Strip-tease. **3.10** Ⓡ La Case de l'oncle Doc. **4.00** Ⓡ Échappées sauvages. **4.55** Ⓡ Soir 3 du 23 avril 1983. **5.20** Ⓡ Tous égaux. **5.45** Les Matinales

---

96

𝄢 Pas mal   𝄢𝄢 Bien   𝄢𝄢𝄢 Très bien   𝄢𝄢𝄢𝄢 Excellent

Info-culture: Le programme télé

Like their American counterparts, French television channels provide varied types of programming. For example, the private channel **TF1** features a great number of American series and soap operas as well as films and variety shows. **France 2** offers a wide variety of programming, ranging from French, German, Australian, and American series to cultural magazines. **France 3** tends to offer more magazine shows and documentaries, treating culture, history, nature, and societal issues. **ARTE** broadcasts programs on art, historical, and social issues both European and international. **Canal +** specializes in films that are repeated many times during the month. These films are broadcast in their original languages with French subtitles. Although **Canal +** is a pay channel, some programs can be viewed for free **(en clair),** usually between 6:30 and 8:30 P.M. As indicated earlier in this chapter, cable and satellite are becoming more popular with French viewers. **Modulocable,** for example, offers more than 100 television and radio channels.

The three major channels broadcast news three times per day: 1 P.M. and 8 P.M. for **TF1** and **France 2;** the late news is usually between 11 P.M. and 1 A.M. On **France 3,** the other public television channel, the news is on a little earlier and includes more regional and local news. News briefs are broadcast throughout the day. Foreign news is also available; for example, **Canal +** shows the **ABC News** in English with French subtitles.

The coverage of popular sports events such as soccer, tennis, and bicycle or horse races is an important part of television programming. Some events, such as soccer's **Championnat de France,** are televised in their entirety. The annual **Tour de France** bicycle race receives extensive and enthusiastic media coverage.

Game and reality shows are also present on French television. *Des Chiffres et des lettres* is a popular French quiz show; other game shows include French versions of American shows such as *Qui veut gagner des millions, Fear Factor, Bigdil* (similar to *The Price is right),* and *Bachelor.*

French television guides such as *Télé 7 Jours* offer additional information to readers to help them select appropriate programming. For example, **Jeunesse** indicates a program suitable for children; **Rediffusion** indicates a rerun, **Sous-titrage télétexte** means "closed-captioned," and **Sous-titrage incrusté** refers to embedded captioning. The quality of films is rated with a series of 7s as shown at the bottom of the sample program listing on page 202.

ʒ Pas mal	ʒʒ Bien	ʒʒʒ Très bien	ʒʒʒʒ Excellent

In addition, parents are given information about the age-appropriateness of programs.

Et vous?

Based on the information in the two **Info-culture** sections in this chapter and/or on a perusal of online or print television schedules, tell how French television is different from American television.

Communication et vie pratique

Ⓐ Télévision: Sélections du soir. The announcer is listing some of the programs that are going to be on television this evening. For each program, indicate in the chart the time, the channel, and the type of program it is.

Track 71

Pour mieux comprendre: Reactivating vocabulary you know on a particular topic can help your comprehension. Before listening to the **speaker / speakerine** announce the evening's programs, make a list of French words for the different types of television programs that you might expect to hear in this context. For example, you probably won't find children's programs on in the evening, but you are likely to have documentaries and movies.

Nom de l'émission	Heure	Chaîne	Type d'émission

Ⓑ Au programme ce soir... Now, play the role of the announcer, prepare your script, and give the programs for Friday evening on the *Télé 7 Jours* schedule given in the **Intégration et perspectives** section. You could base your script on the TV schedule for a French channel that you find in print or online.

EXEMPLE   *Au programme ce soir, nous avons...*

Pour mieux écrire: The comprehension grid in the preceding activity can help you organize your script. The only category that you will need to add is **description de l'émission.**

C **Des goûts et des couleurs.** Several friends with very different tastes (sports fan, intellectual, music lover, soap opera fan, news lover) are looking at the television schedule in the **Intégration et perspectives** section and are discussing programs that they like. Role-play the conversation with several other students. As preparation, list the programs that the individuals in the different groups would like and tell why they like them. Think also of comments you might make to disagree with someone's choices.

> **EXEMPLE**   — *Je trouve les documentaires intéressants. On apprend beaucoup de choses.*
> — *C'est peut-être vrai, mais, en général, je trouve les documentaires ennuyeux.*

D **Les Américains et leur télé.** Describe American television to a French friend (**les différentes chaînes; les émissions qu'on peut regarder, l'heure et la durée de chaque émission; les préférences des différents groupes de gens;** etc.). You might want to bring in a television guide to use as part of your written or oral description, explaining the types of programs available and when they are offered.

Invitation au voyage: Destination Saint-Pierre-et-Miquelon

You are going to read about **Saint-Pierre-et-Miquelon** from the perspective of Claude Garnier. Before reading what he says, on page 206, check the Internet or reference books for information about these islands. Where are they located? How large are they? What are the principal occupations of the islanders? What language is spoken there? Are **Saint-Pierre-et-Miquelon** part of Canada or of France? Use this information as background as you read the **Chez nous** section.

Chez nous

○ ○ ○ ○ ○ ○ ○ ○

à Saint-Pierre-et-Miquelon

Saint-Pierre-et-Miquelon, autrefois le plus ancien et le plus petit des territoires d'outre-mer, est aujourd'hui une collectivité territoriale.

Superficie:	Population:
242 km²	6 928 h
Ville principale: Saint-Pierre	
Langue: français	**Monnaie:** l'euro

«Comme la plupart des gens ici, je viens d'une longue tradition de marins et de pêcheurs (sailors and fishermen).

En fait, la population de Saint-Pierre compte un grand nombre de Bretons venus ici à l'époque de la grande pêche sur les côtes de Terre-Neuve (du 16ᵉ au 18ᵉ siècle). Il y a aussi des Normands, des Basques et des Acadiens qui représentent la partie la plus ancienne de la population de l'archipel. Moi, personnellement, j'ai des ancêtres bretons et des ancêtres basques.

Nous sommes très attachés à notre héritage culturel. Les Basques en particulier ont gardé un lien très fort avec le Pays basque, et les sports et le folklore basques restent très importants ici. Nous essayons aussi de cultiver ces traditions dans notre musique. Nous avons ici plusieurs groupes musicaux, mais mon chanteur favori est Henri Lafitte. On peut presque sentir la présence de la mer dans ses chansons.

Pendant mon temps libre, j'aime jouer de la guitare et composer des chansons. Je suis aussi en train d'apprendre à jouer de la vielle, un vieil instrument breton. Mes copains et moi, nous avons formé un petit groupe musical. Après le travail, nous passons souvent des heures à jouer les morceaux que nous avons composés, ou à improviser! J'espère qu'un de ces jours, nous allons enregistrer notre propre CD et peut-être avoir l'occasion de passer à la télévision.»

Avez-vous compris?

Indicate whether each statement about the reading is **vrai** or **faux.** Correct the statement if it is false.

1. Saint-Pierre-et-Miquelon sont des îles situées près de la Bretagne.
2. La plupart des habitants travaillent dans le tourisme.
3. Une grande partie de la population actuelle a des ancêtres bretons et normands.
4. L'anglais et le français sont les deux langues officielles des îles.
5. Les traditions basques restent importantes à Saint-Pierre-et-Miquelon.
6. On a l'impression que le narrateur est passionné de musique.
7. La vielle est un instrument de musique qui fait partie du folklore breton.

A **Qu'est-ce qu'il y a à la télé à Saint-Pierre-et-Miquelon?** Go to **Saint-Pierre-et-Miquelon** on the **Réseau français d'outre-mer (RFO)** Web site (http://www.rfo.fr/st_pierre_et_miquelon_ie17m.php or http://www.Saint-Pierre-et-Miquelon.net/medias.html) or a similar site. What television and radio stations are available? What kinds of programs are offered? What are the local newspapers?

B **Petit séjour.** Alone or with other students in your class, plan a trip to **Saint-Pierre-et-Miquelon.** Use the following questions to help plan your trip. Find three or more Internet (http://www.st-pierre-et-miquelon.com/) or library sources to help you organize your stay and then give a brief oral or written report about your plans, including the sources you used. You can also go to the following Web site and send a postcard describing your stay to another student in your class or to your teacher. (http://www.domtomfr.com/cartepostale/_cp_1.php3?domtom=9).

1. Quand est-ce que vous allez partir?
2. Avec qui allez-vous voyager?
3. Combien de temps est-ce que vous allez passer à Saint-Pierre-et-Miquelon?
4. Dans quel hôtel allez-vous rester? Pourquoi?
5. Dans quels restaurants avez-vous envie de manger? Pourquoi?
6. Qu'est-ce que vous allez faire pendant votre séjour (activités culturelles, concerts, sports, etc.)?

▌ Bien prononcer

The sounds /s/ and /z/

When the letter **s** occurs between two vowels, it is pronounced /z/ as in **poison.** When there are two **s**'s, the sound is always /s/ as in **poisson.** The sound /s/ also corresponds to the following spellings: **ç, c** followed by **i** or **e,** and **t** in the **-tion** ending (**ça, ceci, nation**). An **x** is pronounced /z/ in a **liaison.**

Compare and repeat:

ils ont	↔	ils sont	les ours	↔	les sources
poison	↔	poisson	les oies	↔	les soies
désert	↔	dessert	ces ombres	↔	c'est sombre
nous avons	↔	nous savons	les horties	↔	les sorties
deux heures	↔	deux sœurs	les eaux	↔	les seaux

Repeat the following sentences, paying special attention to the /z/ vs. /s/ contrast.

Nous choisissons les boissons.
N'hésitez pas. Saisissez l'occasion!
Ces émissions ont une popularité grandissante.
C'est une émission saisissante.

Petite conversation. Practice repeating the following conversation.

—Et après le poisson, qu'est-ce que vous choisissez?
—Nous avons envie d'un bon dessert.
—Savez-vous ce que nous avons?
—Non, qu'est-ce que vous avez à nous proposer?

Vocabulaire

La télévision (Voir pp. 184–185)
L'heure (Voir pp. 188–189)
Les verbes du deuxième groupe (Voir p. 198)

Noms

absence (f) absence
affaires (f) things
chaîne (f) channel
conférence (f) lecture
coup (m) **de fil** phone call

émission (f) broadcast
explication (f) explanation
exposition (f) exhibit
groupe (m) group
multiplication (f)
  multiplication

photographie (f)
  photography
programme (m) (TV)
  listing
renseignements (m pl)
  information

séance (f) showing
soirée (f) evening; party
sujet (m) subject
titre (m) title

Verbes

commencer to begin
demander to ask
garder to keep; to take
  care of

oublier to forget
rentrer to return home

Adjectifs

absent(e) absent
classique classic
culturel(le) cultural
désolé(e) sorry
juste close, tight

propre own
sage good, well-behaved
scientifique scientific
suivant(e) following, next

Divers

bien sûr certainly, of course
ça ne fait rien it doesn't
  matter
d'accord okay

hier yesterday
quelqu'un someone
tard late
tôt early

Chapitre huit

La pluie et le beau temps

Fonctions

Dans ce chapitre, vous allez apprendre à
- parler du temps qu'il fait
- parler de vos allées et venues
- parler du passé
- situer un événement dans le temps

Vocabulaire et structures

Point de départ: Quel temps fait-il?
Exploration 1: Les verbes conjugués comme **partir** et comme **venir**
Exploration 2: Le passé composé avec l'auxiliaire **être**
Exploration 3: **Depuis** et autres expressions de temps

Tracks 2–3
CD 2

Point de départ: Quel temps fait-il?

Chaque jour, la météo annonce le temps qu'il va faire. Voici une carte de France indiquant le temps qu'il fait dans chaque région et les mots *(words)* et expressions associés aux symboles utilisés.

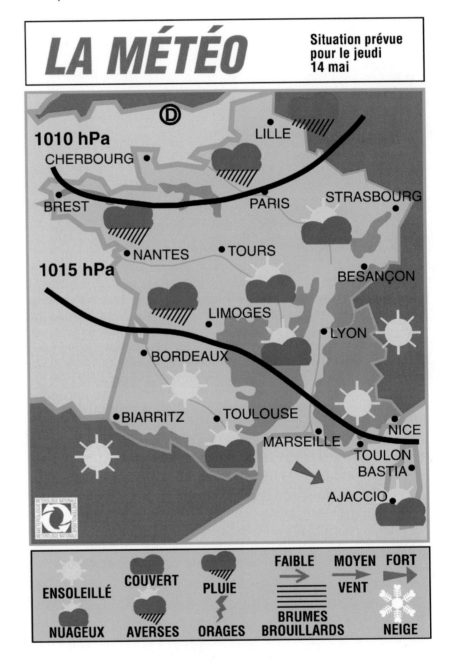

C'est l'été.
Il fait beau.
Il fait du soleil.
   (Il y a du soleil.)
Il fait chaud.
Il y a quelquefois
   des orages.

C'est l'automne.
Il fait frais.
Il fait du vent. (Il y a du vent.)
Le ciel est couvert. Il y a des
   nuages dans le ciel.
Il pleut souvent.
Il a plu hier.
Il va encore pleuvoir demain.

C'est l'hiver.
Il fait froid.
Il gèle. *(It's freezing.)*
Il neige souvent.
Il y a quelquefois des
   tempêtes de neige.

C'est le printemps.
Le temps change souvent.
Un jour, il fait beau.
Le jour suivant, il fait mauvais.
Le matin, il fait souvent du
   brouillard *(fog)*.

Le temps qu'il fait	Réactions
Il fait chaud.	On a chaud.
Il fait 37° C. (La température	Quelle chaleur!
est de 37 degrés [centigrade].)	Il faut mettre la climatisation.
	J'ai peur *(I'm afraid)* de prendre un
	coup de soleil *(sunburn)*.
Il fait froid.	J'ai froid.
Il fait –5° C. (La température est	Je n'ai pas envie de sortir dehors
de moins 5 degrés.)	*(outside)*.
	Il faut mettre le chauffage.
Il fait mauvais.	J'ai peur quand il y a un orage.
	Il faut faire attention; sinon on risque
	d'avoir un accident.

Communication et vie pratique

Ⓐ Le temps en France aujourd'hui. Selon la carte des prévisions météoro-
logiques, quel temps fait-il dans les principales villes françaises? (Consultez la carte
à la page 212.)

    EXEMPLE   Paris
                —*Quel temps fait-il à Paris?*
                —*Le ciel est couvert.*

B **Quel temps fait-il dans le monde?** Un journal français annonce les prévisions suivantes. Quel temps fait-il dans les différentes villes mentionnées?

EXEMPLE   Berlin 10° PV
À Berlin, il fait dix degrés. Il pleut et il fait du vent.

Températures et conditions météorologiques

| **N** = neige | **P** = pluie | **V** = vent |
| **S** = soleil | **C** = couvert | **O** = orage |

Paris 10° VP	Melbourne 25° OV
Madrid 14° S	Oslo 7° S
New York 2° N	Berlin 10° PV
Londres 8° C	Rome 13° SV

C **La météo.** Selon la carte suivante, quel temps a-t-il fait hier au Canada? Quel temps va-t-il faire pendant le reste de la semaine à Montréal et à Québec?

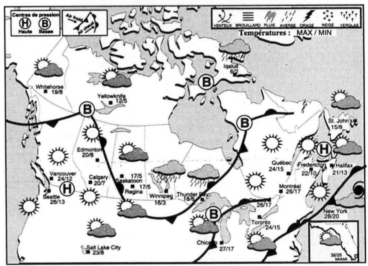

Environnement Canada

If the Web sites suggested are no longer available, use a search engine to find similar information (e.g., http://fr.yahoo.com or http://www.google.fr).

D **Internet.** Choisissez une ville dans le monde francophone et donnez la météo pour cette ville pour les journées d'aujourd'hui, d'hier et de demain. Utilisez un site Internet comme http://www. meteo.fr/ ou http://meteo.yahoo.fr/. Ensuite travaillez avec d'autres étudiants de votre classe et comparez les résultats de vos recherches. Y a-t-il de grandes différences de climat entre les différents pays du monde francophone?

Info-culture: La France et son climat

La France est un pays au climat modéré et varié. La variété de son relief contribue aussi à la variété du climat et des paysages naturels. Si vous regardez la carte, vous pouvez distinguer les grandes régions naturelles.

- **Les régions montagneuses:** Les montagnes jeunes (le Jura, les Alpes et les Pyrénées) et les montagnes anciennes (le Massif central et les Vosges).

- **Les plaines et les plateaux:** Situés surtout dans le nord et l'ouest du pays: le Bassin parisien et le Bassin aquitain.

- **Les principaux fleuves:** la Seine, la Loire, la Garonne, le Rhône et le Rhin.

On distingue quatre types de climat.

- **Le climat océanique (à l'ouest):** Hivers doux et humides et pluies fréquentes en toute saison.

- **Le climat continental (dans le nord et l'est):** Contrastes plus marqués, hivers froids, étés assez chauds.

- **Le climat montagnard (surtout dans les Alpes et le Massif central):** Hivers longs et très froids et neige abondante.

- **Le climat méditerranéen (en Provence et dans le Languedoc):** Hivers très doux et étés chauds et secs; climat particulièrement agréable, excepté quand le Mistral souffle. (Le Mistral est un vent violent qui souffle dans la partie sud de la vallée du Rhône.)

Les autres pays francophones européens (Belgique, Monaco, Luxembourg, Suisse) ont aussi un climat modéré, avec des saisons bien marquées. Le climat est affecté par la latitude (climat plus froid et humide en Belgique, plus chaud et ensoleillé dans le sud de la France et à Monaco), par l'influence de la mer et de l'océan (climat plus doux et humide en Bretagne, plus chaud en été et plus froid en hiver au Luxembourg) et par l'altitude. La Suisse et les Alpes françaises ont un climat montagnard avec des hivers rigoureux, des glaciers et des neiges éternelles.

Et vous?

Faites une petite description orale ou écrite de la géographie et du climat de votre région ou de votre pays: montagnes, plaines, fleuves et rivières, climat. Vous pouvez utiliser une carte pour illustrer votre présentation.

Exploration ①

Parler de vos allées et venues: Les verbes conjugués comme *partir* et comme *venir*

The present tense of several **-ir** verbs like **partir** *(to leave)* and **sortir** *(to go out)* does not follow the regular pattern of verbs like **choisir.**

partir	
je **pars**	nous **partons**
tu **pars**	vous **partez**
il / elle / on **part**	ils / elles **partent**

sortir	
je **sors**	nous **sortons**
tu **sors**	vous **sortez**
il / elle / on **sort**	ils / elles **sortent**

—À quelle heure **partez**-vous?
—Je **pars** à 18 heures.

—Est-ce que tu as l'intention de **sortir** ce soir?
—Ce soir, je **sors** avec des amis.

Venir *(to come)* and verbs conjugated like **venir** are also irregular.

venir	
je **viens**	nous **venons**
tu **viens**	vous **venez**
il / elle / on **vient**	ils / elles **viennent**

—Est-ce que vous **venez** du Maroc?
—Non, je **viens** de Tunisie.

1.1 Other verbs that are similar to **venir** are

devenir *to become* Le ciel **devient** nuageux.
revenir *to come back, return* Je **reviens** dans un instant.

Note the idiomatic use of **devenir** in the frequently used expression **Qu'est-ce que tu deviens?** *(What's become of you? What have you been up to?).*

1.2 Venir de, when followed by an infinitive, means *to have just done something.*

Je **viens de trouver** du travail.   *I just found a job.*
Nous **venons d'arriver.**   *We (have) just arrived.*

1.3 There are three ways, in addition to the present tense, to express actions that relate closely to present time.

■ Action about to take place:
aller + infinitive

Anne va faire du ski.

■ Action in the process of taking place: **être en train de** + infinitive

Anne est en train de faire du ski.

■ Action that has just taken place: **venir de** + infinitive

Anne vient de faire du ski.

Situation: Quoi de neuf?

Track 4   Mathieu rencontre son vieil ami Tamsir. Ils échangent des nouvelles. Tamsir est très occupé.

MATHIEU: Alors, qu'est-ce que tu deviens, mon vieux?

TAMSIR: Je voyage beaucoup. Aujourd'hui, je reviens de Milan et dans deux jours, je pars pour Londres.

MATHIEU: Si tu es libre, viens dîner chez nous ce soir.

TAMSIR: Impossible, je sors avec Natacha.

MATHIEU: Quoi? Sophie et toi, vous ne sortez plus ensemble?

TAMSIR: Non, c'est fini entre nous. Mais vous deux, qu'est-ce que vous devenez?

MATHIEU: Nous venons d'acheter une maison, et... je vais bientôt être papa!

TAMSIR: Eh bien, félicitations!

Mots à retenir: Quoi de neuf? *Any news? What's new?*, **rencontrer** *to run into, meet,* **les nouvelles** *(f pl) news,* **alors** *so, well,* **bientôt** *soon,* **félicitations** *(f pl) congratulations*

Avez-vous compris?

Quels sont les événements importants dans la vie de Tamsir? Et dans la vie de Mathieu?

Communication et vie pratique

🅐 **D'où viens-tu?** Des étudiants de l'université de Bordeaux parlent de leur pays d'origine. Qu'est-ce qu'ils disent?

> **EXEMPLE**   Mounir / Tunisie
> *Mounir vient de Tunisie.*

1. Ibrahim / Maroc
2. je / Canada
3. nous / Allemagne
4. Marco et Teresa / Mexique
5. tu / Angleterre
6. vous / Sénégal

🅑 **Départs.** La patronne de Nathalie veut savoir quand ses employés vont partir en vacances et quand ils vont revenir. Utilisez les indications suivantes pour lui donner les renseignements demandés.

> **EXEMPLE**   Marcel: départ 20/6; retour 2/7
> *Marcel part le vingt juin et il revient le deux juillet.*

1. Philippe et Yves: départ 15/5; retour 25/5
2. Régine: départ 10/7; retour 15/7
3. je: départ 29/8; retour 5/9
4. vous: départ 6/6; retour 11/6
5. Daniel et moi, nous: départ 1/10; retour 5/10

C **Que font-ils?** Un ami vous raconte ce que font les différents copains que vous avez en commun. Qu'est-ce qu'il dit?

> **EXEMPLE**   Marc / partir en vacances
> *Marc part en vacances.*

1. moi aussi, je / partir en vacances
2. Laura et Pierre / sortir ensemble
3. Rachelle / partir à Paris demain
4. mes amis et moi, nous / sortir ensemble ce soir
5. mes cousins / revenir du Sénégal
6. tu / venir dîner à la maison dimanche

D **Avant, pendant et après.** Utilisez les illustrations suivantes pour indiquer ce que Robert Lefranc et ses amis vont faire, ce qu'ils sont en train de faire et ce qu'ils viennent de faire.

> **EXEMPLE**   *Il va manger.*
> *Il est en train de manger.*
> *Il vient de manger.*

1.

2.

3.

4.

5.

E Habitudes. Vous mentionnez une heure de la journée et les autres étudiants vont indiquer ce qu'ils font habituellement à cette heure-là, ce qu'ils viennent de faire juste avant et ce qu'ils vont faire peu après.

EXEMPLE   *D'habitude, à onze heures, je viens juste de quitter mon cours d'histoire et je suis en train d'étudier à la bibliothèque. Et après, je vais aller déjeuner au restaurant universitaire.*

C'est votre tour

Imaginez que vous rencontrez des amis français (joués par d'autres étudiants) que vous n'avez pas vus depuis longtemps. Vous voulez savoir ce que chaque personne devient (études, travail, famille et amis). Posez toutes sortes de questions à vos amis, comme par exemple, «Qu'est-ce que tu deviens?», «Est-ce que tu as des nouvelles de X?», «Est-ce que X et Y sortent toujours ensemble?», etc. Les amis français répondent à ces questions (N'oubliez pas que vous pouvez dire la vérité ou inventer vos réponses!): «Je viens de terminer mes études.», «Ma sœur est en train de chercher un nouveau job.», «Michelle va bientôt partir travailler au Québec.», etc.

Exploration ②

Parler du passé: Le passé composé avec l'auxiliaire *être*

Some French verbs, such as **aller,** use **être** instead of **avoir** as their auxiliary verb in the **passé composé.** The past participles of these verbs agree in number and gender with their subjects.

Passé composé du verbe *aller*	
je **suis allé(e)**	nous **sommes allé(e)s**
tu **es allé(e)**	vous **êtes allé(e)(s)**
il / on **est allé**	ils **sont allés**
elle **est allée**	elles **sont allées**

2.1 Many of the verbs that require **être** indicate actions related to location (coming, going, remaining, leaving, etc.).

entrer / sortir	Elle **est sortie** de l'épicerie et elle **est entrée** dans un autre magasin.
aller / venir	Je **suis allé(e)** chez vous mais vous n'**êtes** jamais **venus** chez moi.
partir / arriver	Ils **sont partis** le 15 août et ils **sont arrivés** le 16.
rester / revenir	Ils **sont restés** deux semaines sur la Côte et ils **sont revenus** le 1ᵉʳ septembre.
monter / descendre	Une personne **est montée** dans l'autobus; deux autres **sont descendues.**
aller / retourner	Robert **est allé** en France cette année. Il espère **retourner** en France l'an prochain.
rentrer	Nous **sommes rentrés** à notre hôtel à minuit.
passer	Nous **sommes passés** devant l'Opéra.

2.2 Other verbs requiring **être** indicate a change of state.

arriver *(to happen)*	Qu'est-ce qui **est arrivé?**
naître *(to be born)*	Elle **est née** le 12 octobre.
mourir *(to die)*	Ils **sont morts** dans un accident.
tomber *(to fall)*	Je **suis tombé(e).**
tomber en panne *(to break down)*	Elle **est tombée** en panne sur l'autoroute.
tomber malade *(to become ill)*	Elle **est tombée** malade.
tomber amoureux *(to fall in love)*	Ils **sont tombés** amoureux l'un de l'autre.

Situation: Quel fiasco!

Track 5

Chaque année, un grand nombre de Français et d'étrangers viennent faire du ski dans les Alpes. Cette année, Antoine et Céline, des Bruxellois, ont décidé d'aller à Megève. Céline explique à son amie Béatrice pourquoi leur séjour n'a pas été très agréable.

BÉATRICE: Vous n'êtes pas allés faire du ski cette année?

CÉLINE: Si, mais nous ne sommes pas restés longtemps.

BÉATRICE: Quand êtes-vous partis?

CÉLINE: Samedi dernier.

BÉATRICE: Et vous êtes déjà rentrés? Qu'est-ce qui est arrivé?

CÉLINE: Nous avons eu toutes sortes d'ennuis. La voiture est tombée en panne en route... Nous sommes arrivés à trois heures du matin!

BÉATRICE: J'espère qu'il a fait beau pendant votre séjour?

CÉLINE: Non, il a fait mauvais tous les jours. Alors, nous sommes revenus à Bruxelles.

Mots à retenir: le séjour *stay,* **toutes sortes** *all sorts,* **un ennui** *a difficulty, problem,* **en route** *on the way*

Avez-vous compris?

Quels renseignements avez-vous sur les vacances de Céline et Antoine?

Destination:	
Départ:	
Voyage:	
Arrivée:	
Séjour:	
Retour:	

Communication et vie pratique

A Il y a des gens qui travaillent... Un chauffeur d'autocar qui emmène les touristes visiter Monaco parle de ce qu'il a fait aujourd'hui. Qu'est-ce qu'il dit?

EXEMPLE   je / arriver / à l'hôtel à midi
Je suis arrivé à l'hôtel à midi.

1. les touristes / sortir de l'hôtel
2. ils / monter dans l'autocar
3. nous / partir à midi et quart
4. nous / arriver au Palais à deux heures
5. les touristes / descendre de l'autocar
6. ils / entrer dans le Palais
7. je / revenir à la gare
8. je / rester là pendant deux heures

B **Et des gens qui voyagent.** Jean-Luc et son frère sont allés visiter le Canada l'été dernier. Qu'est-ce qu'ils disent au sujet de leur voyage?

> EXEMPLE partir de Paris le 1ᵉʳ août
> *Nous sommes partis de Paris le 1ᵉʳ août.*

1. aller à l'aéroport Charles de Gaulle
2. arriver à Montréal à midi
3. monter dans notre chambre
4. déjeuner à l'hôtel
5. sortir pour visiter la ville
6. boire un verre dans un café
7. rentrer à l'hôtel
8. regarder les informations

C **Expériences communes.** Y a-t-il des étudiants dans votre classe qui ont fait les choses suivantes? Posez-leur des questions pour le savoir. Après cela, annoncez à la classe les résultats de votre petite enquête.

Trouvez des étudiants...

1. qui sont nés le même jour ou le même mois
2. qui sont nés dans la même ville
3. qui sont allés au même lycée
4. qui sont venus à l'université la même année
5. qui sont déjà allés en France ou dans un pays où on parle français
6. qui n'ont jamais voyagé dans un pays étranger
7. qui sont sortis vendredi soir
8. qui sont rentrés tard samedi soir
9. qui ne sont pas partis en vacances l'été dernier
10. qui ont oublié d'étudier pendant le week-end

D **Une vie.** Racontez la vie d'une personne réelle ou imaginaire (par exemple, un de vos ancêtres, ou bien un des premiers pionniers, ou bien encore une personne célèbre). Utilisez les suggestions suivantes pour vous guider dans votre récit.

1. où et quand elle / il est né(e)
2. en quelle année elle / il a quitté son pays
3. quand elle / il est venu(e) aux États-Unis
4. combien de temps elle / il est resté(e) dans différentes villes ou régions
5. si elle / il est retourné(e) dans son pays d'origine
6. où elle / il a rencontré son mari (sa femme)
7. si elle / il a eu des enfants
8. ce que ses enfants sont devenus
9. quand elle / il est mort(e)

E **Qu'est-ce que vous avez fait?** Racontez ce que vous avez fait l'été passé, l'hiver passé et hier soir. Utilisez les suggestions suivantes, et ajoutez vos propres idées. Si vous voulez, vous pouvez aussi parler de ce que vos amis ou vos camarades de chambre ont fait.

EXEMPLE   *Pendant l'été, je suis allé(e) à la plage une ou deux fois et j'ai passé le reste du temps à travailler.*

1. Pendant l'été...

faire un voyage / visiter un pays étranger / aller à la plage / passer un mois à la campagne / passer l'été avec ma famille / travailler dans un restaurant (dans un bureau, dans une usine, etc.)

2. Pendant l'hiver...

aller faire du ski / rester à la maison / prendre des cours de danse / apprendre à faire la cuisine / aller souvent au cinéma

3. Hier soir...

aller au concert / inviter des amis à dîner / faire la cuisine / regarder un bon film à la télé / aller à la bibliothèque / finir mes devoirs

C'est votre tour

Racontez à vos amis français (joués par d'autres étudiants) un voyage que vous avez fait récemment et répondez à leurs questions. Utilisez les suggestions suivantes pour vous guider dans votre récit.

Le voyage: destination, date et heure de départ, moyens de transport utilisés, difficultés rencontrées pendant le voyage, date et heure d'arrivée, etc.

Le séjour: vos activités, les excursions que vous avez faites et ce qui est arrivé pendant ces excursions, etc.

Le temps qu'il a fait: pluie, orages, chaleur, etc.

Le retour: date et heure de départ, par quelles villes vous êtes passé(e), ce qui est arrivé pendant le voyage, etc.

Exploration ③

Comment situer un événement dans le temps: *Depuis* et autres expressions de temps

To indicate that an action or condition that began in the past is still going on in the present, the present tense is used with the expression **depuis.**

Nous habitons ici **depuis trois mois.** *We've been living here for three months.*
Il pleut **depuis trois jours.** *It has been raining for three days.*
J'étudie le français **depuis six mois.** *I've been studying French for six months.*

3.1 Depuis is also used to indicate when an action or situation started.

Marie est ici **depuis le premier juillet.** *Marie has been here since July 1st.*
Il neige **depuis minuit.** *It has been snowing since midnight.*

3.2 To ask *how long* or *since when* something has been going on, use **depuis quand** or **depuis combien de temps.** In conversational French, these two expressions are often used interchangeably.

—**Depuis quand** as-tu ton diplôme?
—**Depuis** le mois de juin.

—**Depuis combien de temps** travailles-tu ici?
—**Depuis** six mois.

3.3 To speak of a past action or condition that has a specific duration or time span, **pendant** is used with the past tense.

—**Pendant combien de temps**   —*How long did you live in*
avez-vous habité au Canada?   *Canada?*
—Nous avons habité au Canada   —*We lived in Canada for two years.*
pendant deux ans.

3.4 Il y a + *amount of time* is the equivalent of *ago* in English. In this case, a past tense is used.

Il a fini ses études **il y a deux ans.** *He finished school two years ago.*
J'ai visité le Québec **il y a trois mois.** *I visited Quebec three months ago.*

3.5 Use **dans** + *amount of time* to indicate that a future action is going to take place in a certain amount of time.

Nous allons finir nos études **dans un an.**
Je vais partir **dans trois jours.**

Situation: À la plage

Track 6

Laurence est en vacances sur la Côte d'Azur. Elle est en train de prendre un bain de soleil sur la plage. Un beau jeune homme essaie de faire sa connaissance.

THIERRY: Bonjour, mademoiselle. Il fait beau, n'est-ce pas?... Vous êtes à Antibes depuis longtemps?

LAURENCE: Non, seulement depuis dimanche. Et vous?...

THIERRY: Je suis ici depuis le début du mois. Mais malheureusement, je repars dans trois jours... Pendant combien de temps allez-vous rester sur la Côte?

LAURENCE: Pendant quinze jours. Après ça, je vais partir en Corse.

THIERRY: Ah oui?... J'ai passé quinze jours en Corse il y a deux ans. Il a fait un temps merveilleux pendant tout mon séjour.

Mots à retenir: faire la connaissance to meet, get to know, **la côte** coast, shore, and here short for **la Côte d'Azur,** the Mediterranean coast, Riviera

Avez-vous compris?

Indiquez depuis quand Laurence et Thierry sont à Antibes, pendant combien de temps ils vont rester sur la Côte et ce qu'ils vont faire après.

Communication et vie pratique

Ⓐ Depuis quand? Demandez aux autres étudiants depuis quand ils font les différentes choses mentionnées.

EXEMPLE   habiter dans une résidence universitaire?
—Depuis quand habites-tu dans une résidence universitaire?
—J'habite dans une résidence depuis deux ans.
ou
—Je n'habite pas dans une résidence.

1. être étudiant(e) ici?
2. étudier le français?
3. habiter dans cette ville?
4. avoir un emploi?
5. avoir une voiture?
6. avoir un chien ou un chat?

Ⓑ Quand... ? Vous parlez de votre vie avec un(e) autre étudiant(e). Dites-lui quand les événements suivants ont eu lieu et posez-lui des questions sur sa propre vie.

EXEMPLE   aller en France pour la première fois?
—Je suis allé(e) en France pour la première fois il y a deux ans. Et toi?
—Je ne suis jamais allé(e) en France.

1. être né(e)?
2. finir tes études au lycée?
3. commencer à travailler?
4. commencer à étudier le français?
5. faire un voyage intéressant?
6. acheter ta première voiture?
7. faire du ski pour la première fois?
8. venir à cette université?

G J'ai le plaisir de vous présenter... Imaginez que vous faites un stage de formation professionnelle dans une entreprise française. Au cours d'une réunion, on vous a demandé de présenter un représentant américain. Voici les détails qu'on vous a communiqués. Présentez-le à vos collègues français.

> **EXEMPLE**   graduated 20 years ago
> *Il a fini ses études il y a vingt ans.*

1. born 45 years ago in New York
2. has been living in Seattle since 1992
3. has been working for this company since 2001
4. worked in Toronto for 5 years
5. worked in France for several months 10 years ago
6. has been studying French for several years
7. is going to stay here for 6 months

D Points communs. Parlez avec les autres étudiants de votre classe pour découvrir qui a fait les choses suivantes. Ensuite, présentez les résultats de votre enquête au reste de la classe.

Trouvez un(e) étudiant(e)...

1. qui est allé(e) au Canada pendant ses vacances
2. qui est marié(e) depuis un an ou plus
3. qui a habité dans la même ville pendant dix ans
4. qui est né(e) il y a vingt ans
5. qui est sorti(e) avec la même personne pendant plusieurs années
6. qui parle une deuxième langue depuis son enfance
7. qui a habité dans un pays étranger pendant un an ou plus
8. qui n'a jamais été absent(e) pendant tout le semestre / trimestre

C'est votre tour

Vous passez vos vacances à la plage, et vous rencontrez une personne que vous trouvez particulièrement intéressante. Essayez d'engager la conversation avec cette personne (jouée par un[e] autre étudiant[e]). Vous pouvez, par exemple, commenter sur le temps qu'il fait et lui demander depuis quand elle est ici. Utilisez la **Situation** à la page 227 comme point de départ. Avant de jouer la scène, faites une liste des questions que vous pouvez lui poser.

Intégration et perspectives

▌ Une année sous les tropiques

> **Pour mieux lire :** Lire rapidement un paragraphe pour essayer de voir quelle est l'idée ou l'information principale qu'il contient est une technique qui peut vous aider à lire mieux et plus vite. Par exemple, le texte suivant contient une série de messages électroniques qui portent sur différents aspects de la vie de Daniel pendant son séjour à La Réunion. Une pratique commune quand on utilise le courrier électronique est de donner un titre à chaque message pour informer le lecteur de son contenu. À votre avis, quels sont les titres possibles pour chaque message ?

Sans nouvelles de son neveu Daniel depuis plusieurs mois, Madame Magnien a la surprise d'apprendre qu'il est maintenant à La Réunion où il travaille dans la Coopération. La Réunion, une île située dans l'océan Indien, est un des départements français d'outre-mer. La Coopération est un programme gouvernemental d'aide aux pays en voie de développement. Voici les messages électroniques que Daniel a envoyés à sa tante pendant sa première année à La Réunion.

Le 15 février

Chère tante,
Excuse-moi pour mon long silence. Comme tu vas voir, il y a eu beaucoup de changements dans ma vie. Ça fait bientôt un mois que je suis à La Réunion où je travaille comme ingénieur agricole. J'ai fini mes études à la fin de l'année, mais j'ai décidé de travailler pendant quelques années dans la Coopération au lieu de commencer immédiatement ma carrière. C'est un bon moyen de mettre en pratique ce que j'ai appris à l'école, de découvrir une nouvelle partie du monde et d'avoir l'impression de faire quelque chose d'utile ! (Tu vois que j'ai bien réfléchi à la question et que je n'ai pas pris cette décision à la légère !...) J'ai eu la chance d'être envoyé à La Réunion et je suis arrivé dans cette île magnifique le 23 janvier, au milieu de «notre» hiver. Adieu la pluie, la neige et le froid ! Bonjour le soleil, la végétation tropicale et la vie à un rythme beaucoup plus relax !

J'espère que tu vas bien, et je t'embrasse bien affectueusement.
Daniel

Le 26 avril

Mon travail ici est assez agréable. Je suis conseiller technique dans une coopérative agricole spécialisée dans l'élevage des porcs. Je suis vite devenu ami avec les autres employés, et les gens ici sont très accueillants. Je suis souvent invité à dîner chez les uns ou chez les autres. Je suis sûr que mes deux années à La Réunion vont passer très vite ! Trop vite peut-être...

Grosses bises,
Daniel

Le 12 juillet

Est-ce que tu as déjà fait du surf? Depuis mon arrivée ici, je suis devenu un passionné de ce sport! Les vagues sont si hautes et si régulières que c'est un paradis pour les surfistes. Par contre, les belles plages sont assez rares car la côte est très rocheuse et sauvage. L'île est très montagneuse. C'est une succession de pics, de gorges, de forêts et de plantations de vanille. Il y a même plusieurs volcans qui sont encore en activité. Envoie-moi de tes nouvelles!

Daniel

Le 17 octobre

J'ai été heureux d'avoir de tes nouvelles et de savoir que tout va bien à l'autre bout du monde!

Le temps passe très vite. Il y a toujours quelque chose d'intéressant à faire ou à voir ici. Je profite de mon temps libre pour visiter l'île, qui est très petite en comparaison avec la France. En voiture, il est possible de faire le tour en trois heures. Mais en réalité, ça prend bien plus longtemps parce qu'on a envie de s'arrêter partout pour admirer le paysage. J'ai déjà pris des centaines de photos!

Affectueusement,
Daniel

Le 20 décembre

Je viens de recevoir une lettre de mes parents. Ils ont l'intention de venir ici l'an prochain. Quelle surprise ça va être pour eux qui n'ont jamais quitté la France!... Et si un jour, toi aussi, tu as un peu de temps libre pour voyager, n'oublie pas que tu es la bienvenue ici!

Meilleurs vœux de bonheur et de santé pour la nouvelle année.
Daniel

Le 2 février

Des copains de Lyon sont venus passer huit jours ici. Pendant leur séjour, nous avons fait l'ascension d'un des volcans. Nous avons marché et campé dans la nature pendant trois jours. Je crois qu'ils ont été contents de leur voyage... Après ça, ils sont allés visiter l'île Maurice. Ce n'est pas très loin d'ici, et ils ont trouvé un voyage organisé qui ne coûte pas trop cher. Moi, c'est Madagascar que je voudrais visiter. C'est un endroit où la faune et la flore sont d'une variété incroyable... Tu n'as pas envie de venir explorer cette île avec moi?... Allez, laisse-toi tenter...

Affectueuses pensées,
Daniel

> **Mots à retenir / Mots en contexte: sans** *without,* **en voie de** *in the process of,* **envoyer** *to send,* **la fin** *end,* **au lieu de** *in place of,* **à la légère** *lightly,* **espérer** *to hope,* **vite** *quickly,* **accueillant(e)** *hospitable, friendly,* **sûr(e)** *sure,* **haut(e)** *high,* **par contre** *on the other hand,* **sauvage** *wild,* **profiter de** *to take advantage of,* **s'arrêter** *to stop,* **le paysage** *landscape, scenery,* **les vœux** *(m) wishes,* **croire** *to believe, think,* **incroyable** *unbelievable,* **tenter** *to tempt*

Avez-vous compris?

Dans chaque message, trouvez (1) une nouvelle ou un renseignement intéressant sur la vie de Daniel et (2) un renseignement intéressant au sujet de La Réunion.

Info-culture: Tour d'horizon climatique

Les départements et les territoires français d'outre-mer (les DOM et les TOM) comme La Réunion et d'autres pays francophones sont situés aux quatre coins du monde. Ils représentent des types de relief, de végétation et de climat très variés. Voici donc un petit tour d'horizon climatique de la francophonie.

Des îles volcaniques au climat tropical chaud et humide. Ces îles sont situées à la fois dans l'hémisphère nord (la Martinique et la Guadeloupe, voir les pages 113–115) et dans l'hémisphère sud (La Réunion dans l'océan Indien, la Nouvelle-Calédonie et Tahiti dans l'océan Pacifique). Elles ont un relief montagneux. Les flancs des montagnes sont couverts d'une végétation dense et luxuriante. L'humidité du climat est atténuée par l'influence de la mer et des vents mais il y a souvent des cyclones pendant la saison chaude.

Des pays d'Afrique du Nord au climat méditerranéen au nord et désertique au sud. Le Maroc, l'Algérie et la Tunisie forment le Maghreb. La chaîne des montagnes de l'Atlas (avec des sommets de près de 4 000 mètres) divise ces pays en deux parties assez distinctes. Au nord et le long des côtes, on trouve une zone de plaines et de plateaux au climat méditerranéen chaud et ensoleillé. Au sud de l'Atlas, c'est le domaine du Sahara, immense désert où il ne pleut presque jamais et où la température peut monter jusqu'à 49° C pendant le jour et tomber à 9° C pendant la nuit.

Des pays d'Afrique et d'Amérique du Sud au climat subtropical et équatorial. Les pays francophones africains sont situés en Afrique occidentale et en Afrique centrale (voir carte page 233). Le climat de ces pays va de la savane au nord, avec une ou deux saisons des pluies et des périodes de grande sécheresse *(drought),* à la dense forêt équatoriale où la chaleur et l'humidité sont constantes. Les villes principales sont situées près de la côte et le long des rivières. La Guyane française en Amérique du Sud a également un climat équatorial.

Des régions nordiques (le Québec, Saint-Pierre-et-Miquelon) et même des terres australes (la terre Adélie dans l'Antarctique) au climat froid et glacial. Même dans la partie sud du Québec où la population est concentrée, les hivers sont longs et froids avec une épaisse couche de neige qui recouvre le sol pendant plusieurs mois. Le nord de la province est le domaine de la forêt. Plus au nord encore, on entre dans le domaine de la toundra avec seulement quelques villages Inuit.

Et vous?

De quels pays parle-t-on? Basez vos réponses sur les renseignements donnés dans le tableau ci-dessous et dans le texte à la page 231. Utilisez aussi la carte à la page 233. Ensuite, préparez d'autres descriptions de différents pays francophones. Les autres étudiants vont essayer de deviner de quels pays vous parlez.

1. Ce territoire est à environ 17 000 kilomètres de Paris.
2. C'est une île qui a une population d'environ 700 000 habitants.
3. C'est un des pays qui forment le Maghreb.
4. C'est une île au climat tropical située dans l'hémisphère sud.
5. Le sucre, les bananes et le rhum sont les produits principaux de cette île.
6. Ce département est situé en Amérique du Sud.
7. La ville principale de cette île est Nouméa.
8. Ce territoire est situé dans l'océan Pacifique, près de l'Australie.

① Quelques données fondamentales concernant l'outre-mer

	Éloignement de Paris (en km)	Superficie (en km²)	Population	Densité moyenne (hab/km²)	Villes principales et nombre d'habitants	Principales productions
DOM						
• Guadeloupe	6 756	17 049	431 270	252,9	Pointe-à-Pitre (20 948) Basse-Terre (12 410)	Sucre, bananes, rhum
• Martinique	6 748	1 128	418 454	371	Fort-de-France (94 049)	Bananes, rhum, ananas, sucre
• Guyane	7 052	83 534	177 152	2,1	Cayenne (50 594)	Bois, pêche
• Réunion	9 180	2 507	732 570	292,2	Saint-Denis (131 557)	Sucre, rhum, essence à parfum
TOM						
• Nouvelle-Calédonie	18 368	18 575	204 863	11	Nouméa (76 293)	Nickel
• Polynésie française	17 100	4 200	253 506	72	Papeete (23 555)	Huile de coprah
• Wallis et Futuna	22 000	274	15 435	56,3	Mata-Utu (1 137)	Pêche, coprah
Collectivités territoriales						
• Terres australes et antarctiques françaises		440 000				
• Mayotte	800	365	160 300	429	Dzaoudi (12 447)	Essence d'Ylang-Ylang, vanille
• St-Pierre-et-Miquelon	4 350	242	6 928	28,6	Saint-Pierre (5 616)	Pêche

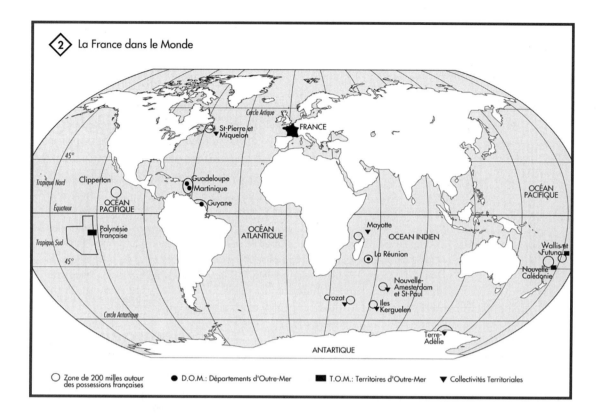

Communication et vie pratique

Ⓐ Île de La Réunion: Bulletin météorologique du samedi 12 et du dimanche 13 décembre. Vous êtes à La Réunion avec Daniel et ses amis. Vous écoutez le bulletin météorologique pour le reste de la journée et pour le jour suivant. Notez dans les cases suivantes une ou deux caractéristiques du temps qu'il va faire dans les différentes parties de l'île.

Track 7

Pour mieux comprendre: Concentrer votre attention sur une seule chose à la fois est une stratégie qui peut vous aider à mieux comprendre, surtout en ce qui concerne la compréhension orale. Par conséquent, pour mieux comprendre le passage suivant, écoutez-le trois fois. La première fois, concentrez votre attention sur le temps qu'il va faire samedi soir dans les différentes parties de l'île. La deuxième fois, concentrez-vous sur la journée de dimanche et la troisième fois, sur la nuit de dimanche à lundi. Vous pouvez écouter le passage une quatrième fois pour avoir la satisfaction de bien le comprendre dans sa totalité.

	Samedi soir	Dimanche pendant la journée	Pendant la nuit de dimanche à lundi
Les côtes			
L'intérieur de l'île			
La région de Saint-Denis			
Les montagnes et le volcan			

B **Quelle est la météo aujourd'hui?** Préparez votre propre bulletin météorologique. N'oubliez pas d'indiquer le temps qu'il a fait hier, le temps qu'il fait aujourd'hui et le temps qu'il va faire demain. Vous pouvez parler du temps dans votre ville ou du temps dans un des pays francophones. Si vous préférez, donnez les prévisions pour un pays où il fait un temps idéal... ou l'opposé!

C **Internet.** La chambre de commerce de votre ville désire attirer les investisseurs étrangers (les Français, en particulier) et a décidé de faire de la publicité sur Internet. C'est dans ce but qu'on vous a demandé de préparer une description en français du climat de votre région. Commencez par faire un brouillon *(rough draft)*, et discutez vos idées avec quelques autres étudiants. Aidez-les aussi à corriger leur brouillon. Ensuite préparez votre présentation finale.

D **Souvenirs de voyage.** Imaginez que vous venez de visiter La Réunion et l'île Maurice. Utilisez la brochure publicitaire à la page 235 et les renseignements donnés dans **Une année sous les tropiques** pour décrire votre voyage. N'oubliez pas de mentionner les sujets suivants.

> date de votre arrivée
> sites visités
> activités et excursions
> moyens de transports utilisés
> moments passés avec Daniel
> temps qu'il a fait
> date de votre retour

Pour mieux écrire: Pour vous aider à mieux organiser votre texte et à utiliser un vocabulaire riche et varié, commencez par noter les renseignements que vous voulez inclure dans chacune des catégories mentionnées et le vocabulaire nécessaire pour exprimer ces idées plus en détail. Une fois que vous avez bien établi la progression des idées, pensez à une introduction bien choisie pour captiver l'attention de vos lecteurs. Et n'oubliez pas qu'il faut aussi une conclusion.

Invitation au voyage: Destination le Togo

Regardez la carte du monde francophone qui se trouve au début de votre livre et cherchez le Togo. Dans quelle partie de l'Afrique le Togo est-il situé? Est-ce près ou loin de l'océan? Par quels autres pays africains le Togo est-il entouré? Étant donné la position du Togo sur la carte d'Afrique et ce que vous savez déjà au sujet de ce continent, comment imaginez-vous le climat du Togo? À votre avis, le climat est-il le même dans tout le pays? Pourquoi? Partagez vos impressions avec les autres étudiants de la classe. Ensuite, lisez le texte à la page 236 et comparez ces premières impressions avec les renseignements donnés dans **Chez nous au Togo.**

ILE DE LA REUNION ILE MAURICE

12 jours

DU LUNDI 3 AU VENDREDI 14 MARS
DU LUNDI 24 NOVEMBRE AU VENDREDI 5 DÉCEMBRE

1600€

SUPPLEMENT CHAMBRE INDIVIDUELLE : 166€
ACOMPTE A L'INSCRIPTION : 478€
FORMALITES : Passeport en cours de validité (valable 6 mois après la date de retour).

LE PRIX COMPREND :
◆ Les transferts en autocar "Grand Tourisme" Paris et retour.
◆ Les transferts aériens Paris/La Réunion - La Réunion/L'Ile Maurice - L'Ile Maurice/Paris/Lyon.
◆ Les transferts en autocar aéroport/hôtel/aéroport.
◆ Le logement en chambre double avec bain ou douche/wc en hôtels***.
◆ Les repas (hors boissons) du déjeuner du 2ème jour au petit déjeuner du 11ème jour.
◆ Les excursions prévues à la Réunion.
◆ Les taxes d'aéroport.
◆ Les services de notre accompagnatrice.
◆ L'assurance Assistance/Rapatriement/Annulation.

LE PRIX NE COMPREND PAS :
◆ Les excursions sur l'île Maurice.

"A la REUNION, tous les verts et tous les bleus du monde se déclinent à l'infini, des hauts sommets à l'horizon marin : c'est l'île la plus photogénique de l'océan indien. L'île Maurice, quant à elle, constitue la perle de l'archipel des Mascareignes avec ses plages immenses de sable éblouissant, ses lagons coralliens et sa végétation luxuriante."

1ᵉʳ JOUR :
VOTRE LIEU DE DEPART/
PARIS/LA REUNION
Transfert en autocar à l'aéroport de Paris, formalités d'enregistrement et envol à destination de la Réunion. Repas et nuit à bord.

2ème JOUR :
LA REUNION
Atterrissage à l'aéroport de Saint Denis, transfert jusqu'à l'hôtel du séjour à Saint Gilles les Bains, installation, déjeuner, après-midi libre, dîner, logement.

DU 3ème AU 7ème JOUR :
SEJOUR A LA REUNION
Séjour en pension complète dans un hôtel*** situé à proximité d'une magnifique plage de sable blond protégée par une barrière de corail. Les chambres sont équipées d'une salle de bains, téléphone et télévision. A votre disposition : piscine, tennis de table, billard, boutiques...

PROGRAMME DES EXCURSIONS :
● Le Piton Maïdo avec vue sur le Cirque de Mafate.
● Le Cirque de Salazie, domaine des cascades et des sources.
● Le Piton de la Fournaise et son volcan au dôme arrondi.
● Le Cirque de Cilaos dominé par le Piton des Neiges.
● Le Sud Sauvage, berceau des épices et des parfums.

8ème JOUR :
LA REUNION/L'ILE MAURICE
Transfert à l'aéroport et envol à destination de l'île Maurice. Installation dans votre hôtel, dîner, logement.

DU 9ème AU 11ème JOUR :
SEJOUR A L'ILE MAURICE
Séjour en pension complète dans un hôtel*** situé à proximité d'une belle plage

de sable fin. Les chambres sont équipées d'une salle de bains, téléphone et climatisation. A votre disposition : piscine, pédalos, kayaks, ski nautique... Des excursions vous seront proposées sur place afin d'agrémenter votre séjour sur l'île. Le 11ème jour, transfert à l'aéroport, formalités d'enregistrement et envol à destination de la France. Repas et nuit à bord.

12ème JOUR :
PARIS OU LYON/ VOTRE LIEU DE DEPART
Atterrissage à PARIS (14 MARS), LYON (5 DECEMBRE) et retour en autocar à votre lieu de départ.

19

les cocktails du bonheur...

Chez nous

○ ○ ○ ○ ○ ○ ○ ○

au Togo

Superficie:	Population:
56 785 km²	4 100 000 h
Capitale: Lomé, sur le golfe de Guinée **Autre ville importante:** Sokodé	
Langues: le français et les langues locales: éwé et mina dans le sud, kabyè dans le nord et kotokoli dans le centre	
Monnaie: le franc CFA **Institutions:** république indépendante depuis 1960	

«Situé en Afrique de l'Ouest, mon pays, le Togo va de la côte atlantique jusqu'à la frontière avec le Burkina-Faso au nord. Cela veut dire qu'il y a en fait deux zones climatiques. Dans le sud, on trouve un climat de type équatorial avec deux saisons pluvieuses et deux saisons sèches. La "grande saison pluvieuse" va d'avril à juillet, et la "petite saison pluvieuse" dure d'octobre à novembre. Entre les deux, il y a la "petite saison sèche" en août et en septembre, et la "grande saison sèche" de décembre à mars. À cela il faut ajouter l'effet de la mousson qui donne un temps très frais sur la côte au mois d'août! Dans le nord, on trouve un climat de type tropical caractérisé par une seule saison pluvieuse de mai à octobre, et une saison sèche de novembre à avril. (C'est de cette région-là que je viens.)

Ici les pluies sont moins abondantes, surtout dans la région des savanes où on approche du Sahel. En décembre et en janvier, dans toute la zone nord souffle un vent très fort, froid et sec, qui vient du Sahara et est appelé l'harmattan. C'est un vent chargé d'une poussière très fine qui pénètre partout, même à l'intérieur des maisons. Alors, attention aux barbes, aux moustaches et aux cheveux qui vont devenir tout blancs si vous ne les couvrez pas!»

Avez-vous compris?

Faites une liste des caractéristiques du climat dans le sud du Togo, puis une liste des caractéristiques du climat dans le nord du pays. Ensuite, comparez vos deux listes. Quel climat préférez-vous? Pourquoi?

Dans le nord	Dans le sud

 L'info en direct: Togo. Votre classe a été chargée de préparer une petite brochure sur le Togo. Utilisez Internet ou les autres ressources que vous avez à votre disposition pour écrire un court paragraphe sur deux ou trois des sujets suivants. Si vous préférez, vous pouvez choisir des sujets différents. Vous pouvez également travailler seul(e) ou en groupe et partager le résultat de vos recherches avec le reste de la classe.

Quelques sites utiles:
http://membres.lycos.fr/kotozo/
http://www.republicoftogo.com/fr/home.asp

- La radio et la télévision au Togo
- La presse togolaise
- La cuisine togolaise
- Les principales religions pratiquées au Togo
- Les universités togolaises
- Le sport au Togo
- Les principales attractions touristiques
- Les coutumes et les traditions
- Les principales ressources économiques du Togo
- La géographie du Togo

Bien prononcer

A Vowels can be distinguished from one another not only by the shape of the lips (spread or rounded) and by the position of the tongue (front or back), but also by the degree of opening of the mouth. For example, the vowels **e, eu,** and **o** each have two pronunciations that differ only by the degree of opening of the mouth. First, note that the written forms may not differ.

Then note that in general, closed vowels tend to occur in syllables ending in a vowel sound, whereas open vowels are found in syllables ending in a consonant sound.

Study the following examples and repeat the pairs of words.

	Closed Vowels	Open Vowels
e	/e/ mes	/ɛ/ mer
eu	/ø/ deux	/œ/ heure
o	/o/ nos	/ɔ/ note

/e/ versus /ɛ/	/ø/ versus /œ/	/o/ versus /ɔ/
thé / tête	peu / peur	vos / votre
ses / cette	jeu / jeune	sot / sotte
premier / première	ceux / seul	beau / bord

B Practice repeating words containing the sound /e/, and note the different spellings associated with this sound.

été	mes	aimer	boulanger
clé	chez	préférer	épicier
idée	et	écouter	pâtissier

C Practice repeating words containing the sound /ɛ/, and note the different spellings associated with this sound.

mère	faire	être	modeste
infirmière	chaîne	tête	vert
terre	chaise	bête	cet
mer	j'aime	vous êtes	quel
cher	maire	avec	vers

D Practice repeating words and phrases containing both the sound /e/ and the sound /ɛ/. Note the role of the contrast of the /e/ and /ɛ/ in distinguishing the masculine versus the feminine forms of some nouns and adjectives.

/e/	/ɛ/	/ɛ/	/e/
premier	première	cet	été
boulanger	boulangère	cette	clé
épicier	épicière	quel	thé
	célèbre	quelle	idée
	sévère		fermer
	je préfère		chercher

Petite conversation. Practice repeating the following conversation.

—Mes deux sœurs sont un peu trop jeunes pour sortir seules.

—Mais mon cher, vous êtes trop sévère avec elles. Ces idées-là sont dépassées.

Vocabulaire

Le temps (Voir pp. 212–213)
Les verbes conjugués comme **partir, sortir** et **venir** (Voir pp. 217–218)

Noms

accident (m) accident
activité (f) activity
arrivée (f) arrival
bonheur (m) happiness
chose (f) thing
comparaison (f)
  comparison
côte (f) coast
décision (f) decision

département (m) department (administrative district)
développement (m) development
employé(e) (m, f) employee
ennui (m) difficulty, problem
félicitations (f pl) congratulations

fin (f) end
fleuve (m) river
forêt (f) forest
impression (f) impression
message (m) message
mot (m) word
moyen (m) means
neveu (m) nephew
nouvelles (f pl) news
océan (m) ocean
paradis (m) paradise

paysage (m) landscape, scenery
pensée (f) thought
réalité (f) reality
santé (f) health
séjour (m) stay
surprise (f) surprise
vallée (f) valley

Verbes

admirer to admire
s'arrêter to stop
arriver to arrive; to happen
avoir l'intention to intend
avoir peur to be afraid
camper to camp
croire to believe
descendre to come or go down; to get off

dîner to eat dinner
échanger to exchange
embrasser to kiss, embrace
entrer to enter
envoyer to send
espérer to hope
être en train de to be in the process of
faire attention to pay attention

faire la connaissance to become acquainted; to meet
faire le tour de to go around
monter to go up, climb
mourir to die
naître to be born
organiser to organize
profiter de to take advantage of

réfléchir to think
rencontrer to meet, run into
retourner to return; to go again
risquer to risk
tomber to fall
tomber en panne to break down
tomber malade to become ill

Adjectifs

accueillant(e) friendly, hospitable
électronique electronic
haut(e) high

incroyable unbelievable
long(ue) long
rare rare
régulier(-ière) regular

sauvage wild
situé(e) located, situated
spécialisé(e) specialized
sûr(e) sure

violent(e) violent

Divers

adieu good-bye, farewell
alors then, so, well
au lieu de in place of
bientôt soon
ce que which, what, that which

ce qui which, what, that which
dehors outside, outdoors
depuis since, ever since, for
en route on the way

longtemps for a long time
outre-mer overseas
par contre on the other hand

Quoi de neuf? What's new?, Any news?
sans without
toutes sortes all sorts
vite quickly

Le monde du travail

Fonctions

Dans ce chapitre, vous allez apprendre à
■ parler des professions et des métiers
■ parler de vos intentions, de vos options et de vos obligations
■ parler de choses ou de personnes déjà mentionnées
■ évaluer vos options

Vocabulaire et structures

Point de départ: Professions et métiers
Exploration 1: Les verbes **vouloir, pouvoir** et **devoir**
Exploration 2: Les pronoms compléments d'objet direct
Exploration 3: Le subjonctif avec **il faut** et **il vaut mieux**

Point de départ: Professions et métiers

Orientation professionnelle

Est-ce que vous savez[1] ce que vous voulez faire dans la vie?
Dans quel domaine avez-vous envie de travailler?

- dans les relations publiques
- dans l'administration
- dans la gestion des entreprises
  (corporate management)
- dans le marketing
- dans la recherche scientifique
- dans l'industrie
- dans les télécommunications
- dans l'informatique
- dans le commerce
- dans l'enseignement *(teaching)*
- dans la santé *(health)* et les professions
  médicales

[1] **Savoir** is an irregular verb. Its forms are **je sais, tu sais, il / elle / on sait, nous savons, vous savez, ils / elles savent.**

Aptitudes et préférences

Track 14 Qu'est-ce qui vous intéresse, et pour quel type de travail êtes-vous doué(e)? (N'oubliez pas que vous avez déjà appris plusieurs professions dans le chapitre deux.)

Les métiers manuels

mécanicien(ne)
électricien(ne)
plombier(-ière)
agriculteur(-trice)

L'enseignement

professeur(e) des écoles *(elementary school teacher)*
professeur(e) des lycées ou des universités
conseiller(-ère) pédagogique

La santé et les professions médicales

chirurgien(ne) *(surgeon)*
psychiatre
infirmier(-ière)
assistant(e) dentaire
kinésithérapeute (kiné) *(physical therapist)*
médecin

L'hôtellerie, la restauration et le tourisme

cuisinier(-ière)
gérant(e) d'hôtel *(hotel manager)*
interprète
guide

Les entreprises publiques ou privées

comptable
technicien(ne)
informaticien(ne)
chercheur(-euse) *(researcher)*
chef d'entreprise, patron(ne) *(boss)*

Avantages et inconvénients à considérer

Track 15 Qu'est-ce qui est important pour vous dans le choix d'un emploi?

- le salaire
- les conditions de travail
- les possibilités de promotion et d'augmentation de salaire
- les heures de travail; travail à plein temps ou à mi-temps
- les débouchés *(openings)*
- la sécurité de l'emploi, les risques limités de chômage *(unemployment)*
- les avantages sociaux: congés payés *(paid vacation)*, assurances *(insurance)* et retraite *(retirement)*
- des horaires *(schedules)* flexibles

Communication et vie pratique

A Sondage d'opinion. Au cours d'un sondage, on a demandé aux Français de choisir les professions qui, à leur avis, apportent le plus de satisfaction. Examinez cette liste et divisez-la en quatre colonnes indiquant le degré d'intérêt que vous portez à chacune de ces professions. Discutez vos réactions avec un(e) autre étudiant(e).

❑ jamais de la vie!   ❑ probablement pas...   ❑ peut-être   ❑ super!

EXEMPLE   *Moi, comptable? Jamais de la vie! Je ne suis pas doué(e) en maths.*

chirurgien(ne)	comptable	professeur(e) des écoles
cuisinier(-ière)	vétérinaire	chercheur(-euse) scientifique
dentiste	psychologue	secrétaire
avocat(e)	professeur(e) des universités	commerçant(e)
médecin	ingénieur	mécanicien(ne)

B Il faut bien réfléchir. Qu'est-ce qui compte le plus pour vous dans le choix d'une profession ou d'un emploi? Examinez les avantages et les inconvénients mentionnés dans le **Point de départ** et indiquez l'importance de chacun.

très important	assez important	pas très important	sans importance

EXEMPLE   — *Est-ce que la sécurité de l'emploi est importante pour vous?*
— *Oui, c'est assez important pour moi.*

C Préparez votre curriculum vitæ. L'illustration suivante montre comment procéder pour préparer un bon C.V. Examinez le format et les conseils donnés et ensuite utilisez-les pour préparer votre propre C.V.

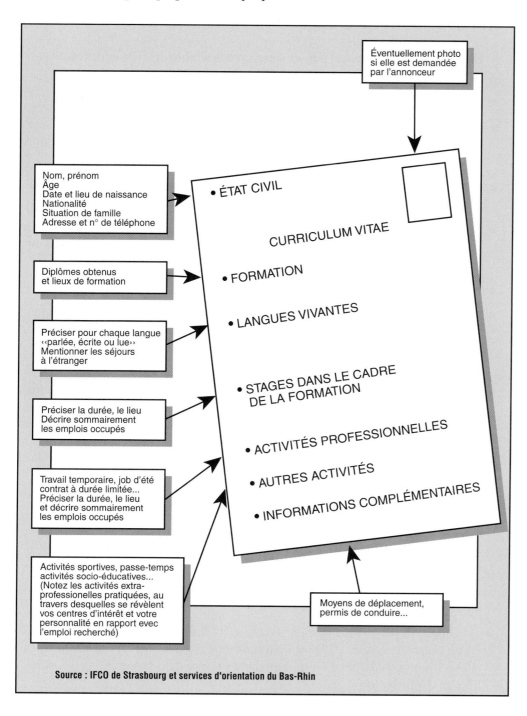

Éventuellement photo si elle est demandée par l'annonceur

Nom, prénom
Âge
Date et lieu de naissance
Nationalité
Situation de famille
Adresse et n° de téléphone

Diplômes obtenus
et lieux de formation

Préciser pour chaque langue
‹‹parlée, écrite ou lue››
Mentionner les séjours
à l'étranger

Préciser la durée, le lieu
Décrire sommairement
les emplois occupés

Travail temporaire, job d'été
contrat à durée limitée...
Préciser la durée, le lieu
et décrire sommairement
les emplois occupés

Activités sportives, passe-temps
activités socio-éducatives...
(Notez les activités extra-
professionelles pratiquées, au
travers desquelles se révèlent
vos centres d'intérêt et votre
personnalité en rapport evec
l'emploi recherché)

• ÉTAT CIVIL

CURRICULUM VITAE

• FORMATION

• LANGUES VIVANTES

• STAGES DANS LE CADRE
DE LA FORMATION

• ACTIVITÉS PROFESSIONNELLES

• AUTRES ACTIVITÉS

• INFORMATIONS COMPLÉMENTAIRES

Moyens de déplacement,
permis de conduire...

Source : IFCO de Strasbourg et services d'orientation du Bas-Rhin

Les conditions de travail

■ Durée de travail: 35 heures par semaine, avec flexibilité des heures de travail et possibilité d'un passage progressif à 39 heures.

■ Congés payés: 5 semaines par an, 11 jours fériés *(legal holidays)*.

■ 88% des actifs sont des salariés, et 26% de la population active est fonctionnaire (employée par l'État) mais ce chiffre diminue à cause des départs en retraite non remplacés.

■ Le travail à mi-temps continue d'augmenter régulièrement et touche principalement les femmes et les jeunes de moins de 25 ans.

■ Les Français ont le droit de recevoir un salaire minimum, appelé le SMIC (salaire minimum interprofessionnel de croissance). Le SMIC augmente tous les ans au 1er juillet.

■ 80% des femmes entre l'âge de 25 et 49 ans ont un travail.

■ Le chômage reste un gros problème: plus de 10%. C'est un sujet qui préoccupe les trois quarts des Français. Depuis le début de la crise économique, près d'un actif sur deux a déjà été au chômage. Les jeunes et les femmes sont les plus touchés.

■ Selon les Français, parmi les moyens utilisés pour trouver du travail, les plus efficaces sont: les relations (83%); les filières *(networks)* de formation professionnelle (67%); les agences d'intérim (58%); les associations d'entraide (aide mutuelle) et de chômeurs (50%); les candidatures spontanées (48%); les petites annonces dans la presse (45%); les services de l'Agence Nationale pour l'Emploi (ANPE) (31%).

Attitudes et sentiments vis-à-vis du travail

■ Presque 60% des Français déclarent être satisfaits de leur situation professionnelle.

■ C'est pour les professions suivantes que les Français ont le plus d'admiration: médecin (56%), professeur (27%), agriculteur (26%), chef d'entreprise (21%), ingénieur (18%), magistrat (14%).

■ À la question «Pour vous, que représente avant tout le travail?», 65% ont répondu «Une source de revenu», 19% «L'épanouissement personnel» *(personal growth)*, 10% «Un moyen d'insertion sociale» (faire sa place dans la société) et 6% «Un moyen d'affirmation sociale».

Et vous?

À votre avis, qu'est-ce que le travail représente pour les Américains en général? Et pour vous en particulier?

Exploration ①

Parler de vos intentions, de vos options et de vos obligations: Les verbes *vouloir, pouvoir* et *devoir*

We often talk about what we want to do, what we can do, and what we have to do. To express these ideas in French, the following irregular verbs are used: **vouloir** *(to want, wish)*, **pouvoir** *(can, may, to be able)*, **devoir** *(to have to, must)*.

vouloir		pouvoir	
je **veux**	nous **voulons**	je **peux**	nous **pouvons**
tu **veux**	vous **voulez**	tu **peux**	vous **pouvez**
il / elle / on **veut**	ils / elles **veulent**	il / elle / on **peut**	ils / elles **peuvent**
Passé composé: j'ai voulu		**Passé composé: j'ai pu**	

— Est-ce que je **peux** partir?
— Vous **pouvez** partir quand vous **voulez.**

1.1 Pouvoir and **vouloir** are often used to make requests. However, in the present tense, these requests are very direct, almost blunt. Compare them with the more polite forms in the second column. The polite forms should always be used when addressing people you don't know.

Direct	**Polite**
Peux-tu...? *(Can you . . . ?)*	Pourrais-tu...? *(Could you . . . ?)*
Pouvez-vous...? *(Can you . . . ?)*	Pourriez-vous...? *(Could you . . . ?)*
Veux-tu...? *(Do you want . . . ?)*	Voudrais-tu...? *(Would you . . . ?)*
Voulez-vous...? *(Do you want . . . ?)*	Voudriez-vous...? *(Would you . . . ?)*
Je veux... *(I want . . .)*	Je voudrais... *(I would like . . .)*
Je peux... *(I can . . .)*	Je pourrais... *(I could . . .)*

1.2 Devoir has several meanings: *must, to have to,* and *to owe.*

devoir	
je **dois**	nous **devons**
tu **dois**	vous **devez**
il / elle / on **doit**	ils / elles **doivent**
Passé composé: j'ai dû	

Nous **devons** gagner notre vie.
Je **dois** rentrer maintenant.
Nous **avons dû** travailler jusqu'à minuit.
Je **dois** de l'argent à mes parents.

We must earn our living.
I have to go home now.
We had to work until midnight.
I owe my parents money.

Situation: Un petit service

Track 16

Emmanuel cherche du travail. Il a rendez-vous avec le patron d'une entreprise. Il voudrait emprunter la voiture de sa sœur pour aller à cet entretien d'embauche, mais ce n'est pas facile.

EMMANUEL: Dis, Stéphanie, est-ce que je pourrais emprunter ta voiture demain?
STÉPHANIE: Et pourquoi veux-tu emprunter ma voiture? Tu ne peux pas prendre l'autobus comme tout le monde?
EMMANUEL: Non, il y a une grève des transports. Cet entretien, c'est vraiment important, tu sais...
STÉPHANIE: Demande à papa et à maman...
EMMANUEL: Ils ne peuvent pas. Ils doivent aller à Lyon. Allez, Stéphanie,... sois chic,... pour une fois... s'il te plaît.

> **Mots à retenir: rendez-vous** (m) *appointment,* **entretien d'embauche** (m) *job interview,* **emprunter** *to borrow,* **tout le monde** *everyone,* **la grève** *strike,* **sois chic** *be a sport, be nice*

Avez-vous compris?

Indiquez pourquoi Emmanuel a besoin d'emprunter la voiture de Stéphanie. Quelle est la réaction de Stéphanie?

Communication et vie pratique

Ⓐ Obligations. Pascale et ses amis ont besoin de gagner leur vie. Qu'est-ce qu'ils doivent faire?

> **EXEMPLE** Pascale / chercher du travail
> *Pascale doit chercher du travail.*

1. Marc / finir ses études
2. nous / gagner de l'argent
3. mes amis / chercher un emploi
4. tu / travailler à mi-temps
5. je / préparer mon C.V.
6. Mélanie / demander une augmentation de salaire

Ⓑ C'est dommage. Vos amis parlent de ce qu'ils ont envie de faire ce week-end. Mais malheureusement, c'est impossible parce qu'ils doivent travailler.

> **EXEMPLE** Laurent / aller au cinéma
> *Laurent veut aller au cinéma, mais il ne peut pas parce qu'il doit travailler.*

1. je / inviter des amis à dîner
2. nous / aller voir des amis
3. Virginie et Marc / faire du camping
4. tu / aller voir un bon film
5. vous / aller à la campagne
6. Marine / aller au théâtre

Ⓒ On fait comme on peut... ? Expliquez à un(e) autre étudiant(e) ce que vous voulez faire ce week-end (et ce que vous ne pouvez pas faire), et demandez à cette personne quels sont ses projets.

> **EXEMPLE** *Je voudrais aller voir mes parents mais je ne peux pas passer tout le week-end chez eux. Et toi?*

Ⓓ Possibilités. Vos amis veulent travailler pendant l'été. Que peuvent-ils faire? Et vous, qu'est-ce que vous voulez faire pendant l'été?

> **EXEMPLE** David / donner des leçons d'anglais
> *David peut donner des leçons d'anglais.*

1. je / travailler dans un bureau
2. nous / travailler dans un restaurant
3. tu / garder des enfants
4. mes frères / travailler dans une agence de voyages
5. Laurence / donner des leçons d'espagnol
6. vous / faire le ménage dans un hôtel

E **Un travail d'été.** Richard voudrait trouver un job cet été. Il examine ses options **(pouvoir)**, ses préférences **(vouloir)** et ses obligations **(devoir).**

> **EXEMPLE**   (option) faire un travail manuel
> *Je peux faire un travail manuel.*

1. (préférence) ne pas travailler dans un bureau
2. (option) travailler dans l'usine de mon oncle
3. (option) commencer vers la fin du mois de mai
4. (obligation) revenir à l'université au mois de septembre
5. (obligation) gagner de l'argent pour payer mes études
6. (obligation) travailler pendant tout l'été
7. (préférence) ne pas passer tout mon temps à travailler
8. (préférence) ne pas faire un travail trop difficile

F **Et vous?** Vous aussi, vous avez besoin de trouver un travail pour l'été. Faites l'inventaire de vos options, de vos préférences et de vos obligations. Utilisez l'activité précédente comme guide. Ensuite, discutez ces options avec un(e) autre étudiant(e).

> **EXEMPLE**   *Je voudrais trouver un travail intéressant, mais je dois gagner assez d'argent pour payer mes études.*

C'est votre tour

Vous désirez emprunter la voiture de vos parents ou d'un(e) ami(e), mais ils ne sont pas faciles à persuader. Expliquez pourquoi vous voulez emprunter cette voiture. Utilisez la **Situation** à la page 248 comme modèle.

Exploration ②

Parler de choses ou de personnes déjà mentionnées: Les pronoms compléments d'objet direct

Languages have many ways to avoid repetition and to make communication more efficient; as you have seen, pronouns are one of these ways. Direct object pronouns can replace proper nouns and nouns with definite, possessive, or demonstrative articles. They agree in number and gender with the nouns they replace and are usually placed before the verb of which they are the object.

me (m')	**nous**
te (t')	**vous**
le, la (l')	**les**

Qui est-ce que Sabine cherche?

Moi?	Elle **me** cherche.	Nous?	Elle **nous** cherche.
Toi?	Elle **te** cherche.	Vous?	Elle **vous** cherche.
Patrick?	Elle **le** cherche.	Ses amis?	Elle **les** cherche.
Chantal?	Elle **la** cherche.	Ses sœurs?	Elle **les** cherche.

Note that in French, the verbs **chercher** and **regarder** take a direct object (**chercher ou regarder quelque chose ou quelqu'un**), whereas in English, these verbs are followed by a preposition (*to look for* and *to look at*).

> **Je cherche mes amis.**   *I'm looking for my friends.*

Note also that **le, la,** and **les** can replace nouns that refer to either people or things.

> Nous trouvons **Alice** intéressante. → Nous **la** trouvons intéressante.

> Nous ne trouvons pas **cette histoire** intéressante. → Nous ne **la** trouvons pas intéressante.

2.1 When object pronouns are used with the **passé composé**, they are placed before the auxiliary verb. The past participle agrees in number and gender with the object pronoun.

> Pauline ne **nous** a pas invités.
> Ses études? Elle **les** a faites en France.
> Mes devoirs? Je **les** ai finis.

2.2 When an infinitive has a direct object, the direct object pronoun immediately precedes the infinitive.

Cette voiture? Oui, je vais **l'**acheter.
Il va écouter ces cassettes? Non, il n'a pas envie de **les** écouter.

2.3 Direct object pronouns can also be used with **voici** and **voilà**.

—Où est Paul?
—**Le** voilà.

—Où sont mes devoirs?
—**Les** voici.

Situation: Voyage d'affaires

Track 17   Le patron de Michel Maréchal doit aller aux États-Unis en voyage d'affaires. Il invite Michel à l'accompagner.

LE PATRON: Maréchal, je pars aux États-Unis la semaine prochaine. Je vous invite à m'accompagner.
MICHEL: Moi? Vous m'invitez à aller aux États-Unis avec vous?
LE PATRON: Oui, j'ai besoin de quelqu'un pour m'aider, et vous parlez très bien anglais.
MICHEL: Vous me flattez, monsieur!
LE PATRON: Non, non, pas du tout. Je vous trouve dynamique et débrouillard. J'aime ça.
MICHEL: Je vous remercie.
LE PATRON: Inutile de me remercier.

Mots à retenir: débrouillard *resourceful,* **remercier** *to thank,* **inutile de** *no need to*

Avez-vous compris?

Indiquez où va le patron de Michel et pourquoi il invite Michel à l'accompagner. Quelle est la réaction de Michel?

Communication et vie pratique

A **Mais si!** Un ami vous reproche de ne pas l'écouter quand il parle. Vous essayez de le rassurer.

> **EXEMPLE** Tu ne m'écoutes pas.
> *Mais si, je t'écoute!*

1. Tu ne me comprends pas.
2. Tu ne me respectes pas.
3. Tu ne me laisses jamais parler.
4. Tu ne m'invites jamais à sortir.
5. Tu ne me trouves pas amusant.
6. Tu ne m'aides jamais.

B **Réciprocité.** Madame Dassin traite ses employés avec respect. Que dit-elle à leur sujet?

> **EXEMPLE** Je les écoute...
> *Je les écoute et ils m'écoutent.*

1. Je les respecte...
2. Je les aime bien...
3. Je les laisse tranquilles...
4. Je ne les critique pas...
5. Je les aide...
6. Je les trouve intéressants...
7. Je ne les oublie pas...
8. Je les comprends...

C **Pense-bête.** Michel vérifie ce qu'il a déjà fait et ce qu'il n'a pas encore eu le temps de faire. Qu'est-ce qu'il dit?

> **EXEMPLES** faire le ménage (oui)
> *Je l'ai déjà fait.*
>
> faire la vaisselle (non)
> *Je ne l'ai pas encore faite.*

à faire	fait
1. faire le ménage	☑
2. faire la vaisselle	❑
3. faire mon lit	☑
4. ranger ma chambre	☑
5. passer l'aspirateur	❑
6. préparer le dîner	❑
7. faire mes devoirs	☑
8. nettoyer la cuisine	❑
9. vider les poubelles	❑
10. emmener le chien chez le vétérinaire	☑

D **Conversations.** Choisissez un ou deux des sujets suivants et répondez aux questions. Si vous préférez, vous pouvez poser les questions à un(e) autre étudiant(e).

Le travail

1. Est-ce que tu aimes ton travail?
2. Est-ce que c'est un travail qui t'intéresse?
3. Est-ce que tu trouves ton travail difficile ou fatigant?
4. Est-ce que tu trouves les autres employés sympathiques?
5. Est-ce qu'ils t'aident quand tu as des difficultés?

Les loisirs

1. Est-ce que tu invites quelquefois tes amis chez toi?
2. Est-ce qu'ils t'invitent aussi?
3. Est-ce que tu aimes les films étrangers?
4. Est-ce que tes amis et toi, vous aimez regarder la télé ensemble?
5. Est-ce que tu regardes les informations chaque jour?

L'amitié

1. Est-ce que tes amis t'aident quand tu as des problèmes?
2. Est-ce que tu les aides aussi?
3. Est-ce qu'ils te critiquent quelquefois?
4. Et toi, est-ce que tu les critiques aussi?
5. Est-ce que tes amis te comprennent?
6. Et toi, est-ce que tu les comprends?

Les études

1. En général, est-ce que tu aimes tes profs?
2. Est-ce que tu trouves tes profs sympathiques?
3. Est-ce que tu aimes tes cours?
4. Est-ce que tes cours t'intéressent?
5. Est-ce que tes profs t'aident quand tu ne comprends pas?
6. Est-ce que tu comprends toujours le (la) prof de français?

E **Décisions.** Demandez aux autres étudiants ce qu'ils ont envie de faire cet été et si les possibilités suivantes les intéressent.

> **EXEMPLE** travailler dans un restaurant
> — *Travailler dans un restaurant, ça t'intéresse?*
> — *Oui, ça m'intéresse beaucoup parce que j'aime être libre pendant une partie de la journée.*
> ou
> — *Non, ça ne m'intéresse pas du tout. C'est un travail que je déteste.*

1. passer l'été dans un pays où on parle français
2. rester à l'université
3. être serveur ou serveuse dans un restaurant
4. travailler au pair dans une famille
5. travailler dans une usine
6. être réceptionniste dans un hôtel
7. étudier dans un pays étranger
8. travailler dans un hôpital

F **Compatibilité.** Vous avez la possibilité de partager un appartement avec deux ou trois autres étudiants. Vous voulez trouver des étudiants qui ont les mêmes goûts et les mêmes habitudes. Répondez d'abord aux questions, et ensuite posez ces mêmes questions à d'autres étudiants. Après cela, décidez ensemble si vous êtes compatibles ou non.

> **EXEMPLE** Est-ce que tu aimes la musique classique?
> *Non, je ne l'aime pas beaucoup. Et toi?*

1. Est-ce que tu aimes le rock?
2. Est-ce que tu aimes regarder la télé?
3. Est-ce que tu écoutes souvent la radio?
4. Est-ce que tu fais tes devoirs le matin ou le soir?
5. Quand est-ce que tu fais le ménage?
6. Est-ce que tu aimes faire la cuisine?
7. Est-ce que tu invites souvent tes amis?
8. Est-ce que tu fais la vaisselle tous les jours?

C'est votre tour

Votre patron(ne) (joué[e] par un[e] autre étudiant[e]) travaille sur un projet important. Il / Elle a une très bonne opinion de vous et surtout, il / elle a besoin de quelqu'un pour l'aider. Pour essayer de vous persuader d'accepter son offre, il / elle vous fait toutes sortes de compliments sur votre travail et sur votre personnalité. Mais vous, vous hésitez parce que vous avez déjà beaucoup de travail. Prenez la **Situation** à la page 252 comme point de départ.

Exploration ③

Évaluer vos options: Le subjonctif avec *il faut* et *il vaut mieux*

We often talk about what we have to do or what we think is best to do. **Il faut que...** *(It is necessary that, to have to)*, **il ne faut pas que** *(one must not)*, and **il vaut mieux que...** *(it is better that)* or **il vaudrait mieux que...** *(it would be better that)* are often used to communicate these meanings. They are followed by clauses whose verbs must be in the subjunctive mood.

3.1 For regular verb patterns, the subjunctive is formed by adding the endings shown here to a stem that is found by dropping the **-ent** from the third person plural (**ils / elles**) form of the present tense.

Il faut que je parl**e**	Il faut que nous parl**ions**
Il faut que tu parl**es**	Il faut que vous parl**iez**
Il faut qu'il / elle / on parl**e**	Il faut qu'ils / elles parl**ent**

Il faut que je finiss**e**	Il faut que nous finiss**ions**
Il faut que tu finiss**es**	Il faut que vous finiss**iez**
Il faut qu'il / elle / on finiss**e**	Il faut qu'ils / elles finiss**ent**

Il faut que je part**e**	Il faut que nous part**ions**
Il faut que tu part**es**	Il faut que vous part**iez**
Il faut qu'il / elle / on part**e**	Il faut qu'ils / elles part**ent**

Il faut qu'ils **finissent** ça maintenant.	*They have to finish that now.*
Il vaut mieux que tu **partes** tout de suite.	*It's better that you leave right away.*
Il ne faut pas que j'**oublie.**	*I must not forget.*

3.2 Some verbs have irregular stems in the **nous** and **vous** forms.

venir	que je vienne	que nous **venions**
prendre	que je prenne	que nous **prenions**

Il faut que nous **apprenions** le subjonctif.
Il vaudrait mieux que vous **reveniez** demain.

3.3 Some frequently used verbs have irregular stems for the subjunctive. **Faire, aller, être,** and **avoir** are among these verbs.

Il faut que je **fasse**	Il faut que nous **fassions**
Il faut que tu **fasses**	Il faut que vous **fassiez**
Il faut qu'il / elle / on **fasse**	Il faut qu'ils / elles **fassent**

Il faut que j'**aille**	Il faut que nous **allions**
Il faut que tu **ailles**	Il faut que vous **alliez**
Il faut qu'il / elle / on **aille**	Il faut qu'ils / elles **aillent**

Il faut que je **sois**	Il faut que nous **soyons**
Il faut que tu **sois**	Il faut que vous **soyez**
Il faut qu'il / elle / on **soit**	Il faut qu'ils / elles **soient**

Il faut que j'**aie**	Il faut que nous **ayons**
Il faut que tu **aies**	Il faut que vous **ayez**
Il faut qu'il / elle / on **ait**	Il faut qu'ils / elles **aient**

Il faut que j'**aille** au supermarché.   Il faut que vous **fassiez** attention.
Il faut que nous **soyons** à la gare.   Il ne faut pas que tu **aies** peur.

Note the difference between a general statement, where **il faut** is followed by an infinitive, and a statement referring to a specific person, where **il faut que** is followed by a subjunctive verb clause.

Il faut parler français.   **Il faut que vous parliez** français.

Situation: Une invitation

Track 18

Georges Berger désire inviter Élise et Gilles Guérin à déjeuner, mais ils sont très occupés en ce moment.

GEORGES: Est-ce que vous êtes libres dimanche?
ÉLISE: Non, dimanche, il faut que nous allions voir mes parents.
GEORGES: Et samedi?
GILLES: Samedi, il faut que je finisse un rapport.
GEORGES: Alors, venez dîner un soir.
ÉLISE: Voyons... Lundi, il faut que nous fassions des courses. Mardi soir, il faut que j'emmène les enfants à leur leçon de piano. Mercredi, il faut que j'aille à une réunion du comité du personnel.
GEORGES: Vous êtes bien occupés en ce moment.
GILLES: Oui, il vaut mieux que nous repoussions ça à la semaine prochaine.

Mots à retenir: occupé(e) *busy,* **un rapport** *a report,* **une réunion** *a meeting,* **repousser** *to put off, postpone*

Avez-vous compris?

Élise et Gilles sont très occupés. Indiquez pourquoi ils ne sont pas libres samedi, dimanche, lundi, mardi et mercredi.

Communication et vie pratique

Ⓐ Obligations. Anne parle de ce qu'il faut qu'elle fasse la semaine prochaine. Regardez ce qu'elle a marqué dans son calendrier et indiquez quelles sont ses obligations. Ensuite, préparez votre propre calendrier pour la semaine prochaine et indiquez ce que vous devez faire chaque jour.

EXEMPLE   faire le ménage
Lundi, il faut qu'Anne fasse le ménage.
Moi aussi, il faut que je fasse le ménage ce jour-là.

---

21 LUNDI

| Ranger mes vêtements |
| Faire le ménage |
| |
| |

22 MARDI

| Aller chez le dentiste |
| Faire des courses |
| |

23 MERCREDI

| Aller à la bibliothèque |
| Passer un coup de fil à |
| mes parents |
| |

24 JEUDI

| Finir mon projet |
| Garder Anne-Sophie et |
| Lucie |
| |

25 VENDREDI

| Sortir avec des amis |
| Être devant le cinéma |
| à 8 h |
| |

Ⓑ Ils ne sont pas libres. Vos amis ont envie de sortir avec vous, mais ils ont d'autres obligations. Qu'est-ce qu'ils disent?

EXEMPLE   Lucille / aller chez le dentiste
Il vaudrait mieux que Lucille aille chez le dentiste.

1. nous / faire le ménage
2. Modou / aller à la bibliothèque
3. je / aller chez ma tante
4. vous / rester à la maison
5. tu / être au travail à huit heures
6. Marissa et Christophe / finir leurs devoirs

C **On cherche du travail.** Marc Lemaître est en train de chercher du travail, et un employé du bureau de placement lui donne des conseils. Qu'est-ce qu'il dit? Avez-vous d'autres conseils à lui donner?

EXEMPLES   faire l'inventaire de vos talents
Il faut que vous fassiez l'inventaire de vos talents.

être en retard
Il ne faut pas que vous soyez en retard.

préparer votre C.V.   avoir peur
oublier d'envoyer votre C.V.   être sûr de vous pendant l'entretien
regarder les petites annonces   faire très attention
prendre rendez-vous   être trop timide
arriver à l'heure

D **Qui peut me remplacer?** Un(e) de vos ami(e)s qui travaille dans un restaurant vous a demandé de l'aider à trouver quelqu'un pour le / la remplacer vendredi soir ou samedi soir. Posez des questions aux autres étudiants pour savoir qui est libre un de ces deux soirs, et ensuite téléphonez à votre ami(e) pour lui communiquer les résultats de votre enquête.

EXEMPLE   — *Est-ce que tu es libre vendredi soir?*
— *Non, je regrette. Il faut que je travaille.*
ou
— *Oui, je suis libre, mais il vaudrait mieux que je reste à la maison pour étudier.*

E **Conseils.** Vos amis ont toutes sortes de problèmes. Vous leur donnez de bons conseils.

EXEMPLE   J'ai envie de quitter l'université.
À mon avis, il vaudrait mieux que tu finisses tes études.
ou
Mais non! Il ne faut pas que tu fasses ça.

1. J'ai un examen la semaine prochaine, mais je n'ai pas envie d'étudier.
2. Mon ami Gabriel veut être comptable, mais il n'est pas très fort en maths.
3. Je n'ai pas l'argent pour acheter mes livres pour le trimestre prochain.
4. Nous n'avons pas envie d'aller en classe aujourd'hui.
5. Mes amis m'ont invité à sortir, mais j'ai du travail à faire.
6. Je voudrais aller au cinéma, mais je suis fatiguée.

C'est votre tour

Vous êtes invité(e) à une soirée. Mais vous ne pouvez pas—ou vous ne voulez pas—accepter l'invitation. Expliquez que vous êtes très occupé(e) en ce moment et indiquez ce qu'il faut que vous fassiez.

Intégration et perspectives

▌ Études et travail. Le lien existe-t-il?

Pour mieux lire: Identifier les faits importants dans un texte est une technique qui facilite la lecture et vous aide à noter les idées essentielles et à les séparer des renseignements moins importants. Lisez rapidement la description de chaque personne et dans chaque cas, identifiez les deux renseignements que vous trouvez les plus importants. Si vous voulez, travaillez avec d'autres étudiants et comparez vos choix.

Vos études offrent-elles les débouchés que vous espérez? Allez-vous trouver un emploi en rapport avec votre formation, vos aptitudes et vos rêves?... À une époque où le chômage est élevé, ces questions-là sont très présentes dans l'esprit des jeunes. Voici les témoignages de quelques jeunes Français.

Olivier, diplômé d'une école de sciences économiques
Le programme proposé par mon école est un cursus de 5 ans. Cela donne aux étudiants le temps d'acquérir une bonne culture économique et les connaissances fondamentales du monde de l'entreprise. Un autre aspect important du programme est le bon équilibre entre l'enseignement et les stages dans les entreprises. À la fin de mes études, j'ai été embauché immédiatement dans l'entreprise où j'ai fait mon stage principal. Et c'est là que je travaille maintenant comme contrôleur de gestion.

Fabrice, étudiant en deuxième année du cycle d'ingénieur
Après mon bac, j'ai d'abord été étudiant dans un institut universitaire de technologie. Après ça, je suis entré à l'Institut supérieur d'électronique. Dans le cycle d'ingénieur, on étudie l'électronique sous toutes ses formes: l'informatique, l'automatique, les microprocesseurs, etc. C'est un cursus très diversifié. Les gens pensent souvent que le champ d'intervention de l'ingénieur est assez limité. Mais en réalité, avec un diplôme d'ingénieur, on peut travailler dans des domaines très variés.

Anne, étudiante en troisième année de chinois
J'ai commencé à étudier le chinois par curiosité. À part l'étude très intensive de la langue, nous avons de nombreux cours de civilisation chinoise, de français et d'anglais appliqués aux études orientalistes. À mon avis, trop peu de temps est consacré à l'oral. C'est mon seul regret. Le chinois exige aussi un gros travail d'apprentissage des caractères. Si on ne travaille pas régulièrement, on est vite perdu! Après ma maîtrise, je pense commencer un autre cursus pour avoir une double compétence. Le chinois seul ne va pas suffire pour trouver un emploi.

Thierry, étudiant en architecture

Après mon bac, je suis parti aux États-Unis pour étudier la philosophie, et en option libre, un cours d'histoire de l'architecture. J'ai tellement aimé ça qu'à mon retour, je suis entré à l'école d'architecture. Ici, l'enseignement est très pratique. Nous avons bien sûr des cours d'histoire de l'art, de paysagisme, de géométrie et d'acoustique, mais nous avons aussi de nombreuses heures de TP (travaux pratiques). Les professeurs sont souvent des architectes en exercice. C'est un bon lien avec la réalité de notre future profession. La dernière année est consacrée à un projet personnel que nous devons présenter devant un jury d'architectes. Pour ma part, j'ai déjà des idées plein la tête. Mais il va bientôt falloir choisir!

Odile, étudiante dans une école de tourisme

Avant de commencer ce cursus, la plupart des étudiants ont déjà fait des études de langues. Ici, nous avons des cours de techniques de vente, de droit et de gestion. On nous enseigne aussi comment chercher un emploi, comment faire un C.V., comment prendre contact avec une entreprise et faire bonne impression au cours d'un entretien, etc., etc. Et pour finir, nous faisons un stage de trois mois chez un tour opérateur, dans une agence de voyages ou dans un office de tourisme. C'est une formation complète et pratique. Quand on a fini, on est prêt à entrer dans le monde du travail. Mais attention: si vous n'avez pas la fibre commerciale, il vaut mieux choisir autre chose!...

> **Mots à retenir / Mots en contexte:** en rapport avec *in keeping with,* **la formation** *training,* **un rêve** *dream,* un témoignage *testimony,* acquérir *to acquire,* **les connaissances** *(f) knowledge,* **l'équilibre** *(m) balance,* **un stage** *internship,* **embaucher** *to hire,* le champ *field,* **exiger** *to demand,* **l'apprentissage** *(m) apprenticeship,* **seul(e)** *alone, only,* **tellement** *so much,* en exercice *working,* **un lien** *link,* **consacré à** *devoted to,* des idées plein la tête *a headful of ideas,* **falloir** *to be necessary,* **la vente** *sales,* **au cours de** *during,* autre chose *something else*

Avez-vous compris?

Quels renseignements pouvez-vous donner au sujet de chacun des cinq étudiants? Indiquez en particulier...

1. quelles études elle ou il fait
2. quelques aspects importants de son cursus
3. ses sentiments personnels vis-à-vis de ses études et, en particulier, si elle ou il semble satisfait(e) de son programme d'études
4. le rapport entre ses études et sa future carrière

Afin de faciliter l'entrée des jeunes dans le monde du travail, le gouvernement français a pris un certain nombre de mesures. «La formation en alternance» est une de ces mesures. Voici en quoi elle consiste.

- Le gouvernement a décidé d'ouvrir l'apprentissage, forme traditionnelle de formation aux professions artisanales et manuelles, à toutes les formations de l'enseignement supérieur *(higher education)*. Aujourd'hui, les apprentis ont la possibilité de faire un bac professionnel (bac pro). Ceci explique pourquoi on trouve donc des apprentis dans un grand nombre d'universités, d'écoles d'ingénieurs ou de commerce et dans les instituts universitaires de technologie (IUT).

- Les contrats d'apprentissage en alternance permettent aux jeunes de préparer un diplôme en même temps qu'ils apprennent un métier.

- D'une durée d'un à trois ans, le contrat d'apprentissage permet de progresser d'un diplôme à l'autre. En principe, on peut commencer avec un simple CAP (certificat d'aptitude professionnelle) et arriver à un diplôme d'ingénieur.

- Les diplômes qu'on prépare en alternance sont identiques aux diplômes préparés par les étudiants à temps complet, et ils ont la même valeur.

- Les jeunes en alternance partagent leur temps entre l'entreprise où ils travaillent et l'école où ils préparent un diplôme. Selon la profession ou l'entreprise choisie, ils peuvent avoir un ou deux jours par semaine pour leurs études ou ils peuvent faire alterner travail et études (six mois pour l'un, six mois pour l'autre, par exemple).

- La formation est gratuite. C'est un avantage important pour les jeunes qui ont des difficultés à financer leurs études et, en plus, ils reçoivent un salaire en fonction de leur âge et de leurs qualifications.

- Les jeunes qui font un bon travail sont souvent embauchés par l'entreprise où ils ont fait leur apprentissage. De plus, beaucoup d'entreprises préfèrent embaucher des jeunes qui ont déjà un peu d'expérience pratique. Ils ont donc une meilleure chance de trouver un emploi permanent.

- Le centre de formation et l'employeur sont en contact l'un avec l'autre pour assurer que les jeunes travaillent dans de bonnes conditions, qu'ils sont bien guidés et que leur travail correspond bien au diplôme qu'ils préparent.

- Les apprentis sont des salariés; ils ont les mêmes droits et les mêmes obligations que les autres employés.

Et vous?

Les jeunes Américains ont-ils eux aussi des difficultés à trouver du travail quand ils ont fini leurs études? Quels sont les services ou les programmes qui facilitent leur entrée dans le monde du travail?

Communication et vie pratique

A **Offres d'emploi.** Voici des offres d'emploi pour étudiants. Elles viennent d'un journal français. Remarquez qu'on utilise des abréviations dans ces annonces (pr.= pour; ang. = anglais; sér.= sérieux; sem. = semaine). Étudiez d'abord ces annonces et ensuite choisissez l'emploi qui vous intéresse. Expliquez votre choix (préférences, qualifications, formation, expérience).

> **Étudiant(e)** pr. accomp. dame âgée aller retour Paris Orléans les me. et sa. chaq. sem. juill. et août.
>
> **Étudiant(e)** parlant ang. pr réception, hôtel, trav. de nuit. Hôtel Terminus, 42 Rue de Vaugirard, Paris, 15e.

> **Étudiant(e)** parlant espagnol pr aider mère fam. garder enfs à la campagne et bord de mer, juil., sept.
>
> **Étud.** aimant livres pr. passer été en famil. Bretagne, contacter Mme Carnot, 764 Rue des Martyrs, Paris, 18e.

> **Étudiant(e)** pour garder 3 enfants, pendt. qq mois, Côte d'Azur, Mme Junot.
>
> **Étudiant** sér. énerg. sportif, travail de moniteur pr. groupe garçons 12 ans. colonie de vacances Alpes 3 sem. août. Contacter Directeur, Centre Bel Air, 12. Av. du Mont Blanc, Chamonix.

B **Lettre de demande d'emploi.** Une des offres d'emploi présentées dans l'activité A (ou une autre offre trouvée dans un journal français) vous intéresse et vous avez décidé de poser votre candidature. Utilisez le format suivant pour composer votre lettre. N'oubliez pas d'ajouter une copie de votre C.V.

> **Pour mieux écrire :** Vous voulez persuader l'employeur de vous embaucher, par conséquent il faut faire très attention au contenu et à la forme de votre lettre. Faites d'abord une liste des choses principales que vous voulez mentionner au sujet de vos qualifications, de votre expérience professionnelle, des études que vous avez faites, etc. Ensuite, révisez votre liste pour voir s'il y a des choses que vous voulez ajouter ou éliminer. Puis, organisez ces catégories selon leur degré d'importance. Maintenant vous êtes prêt(e) à commencer à composer votre lettre.

Votre nom et adresse

La date
Le nom et l'adresse
de votre correspondant(e)

Monsieur (Madame),

En réponse à l'annonce d'offre d'emploi que vous avez placée dans le journal, je voudrais présenter ma candidature...

Veuillez agréer, Monsieur (Madame), mes salutations respectueuses.

Signature

ⓒ Entretien d'embauche. Vous avez rendez-vous avec vos employeurs éventuels. D'autres étudiants vont jouer le rôle des employeurs. Voici quelques questions que vous pouvez utiliser.

If the Web sites suggested are no longer available, use a search engine to find similar information (e.g., http://fr.yahoo.com or http://www.google.fr).

Questions que l'employeur peut poser

1. Quel âge avez-vous?
2. Quelle est votre nationalité?
3. Est-ce que vous avez déjà travaillé? Si oui, où ça?
4. Avez-vous des lettres de recommandation?
5. Quel salaire espérez-vous gagner?
6. Est-ce que vous avez des talents particuliers?
7. Aimez-vous les enfants? (les livres, les animaux, etc.)
8. ?

Questions que les candidats peuvent poser

1. En quoi consiste le travail en question?
2. Quelles vont être mes heures de travail?
3. Combien est-ce que je vais gagner?
4. Est-ce que je peux faire des heures supplémentaires?
5. Quelles vont être mes responsabilités?
6. Quand est-ce que je peux espérer une augmentation de salaire ou une promotion?
7. Quand est-ce que je peux commencer à travailler?
8. ?

 ⓓ Internet. Imaginez que vous voulez explorer la possibilité de travailler en France. Pour avoir une idée des «jobs» et des débouchés possibles, consultez les annonces d'emploi dans un journal français en ligne. Vous pouvez utiliser les sites Internet suivants (ou cherchez vous-même un autre site): http://www.lemonde.fr ou http://www.LeFigaro.fr. Quels sont les jobs qui vous intéressent, et pourquoi? Comparez et discutez vos choix.

ⓔ Demande d'emploi. Le directeur du personnel d'une entreprise a un entretien avec Marie-Hélène Charpentier pour un poste dans son établissement. Vous travaillez comme stagiaire dans cette entreprise. On vous a demandé de remplir le formulaire de demande d'emploi concernant cette candidate. Écoutez leur conversation et remplissez le formulaire à la page 265.

Track 19

Pour mieux comprendre: Familiarisez-vous avec les différentes parties du formulaire de demande d'emploi avant d'écouter la conversation. Si vous savez à l'avance quels renseignements on désire obtenir, cela va vous aider à remplir la fiche. Notez que le directeur du personnel n'a pas posé de questions sur tous les sujets. Par conséquent, vous ne pouvez pas remplir complètement le formulaire.

DEMANDE D'EMPLOI

I. ÉTAT CIVIL ET SITUATION DE FAMILLE

Nom: .... Prénoms: ....

Nationalité: ....

Date et lieu de naissance: ....

Adresse: ....

.... Téléphone: ....

Situation de famille: célibataire - marié(e) - séparé(e) - divorcé(e) -
Nombre d'enfants :
NOM, Prénoms, sexe, date de naissance des enfants:
1 -   4 -
2 -   5 -
3 -   6 -

II. SITUATION MILITAIRE

Avez-vous accompli votre Service National ?   Oui - Non

Si oui, durée du service accompli: .... an(s) .... mois

III. ÉTUDES

École fréquentée:

Diplômes obtenus:

IV. SITUATION ACTUELLE

Emploi actuellement occupé par le candidat:

Employeur:

Salaire moyen:

Invitation au voyage: Destination le Niger

Avant de lire le texte d'Aminata sur son pays à la page 266, le Niger, faites une petite liste de ce que vous savez déjà sur ce pays. Travaillez en petits groupes ou seul(e) si vous préférez. Ensuite, comparez ces premières impressions avec les renseignements donnés par Aminata. Voici quelques questions pour vous guider:

- Où ce pays est-il situé?
- Quelle(s) langue(s) est-ce qu'on parle dans ce pays?
- Quelle est la principale religion?
- Quelles sont les principales ethnies?

Chez nous

○ ○ ○ ○ ○ ○ ○ ○

au Niger

Superficie:	Population:
1 267 000 km²	8 960 000 h

Capitale: Niamey
Villes importantes: Zinder, Maradi

Institutions: république indépendante depuis 1960

Langues: français, haoussa, djerma

Monnaie: le franc CFA

«Mon beau pays est situé au cœur du Sahel. Dans le nord, c'est le Sahara mystérieux avec ses dunes de sable, ses oasis et ses sources thermales. Dans le sud coule le Niger. Le Niger est un fleuve magnifique, et il n'y a rien de plus beau qu'un coucher de soleil sur la rivière.

Le Niger est un carrefour de civilisations, d'ethnies et de langues. On y trouve d'une part des populations arabo-islamiques et berbères venues du nord et d'autre part, des populations qui viennent du sud telles que les Touaregs, les Peuls, les Songhaï et les Haoussa. Certains groupes ethniques sont sédentaires (agriculteurs, commerçants, artisans, griots (storytellers) et marabouts (medicine men), d'autres sont des nomades qui élèvent des bovins, des moutons, des chèvres et des chameaux.

La population nigérienne est en grande majorité musulmane, avec une petite minorité animiste ou chrétienne. La dominance de l'école coranique où les enfants sont initiés à la lecture et à la mémorisation du Coran en langue arabe reflète donc ces valeurs culturelles et religieuses. Dans d'autres cas, l'enseignement du Coran est donné dans les langues locales.

La plupart des écrivains traditionalistes s'inspirent de ces deux cultures littéraires. En plus, il y a aussi ce qu'on appelle "l'école formelle" qui utilise le français comme moyen et sujet d'enseignement et qui nous vient de la colonisation française. À son indépendance en 1960, le Niger a adopté le français comme langue officielle et langue d'enseignement. Dix pour cent de la population est éduquée en français. Parmi l'élite francophone nigérienne, on trouve de nombreux professionnels, enseignants, médecins, administrateurs et technocrates et aussi plusieurs grands écrivains. Parmi eux on peut citer les romanciers Mamani Abdoulaye, Issa Ibrahim et Salou Bania, des dramaturges tels que Dan Inna et André Salifou et des critiques littéraires comme Fatouma Mounkaila.»

Avez-vous compris?

Indiquez si les phrases suivantes sont vraies ou fausses selon ce qu'Aminata dit au sujet de son pays. Si la phrase est fausse, corrigez-la.

1. Niamey est la capitale du Niger.
2. Le fleuve Niger traverse le nord du pays.
3. Les Touaregs et les Peuls viennent du sud du Niger.
4. L'animisme et le christianisme sont des religions minoritaires au Niger.
5. Certains groupes ethniques sont sédentaires, d'autres sont nomades.
6. Le Sahara est situé au centre du pays.
7. La majorité des Nigériens sont musulmans.
8. Les «écoles formelles» viennent de la colonisation française.
9. Le Niger est un pays indépendant depuis les années 50.
10. Dan Inna et André Salifou sont des romanciers nigériens.

Dossier «Niger». Imaginez que vous travaillez pour une compagnie québécoise qui a l'intention d'établir des relations commerciales avec le Niger. On vous a demandé de préparer un petit dossier sur ce pays. Travaillez en équipe avec d'autres étudiants de votre classe. Décidez d'abord sur quels sujets vous allez faire des recherches et où vous pouvez trouver les renseignements nécessaires (bibliothèque, Internet, associations d'étudiants étrangers). Ensuite, distribuez les tâches aux différents membres du groupe. Et pour finir, présentez un rapport collectif (oral ou écrit) au reste de la classe. (Sujets possibles: ressources économiques du Niger, géographie et climat du pays, différentes ethnies, moyens de transports, etc.)

▌ Bien prononcer

Tracks 20–22 **A** Certain French vowels are pronounced with the lips rounded and the tongue forward (i.e., resting against the back of the lower front teeth). These vowels in order of increasing openness are:

/y/ as in **du**
/ø/ as in **deux**
/œ/ as in **jeune**

Because these vowels do not exist in English, learning to pronounce them requires special care. Make sure that your tongue is pressed against your teeth when you pronounce these sounds. Practice repeating the following sequences:

/y/	/ø/	/œ/
1. su	ceux	seul
2. jus	jeu	jeune
3. pu	peu	peur
4. plu	pleut	pleure

B The sounds /ø/ and /œ/ are usually written as **eu.** Whereas /œ/ always occurs in a syllable ending in a consonant sound, /ø/ occurs in syllables ending in a vowel sound or a /z/ sound.

Compare and repeat the following pairs. Note the role of the /ø/ versus /œ/ contrast in distinguishing the singular and plural of certain verbs as well as the masculine and feminine of certain adjectives and nouns.

/ø/	/œ/
1. il veut	ils veulent
2. il peut	ils peuvent
3. chanteuse	chanteur
4. vendeuse	vendeur
5. menteuse	menteur

Repeat words containing the sound /ø/:

il pleut   sérieux   sérieuse   je veux

Repeat words containing the sound /œ/:

heure   beurre   sœur   moteur

Petite conversation. Practice repeating the following conversation.

—Lucie, pourquoi pleures-tu? Tu n'es pas heureuse?
—Je ne veux pas rester seule pendant plusieurs heures.

Vocabulaire

Les professions et les métiers (Voir pp. 242–244)
Les verbes **vouloir, pouvoir** et **devoir** (Voir pp. 247–248)

Noms

agence (f) agency, branch, office
apprentissage (m) apprenticeship
aptitude (f) aptitude
avis (m) opinion
client(e) (m, f) customer
condition (f) condition
connaissance (f) knowledge
cursus (m) course, program
diplôme (m) diploma
emploi (m) job, employment
enseignement (m) teaching

entreprise (f) firm, company
entretien (d'embauche) (m) (job) interview
époque (f) time, era
équilibre (m) equilibrium, balance
espoir (m) hope
étude (f) study
formation (f) training
grève (f) strike
journée (f) day
leçon (f) lesson
lien (m) link, connection

liste (f) list
maîtrise (f) master's degree
oral (m) spoken language, oral language
patron(ne) (m, f) boss
possibilité (f) possibility
poste (m) job, position
rapport (m) report
recherche (f) research
regret (m) regret
rendez-vous (m) appointment

responsabilité (f) responsibility
réunion (f) meeting
rêve (m) dream
solution (f) solution
stage (m) training period, internship
succès (m) success
vente (f) selling, sale, marketing
village (m) village

Verbes

abandonner to abandon
accompagner to accompany
acquérir to acquire
aider to help
apporter to bring
avoir des connaissances to be knowledgeable

compter to count
consacrer to dedicate, give
créer to create
décider to decide
embaucher to hire
emprunter to borrow
enseigner to teach

établir to establish
exiger to require, demand
faciliter to facilitate
falloir to have to, must
flatter to flatter
offrir to offer
proposer to propose

réaliser to achieve
remercier to thank
repousser to delay, put off
respecter to respect
suffire to be sufficient, suffice

Adjectifs

débrouillard(e) resourceful
diplômé(e) having a degree
dur(e) hard
dynamique dynamic

élevé(e) high
entier(-ière) entire
gros(se) large, big

occupé(e) busy
privé(e) private
propre own

seul(e) alone, only
studieux(-euse) studious
supérieur(e) advanced

Divers

à mi-temps part-time
à plein temps full-time
au cours de during
cela that
contre against
d'abord first

devant in front of, before
en rapport avec in relation to, consistent with
entre between
il faut it's necessary, to have to
il ne faut pas one must not

il vaudrait mieux it would be better
il vaut mieux it is better
inutile de no need to
malgré despite, in spite of
parmi among

régulièrement regularly
sois chic be a sport, be nice
sous under
tout le monde everyone
tellement so much

On fait des achats

Fonctions

Dans ce chapitre, vous allez apprendre à
- parler de ce qu'on peut acheter dans les différents magasins
- parler de vos achats et ventes
- donner des suggestions, des conseils et des ordres
- faire des comparaisons

Vocabulaire et structures

Point de départ: Les achats
Exploration 1: Les verbes comme **vendre**
Exploration 2: L'impératif
Exploration 3: Le comparatif et le superlatif

Point de départ: Les achats

En France comme aux USA, on peut trouver presque tout ce qu'on veut dans un centre commercial, dans un hypermarché (comme Carrefour ou Auchan) ou aux différents rayons d'un grand magasin (comme Les Galeries Lafayette ou Le Printemps). Mais beaucoup de gens préfèrent faire leurs achats dans des boutiques ou dans des magasins spécialisés.

Les magasins

Les marchandises

Track 24 ■ Dans une pharmacie, on vend *(sells)*...

des médicaments *(m)*
des produits *(m)* pour la santé et pour
l'hygiène personnelle comme...
  du dentifrice et une brosse à dents
  du shampooing
  du déodorant
  du savon

■ Dans une droguerie, on vend...

des produits pour la maison, la voiture
et le jardin
des produits pour l'hygiène personnelle
(du papier hygiénique, un rasoir, une
brosse, un sèche-cheveux, etc.)

■ Dans une parfumerie, on vend...

des produits de beauté
du maquillage
du parfum

■ Dans une librairie-papeterie,
  on vend...

  des livres
  du papier et des fournitures *(f)*
  scolaires

■ Chez un marchand de journaux
  ou dans un kiosque, on vend...

  des journaux *(m)* et des revues *(f)*
  des cartes *(f)* postales

■ Dans un magasin de vêtements,
  on vend des vêtements comme...

  des pantalons *(m)*
  des robes *(f)*
  des vestes *(f)*

■ Dans un magasin de chaussures,
  on vend des chaussures *(f)*.

■ Dans une bijouterie, on vend...

  des bijoux *(m)*
  des montres *(f)*

■ Dans une maroquinerie, on vend
  des accessoires *(m)* comme...

  un sac à main
  un sac à dos *(a backpack)*
  une valise

■ Dans un magasin de jouets,
  on vend toutes sortes de
  jouets *(m)* et de jeux *(m)*.

■ Chez un fleuriste, on vend...

  des fleurs *(f)*
  des plantes *(f)* vertes

■ Chez un opticien, on vend...

  des lunettes *(f)*
  des verres *(m)* de contact

Les bonnes affaires

Track 25 ■ La publicité nous invite à profiter de toutes sortes de «bonnes occasions» *(bargains):*

Prix Réduits!

Réduction de 20%!

Soldes de fin d'année

Comment faire des achats et les payer

Track 26 ■ Quand vous décidez d'acheter quelque chose, vous pouvez...

l'acheter neuf *(new)* ou d'occasion *(secondhand, used)*
l'acheter au prix normal ou en solde *(on sale)*
payer comptant *(pay cash)* ou l'acheter à crédit

■ Vous pouvez payer...

en liquide (ou en espèces) *(cash)*
par chèque
avec votre carte de crédit

Communication et vie pratique

Ⓐ Les marchandises. Indiquez ce que vous pouvez acheter ou quels services vous allez trouver dans chacun des endroits suivants.

> **EXEMPLE** dans un magasin de vêtements
> *Dans un magasin de vêtements, on peut acheter des robes, des vestes et des pantalons.*

1. dans une pharmacie
2. chez un fleuriste
3. chez un opticien
4. dans une librairie-papeterie
5. dans une maroquinerie
6. dans une droguerie
7. chez un marchand de journaux
8. dans une bijouterie

B Les magasins. Vous êtes en France et vous avez des courses à faire. Consultez votre liste et expliquez à d'autres étudiants de quoi vous avez besoin. Ils vont vous dire dans quel magasin il faut aller pour trouver ce que vous cherchez.

EXEMPLE — *J'ai besoin d'acheter du dentifrice.*
— *Il faut aller à la pharmacie ou au supermarché.*

pommes de terre
viande
eau minérale
chaussures de sport
montre
CD

dentifrice
sèche-cheveux
journal
papier hygiénique
parfum
fleurs

brosse à dents
médicaments
sac
papier à lettres
maquillage
croissants

C Les bonnes occasions. Les étudiants de votre classe ont décidé de vendre toutes sortes de choses. Divisez la classe en deux groupes: un groupe prépare une liste d'articles à vendre; l'autre, une liste de choses à acheter. Les vendeurs essaient de vendre ce qu'ils ont; les acheteurs essaient de trouver ce qu'ils cherchent. Après ça, faites l'inventaire des articles vendus et achetés.

EXEMPLE — *Je cherche des cartes postales.*
— *Je regrette, mademoiselle, je n'ai pas de cartes postales, mais j'ai de très belles affiches, si cela vous intéresse.*

D Choix. Vous êtes chargé(e) d'acheter des cadeaux pour les personnes suivantes. Qu'est-ce que vous allez acheter pour chaque personne, et pourquoi pensez-vous que c'est un bon cadeau? Faites vos choix et ensuite discutez ces choix avec un(e) autre étudiant(e) ou groupe d'étudiants. Ensuite décidez ensemble quel cadeau vous allez acheter. Qu'est-ce que vous allez acheter pour...

1. votre professeur(e) de français?
2. une personne qui est à l'hôpital?
3. les parents d'un ami chez qui vous allez dîner?
4. une famille française chez qui vous allez passer quelques jours?
5. l'anniversaire d'un membre de votre famille?
6. ?

Info-culture: Faire du shopping en France

Au cours des trente dernières années, les habitudes de vie des Français ont beaucoup changé, surtout en ce qui concerne les achats. Les magasins et commerces traditionnels existent toujours, mais ils ont dû faire face à la concurrence *(competition)* de nouveaux modes de vente (vente par correspondance, vente sur Internet) et à l'apparition des grandes surfaces: supermarchés, hypermarchés, grands magasins et centres commerciaux.

- **Les petits commerçants.** Pour faire face à la concurrence des grandes surfaces, les petits commerces soulignent *(emphasize)* l'attention spéciale portée aux besoins de chaque client, la qualité supérieure de leurs produits et l'aspect artisanal de leur entreprise—«pain cuit au feu de bois» *(cooked on a wood fire)* et «plats préparés maison». Les Français continuent donc à apprécier la proximité, le charme, la qualité et le contact humain que ces magasins offrent, en dépit de leurs prix un peu plus élevés.

- **Les marchés en plein air** ont lieu une ou deux fois par semaine. Dans ces marchés, souvent très animés et pittoresques, on peut acheter toutes sortes de produits alimentaires (certains sont vendus directement par les producteurs) et même des vêtements, des chaussures ou des produits pour la maison ou le jardin.

- **Les grands magasins.** Les plus connus sont Les Galeries Lafayette et Le Printemps, et on les trouve dans presque toutes les grandes villes. La notion de grand magasin date du milieu du XIXe siècle avec l'ouverture à Paris du premier grand magasin, Le Bon Marché, en 1852.

- **Les hypermarchés** comme Auchan, Carrefour, Continent et Casino sont d'immenses surfaces à prédominance alimentaire mais où on peut aussi trouver pratiquement tout pour la maison et l'habillement.

- **Les centres commerciaux** sont composés d'un ou plusieurs grands magasins et d'une grande variété de magasins et boutiques spécialisés, avec des restaurants, des cinémas et des services divers.

- **Les catalogues et les ventes par correspondance.** Cette forme de vente s'est beaucoup développée récemment. Les catalogues les plus connus sont La Redoute et Les Trois Suisses. Certains grands magasins ont aussi un service de vente par correspondance.

- **Internet** offre de nouvelles possibilités aux consommateurs. Avec Internet, il est maintenant possible de visiter virtuellement les rayons de la plupart des grandes surfaces et de faire ses achats «en ligne». Les avantages de cette nouvelle formule? Plus besoin de sortir de chez soi, finies les longues queues *(lines)* à la caisse *(checkout)* et les sites de ces magasins restent ouverts tous les jours, 24 heures sur 24.

Et vous?

If the Web sites suggested are no longer available, use a search engine to find similar information (e.g., http://fr.yahoo.com or http://www.google.fr).

Avez-vous déjà eu l'occasion de faire des achats dans un grand magasin français? Si oui, quelles différences avez-vous remarquées? Sinon, vous pouvez visiter ces magasins sur Internet. Consultez, par exemple, un des sites suivants: http://www.galerieslafayette.com ou http://www.carrefour.fr/.

Exploration ①

Parler de vos achats et ventes: Les verbes comme *vendre*

Vendre (*to sell*) belongs to a group of French verbs with infinitives that end in **-re.**

v e n d r e	
je **vends**	nous **vendons**
tu **vends**	vous **vendez**
il / elle / on **vend**	ils / elles **vendent**

Passé composé: j'ai **vendu**

Subjonctif: que je **vende**

Qu'est-ce qu'on **vend** dans une droguerie?
Janine **a vendu** son vieux vélo.
Il faut que je **vende** ma voiture.

Note that the **d** is not pronounced in the singular (**il vend**) but is pronounced in the plural (**ils vendent**). In inversion with the third-person singular (**vend-il**), the **liaison** sound is /t/. Other **-re** verbs that follow this pattern are:

attendre *to wait for, expect*	J'**attends** un coup de fil d'un ami.
défendre *to defend; to forbid*	Nous avons **défendu** notre point de vue.
	Je **défends** à mes enfants de sortir seuls le soir.
entendre *to hear*	Répétez, s'il vous plaît. Je n'**ai** pas bien **entendu.**
perdre *to lose; to waste*	J'ai **perdu** mes lunettes.
	Vous **perdez** votre temps.
répondre (à) *to answer*	Est-ce que tu **as répondu** à sa question?
rendre + NOUN *to hand back, return*	Quand est-ce que le prof **va rendre** les examens?
rendre + ADJECTIVE *to make*	L'argent ne **rend** pas les gens heureux.
rendre visite (à) *to visit (a person)*	Ils **ont rendu visite** à leurs amis.

Situation: Au bureau des objets trouvés

Track 27   Catherine a perdu son sac. Elle va au bureau des objets trouvés pour voir si quelqu'un l'a trouvé. L'employé est très occupé.

CATHERINE: Monsieur!... Monsieur! Excusez-moi, mais ça fait un quart d'heure que j'attends.

L'EMPLOYÉ: Ne perdez pas patience, madame! Je suis à vous dans un instant... Voilà... Qu'est-ce que je peux faire pour vous?

CATHERINE: J'ai perdu mon sac.

L'EMPLOYÉ: Où et quand l'avez-vous perdu?

CATHERINE: Je ne sais pas... Hier soir, j'ai rendu visite à une amie qui est à l'hôpital. Avant ça, je suis allée dans un magasin où on vend des cadeaux.

L'EMPLOYÉ: Et qu'est-ce qu'il y a dans votre sac?

CATHERINE: Mon portefeuille, plusieurs gros billets et toutes mes cartes de crédit!

> **Mots à retenir: avant** *before*, **un cadeau** *a gift*, **un portefeuille** *a wallet, billfold*, **un billet** *a bill (money)*

Avez-vous compris?

Indiquez...

- ce que Catherine a fait hier soir
- ce qu'elle a perdu
- ce qu'il y a dans son sac

Communication et vie pratique

A **Au marché aux puces.** Vous êtes au marché aux puces *(flea market)* à Paris où vous écoutez la conversation de quelques marchands qui parlent de ce qu'ils ont à vendre. Qu'est-ce qu'ils disent?

EXEMPLE   Annette [livres]
Annette vend des livres.

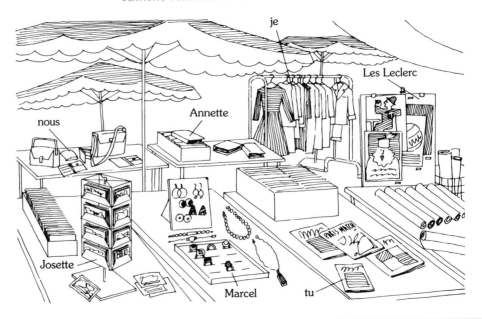

B **C'est en solde?** Imaginez que vous êtes le patron de Troifoirien, un magasin spécialisé dans les marchandises d'occasion. Vous avez décidé de solder une partie de votre stock. Vos clients, joués par d'autres étudiants, vous demandent le prix des marchandises que vous avez en vitrine. Répondez à leurs questions.

EXEMPLE sac à main
— *Ce sac à main, vous le vendez combien?*
— *Vous pouvez l'avoir pour vingt-sept euros.*

C **Des produits internationaux.** Quels produits étrangers est-ce qu'on peut trouver dans votre ville (chaussures, journaux, voitures, etc.), et dans quels magasins est-ce qu'on les vend?

EXEMPLE *On vend des fromages et des vins français au supermarché.*

D **Confusion.** Vous avez décidé de faire des achats avec vos amis, mais vous avez oublié de fixer un rendez-vous précis. Où est-ce que vos amis ont attendu?

EXEMPLE Monique / devant le magasin de vêtements
Monique a attendu devant le magasin de vêtements.

1. je / près de la pharmacie
2. nous / en face de la charcuterie
3. vous / devant le grand magasin
4. Robert / près du kiosque
5. tu / à côté de la parfumerie
6. les autres / près de la droguerie

C'est votre tour

Imaginez que vous êtes en voyage et que vous avez perdu votre sac à dos. Vous expliquez votre situation à l'employé(e) du service des objets trouvés. L'employé(e), joué(e) par un(e) autre étudiant(e), va vous demander...

■ ce que vous avez perdu
■ où vous l'avez perdu
■ quand vous l'avez perdu
■ ce qu'il y a dans le sac à dos que vous avez perdu

Exploration ②

Donner des suggestions, des conseils et des ordres: L'impératif

Imperative verb forms are used to give orders or advice, to make requests, or to explain how to do something. They are identical to the **tu, vous,** and **nous** verb forms except that the final **s** is dropped from the **tu** form of all **-er** verbs and **aller.** They are used without subject pronouns, and the **nous** form conveys the meaning *let's . . .*

-er verbs	-ir verbs	-re verbs
écoute	finis	attends
écoutez	finissez	attendez
écoutons	finissons	attendons

Finissez vos études.
Va chez le médecin.
Prenons un taxi.
Fais attention, voyons!

Negative imperatives are regular, that is, the **ne** precedes the verb and **pas** (**jamais,** etc.) follows.

Ne travaillez **pas** trop.
Ne faites **jamais** ça.
Ne perds **pas** ton argent.
Ne partons **pas** tout de suite.

2.1 The verbs **être** and **avoir** have irregular imperatives.

être	avoir
sois	aie
soyez	ayez
soyons	ayons

Soyez patients.
N'**aie** pas peur.

2.2 In affirmative commands, direct object pronouns follow the verb, and **moi** and **toi** replace **me** and **te.** In negative commands, the direct object pronoun remains in its usual place and in its usual form.

Achetez-**le.**	Ne **l'**achetez pas.
Vendez-**les.**	Ne **les** vendez pas.
Attendez-**moi.**	Ne **m'**attendez pas.

2.3 The imperative is used in many common expressions.

Sois sage!	*Be good!*
Sois gentil!	*Be nice!*
Allons-y!	*Let's go!*
Faites attention!	*Be careful! (Pay attention!)*
Ne faites pas de bruit.	*Don't make any noise.*

2.4 When making a request, it is better to avoid the imperative and to use instead a more polite form such as **Pourriez-vous...**

Pourriez-vous me donner un renseignement, s'il vous plaît?

2.5 On signs, billboards, instruction manuals, and recipes, imperatives are often replaced by infinitives or noun phrases.

Défense de fumer

Il est interdit de fumer

Prière de ne pas fumer

Situation: Dans un grand magasin

Track 28   Michel travaille comme réceptionniste dans un grand magasin. Son rôle est d'aider les clients à trouver ce qu'ils cherchent. Il donne des renseignements à une cliente accompagnée d'un petit garçon assez turbulent.

LA CLIENTE:	Pardon, monsieur, pourriez-vous me dire où je peux acheter un parapluie?
MICHEL:	Montez au troisième étage, au rayon maroquinerie. Prenez l'ascenseur, c'est plus rapide...
LA CLIENTE:	Voyons, Gérard, reste ici! Tu es pénible!... Excusez-moi, monsieur, cet ascenseur, où est-il?...
MICHEL:	Là-bas... Tournez à droite; vous ne pouvez pas le manquer.
LA CLIENTE:	Et les appareils photo, ils sont au rez-de-chaussée?
MICHEL:	Non, au sous-sol. Prenez l'escalier roulant et allez tout droit jusqu'au fond.
LA CLIENTE:	Merci, monsieur. Gérard, sois sage! Ne touche pas à tout!

> **Mots à retenir: les renseignements** *(m pl) information,* **le parapluie** *umbrella,* **l'étage** *(m) floor, level,* **un rayon** *a counter, department,* **l'ascenseur** *(m) elevator,* **pénible** *(acting like) a nuisance,* **l'appareil photo** *(m) camera,* **le rez-de-chaussée** *ground floor,* **le sous-sol** *basement,* **l'escalier** *(m)* **roulant** *escalator,* **le fond** *end, back*

Avez-vous compris?

Expliquez...

- en quoi consiste le travail de Michel.
- ce que la cliente cherche.
- où trouver ce que la cliente cherche.

Communication et vie pratique

Ⓐ Soldes de fin d'année. Vous travaillez dans le service publicitaire d'un grand magasin qui prépare ses soldes de fin d'année. Vous êtes très fier(-ière) de la qualité de vos produits et de votre personnel. Quels conseils allez-vous donner aux clients pour les encourager à venir faire leurs achats dans votre magasin?

> **EXEMPLES** ne pas manquer nos soldes de fin d'année
> *Ne manquez pas nos soldes de fin d'année.*
>
> être les bienvenus chez nous
> *Soyez les bienvenus chez nous.*

1. profiter des soldes
2. venir faire vos achats chez nous
3. ne pas attendre trop longtemps
4. ne pas perdre de temps
5. demander conseil à nos vendeurs
6. faire confiance à notre personnel
7. envoyer des cadeaux à tous vos amis
8. payer avec votre carte de crédit

Ⓑ Slogans. Vous êtes chargé(e) de préparer des slogans publicitaires pour un produit ou un service de votre choix. Préparez vos slogans (seul[e] ou en petits groupes) et présentez-les au reste de la classe.

> **EXEMPLE** *Allez au cinéma sans sortir de chez vous: Achetez un magnétoscope.*

Ⓒ Mais non! Votre ami Antoine parle de ce qu'il a l'intention de faire; vous êtes de mauvaise humeur et vous dites le contraire de tout ce qu'il propose.

> **EXEMPLE** Je vais rester à la maison.
> *Mais non, ne reste pas à la maison!*

1. Je vais étudier ce matin.
2. Je vais prendre l'autobus.
3. Je vais faire la cuisine.
4. Je vais aller à la boulangerie.
5. Je vais regarder cette émission.

> **EXEMPLE** Je n'ai pas envie de faire mes devoirs.
> *Tant pis, fais-les quand même.*

1. Je n'ai pas envie d'étudier pour mon examen.
2. Je n'ai pas envie d'apprendre le subjonctif.
3. Je n'ai pas envie de finir mon travail.
4. Je n'ai pas envie d'aller à la bibliothèque.
5. Je n'ai pas envie de faire le ménage.

D Conseils. Un étudiant de première année vous a demandé votre avis sur les sujets suivants. Répondez à ses questions. Maintenant que vous avez répondu à ses questions, quels autres conseils aimeriez-vous lui donner?

> **EXEMPLE** À ton avis, est-ce que c'est une bonne idée d'habiter dans une résidence universitaire?
> *Non, n'habite pas dans une résidence universitaire. Loue un appartement, c'est préférable.*

1. Est-ce qu'il vaut mieux chercher un appartement près du campus ou dans une autre partie de la ville?
2. Est-ce que c'est une bonne idée de partager un appartement avec d'autres étudiants?
3. Est-ce qu'il vaut mieux manger au restaurant universitaire ou faire sa propre cuisine?
4. Est-ce qu'il vaut mieux acheter des livres neufs ou les acheter d'occasion?
5. Est-ce que c'est une bonne idée d'utiliser une carte de crédit pour tous les achats?
6. Est-ce que c'est une bonne idée d'acheter une voiture d'occasion?
7. Est-ce qu'il vaut mieux étudier seul ou en groupe?
8. Est-ce que c'est une bonne idée d'aller dans les cafés pour rencontrer d'autres étudiants?

E Je vous donne un petit conseil. Quels conseils pourriez-vous donner aux personnes suivantes? Travaillez en petits groupes et mettez vos suggestions en commun. Ensuite, choisissez les meilleurs conseils dans chacune des catégories mentionnées et présentez vos sélections au reste de la classe.

> **EXEMPLE** aux professeurs
> *Soyez gentils, ne donnez pas d'examens le lundi.*

1. aux professeurs
2. aux futurs parents
3. aux enfants
4. aux touristes français qui viennent aux États-Unis
5. aux touristes américains qui vont en France
6. à l'administration de votre université

C'est votre tour

Vous travaillez comme réceptionniste à La Samaritaine, un grand magasin parisien. Différents clients (joués par d'autres étudiants) veulent savoir où trouver ce qu'ils cherchent. Vous avez à votre disposition un plan général du magasin et une liste qui indique où les différents rayons sont situés. Aidez les clients.

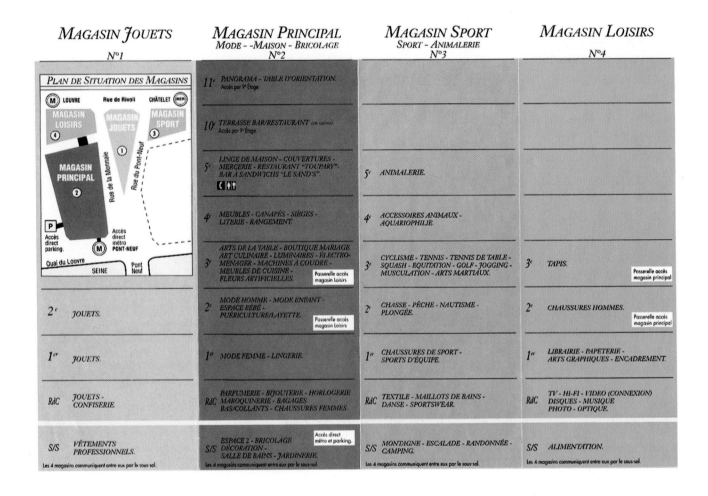

Exploration ③

Faire des comparaisons: Le comparatif et le superlatif

One of the ways in which we evaluate something is by making comparisons; we say that one thing, action, or person is larger (smaller), faster (slower), or more (less) beautiful than another.

3.1 In French, comparisons of adjectives and adverbs can take three forms:

aussi... que	*as . . . as*	Il est **aussi** grand **que** sa sœur.
		Il marche **aussi** vite **que** sa sœur.
plus... que	*more . . . than*	Il est **plus** grand **que** son frère.
		Il marche **plus** vite **que** son frère.
moins... que	*less . . . than*	Il est **moins** grand **que** son père.
		Il marche **moins** vite **que** son père.

3.2 The following expressions of quantity are combined with **que** to compare amounts or quantities of things.

autant de + NOUN + **que**	*as much (many) . . . as*	Tu as **autant de travail** et **autant de devoirs que** Jean.
plus de + NOUN + **que**	*more . . . than*	Tu as **plus de travail** et **plus de devoirs que** Suzanne.
moins de + NOUN + **que**	*less (fewer) . . . than*	Tu as **moins de travail** et **moins de devoirs que** Manick.

3.3 In English, *better* can be used both as an adjective (This restaurant is better than that one) and as an adverb (He speaks French better than I do). In French, there are different words for each. To say that something is *better,* use **meilleur,** the comparative form of the adjective **bon.**

	Singulier	*Pluriel*
Masculin	meilleur	meilleurs
Féminin	meilleure	meilleures

— C'est une bonne boutique?
— Oui, cette boutique est **meilleure que** l'autre. Les prix sont **meilleurs** ici.

3.4 The comparative of the adverb **bien** is **mieux,** which also means *better.*

Robert parle bien français. Mais sa sœur parle **mieux que** lui, et elle a un **meilleur** accent.
Ça va **de mieux en mieux.**

3.5 The superlative is used to express the ideas of *the most, the least, the best.* In English, the ending *-est* usually communicates the superlative *(greatest, fastest).* In French, the superlative of adjectives is formed by simply adding the definite article to the comparative form.

C'est une ville intéressante.   C'est la ville **la plus** intéressante **de la** région.
C'est un bon magasin.   C'est **le meilleur** magasin **du** quartier.
C'est un vieux bâtiment.   C'est **le plus** vieux bâtiment **de la** ville.

You've already learned that some adjectives come before nouns and others follow; this placement is not changed by the superlative. Note also that **de** follows the superlative, whereas in English, *in* is used.

When an adverb is used with a superlative, the definite article is always **le** because adverbs do not have gender or number.

C'est la ville que j'aime **le moins.**
Voici les magasins où je vais **le plus souvent.**

Situation: Achat d'un cadeau

Track 29 Mélanie veut acheter un cadeau pour sa meilleure amie qui vient d'avoir son premier bébé. Elle demande conseil à sa mère.

LA MÈRE: Le mieux, c'est d'aller à «L'enfant-roi». C'est le meilleur magasin de la ville.
MÉLANIE: Tu crois qu'ils ont autant de choix qu'à Prisunic?
LA MÈRE: Oui, et les prix ne sont pas plus élevés. Et je dois ajouter que les vendeuses sont beaucoup plus aimables!
MÉLANIE: Oui, mais est-ce que la qualité est aussi bonne?
LA MÈRE: Meilleure, en fait. Et c'est moins loin d'ici...
MÉLANIE: Tu sais, un kilomètre de plus ou de moins, ce n'est pas ce qui est le plus important.
LA MÈRE: Écoute, si tu aimes mieux aller à Prisunic, va à Prisunic. Mais si tu veux profiter des soldes, vas-y le plus tôt possible.

> **Mots à retenir: plus élevés** *higher,* **en fait** *in fact*

Avez-vous compris?

Selon la mère de Mélanie, il vaut mieux acheter le cadeau en question à «L'enfant-roi». Quelles sont les cinq raisons qu'elle donne?

Communication et vie pratique

Ⓐ Qui dit mieux? Vous êtes persuadé(e) que Mademoiselle Villiers est une des meilleurs profs de votre école. Vous la comparez aux autres professeurs. Un de vos amis pense que Monsieur Martel est encore meilleur.

> **EXEMPLE** intéressant
> — *Mlle Villiers est plus intéressante que les autres profs.*
> — *À mon avis, M. Martel est encore plus intéressant!*

1. gentil
2. compétent
3. amusant
4. sympathique
5. patient
6. juste
7. bon
8. doué

Ⓑ Et vous? Quelles sortes de comparaisons pouvez-vous faire entre vos différents professeurs et vos différents cours?

> **EXEMPLE** *Mon cours de géographie est beaucoup plus intéressant que mon cours d'histoire. C'est peut-être parce que le prof est plus sympa.*

 Ⓒ Internet. Imaginez que vous êtes en Suisse et que vous avez décidé d'utiliser Internet pour faire quelques achats. (Vous pouvez consulter, par exemple, le site http://www.welcome-geneva.com, ou si vous préférez, cherchez vous-même d'autres sites.) Qu'est-ce que vous allez acheter? Comparez et discutez vos choix avec d'autres étudiants.

Ⓓ Comparaisons. Nous aimons tous comparer les avantages et les inconvénients de différents aspects de notre vie. Utilisez les expressions ou les adjectifs suggérés pour exprimer votre opinion sur les sujets suivants. Notez les différentes possibilités dans l'exemple suivant.

> **EXEMPLE** l'avion ↔ le train
> *Le train est moins rapide que l'avion.*
> *Le train n'est pas aussi dangereux que l'avion.*
> *Le train coûte moins cher que l'avion.*

1. l'avion ↔ le train
   rapide / dangereux / confortable / pratique / bon marché / aller vite / coûter cher / ?
2. la cuisine américaine ↔ la cuisine française
   variée / bonne / mauvaise / simple / de bonne qualité / facile à préparer / ?
3. les Américains ↔ les Français
   accueillants / conformistes / grands / naïfs / optimistes / bien informés / ?
4. les voitures étrangères ↔ les voitures américaines
   économiques / chères / confortables / pratiques / de bonne qualité / ?

E **Paris et la province.** Un de vos amis qui vient d'une petite ville du sud de la France fait ses études dans la capitale. Il compare sa ville d'origine avec Paris. Qu'est-ce qu'il dit? Et vous? Que pouvez-vous dire de positif (ou de négatif) au sujet de la ville ou de la région où vous habitez? Pouvez-vous la comparer à une autre ville américaine?

> **EXEMPLE** les gens / moins heureux
> *Les gens sont moins heureux que chez nous.*

1. la vie / moins agréable
2. les magasins / plus intéressants
3. les prix / plus élevés
4. les gens / moins sympa
5. les vêtements / plus chers
6. le climat / plus froid

> **EXEMPLE** boutiques (+)
> *Il y a plus de boutiques que chez nous.*

1. restaurants (+)
2. soleil (−)
3. bruit (+)
4. fleurs (−)
5. vent (−)
6. voitures (+)

F **Et vous?** Indiquez les aspects positifs et négatifs de la ville et de la région où votre université est située. Et la ville d'où vous venez, quels sont ses bons et ses mauvais côtés? Ensuite, travaillez avec d'autres étudiants et comparez vos opinions.

G **Paris, ville lumière.** Un de vos amis pense que Paris est la plus belle ville du monde. Qu'est-ce que votre ami dit? Ensuite, faites des phrases pour décrire une ville que vous aimez particulièrement.

> **EXEMPLE** des gens intéressants
> *C'est à Paris qu'on trouve les gens les plus intéressants.*

1. de bons restaurants
2. de beaux quartiers
3. de jolis parcs
4. de bons théâtres
5. de bonnes écoles
6. des monuments célèbres
7. des musées intéressants
8. des rues animées

Ⓗ À votre avis. On essaie toujours de trouver les meilleures choses possibles—le meilleur restaurant du quartier, le meilleur film de l'année. Utilisez les suggestions suivantes pour poser des questions aux autres étudiants de votre classe. Travaillez d'abord en petits groupes et ensuite, partagez les résultats de votre conversation avec le reste de la classe.

Le monde du spectacle

le meilleur chanteur ou la meilleure chanteuse
le meilleur acteur ou la meilleure actrice
le meilleur film (et le plus mauvais)
le film le plus amusant
la chanteuse la plus populaire cette année
le groupe le plus populaire
la meilleure chanson
la série la plus amusante
le meilleur feuilleton (et le plus mauvais)
?

Les voyages

la plus belle ville des États-Unis
la plus belle région des États-Unis
la ville américaine la plus intéressante à visiter
le plus beau pays du monde
le pays le plus intéressant à visiter
?

Sur le campus et dans votre ville

le restaurant où on mange le mieux
le plus mauvais restaurant de la ville
le cours le plus difficile
le cours le plus intéressant
le cours le plus facile
l'endroit où on rencontre les gens les plus intéressants
le sport le plus populaire
la meilleure librairie
la meilleure équipe de football
?

C'est votre tour

C'est le début de l'année scolaire. Un étudiant français qui vient d'arriver dans votre ville a besoin d'acheter toutes sortes de choses (fournitures scolaires, nourriture, vêtements, etc.). Aidez-le à choisir les magasins les mieux situés et ceux où il peut trouver le meilleur choix et les meilleurs prix. Travaillez en groupes de deux. L'étudiant(e) qui joue le rôle du jeune Français prépare sa liste et demande conseil. L'autre étudiant(e) répond à ses questions et offre ses conseils. Utilisez autant de comparatifs et de superlatifs que possible.

Acheter ou ne pas acheter?
Maintenant ou plus tard? Voilà la question!

Pour mieux lire: Les pubs utilisent toutes sortes de techniques pour attirer et séduire les consommateurs: retour à la tradition, témoignages personnels, jeux de mots, culte de la jeunesse, culte de la technologie, images qui séduisent, amusent ou intriguent, etc. Lisez rapidement les publicités qui suivent et essayez d'identifier les techniques utilisées.

Dans notre société de consommation, la publicité—la pub, comme on dit souvent—joue un rôle de premier ordre. Elle est partout: le long des routes, sur les murs, dans les journaux et revues, sur nos écrans de télévision, dans notre boîte aux lettres et maintenant même sur Internet! Chaque jour, elle nous invite à découvrir de nouveaux produits, toujours meilleurs, toujours plus perfectionnés et... toujours plus indispensables à notre bonheur!... Les images et les slogans sont soigneusement étudiés pour nous séduire, gagner notre confiance et nous donner envie d'acheter le produit en question. Les produits et les services proposés varient mais le message reste le même: découvrez, achetez et surtout, ne laissez pas passer l'occasion!

Mots à retenir / Mots en contexte: la consommation *consumption*, **le mur** *wall*, **l'écran** *(m) screen*, **la boîte aux lettres** *mailbox*, **découvrir** *to discover*, **soigneusement** *carefully*, séduire *to seduce*

Avez-vous compris?

Dans chacune des publicités présentées, quels sont les mots et les images qui sont particulièrement bien choisis pour gagner notre confiance ou pour nous donner envie d'acheter le produit en question? Pouvez-vous faire mieux (ou aussi bien)? Mais oui, bien sûr! Alors, allez-y et créez un nouveau slogan pour chacun de ces produits.

Ce grand projet n'est pas récent. Deux pays sont à l'origine d'une Europe commune, la France et l'Allemagne. Ces deux pays, longtemps ennemis dans le passé, ont préféré former une union pour consolider leur réconciliation et devenir plus forts économiquement et politiquement. Depuis 1951, plusieurs traités ont contribué à la construction de l'Europe:

1951: Création de la CECA (Communauté européenne du charbon et de l'acier) composée de six pays: la France, l'Allemagne, l'Italie, la Belgique, le Luxembourg et les Pays-Bas.

1957: Création de la Communauté économique européenne (la CEE) ou le Marché commun entre ces six pays.

1973: Le Royaume-Uni, l'Irlande et le Danemark entrent dans la CEE.

1981: La Grèce entre dans la CEE.

1986: L'Espagne et le Portugal entrent dans la CEE.

1992: Création de l'Union européenne (UE) pour renforcer les pouvoirs européens entre les douze pays de la CEE.

1995: La Suède, la Finlande et l'Autriche entrent dans l'UE.

2004: Dix pays de l'Europe de l'Est et du Sud-Est entrent dans l'UE.

2007: La Roumanie et la Bulgarie vont aussi devenir membres de l'UE.

■ Les buts et les préoccupations de l'UE

Une union solide entre les pays européens leur permet d'être mieux préparés pour faire face aux exigences du monde moderne et d'être plus compétitifs économiquement et politiquement au niveau mondial. De nombreux projets agricoles, industriels et économiques ont permis de créer des emplois et d'aider les pays les plus pauvres. L'UE est aussi présente dans la vie de tous les jours, dans le domaine de l'éducation, de la santé et de l'alimentation. En 1999, la création d'une monnaie commune, l'euro, a concrétisé l'idée d'une union économique.

■ L'avenir de l'Union européenne

Unir des pays de langue, de culture et de religion différentes est une tâche difficile. Mais être unis économiquement ne veut pas dire que les pays membres de l'union vont abandonner leur identité culturelle. Pour faciliter le bon fonctionnement d'une Union composée de 25 États, un nouveau projet de Constitution européenne est en place pour l'année 2006, avec en particulier, une nouvelle organisation des pouvoirs et une charte des droits fondamentaux des citoyens.

■ L'euro et l'Union européenne

L'euro est la nouvelle monnaie commune des pays membres de l'Union européenne. Le but de cette monnaie unique est de faciliter la libre circulation des biens (*goods*) et des personnes dans les pays membres de l'Union européenne. Seuls quatre pays européens (le Danemark, l'Angleterre, la Suisse et la Suède) ont décidé de ne pas l'adopter et de garder leur propre monnaie. Depuis sa circulation, la valeur de l'euro est très proche de la valeur du dollar américain. Chaque pièce a une face nationale qui est différente pour chaque pays, et une face commune, ce qui permet d'utiliser les mêmes pièces et les mêmes billets quand on passe d'un pays à l'autre. En France, la face nationale des pièces est frappée à l'effigie de Marianne et de la Semeuse, symboles traditionnels de la République française.

UNION EUROPÉENNE

UNION EUROPÉENNE
(Allemagne, Autriche, Belgique, Danemark, Espagne, Finlande, France, Grèce, Irlande, Italie, Luxembourg, Pays-Bas, Portugal, Royaume-Uni, Suède)

ÉTATS DE L'A.E.L.E. MEMBRES DE L'ESPACE ÉCONOMIQUE EUROPÉEN
(Islande, Liechtenstein, Norvège)

ÉTATS ADHÉRENTS À L'UNION EUROPÉENNE AU 1er MAI 2004
(Chypre, Estonie, Hongrie, Lettonie, Lituanie, Malte, Pologne, Slovaquie, Slovénie, République tchèque)

ÉTATS CANDIDATS EN NÉGOCIATIONS
(l'objectif étant l'adhésion en 2007)
(Bulgarie, Roumanie)

ÉTAT CANDIDAT N'AYANT PAS ENCORE OUVERT DE NÉGOCIATIONS
(Turquie)

ADHÉSION AUX COMMUNAUTÉS EUROPÉENNES, PUIS À L'UNION EUROPÉENNE :
1957 : Allemagne, Belgique, France, Italie, Luxembourg, Pays-Bas
1973 : Danemark, Irlande, Royaume-Uni
1981 : Grèce
1986 : Espagne, Portugal
1995 : Autriche, Finlande, Suède

SUCCESSION DES PRÉSIDENCES :

ESPAGNE	1er semestre 2002	PAYS-BAS	2e semestre 2004
DANEMARK	2e semestre 2002	LUXEMBOURG	1er semestre 2005
GRÈCE	1er semestre 2003	ROYAUME-UNI	2e semestre 2005
ITALIE	2e semestre 2003	AUTRICHE	1er semestre 2006
IRLANDE	1er semestre 2004	FINLANDE	2e semestre 2006

Et vous?

Selon vous, quels sont les avantages et les inconvénients de l'Union européenne pour les pays participants? Une des grandes préoccupations des pays membres de l'Union est la perte de leur identité culturelle face à une identité européenne plus importante. Pensez-vous que ce soit une préoccupation valable? À votre avis, comment chaque pays peut-il concilier la protection de son identité culturelle et son appartenance à l'UE?

Communication et vie pratique

Ⓐ Soyez les bienvenus à Châtillon. Vous visitez Châtillon, une petite ville située au nord-est de Lyon. Vous allez à l'Office du tourisme pour obtenir quelques renseignements sur les différents magasins et services. Expliquez votre situation aux employés (joués par d'autres étudiants).

Le rôle des employés (qui ont la liste des commerçants châtillonnais à la page 298) est (1) d'étudier le plan de la ville à la page 297 et la liste des services, (2) de dire aux visiteurs où ils peuvent trouver ce qu'ils cherchent, (3) d'indiquer dans quelle rue le magasin est situé et le chemin qu'il faut prendre et (4) de donner le numéro de téléphone du magasin en question.

Le rôle des visiteurs (qui ont simplement le plan de la ville) est (1) d'expliquer leur situation aux employés et de demander où ils peuvent trouver les magasins et les services suivants, (2) d'écouter les indications données par l'employé(e) et (3) de trouver sur la carte la rue où le magasin est situé.

1. Vous désirez consulter un médecin.
2. Vous cherchez une bonne boulangerie.
3. Vous voulez savoir où il y a une station-service.
4. Votre voiture est en panne.
5. Vous avez perdu un de vos verres de contact.
6. Vous voulez faire une excursion dans la région.
7. Vous avez besoin d'acheter des médicaments.
8. Vous avez décidé de faire du camping et vous avez besoin de l'équipement nécessaire.
9. Vous avez besoin d'acheter un guide touristique de la région.

Ce plan de ville vous est offert par les artisans d'art, les hôteliers, les restaurateurs et les chambres d'hôtes
Adhérants à l'Office du Tourisme

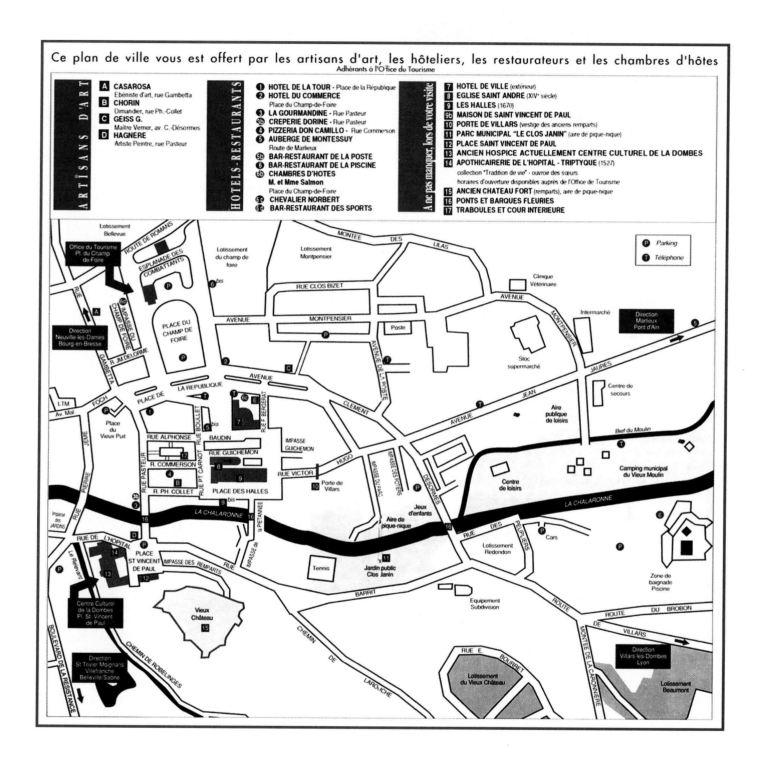

ARTISANS D'ART

A CASAROSA
Ebéniste d'art, rue Gambetta

B CHORIN
Dinandier, rue Ph.-Collet

C GEISS G.
Maître Verrier, av. C.-Désormes

D HAGNERE
Artiste Peintre, rue Pasteur

HOTELS-RESTAURANTS

1 HOTEL DE LA TOUR - Place de la République
2 HOTEL DU COMMERCE
Place du Champ-de-Foire
3 LA GOURMANDINE - Rue Pasteur
3b CREPERIE DORINE - Rue Pasteur
4 PIZZERIA DON CAMILLO - Rue Commerson
5 AUBERGE DE MONTESSUY
Route de Marlieux
5b BAR-RESTAURANT DE LA POSTE
6 BAR-RESTAURANT DE LA PISCINE
6b CHAMBRES D'HOTES
M. et Mme Salmon
Place du Champ-de-Foire
6c CHEVALIER NORBERT
6d BAR-RESTAURANT DES SPORTS

A ne pas manquer, lors de votre visite

7 HOTEL DE VILLE (extérieur)
8 EGLISE SAINT ANDRE (XIVᵉ siècle)
9 LES HALLES (1670)
9b MAISON DE SAINT VINCENT DE PAUL
10 PORTE DE VILLARS (vestige des anciens remparts)
11 PARC MUNICIPAL "LE CLOS JANIN" (aire de pique-nique)
12 PLACE SAINT VINCENT DE PAUL
13 ANCIEN HOSPICE ACTUELLEMENT CENTRE CULTUREL DE LA DOMBES
14 APOTHICAIRERIE DE L'HOPITAL - TRIPTYQUE (1527)
collection "Tradition de vie" - ouvroir des sœurs
horaires d'ouverture disponibles auprès de l'Office de Tourisme
15 ANCIEN CHATEAU FORT (remparts), aire de pique-nique
16 PONTS ET BARQUES FLEURIES
17 TRABOULES ET COUR INTERIEURE

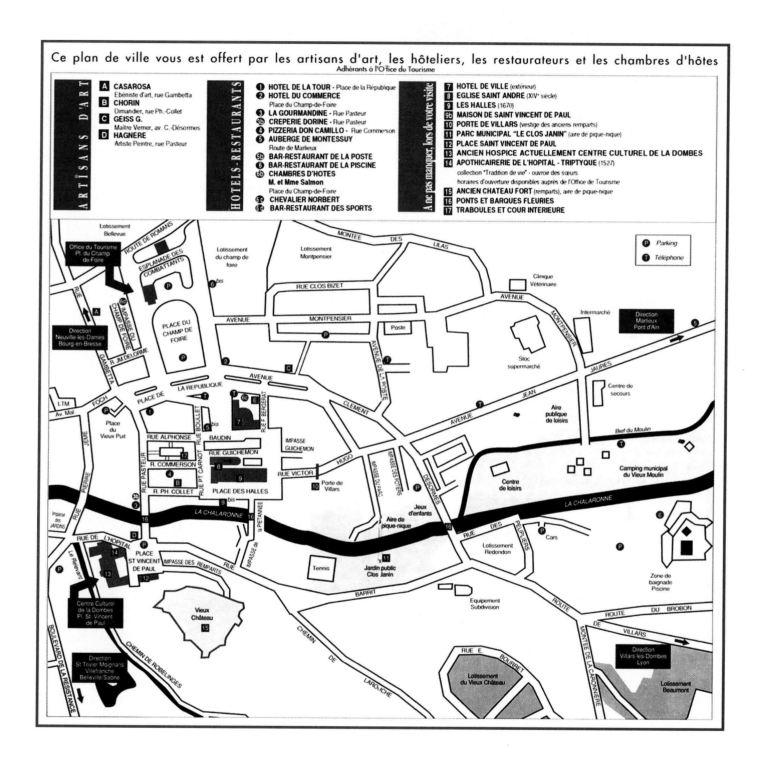

LOCATIONS MEUBLE CLE CONFORT

- M. et Mme DUMERGUE Guy - 45, rue Philibert Collet - 04 74 55 34 31 ou à Paris 01 30 34 06 13

GITES DE FRANCE

CHAMBRES D'HOTES
- Condeissiat 01400 - M. et Mme BELOUZARD Etang Ratel - 04 74 51 44 51
- Romans 01400 - M. et Mme MONTRADE GUY Le Grand Janan - 04 74 55 00 80

GITES RURAUX
- Neuville-les-Dames 01400 - M. et Mme SALLUCET André La Chassagne - 04 74 55 61 79
- Saint-Trivier-sur-Moignans 01990 - M. et Mme GOIFFON Jean Grand Etang - 04 74 55 80 73
- Sandrans 01400 - M. et Mme PROST G. Les Bornes - 04 74 24 52 57

PROFESSIONS LIBERALES

Architecte
- Etude et chantiers: M. LE BOT Jacques 240, Av. Clément Désormes - 04 74 55 02 69

Dentiste
- Mme BRETTE-VIALLY Pascale Av. Clément Désormes - 04 74 55 04 29

Infirmières
- Centre de soins Saint-Vincent-de-Paul - 12, Pl. des Halles

Laboratoires d'analyses médicales
- Mme DELOCHE Martine - Pl. des Halles - 04 74 55 25 40

Médecins
- Dr COILLARD Victor - 151, Av. Clément Désormes - 04 74 55 05 63
- Dr COLSON Jacques - 19, rue Philibert Collet - 04 74 55 04 24
- Dr RIMAUD Christine - Av. Montpensier - 04 74 55 02 68
- Dr ROUSSEL François - Lot. Champ-de-Foire - 04 74 55 01 53

Notaires
- M. BRUNET Jean-Charles - Montée du Champ-de-Foire - 04 74 55 00 49
- Mme REGAL Josette

Pharmaciens
- M. CHANEL Pierre - Rue Gambetta - 04 74 55 00 81
- M. KROELY Philippe - 62, rue Philibert Collet - 04 74 55 06 22

Radiologie - Scanographie
- Dr VERCELLIS Yves - 15, Pl. Saint-Vincent-de-Paul - 04 74 55 14 98

ALIMENTATION GENERALE
- La Corbeille Châtillonnaise - M. ROCH Michel 49, Av. Clément Désormes - 04 74 55 11 00

LAITERIE - FROMAGERIE
- Les Clarines - M. et Mme CUINET Christophe 52, rue du Président Carnot - 04 74 55 09 22
- M. LAGUIN Jean - Rue Barrit - 04 74 55 08 59

ARTICLES DE SPORT
- Sport Evasion - Mlle MATHON Nadine 127, rue Pasteur - 04 74 55 35 40

ASSURANCES
- Mutuelles du Mans: MM. BARRET Max, PERREAULT Philippe, ESCHBACH Jean-Charles - 81 rue Alphonse Baudin - 04 74 55 03 42
- Société d'Assurances Mutuelles contre l'Incendie et les Risques Divers - MIC: Mme GERBEL Danielle - 83, Pl. des Halles - 04 74 55 04 22

AUTO-ECOLE
- Auto-école des Dombes - M. DRUGUET Robert 65, rue Bergerat - 04 74 55 03 29

BOUCHERIES-CHARCUTERIES
- M. et Mme DOUCET Jean-Pierre - Rue Pasteur - 04 74 55 01 28

BOUCHERIE GROS ET DETAIL
- Deplatière S.A. - M. DEPLATIERE Gérard La Tredonnière - 04 74 55 27 67

BOULANGERIES
- M. et Mme ARCHENY Christian - 88, rue Pasteur - 04 74 55 02 84
- M. et Mme PELUS André - Pl. des Halles - 04 74 55 02 02

COIFFEURS
- M. BOUDAT Roger - Av. Clément Désormes - 04 74 55 03 47

CORDONNIER
- M. GADIOLLET Armand - Rue Pasteur

COUTURIERE
- "Yvette" - Mme BELAY Yvette - 155, rue Victor Hugo - 04 74 55 34 52

ENTREPRISES

Accessoires Autos et Equipment Autos
- Targa - M. MARTIN Jean-Michel - Z.I. - B.P. 19 - 04 74 55 05 55

Décolletage
- Sindra (SA) - M. AZMAN (P.D.G.) - Z.I. - Sud B.P. 41 - 04 74 55 03 38

Laboratoires de Thérapeutique Moderne
- L.T.M. (SA) - M. CLIVIO Louis (Directeur) - Av. Foch - 04 74 45 54 42

Casques Gallet de France (SA) - C.G.F.
- M. GALLET Adrien - Z.I. Sud - 04 74 55 01 55

GARAGE - CARROSSERIE - STATION
Garage
- Renault - M. GALLAND Michel 48, Pl. du Champ-de-Foire - 04 74 55 03 23

Station-service
- Station Total - Mme FERRARI Stéphanie 27, Pl. de la République - 04 74 55 00 02

LINGERIE - BONNETERIE - VETEMENTS ENFANTS
- Mme GERBET Isabelle - Pl. de l'Eglise - 04 74 55 15 20

MERCERIE - BONNETERIE - LINGE DE MAISON - FORAINS
- "La Pince à Linge" (linge de maison) - Mme RASSION Claude Pl. de l'Eglise - 04 74 55 24 91

MEUBLES - MENUISERIE
- Escalier restauration - Parquet - Plafond à la Française M. PRIVEL Frères - Impasse du Champ-de-Foire - 04 74 55 02 95

OPTICIEN
- Baillet Optique - M. BAILLET Christian 64, rue Commerson - 04 74 55 12 11

PATISSERIES
- M. GAGET Michel - 98, rue Pasteur - 04 74 55 01 17
- M. LEBEAU Albert-Gilles - 28, rue Pasteur - 04 74 55 00 25
- M. REBOUL Charles - Rue Alphonse Baudin - 04 74 55 04 27

PAYSAGISTE - PEPINIERISTE
- Sté Sols et Paysage - M. MANIGAND Michel - Route de Belle "Maillard" - 04 74 55 00 53

PLOMBIER
- M. JAFFRE Henri - 113, rue Pasteur - 04 74 55 02 93

PRESSE - LIBRAIRIES
- M. RANDON Jean-Pierre - Pl. de la République - 04 74 55 05 86

PRET-A-PORTER - VETEMENTS
- Ninou Boutique - Mme Lety Irène - 21, rue Gambetta - 04 74 55 09 21

TOILETTAGE CANIN
- "L'Espace du Chien" - M. DEMULE Alain 100, rue Pasteur - 04 74 55 07 35

VOYAGES - TRANSPORTS
- Le Courrier des Dombes - M. et Mme CARRE Jean-Pierre 148, Av. Clément Désormes - 04 74 55 04 21

B **Soldes de printemps.** Vous écoutez la radio, et vous entendez une annonce publicitaire pour Monoprix.

Track 30

> **Pour mieux comprendre:** Écoutez la pub pour Monoprix une première fois et indiquez si elle donne ou non des renseignements sur chacun des sujets suivants. Ensuite, écoutez la pub une deuxième fois et donnez les renseignements demandés.

oui non

❑	❑	Nom du magasin	_____
❑	❑	Adresse du magasin	_____
❑	❑	Numéro de téléphone	_____
❑	❑	Date(s) des soldes	_____
❑	❑	Qualité du magasin	_____
❑	❑	Qualité des vendeurs	_____
❑	❑	Articles en solde	_____
❑	❑	Rayon où on peut les trouver	_____
❑	❑	Prix des articles en solde	_____

C **On fait de la pub!** Des commerçants de Châtillon vous ont demandé de préparer un spot publicitaire pour leur magasin ou un de leurs produits ou services. Ces pubs vont passer à la radio ou à la télévision, et vous disposez de seulement 30 secondes. Travaillez seul(e) ou en petits groupes pour créer vos spots publicitaires. Si vous préférez, vous pouvez faire de la pub pour un autre produit de votre choix.

> **Pour mieux écrire:** Une fois que vous avez choisi le produit ou le service en question, faites une liste de mots ou de phrases qui vont attirer l'attention du public. Par exemple, si vous avez choisi un garage, vous pouvez dire: **mécaniciens honnêtes et compétents, service rapide et de grande qualité, les meilleurs mécaniciens et les meilleurs prix.** Essayez d'utiliser le comparatif et le superlatif dans vos pubs.

D **Économe ou dépensier?** Est-ce que vous avez tendance à économiser votre argent ou à le dépenser sans compter? Pour le savoir, faites le test suivant et consultez l'interprétation à la fin du test. Vous pouvez répondre vous-même à ces questions ou les utiliser pour interviewer un(e) autre étudiant(e).

1. À la fin du trimestre, est-ce que...
   a. vous revendez vos livres?
   b. vous les gardez?

2. Quand vous avez besoin d'une nouvelle voiture, est-ce que vous achetez...
   a. une voiture d'occasion?
   b. une voiture neuve?

3. Quand vous avez envie d'un livre, est-ce que...
   a. vous allez à la bibliothèque?
   b. vous l'achetez dans une librairie?

4. Quand vous avez besoin de nouveaux vêtements, est-ce que vous les achetez...
   a. quand ils sont en solde?
   b. quand ils sont vendus au prix normal?

5. Quand vous cherchez un appartement, est-ce que vous choisissez...
   a. un appartement modeste mais confortable?
   b. un appartement de luxe qui possède tout le confort moderne?

6. Comment organisez-vous votre budget? En général, est-ce que...
   a. vous établissez votre budget au début de chaque mois?
   b. vous dépensez votre argent sans compter?

7. Il y a quelque chose que vous voulez acheter mais votre budget est très limité en ce moment. Est-ce que...
   a. vous attendez d'avoir l'argent nécessaire?
   b. vous l'achetez à crédit ou vous empruntez de l'argent?

8. Quand vous utilisez une carte de crédit, est-ce que...
   a. vous payez chaque mois ce que vous devez?
   b. vous continuez à acheter ce que vous voulez?

9. Quand vous empruntez de l'argent à un(e) ami(e), est-ce que...
   a. vous rendez immédiatement l'argent que vous avez emprunté?
   b. vous oubliez que vous avez emprunté de l'argent?

10. À la fin du mois, est-ce que...
    a. vous avez toujours assez d'argent pour finir le mois?
    b. vous devez emprunter de l'argent?

Combien de fois avez-vous choisi la réponse *a?*

8–10   Vous êtes très économe, et c'est une bonne chose. Mais ne soyez pas obsédé(e) par les questions d'argent.

6–7   Vous êtes économe, mais sans excès. Et vos amis peuvent compter sur vous quand ils ont besoin d'argent!

3–5   Vous aimez dépenser sans compter, mais n'espérez pas être un jour ministre des Finances.

0–2   Si dépenser de l'argent rend les gens heureux, vous devez être très, très heureux(-euse).

Invitation au voyage: Destination le Maroc

Dans le texte à la page 302, Samia parle des nombreux souks (marchés en plein air) de sa ville natale, Marrakech. D'après ce que vous savez déjà au sujet de ce pays d'Afrique du Nord, quels produits et marchandises pensez-vous qu'on trouve dans ces souks? Comparez vos idées avec les renseignements donnés par Samia.

Chez nous

○ ○ ○ ○ ○ ○ ○ ○

au Maroc

Superficie:	Population:
710 850 km²	30 640 000 h

Capitale: Rabat
Villes importantes: Casablanca, Fès, Marrakech

Langues: arabe et français	Institutions: monarchie constitutionnelle

Monnaie: le dirham marocain (MAD)

«Chez nous, au Maroc, nous avons aussi des grands magasins et des boutiques de toutes sortes, mais c'est tellement plus pratique—et plus intéressant—d'aller faire ses achats dans un souk, c'est-à-dire dans un marché de rue. Dans les souks qui couvrent tout un quartier de la ville, on trouve absolument de tout. Et si on a besoin de rien, on a quand même le plaisir de regarder les étalages!

En général, chaque souk a sa spécialité. Chez nous, à Marrakech, par exemple, dans le Souk Qassadine, on peut acheter des fruits secs et des épices et toutes sortes d'objets en osier (wicker). Quand on arrive à la place Smarine, les paniers (baskets) font place aux vêtements et aux tissus (fabrics). Plus loin, c'est le Souk Ghazal où on vend de la laine (wool) le matin et des peaux (hides) l'après-midi. Puis on arrive au Souk Rabia où on vend de très beaux tapis (carpets) berbères tissés à la main. Dans le Souk El Kabir et dans le Souk Cherratine, on trouve toutes sortes de produits en cuir (leather) et on peut regarder travailler les artisans. Ensuite viennent le Souk Fagharine où on vend des objets en fer forgé (wrought iron) et le souk des bijoutiers. Et bien sûr, il y a aussi un souk pour les produits alimentaires (près de la place Rahba Kedima) où vous allez trouver une incroyable variété de fruits et légumes ainsi que les épices et les herbes que nous utilisons dans notre cuisine! Au fait, si vous n'avez jamais goûté un "vrai" couscous marocain, n'attendez pas. Je vous assure que vous allez vous régaler!»

Avez-vous compris?

Répondez aux questions suivantes selon les renseignements donnés par Samia dans **Chez nous au Maroc.**

1. Quelle est la capitale du Maroc: Marrakech ou Rabat?
2. Est-ce que le Maroc est une monarchie ou une république?
3. Est-ce que la monnaie du Maroc est le franc CFA ou le dirham marocain?
4. Dans quelle ville marocaine Samia habite-t-elle, Casablanca ou Marrakech?
5. Samia préfère-t-elle faire ses achats dans des grands magasins ou dans des souks?
6. Quand on va dans un souk, est-on obligé d'acheter quelque chose ou peut-on simplement regarder?

A On va au souk. Vous allez passer la journée à faire du shopping dans les souks de Marrakech avec des amis. Avant de partir, vous avez fait un inventaire des désirs de chacun. Indiquez quels souks vous allez visiter pour satisfaire les objectifs suivants:

1. acheter des fruits secs
2. acheter des vêtements et des tissus
3. acheter de la laine
4. trouver des tapis berbères tissés à la main
5. regarder travailler les artisans qui fabriquent des objets en cuir
6. trouver de beaux objets en fer forgé
7. acheter des bijoux
8. trouver la meilleure sélection de fruits et de légumes

B Et chez vous? Vous avez des amis marocains qui viennent vous rendre visite aux États-Unis. Ils veulent savoir dans quels magasins ou marchés ils peuvent aller pour trouver des cadeaux et des souvenirs intéressants. Seul(e) ou avec d'autres étudiants, créez un petit guide du shopping dans votre ville.

▌ Bien prononcer

Tracks 31–33 The letter **e** (without an accent mark) is usually pronounced /ə/, as in the following words:

le   de   me   ce   demain   regarder

The letter **e** is not always pronounced, however. Whether it is pronounced depends on its position in a word or group of words and on its "phonetic environment."

A It is not pronounced in the following situations:

1. At the end of a word:

ouvertę   chancę   voiturę   anglaisę

2. When it is preceded by only one consonant sound:

samędi   tout dę suite   seulęment   je lę sais

Listen and repeat:

achęter	chez lę marchand
boulangęrie	ça nę fait rien
épicęrie	en cę moment
heureusęment	un kilo dę pain
tout lę monde	je n'ai pas lę temps

B The letter **e** is pronounced when it is preceded by two consonant sounds and followed by a third.

vendredi   quelque chose   un autre jour

Listen and repeat:

mercredi	pour demain
quelquefois	ça marche bien
premier	faire le marché
votre livre	pomme de terre
notre voiture	une autre personne

Petite conversation. Practice repeating the following conversation.

— Qu'est-cę que tu vas faire samędi?
— Je nę sais pas; j'ai beaucoup dę travail en cę moment...
— Si tu as lę temps, viens avec nous chez lę cousin dę Monique.
— Tout lę monde est invité?
— Ję pensę que oui.

Vocabulaire

Les magasins et les marchandises (Voir pp. 272–275)
Les verbes comme **vendre** (Voir p. 279)

Noms

appareil photo (m) camera
ascenseur (m) elevator
avion (m) airplane
billet (m) bill (money); ticket
boîte (f) **aux lettres** mailbox
cadeau (m) gift
confiance (f) confidence, trust
consommation (f) consumption

écran (m) screen
escalier (m) **roulant** escalator
étage (m) floor, level
fond (m) end, back, bottom
mur (m) wall
ordre (m) order
parapluie (m) umbrella
portefeuille (m) wallet, billfold
rayon (m) counter

réceptionniste (m, f) receptionist
renseignements (m pl) information
rez-de-chaussée (m) ground floor
rôle (m) role
route (f) road, way
slogan (m) slogan
souci (m) worry
sous-sol (m) basement

Adjectifs

bête stupid
commercial(e) commercial
conformiste conformist
économique economical
élevé(e) high, raised
indispensable indispensable

informé(e) informed
meilleur(e) better
normal(e) normal
pénible (acting like) a nuisance, painful
populaire popular
rapide fast

Divers

aussi... que as . . . as
autant de as much (many)
avant before
en fait in fact
s'habiller to get dressed
le long de along

mieux better
moins de less, fewer
plus de more
soigneusement carefully
toucher to touch

Être bien dans sa peau

Fonctions

Dans ce chapitre, vous allez apprendre à
■ parler de votre santé et des sports que vous pratiquez
■ parler de vos activités quotidiennes
■ parler de vos activités passées
■ donner des conseils, des suggestions et des ordres

Vocabulaire et structures

Point de départ: La santé et le sport
Exploration 1: L'infinitif et le présent des verbes réfléchis
Exploration 2: Le passé composé des verbes réfléchis
Exploration 3: L'impératif des verbes réfléchis

Point de départ: La santé et le sport

Le corps humain

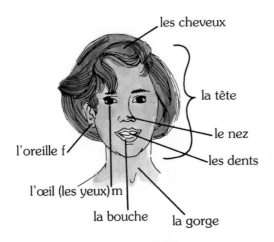

les cheveux

la tête

le nez

les dents

l'oreille f

l'œil (les yeux) m

la bouche   la gorge

le dos

le bras

l'estomac

la main   le doigt

la jambe

le genou

le pied

La santé

On espère toujours être et rester en bonne santé. Mais quand on est malade ou en mauvaise santé, il faut aller chez le médecin. Comment allez-vous lui expliquer vos symptômes?

Les douleurs et les symptômes

avoir mal à la gorge (à la tête, à l'estomac, au dos, aux pieds, etc.)

avoir de la fièvre

tousser
être allergique à...

avoir sommeil
être fatigué(e)

Les maladies

la grippe *(flu)*	une crise cardiaque
le cancer	une infection
un rhume *(a cold)*	le SIDA *(AIDS)*

Les remèdes

une ordonnance *(a prescription)*
un médicament
une pilule
un comprimé d'aspirine
une piqûre *(a shot, an injection)*

Les solutions possibles

aller chez le médecin
aller chez le kiné
aller à l'hôpital
consulter le pharmacien
appeler les services d'urgences[1]

---

[1] France does not have a general 911 number for emergencies. Instead, throughout France, one calls the following numbers for different emergencies: **Urgences** *(medical)*—15; **Gendarmerie** *(police)*—17; **Pompiers** *(fire)*—18.

Le sport

Track 36

Pour rester en forme, on peut faire de la gymnastique ou du sport. Par exemple, on peut...

faire de la marche à pied

faire du judo ou du karaté

faire de la musculation

faire de la natation

faire du jogging

faire du vélo

faire du ski

faire du patinage

faire du cheval

On peut aussi...

jouer au tennis

jouer au basket

jouer au football

jouer au base-ball

jouer au golf

jouer au hockey sur glace

Info-culture: Les Français et le sport

Avec l'augmentation du temps consacré aux loisirs et l'importance accordée à tout ce qui touche à la santé, le sport occupe une place de plus en plus grande dans la vie des Français. Depuis 2002, il existe un ministère consacré uniquement aux sports. N'oublions pas non plus que la France a joué un rôle important dans la renaissance des jeux Olympiques avec Pierre de Coubertin. «L'important est de participer et non de gagner.»

Le sport qu'on pratique

- Un Français sur deux pratique régulièrement un sport.

- En général, les Français préfèrent les sports individuels. Beaucoup de jeunes, cependant *(however)*, aiment mieux les sports d'équipe *(team)* et font partie d'une association sportive.

- Les Français profitent de leur temps libre et de leurs vacances pour faire des stages sportifs ou apprendre de nouveaux sports (voile *[sailing]*, aviron *[rowing]*, canoé-kayak, plongée sous-marine *[scuba diving]*, parapente *[parasailing]*, etc.).

- Grâce à la présence de nombreuses stations de ski *(ski resorts)*, surtout dans les Alpes et dans les Pyrénées, les Français peuvent satisfaire leur passion pour le ski et les sports d'hiver. De nombreuses activités sont maintenant proposées (ski alpin free style, snowboarding, raquettes *[snowshoeing]*, etc.). Les enfants des écoles bénéficient souvent de ce qu'on appelle «les vacances de neige»: pendant deux ou trois semaines, élèves et professeurs vont à la montagne et partagent leur temps entre ski et études. Les fonctionnaires (les gens qui travaillent pour l'État) bénéficient aussi de tarifs privilégiés. En été, les passionnés de montagne peuvent faire de l'escalade ou de l'alpinisme *(mountain climbing)*.

- La marche à pied et les randonnées en montagne sont le sport favori des gens qui aiment le grand air et la nature «au naturel».

- De nouveaux sports font leur apparition sur la scène sportive française (le golf et le base-ball, par exemple), et pour les gens qui cherchent l'aventure et les sensations fortes, il y a des sports comme le parapente, le vol libre *(hang gliding)* et les sports acrobatiques.

- Le sport et la gymnastique font partie intégrale du programme scolaire dans les lycées. Les lycéens peuvent prendre une épreuve sportive comme option *(elective)* pour le bac. Cependant, les universités n'ont pas leurs propres équipes sportives comme aux États-Unis.

Le sport spectacle

- Le football est le sport favori des spectateurs et téléspectateurs. Tout le monde se souvient de la victoire de la France à la Coupe du monde de 1998, célébrée avec grand enthousiasme. Toutes les grandes villes de France ont leur équipe qui porte le nom de la ville.

■ Le cyclisme est l'autre passion traditionnelle des Français. La course principale est «le Tour de France». Comme son nom l'indique, cette course qui dure plusieurs semaines au mois de juillet, et qui attire des équipes du monde entier, fait le tour de presque toute la France, y compris *(including)* les Alpes et les Pyrénées. Elle se termine traditionnellement sur les Champs-Élysées. Le vainqueur *(winner)* de chaque étape porte «le maillot jaune».

■ Les courses automobiles (la formule 1), en particulier les Vingt-Quatre Heures du Mans et le rallye de Monte-Carlo, et les courses de chevaux (le tiercé) sont également suivies avec beaucoup d'intérêt. Dans le Midi, on peut aussi assister à la corrida et aux courses de taureaux.

Deux sports «bien français»

En plus des sports internationaux, il y a deux sports typiquement français. Les boules (ou la pétanque), populaires surtout dans le Midi de la France, sont un sport tranquille pour les beaux après-midi. La pelote basque *(jai alai)* est un sport qu'on pratique au Pays basque et dans le sud-ouest de la France.

Et vous?

Le tableau suivant présente les principaux sports pratiqués en France. Quels sont les trois sports que les Français préfèrent? À votre avis, est-ce que les Américains ont les mêmes préférences?

	Occasionnellement		Régulièrement	
	H	**F**	**H**	**F**
• Alpinisme	2,2%	1,0%	0,6%	0,2%
• Athlétisme	5,1	2,4	1,8	0,9
• Aviation	1,2	0,6	0,3	0,0
• Basket	4,7	2,7	1,4	1,2
• Bateau à moteur	2,1	0,9	0,4	0,2
• Bateau à voile	2,9	1,7	1,2	0,3
• Planche à voile	3,2	2,3	1,3	0,3
• Boules	15,2	4,7	2,5	0,3
• Cyclisme	17,5	9,7	6,3	2,9
• Chasse	2,8	0,5	3,4	0,1
• Équitation	2,6	2,7	0,6	0,8
• Football	10,1	0,9	6,5	0,2
• Golf	1,6	1,1	0,5	0,3
• Gymnastique	4,2	9,3	2,6	11,4
• Jogging	12,6	8,4	6,5	3,6
• Judo-karaté	1,6	0,4	1,8	0,5
• Natation	20,2	16,7	5,1	6,0
• Patin à glace	3,8	3,1	0,1	0,2
• Pêche en mer	4,6	1,0	1,1	0,2
• Pêche en eau douce	8,6	1,5	4,2	0,2
• Plongée	3,0	1,3	0,9	0,2
• Rugby	2,0	0,2	1,1	0,1
• Randonnée pédestre	11,5	9,3	4,9	4,0
• Ski de fond	8,6	5,9	1,4	1,0
• Ski alpin	13,3	7,9	4,2	2,6
• Ski de randonnée	1,3	1,0	0,4	0,1
• Tennis	15,1	7,8	6,9	2,3
• Volley ball	6,1	2,9	2,1	1,6

Communication et vie pratique

A **Chez le médecin.** Vous êtes dans la salle d'attente du médecin. Il y a plusieurs autres personnes qui attendent leur tour. Où ont-elles mal et quelles maladies ont-elles?

> **EXEMPLE** *Le petit garçon a mal à la gorge. Il a peut-être la grippe.*

B **Êtes-vous sportif(-ive)?** Indiquez si vous pratiquez régulièrement, de temps en temps, rarement ou jamais les sports mentionnés dans le **Point de départ.** Ensuite, demandez aux autres étudiants s'ils pratiquent les mêmes sports.

> **EXEMPLE** *Je joue souvent au tennis, mais je fais rarement du vélo. Je fais de temps en temps du jogging. Et toi?*

C **Activités de loisir.** Regardez d'abord la liste d'activités sportives proposées par l'université d'Angers (voir page 315) et choisissez deux ou trois activités qui vous intéressent. Ensuite, essayez de trouver d'autres étudiants qui s'intéressent aux mêmes sports.

ACTIVITES HEBDOMADAIRES

Aérobic :
Lundi 12 h 30 - 13 h 30
Mercredi 17 h 30 - 18 h 30
Mercredi 20 h - 21 h

Athlétisme :
Mardi 13 h 30 - 16 h

Badminton :
Mardi 12 h - 13 h 30
Mercredi 18 h - 19 h 30
Mercredi 19 h 30 - 21 h

Basket-ball :
Lundi 17 h 30 -19 h
Lundi 21 h 15 - 22 h 30
Mercredi 19 h 30 - 21 h

Danse contemporaine :
Lundi   18 h 30 - 20 h
Mardi   11 h - 12 h 30
Mercredi   16 h - 17 h 30
                   18 h 30 - 20 h
Jeudi   12 h - 13 h 30
                   18 h - 19 h 30

Danses Folkloriques :
Jeudi 19 h 30 - 21 h

Football :
Mardi 20 h - 21 h 30

Footing :
10 h 30 - 11 h 30

Gym d'entretien :
Lundi   12 h - 13 h 30
                   18 h - 19 h
Mercredi   18 h - 19 h 30
Vendredi   12 h - 13 h 30
Mercredi   12 h - 13 h 30

Gym sportive :
Lundi 17 h 30 - 19 h
Mardi 12 h - 13 h 30

Hand Ball : Lundi 19 h - 20 h 30
                        20 h - 21 h 15

Judo : Mercredi 14 h 30 - 16 h 30
               Vendredi 18 h - 20 h

Natation : Horaires en suspens

Plongée : mardi 20 h - 22 h
Nage avec palmes : mardi 21 h - 22 h

Rugby : Lundi 19 h - 21 h

Stretching : Lundi 17 h - 18 h 30

Taiji Quan : Mardi 12 h - 13 h 30

Musculation : Lundi 12 h -13 h 30
                         Mardi 18 h - 19 h 30
                         Jeudi 18 h - 19 h 30

Tennis de table : Lundi 20 h 30 -21h 30
                              21 h 30 - 22 h 30

Tennis : débutant
Lundi 12 h - 13 h 30
Jeudi 16 h 15 - 17 h 15

Perf 1
Lundi 19 h - 20 h
Mercredi 12 h - 13 h 30
Jeudi 17 h 15 - 18 h 15
Vendredi 17 h 30 - 18 h 30

Perf 2
Mardi 16 h 30 - 17 h 30
         17 h 30 - 18 h 30
Mercredi 17 h - 18 h
Vendredi 19 h 30 - 20 h 30

Entraînement
Mardi 18 h 30 - 19 h 30
Jeudi 12 h - 13 h 30
Vendredi 12 h - 13 h 30
Vendredi 18 h 30 - 19 h 30

Volley ball : Mardi 12 h -13 h 30
                         19 h 30 - 21 h
                 Mercredi 18 h-19 h 30

Karaté : Mercredi 19 h 30 - 21 h
                 Lundi 20 h - 21 h

Yoga : Mardi 18 h - 19 h
               19 h - 20 h
               Jeudi 12 h - 13 h 30

Exploration ①

Parler de vos activités quotidiennes: L'infinitif et le présent des verbes réfléchis

Many everyday activities are expressed by what are called reflexive verbs. In a sense, the object of the verb is not another person or thing, but oneself. Compare:

Je lave la voiture.	*I wash the car.*
Je me lave.	*I wash myself.*

Reflexive pronouns are identical to other direct object pronouns except in the third person, where **se** is used.

se laver

je **me lave**	nous **nous lavons**
tu **te laves**	vous **vous lavez**
il / elle / on **se lave**	ils / elles **se lavent**

s'habiller

je **m'habille**	nous **nous habillons**
tu **t'habilles**	vous **vous habillez**
il / elle / on **s'habille**	ils / elles **s'habillent**

1.1 Reflexive verbs fall into three main categories.

■ Some reflexive verbs, such as **se laver** and **s'habiller,** indicate that the subject performs the action on himself or herself.

s'arrêter	*to stop*	**se peigner**	*to comb one's hair*
se coucher	*to go to bed*	**se préparer**	*to get ready*
se détendre	*to relax*	**se reposer**	*to rest*
se lever[1]	*to get up*	**se réveiller**	*to wake up*

■ Many verbs can be made reflexive to indicate a reciprocal action.

s'aimer	*to like each other, love each other*
s'embrasser	*to kiss, kiss each other*
se rencontrer	*to meet (by chance)*
se disputer	*to quarrel*
se quitter	*to leave each other*

[1] **Se lever** is a regular **-er** verb except for spelling changes in its stem. Its forms are similar to those of **acheter: je me lève, tu te lèves, il / elle / on se lève, nous nous levons, vous vous levez, ils / elles se lèvent.**

■ Some reflexive verbs have an idiomatic meaning.

s'amuser *to have a good time*	On **s'amuse** bien ici.
s'appeler[2] *to be named*	Comment **vous appelez**-vous?
se débrouiller *to manage, get along*	Est-ce que tu **te débrouilles** bien en français?
se dépêcher (de) *to hurry*	Nous **nous dépêchons de** finir notre travail.
se détendre[3] *to relax*	Je fais du sport pour **me détendre.**
s'entendre (avec) *to get along with*	Henri ne **s'entend** pas très bien avec son frère.
s'intéresser (à) *to be interested in*	Est-ce que tu **t'intéresses** au sport?
se marier (avec) *to get married (to)*	Ils **se marient** samedi.
s'occuper (de) *to take care of*	Qui **s'occupe** des enfants?
se passer *to happen*	Qu'est-ce qui **se passe**?
se souvenir (de)[4] *to remember*	Je ne **me souviens** pas de son adresse.
se sentir bien / mal[5] *to feel good/bad*	Monique ne **se sent** pas bien.

1.2 To form the negative of reflexive verbs, place the **ne** before the reflexive pronoun and the **pas** after the verb.

Je me lève très tôt.   Je **ne** me lève **pas** très tôt.
Nous nous entendons bien.   Nous **ne** nous entendons **pas** bien.

Questions are formed by using **est-ce que** or inversion.

Est-ce qu'il se débrouille bien?
Se débrouille-t-il bien?

1.3 When reflexive verbs are used in the infinitive, the reflexive pronoun is always in the same person and number as the subject, and it precedes the infinitive.

On va **se** débrouiller.
Nous allons bien **nous** amuser.
Nous venons de **nous** réveiller.
Tu n'as pas l'air de **te** sentir bien.

1.4 Certain reflexive verbs can be used with parts of the body: **se laver les mains, se brosser** *(to brush)* **les dents,** etc. Note that in this case, the noun is preceded by an article, not by a possessive adjective.

Elle se lave **les** mains.   *She is washing her hands.*
N'oublie pas de te brosser **les** dents.   *Don't forget to brush your teeth.*

---

[2] **S'appeler** also has spelling changes: **je m'appelle, tu t'appelles, il / elle / on s'appelle, nous nous appelons, vous vous appelez, ils / elles s'appellent.**
[3] **Se détendre** and **s'entendre** are conjugated like **vendre.**
[4] **Se souvenir (de)** is conjugated like **venir.**
[5] **Se sentir** is an irregular verb: **je me sens, tu te sens, il / elle / on se sent, nous nous sentons, vous vous sentez, ils / elles se sentent.** Passé composé: **je me suis senti(e)**; subjonctif: **que je me sente.**

Situation: Chez le médecin

Track 37   Monsieur Verdier ne se sent pas bien. Il vient consulter son médecin, le docteur Dupas.

LE MÉDECIN:	Comment vous sentez-vous aujourd'hui?
M. VERDIER:	Pas trop bien. Je me sens très fatigué et je n'ai pas d'énergie...
LE MÉDECIN:	Est-ce que vous dormez bien?
M. VERDIER:	Non, je me réveille souvent pendant la nuit.
LE MÉDECIN:	À quelle heure vous couchez-vous?
M. VERDIER:	Vers minuit.
LE MÉDECIN:	Et à quelle heure vous levez-vous?
M. VERDIER:	À cinq heures.
LE MÉDECIN:	Hmmm... Vous prenez le temps de déjeuner le matin, j'espère... ?
M. VERDIER:	Non, je n'ai pas le temps. Je me lève, je prends une douche et je me dépêche d'aller à mon travail.

Mots à retenir: dormir* *to sleep,* **vers** *toward, about,* **prendre une douche** *to take a shower*

***Dormir** is an irregular verb. Its forms are **je dors, tu dors, il / elle / on dort, nous dormons, vous dormez, ils / elles dorment. Passé composé: j'ai dormi; subjonctif: que je dorme.**

Avez-vous compris?

Qu'est-ce qui indique que Monsieur Verdier n'est pas en très bonne santé?

Communication et vie pratique

Ⓐ C'est l'heure! À quelle heure est-ce que ces étudiants se lèvent d'habitude pour aller à l'université?

EXEMPLE   Paul
Paul se lève à six heures et demie.

1. nous

2. Catherine

3. vous

4. tu

5. Roger et Serge

6. je

B **Ça ne va pas trop bien.** Monsieur Ricard ne va pas très bien. Il décide d'aller chez le médecin. Donnez ses réponses aux questions du médecin.

> **EXEMPLE** Est-ce que vous vous sentez bien aujourd'hui?
> (non... pas très bien)
> *Non, je ne me sens pas très bien.*

1. Est-ce que vous vous reposez assez? (non)
2. Est-ce que vous vous couchez assez tôt? (non)
3. Est-ce que vous vous levez très tôt? (oui)
4. Est-ce que vous vous intéressez à votre travail? (non)
5. Est-ce que vous prenez le temps de vous détendre? (non)
6. Est-ce que vos enfants se débrouillent bien à l'école? (oui, assez bien)
7. Est-ce que vos enfants se disputent souvent? (oui, très souvent)
8. Est-ce que vous vous entendez bien avec vos enfants? (non, pas très bien)

C **Couche-tôt ou couche-tard?** Il y a des gens qui aiment se coucher tôt et d'autres qui n'aiment pas ça. Utilisez les suggestions suivantes pour décrire la situation de chaque personne. Et vous, est-ce que vous êtes couche-tôt ou couche-tard?

> **EXEMPLE** Marc n'aime pas...
> *Marc n'aime pas se coucher tôt.*

1. Thérèse préfère...
2. Je voudrais...
3. Tu as besoin de...
4. Ils ont l'intention de...
5. Nous ne voulons pas...
6. Vous n'avez pas envie de...

D **Le train-train quotidien.** Utilisez les illustrations suivantes pour décrire la routine quotidienne de Philippe.

> **EXEMPLE** *Il se réveille à sept heures.*

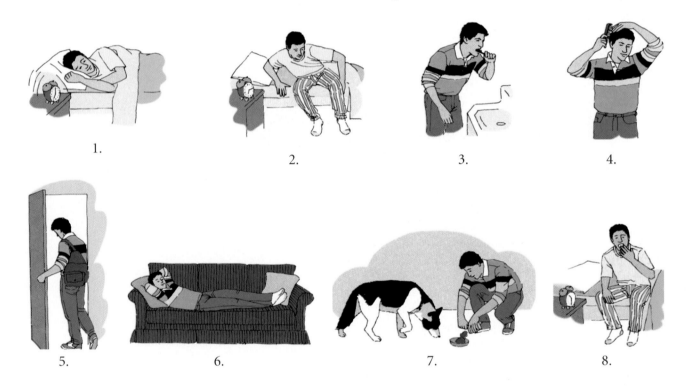

1.   2.   3.   4.

5.   6.   7.   8.

E **C'est toujours la même chose.** Décrivez votre routine quotidienne. Utilisez autant de verbes réfléchis que possible dans votre description. Utilisez des expressions comme **d'habitude, en général** et **tous les jours** pour marquer la répétition et des expressions comme **d'abord, ensuite** et **après ça** pour marquer la progression.

> **EXEMPLE** *D'habitude, je me lève tôt parce que j'ai un cours à huit heures.*

F **Ça ne peut pas durer comme ça.** Vous avez un ami qui ne va pas très bien: Il ne fait pas attention à sa santé et il a tendance à brûler la chandelle par les deux bouts *(burn the candle at both ends)*. Utilisez les éléments de chaque colonne pour formuler les conseils que vous allez lui donner.

> **EXEMPLE**   *Tu dois te coucher plus tôt.*

Colonne A	Colonne B
tu as besoin de	faire plus attention à sa santé
tu pourrais	se reposer
tu dois	se lever tôt / tard
	être moins pressé *(in a hurry)*
	prendre le temps de se détendre
	s'amuser un peu
	s'arrêter de fumer
	se coucher plus tôt
	faire de la gymnastique
	aller plus souvent chez le médecin

C'est votre tour

Imaginez une conversation entre un malade imaginaire *(a hypochondriac)* et son médecin. Jouez les rôles respectifs avec un(e) partenaire. Pour vous préparer, faites une liste des questions que le médecin peut poser au malade et pensez aussi aux différents symptômes que le malade imaginaire peut avoir.

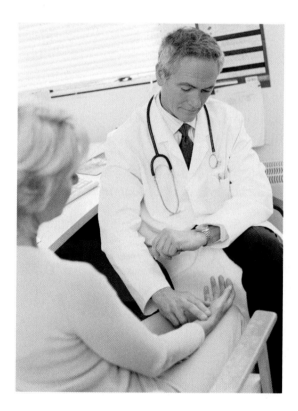

Exploration ②

Parler de vos activités passées: Le passé composé des verbes réfléchis

Talking about the past can involve the use of reflexive verbs. The auxiliary verb **être** is used to form the **passé composé** of reflexive verbs. The past participle agrees in number and gender with the subject.

je **me suis lavé(e)**	nous **nous sommes lavé(e)s**
tu **t'es lavé(e)**	vous **vous êtes lavé(e)(s)**
il / elle / on **s'est lavé(e)**	ils / elles **se sont lavé(e)s**

Ils **se sont mariés** l'été dernier.
Nous **nous sommes** bien **amusés.**
Elle **s'est** bien **débrouillée** à l'examen.

2.1 The negative is formed by placing the **ne** before the reflexive pronoun and the **pas** after the auxiliary verb.

Je **ne** me suis **pas** souvenu de son anniversaire.
Nous **ne** nous sommes **pas** réveillés assez tôt.

2.2 As with other verbs, questions with reflexives in the **passé composé** can be formed by intonation, **est-ce que,** or inversion.

Est-ce que Sophie **s'est occupée** des enfants?
Sophie **s'est-elle occupée** des enfants?

Où **est-ce que vous vous êtes rencontrés?**
Où **vous êtes-vous rencontrés?**

Note that to form questions using inversion, the subject pronoun is placed after the auxiliary verb and the reflexive pronoun stays before the auxiliary verb.

2.3 There is no agreement when the past participle is used with a part of the body. Compare:

Nous nous sommes lavés. ⟷ Nous nous sommes lavé les mains.
Elle s'est coupée. ⟷ Elle s'est coupé les cheveux.

Situation: Une histoire d'amour

Claude et Jocelyne viennent de se marier. Claude parle avec sa cousine Nathalie.

NATHALIE: Où est-ce que vous vous êtes rencontrés, Jocelyne et toi?

CLAUDE: À une conférence. Nous nous sommes regardés, et tout de suite ça a été le coup de foudre!

NATHALIE: Et après, qu'est-ce qui s'est passé?

CLAUDE: Je me suis débrouillé pour avoir son adresse. Je l'ai invitée à aller faire du ski. Nous nous sommes retrouvés à Chamonix.

NATHALIE: C'est à ce moment-là que tu as eu ton accident?

CLAUDE: Oui, je me suis cassé la jambe. Jocelyne s'est occupée de moi et après cela, nous ne nous sommes plus jamais quittés!

> **Mots à retenir: tout de suite** *right away, quickly,* **le coup de foudre**
> *love at first sight,* **se retrouver** *to meet (by prior arrangement),* **cela** *that*

Avez-vous compris?

Racontez les différents épisodes de l'histoire d'amour de Jocelyne et Claude.

Communication et vie pratique

Ⓐ Un matin comme les autres. Vos amies Marie-Josée et Véronique parlent de ce qu'elles ont fait ce matin. Qu'est-ce qu'elles disent?

> **EXEMPLE**   se réveiller à six heures
> *Nous nous sommes réveillées à six heures.*

1. se lever tout de suite
2. se dépêcher de se préparer
3. se brosser les dents
4. se peigner
5. s'occuper du chat
6. s'arrêter à la boulangerie

Ⓑ On va faire une cure à Évian. Il y a beaucoup de choses à faire quand on part en voyage. Indiquez ce que les membres de la famille Bertrand ont fait le matin de leur départ pour Évian.

> **EXEMPLE**   nous / se réveiller à 5 heures
> *Nous nous sommes réveillés à cinq heures.*

1. je / se lever immédiatement
2. tu / ne pas se réveiller tout de suite
3. nous / se dépêcher
4. Solange / s'occuper des enfants
5. les enfants / s'habiller
6. ils / se brosser les dents

Ⓒ Au club de gymnastique. Une de vos amies travaille dans un club de gymnastique. Elle parle de ce qu'elle a fait hier.

> **EXEMPLE**   se lever très tôt
> *Je me suis levée très tôt.*

1. arriver au club à dix heures
2. s'occuper de mes clients
3. se reposer un peu
4. quitter le club à six heures et demie
5. s'arrêter chez des amis
6. rentrer chez moi à dix heures
7. boire un verre d'eau minérale
8. se coucher vers onze heures

D Le week-end passé. Posez des questions aux autres étudiants pour savoir les choses suivantes.

EXEMPLE   à quelle heure il (elle) s'est réveillé(e)
À quelle heure est-ce que tu t'es réveillé(e) dimanche matin?

1. à quelle heure il (elle) s'est réveillé(e)
2. à quelle heure il (elle) s'est levé(e)
3. ce qu'il (elle) a fait vendredi et samedi soir
4. ce qu'il (elle) a fait pour se détendre
5. s'il (si elle) s'est amusé(e)
6. s'il (si elle) a eu le temps de faire ses devoirs
7. ce qu'il (elle) a fait dimanche après-midi
8. à quelle heure il (elle) s'est couché(e)

E Votre journée d'hier. Racontez votre journée d'hier. Utilisez autant de verbes réfléchis que possible dans votre description. Par exemple, vous pouvez commencer par «Je me suis réveillé(e) à sept heures. Après cela... »

C'est votre tour

Imaginez que vous êtes un des personnages d'un feuilleton romantique. Décrivez la personne que vous aimez, racontez votre histoire et répondez aux questions des autres étudiants. Indiquez, par exemple, où vous vous êtes rencontrés, ce qui s'est passé, etc.

Exploration ③

Donner des conseils, des suggestions et des ordres: L'impératif des verbes réfléchis

When using a reflexive verb to tell someone to do something, the reflexive pronoun follows the verb. When telling someone *not* to do something (by using a negative imperative), the reflexive pronoun precedes the verb. Compare:

Dépêchez-**vous!**	Ne **vous** dépêchez pas!
Mariez-**vous!**	Ne **vous** mariez pas!
Brossez-**vous** les dents!	Ne **vous** brossez pas les dents!

The reflexive pronoun **te** changes to **toi** in the affirmative imperative. Compare:

Lève-**toi!**	Ne **te** lève pas!
Amuse-**toi!**	Ne **t'**amuse pas!
Coupe-**toi** les cheveux!	Ne **te** coupe pas les cheveux!

Advice can also be given with **il faut, il vaut mieux,** and **il vaudrait mieux.** Note that these expressions are followed by the infinitive of the reflexive verb when giving general advice, and by its subjunctive forms when addressing particular people.

Compare:

Il faut se dépêcher.	vs.	Il faut que vous vous dépêchiez.
Il ne faut pas se disputer.	vs.	Il ne faut pas que nous nous disputions.
Il vaudrait mieux s'arrêter ici.	vs.	Il vaudrait mieux que tu t'arrêtes ici.

Situation: Allez, vite, lève-toi!

Track 39

Il est sept heures du matin. Stéphanie a encore sommeil et elle voudrait bien rester au lit un peu plus longtemps... Mais sa mère n'a aucune pitié pour elle, et elle lui dit de se lever sans plus attendre.

MME CHEVRIER:	Réveille-toi, Stéphanie!... Allez, vite, lève-toi, c'est l'heure.
STÉPHANIE:	Laisse-moi dormir encore un peu... J'ai sommeil!
MME CHEVRIER:	Stéphanie, voyons! Ne te recouche pas. Tu exagères!
STÉPHANIE:	Bon, bon, ne te fâche pas! Je me lève...
MME CHEVRIER:	Dépêche-toi de faire ta toilette. Tu vas être en retard...
STÉPHANIE:	Je ne me sens pas bien... Je crois[6] que je suis en train d'attraper quelque chose...
MME CHEVRIER:	Arrête-toi de te plaindre et habille-toi vite!

---

[6] **Croire** *(to believe)* is an irregular verb. Its forms are **je crois, tu crois, il / elle / on croit, nous croyons, vous croyez, ils / elles croient. Passé composé: j'ai cru; subjonctif: que je croie.**

Avez-vous compris?

Indiquez pourquoi Stéphanie n'a pas envie de se lever. Comment est-ce que sa mère réagit, et qu'est-ce qu'elle lui dit de faire?

Communication et vie pratique

A **Les jolies colonies de vacances.** Cet été, Gilbert est moniteur dans une colonie de vacances. Les enfants n'ont pas envie de se préparer. Qu'est-ce qu'il leur dit?

> **EXEMPLES** (à tout le monde) se réveiller
> *Réveillez-vous.*
>
> (à Julie)
> *Réveille-toi.*

1. (à tous les enfants) se lever
2. (à Jean-Marie) se dépêcher
3. (à Roger et à Philippe) se brosser les dents
4. (à Alain) se réveiller
5. (à Rémi) ne pas s'amuser
6. (à Éric) s'arrêter de parler
7. (à Samuel et à Thierry) ne pas se disputer
8. (à tous les enfants) se dépêcher

B **Comment vivre jusqu'à cent ans.** Josette Lebrun va bientôt avoir cent ans, et elle nous donne sa recette de longévité. Quelles sont ses suggestions? (Notez que certains verbes ne sont pas réfléchis.)

> **EXEMPLES** se coucher tôt
> *Couchez-vous tôt.*
>
> prendre le temps de s'amuser
> *Prenez le temps de vous amuser.*

1. se détendre un peu
2. faire une petite promenade chaque matin
3. s'amuser un peu
4. boire un peu de vin, mais pas trop
5. ne pas avoir peur de dire ce que vous pensez
6. ne pas se dépêcher tout le temps
7. prendre la vie comme elle vient
8. s'intéresser à tout
9. ne pas s'occuper des affaires des autres
10. profiter de la vie

C **Avez-vous de l'autorité?** Est-ce que vous aimez donner des ordres? Si oui, profitez de l'occasion et donnez des ordres aux autres étudiants. Utilisez autant de verbes réfléchis que possible. Les autres étudiants vont décider s'ils vont accepter ou refuser ces ordres.

EXEMPLE — *Lève-toi à cinq heures du matin.*
— *Non, je refuse de me lever à cinq heures du matin.*
ou
— *Oui, c'est une bonne idée. Je vais me lever à cinq heures du matin.*

D **Les malades imaginaires.** Quelques étudiants vont imaginer qu'ils ont un problème de santé, et ils vont l'expliquer au reste de la classe. Ce deuxième groupe d'étudiants va écouter avec compassion et donner des conseils aux malades imaginaires.

EXEMPLE Problème: *Je ne me sens pas très bien. J'ai mal à la gorge et j'ai très sommeil.*
Conseil: *Tu as peut-être la grippe. Couche-toi tôt ce soir et va chez le médecin demain matin.*

C'est votre tour

Imaginez que vous êtes moniteur ou monitrice dans une colonie de vacances. Vous êtes chargé(e) d'un groupe de garçons / filles (joué[e]s par d'autres étudiant[e]s de la classe). C'est l'heure du réveil, mais ils / elles n'ont pas envie de se lever. Jouez la scène.

Intégration et perspectives

Être et rester en forme:
Les bonnes et les mauvaises méthodes

 Pour mieux lire: Le texte suivant contient de nombreux adverbes de manière, indiqués par un astérisque. Comme leur nom l'indique, ces adverbes modifient le sens d'un mot. D'autre part, le sens de chaque adverbe est basé sur le sens de l'adjectif correspondant. Faites une liste des adverbes de manière contenus dans le texte et indiquez quel mot chaque adverbe modifie et à quel adjectif il correspond. Indiquez aussi comment ces adverbes sont formés.

Pour être en forme—ou pour retrouver la forme si vous l'avez perdue—pour se sentir bien dans sa peau, il n'y a pas de miracle, il faut pratiquer régulièrement* une activité physique et avoir une alimentation mesurée, variée et équilibrée.

Mais dans la pratique, comment ces principes se traduisent-ils?

Régime et activité physique

Vous avez quelques kilos à perdre?

Méfiez-vous des charlatans et des régimes miracles qui font des promesses spectaculaires mais qui mènent droit à l'échec et peuvent même être dangereux. Il faut choisir un régime modérément* restrictif mais qui reste varié et équilibré.

Pour devenir et rester mince, il est aussi vivement* conseillé d'avoir une activité physique régulière, et ceci pour trois raisons:

- Premièrement*, quand on maigrit, le corps a besoin de moins d'énergie pour fonctionner.

- Deuxièmement*, on a généralement* tendance à se sentir fatigué et, par conséquent, à réduire son activité physique.

- Troisièmement*, notre métabolisme de base s'adapte. Même quand on arrête son régime, le métabolisme de base continue à tourner au ralenti et a besoin d'une période de temps pour revenir à son niveau normal. Pour éviter ce problème, il est recommandé de pratiquer régulièrement* une activité physique.

Sport: Faites le bon choix

Première règle d'or: Il faut absolument* profiter de toutes les occasions de bouger. Marchez chaque fois que c'est possible et évitez d'utiliser systématiquement* l'ascenseur. Mais ce n'est pas suffisant. Il faut aussi pratiquer régulièrement* une activité sportive. Évitez les sports qui exigent des efforts violents; ils ne sont pas efficaces pour perdre du poids et ils peuvent être dangereux pour le cœur.

Il faut s'orienter vers les sports d'endurance comme le cyclisme et la marche à pied. Souvenez-vous que c'est seulement* après une demi-heure d'effort que l'organisme commence à brûler les graisses!

Alimentation: Six règles d'or à respecter

1. Consommez des fruits, des légumes et des céréales. Ils apportent les vitamines et les sels minéraux nécessaires au bon fonctionnement du corps.

2. Ayez une alimentation bien équilibrée. Même pour les sportifs qui s'entraînent régulièrement*, on recommande de 30 à 40% de glucides—essentiellement* sous forme d'amidons—, 20 à 30% de lipides et 10 à 15% de protéines.

3. Méfiez-vous des sucres. Les sucres nous aident à surmonter le coup de pompe, mais ils ont l'effet opposé quand ils sont notre seule source de glucides.

4. N'oubliez pas les protéines animales (viande, poisson, œufs, produits laitiers) parce qu'elles seules contiennent les acides aminés qui sont absolument* indispensables au fonctionnement de nos muscles.

5. Choisissez les bonnes graisses. Si vous désirez diminuer la part de lipides dans votre alimentation, remplacez la viande par du poisson. Mais ne réduisez pas trop votre consommation d'huiles végétales riches en acides gras polyinsaturés qui sont essentiels à l'organisme et qui aident à réduire le taux de cholestérol.

6. Buvez au moins un litre et demi d'eau par jour, et doublez cette dose les jours d'activité physique intense.

Mots à retenir / Mots en contexte: en forme *in shape,* **la peau** *skin,* **mesuré** *moderate,* **équilibré** *balanced,* se traduire *to be translated,* **se méfier de** *to watch out for, to distrust,* **un régime** *a diet,* l'échec *(m) failure,* **mince** *thin,* vivement *strongly,* **ceci** *this,* **maigrir** *to lose weight,* **par conséquent** *consequently,* réduire *to reduce,* tourner au ralenti *to idle,* **éviter** *to avoid,* **la règle** *rule,* l'or *(m) gold,* **bouger** *to move,* **exiger** *to require, demand,* **le poids** *weight,* brûler *to burn,* la graisse *fat,* s'entraîner *to train, practice,* les glucides *(m) carbohydrates,* les amidons *(m) starches,* les lipides *(m) fat,* surmonter *to overcome,* le coup de pompe *feeling of exhaustion,* le taux *level,* **au moins** *at least*

Avez-vous compris?

Quelles sont les principales choses que l'auteur vous conseille de faire (les bonnes méthodes) et les principales choses qu'il ne faut pas faire (les mauvaises méthodes) pour rester en forme? Et pour maigrir?

Info-culture: Les Français et la santé

La santé reste un des sujets sur lequel la France et les États-Unis diffèrent le plus. En France, l'État prend en charge la plupart des dépenses, tandis qu'aux États-Unis, les gens sont obligés d'avoir recours à des assurances médicales privées. Les Français sont très fiers de leur Sécurité sociale (la sécu), mais ils paient cher pour l'avoir. Tous les travailleurs contribuent chaque mois à la Sécurité sociale pour pouvoir avoir une retraite et les soins nécessaires en cas de maladie.

La Sécurité sociale

- Elle date de 1945–1946 et concerne la maladie, la maternité, l'invalidité, la vieillesse et le décès. Dans chacun de ces cas, une personne peut recevoir des allocations (une somme d'argent) de la Sécurité sociale. Le but de la Sécurité sociale est d'assurer à toute personne, et dans toutes les circonstances, la possibilité de disposer des moyens nécessaires pour assurer sa subsistance et la subsistance de sa famille dans des conditions décentes.

- La Sécurité sociale couvre 75% des frais de santé (médicaments, visites chez le médecin...). Pour les 25% des frais qui restent, 90% des Français ont une assurance complémentaire.

La population française vis-à-vis du système médical

- La France consacre près de 10% de son budget aux dépenses de santé, un chiffre qui augmente du fait du vieillissement de la population, de la préoccupation croissante pour la santé et de l'apparition de nouvelles techniques médicales.

- Les Français se préoccupent de plus en plus de leur santé et vont chez le médecin sept fois par an, en moyenne. Ils sont les plus gros consommateurs de médicaments d'Europe. Ceci est peut-être dû au fait que beaucoup de médicaments sont pris en charge par la Sécurité sociale. Il y a aussi de plus en plus de gens qui souffrent de maladies modernes comme le cancer et le stress.

Les Français et leur mode de vie

- La consommation d'alcool et de tabac reste encore élevée. Même si elle a baissé chez les adultes, la consommation de tabac demeure aussi élevée chez les jeunes, malgré la campagne anti-tabac du gouvernement.

- Pour combattre le stress et rester jeune et en forme, de plus en plus de Français font du sport. Cependant, beaucoup de gens souffrent de mauvaise nutrition, due à une alimentation déséquilibrée, trop riche en graisses animales, et plutôt faible en légumes.

Et vous?

En quoi la sécurité sociale française est-elle différente de la sécurité sociale américaine? Voudriez-vous que les États-Unis aient un système de sécurité sociale comparable au système qui existe en France? Selon vous, quels sont les avantages et les inconvénients de chaque système?

Communication et vie pratique

Ⓐ Journal d'un étudiant fatigué. Imaginez que vous êtes un(e) de ces étudiant(e)s qui ne prennent pas soin de leur santé et qui «brûlent la chandelle par les deux bouts». Vous racontez votre vie—et vous documentez vos excès—dans votre journal. Mais, à la fin de la semaine, vous décidez qu'il faut que ça change. Vous préparez une liste des bonnes résolutions que vous allez prendre.

Pour mieux écrire: Faites deux listes: la première comprend les différentes activités et habitudes qui caractérisent la vie d'un étudiant qui brûle la chandelle par les deux bouts. La deuxième donne les activités d'une personne qui est bien organisée et qui prend soin de sa santé. Utilisez ces deux listes pour écrire le journal de l'étudiant(e) fatigué(e).

Ⓑ Quoi?! Tu n'es pas encore prête? Valérie et ses amies vont régulièrement à leur cours de gymnastique. Ses amies Sophie et Janine viennent la chercher, mais elle n'est pas prête. Écoutez la conversation entre Sophie, Janine, Valérie et la mère de Valérie. Ensuite, dites si les phrases suivantes sont vraies ou fausses.

Track 40

Pour mieux comprendre: Quand on écoute une conversation, souvent le ton de voix d'une personne suffit à nous indiquer son état d'esprit et nous aide à comprendre ce qui se passe entre les différents interlocuteurs. Par exemple, dans la conversation suivante, vous pouvez sentir que Mme Rigaud est un peu irritée et qu'elle fait des reproches à sa fille. Pourquoi est-elle irritée? Et Valérie, comment se sent-elle? Pourquoi? Maintenant, utilisez ces questions pour vous guider et pour vous aider à comprendre.

1. Valérie et ses amies se sont inscrites à un cours d'anglais.
2. Valérie n'est pas prête parce qu'elle a été malade pendant la nuit.
3. Valérie n'a pas envie d'aller à son cours.
4. Ses amies n'acceptent pas ses excuses.
5. Valérie a oublié de se peigner.
6. Valérie pense qu'elles vont aller à leur cours en voiture.

C Au club de gym. Inspirez-vous des descriptions suivantes pour créer votre propre club de gymnastique. Dans votre description, indiquez le nom du club, le numéro de téléphone, les tarifs, les activités proposées, les avantages spéciaux que vous offrez pour attirer de nouveaux clients, etc. Ensuite, vos futurs clients vont vous téléphoner pour avoir des renseignements.

Centres de gymnastique	Tarifs	Activités proposées
Sports club	Forfait 1 mois: 80€; 3 mois: 200€; 1 an 600€. Assurance incluse.	musculation, kung-fu, piscine, sauna, gymnastique, stretching, taekwondo, jazz, yoga
Oxygène	1 séance: 9€; Forfait 1 mois: 80€; 3 mois: 180€; 1 an: 500€	footing, danse africaine, gym tonic, gym enfant, low impact aérobic, body building, stretching
Gymnasium	1 séance: 7€; Forfait 1 mois: 110€; 3 mois 200€; 1 an: 550€. Assurance incluse.	gym, aérobic, stretching, danse, jacuzzi, massages mécaniques, solarium, gym pré- et post-natale, taekwondo, cardio-training

D Ça saute aux yeux. Les dessins suivants illustrent le sens littéral de quelques expressions idiomatiques. Lisez les petits extraits de conversations qui les accompagnent et devinez le sens de ces expressions idiomatiques. Est-ce qu'il y a des expressions correspondantes en anglais?

1. **Tu me casses les pieds.** Arrête de me poser des questions!
   a. Les chaussures que tu m'as achetées sont trop petites.
   b. Tu m'embêtes.
   c. Fais attention, voyons!

2. Martine est une femme forte qui **ne se laisse pas marcher sur les pieds.**
   a. Elle n'a pas peur de dire ce qu'elle pense.
   b. Elle ne danse pas très bien.
   c. Elle a mal aux pieds.

3. **Ne vous cassez pas la tête,** ça va s'arranger...
   a. Prenez de l'aspirine si vous avez mal à la tête.
   b. Faites attention, vous allez vous faire mal.
   c. Ne vous inquiétez pas.

4. Tu ne l'as pas remarqué?!
   Pourtant, **ça saute aux yeux!**
   a. C'est évident.
   b. C'est une surprise!
   c. C'est dangereux pour
      les yeux.

5. Ce type, **c'est un vrai
   casse-cou!**
   a. Il a eu un accident
      de moto.
   b. Il n'a pas peur du danger.
   c. Il a mal à la gorge.

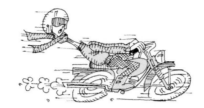

6. Mais tu es fou, mon vieux;
   tu es tombé sur la tête!
   a. Va te coucher si tu as
      mal à la tête.
   b. Ce que tu dis n'a pas de sens.
   c. J'espère que tu ne t'es
      pas fait mal.

7. Je suis sûr qu'il peut t'aider;
   il a le bras long.
   a. Il est très grand.
   b. Il a un bras plus long
      que l'autre.
   c. Il a beaucoup d'influence.

8. Zut! Je crois que **j'ai mis les pieds
   dans le plat!**
   a. Je mange comme un cochon!
   b. J'ai parlé sans réfléchir!
   c. Ce n'est pas ma faute si j'ai
      les pieds plats!

Réponses: 1. b, 2. a, 3. c, 4. a, 5. b, 6. b, 7. c, 8. b

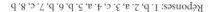

Invitation au voyage: Destination le Québec

Dans **Chez nous au Québec** à la page 336, vous allez rencontrer Philippe Arsenault, qui nous parle de ce que le Québec représente pour lui et pour ses concitoyens. Et vous, quelles images vous viennent à l'esprit *(come to your mind)* quand vous évoquez le nom de cette partie du Canada? Pour vous, quels sont les noms et les adjectifs qui symbolisent ce pays? Faites également un petit inventaire de ce que vous savez déjà au sujet de la géographie et de l'histoire du Québec.

Chez nous

○ ○ ○ ○ ○ ○ ○ ○

au Québec

«Comme le dit Jean Lapointe dans une de ses chansons, mon pays est un pays "de lacs et de rivières". Cette appellation est bien justifiée car il y a plusieurs milliers de lacs au Québec. À cela, ajoutez le "Bouclier canadien", le plus ancien système montagneux du monde qui s'étend de l'extrême nord du Québec jusqu'à la plaine du Saint-Laurent.

Ajoutez-y encore des forêts immenses, puis la "taïga", forêt boréale (northern) d'arbres rabougris (stunted), et plus au nord encore la "toundra", domaine des caribous, où le sol est gelé pratiquement en permanence, et vous avez un paradis pour les amoureux de la nature, de la chasse et de la pêche!

N'oubliez pas non plus que "mon pays, c'est l'hiver", comme nous le rappelle Gilles Vigneault dans une autre chanson. Et l'hiver, chez nous, ça veut dire beaucoup, beaucoup de neige! Et pendant des mois! Pas très drôle pour les gens qui ont peur du froid, mais un régal (treat) pour les amateurs de sports d'hiver.

Ski de piste, ski de randonnée, planche à neige, raquettes, promenades et courses en traîneau à chiens, nous avons tout. Et chaque année, pendant le Carnaval, nous avons notre célèbre course de canots parmi les glaces du Saint-Laurent et nos rues décorées de monuments de glace pour fêter la splendeur de notre hiver canadien! (Pour d'autres, je suis sûr que c'est plutôt l'attente de l'arrivée du printemps qui les inspire!)

Quant à nos autres sports qui ne sont plus uniquement des sports d'hiver, comme le patinage et le hockey sur glace, je suis sûr que vous les connaissez bien. Mais attention, ce n'est pas une raison pour essayer de nous chiper (steal) nos meilleurs joueurs!»

Superficie: 1 540 680 km²	
Population: 7 237 000 h (plus de 80% sont francophones)	
Capitale: Québec	
Villes importantes: Montréal, Chicoutimi, Jonquière	
Langue officielle: français	**Monnaie:** le dollar canadien
Statut politique: province canadienne	

Avez-vous compris?

Faites une description de la géographie du Québec basée sur les renseignements donnés par Philippe dans **Chez nous au Québec.** Vous pouvez aussi consulter Internet ou les ressources de votre bibliothèque pour enrichir votre description. Ensuite, faites une description des sports pratiqués au Québec. Après cela, mettez-vous en petits groupes et comparez les résultats de vos recherches.

Ⓐ Qu'est-ce que c'est? Les mots et les phrases qui suivent sont des termes familiers pour les Canadiens français. Que représentent-ils? Trouvez la définition qui correspond à chacun de ces termes. Certaines définitions de la colonne de droite correspondent à plus d'un des termes de la colonne de gauche. D'autres définitions ne sont pas utilisées.

EXEMPLE *Trois-Rivières? C'est une ville.*

Définitions:

1. le Saint-Laurent
2. le Québec
3. Québec
4. Vive le Québec libre
5. Champlain
6. Maria Chapdelaine
7. Jacques Cartier
8. Laval
9. le Château Frontenac
10. Je me souviens
11. Claude Gauthier

a. un parti politique
b. une ville
c. un monument historique
d. un chanteur
e. une région
f. une université
g. une province
h. la devise *(motto)* du Québec
i. le cri de ralliement des séparatistes
j. un explorateur
k. un fleuve
l. un livre

Réponses: 1. k; 2. g; 3. b; 4. i; 5. j; 6. l; 7. j; 8. f; 9. c; 10. h; 11. d

Ⓑ Mon pays. Gilles Vigneault, un des grands chanteurs et compositeurs canadiens, a évoqué ce que le Québec représente pour lui dans une chanson intitulée «Mon pays». Voici les sept dernières lignes de cette chanson. Quelles images utilise-t-il pour décrire son pays? (Notez en particulier le contraste entre «C'est... » et «Ce n'est pas... ».) Quelle impression avez-vous du Québec après la lecture de ces quelques lignes? Maintenant, à votre tour, essayez de composer un petit poème—ou une simple description en prose—à la manière de Gilles Vigneault. Choisissez comme sujet votre pays, votre région, votre ville ou votre université.

MON PAYS
(paroles et musique de Gilles Vigneault)
Mon pays ce n'est pas un pays, c'est l'hiver
Mon jardin ce n'est pas un jardin, c'est la plaine
Mon chemin ce n'est pas un chemin, c'est la neige
Mon pays ce n'est pas un pays, c'est l'hiver
Mon pays ce n'est pas un pays, c'est l'envers
D'un pays qui n'était ni pays ni patrie
Ma chanson ce n'est pas une chanson, c'est ma vie

Mots en contexte: le jardin *garden,* le chemin *road,* l'envers *(m) opposite,* la patrie *homeland*

▌ Bien prononcer

Tracks 41–42 Some consonant sounds are pronounced differently in French and in English. In particular, /p/, /t/, and /k/ are not "exploded" or released with the same force as in English, especially at the beginning of a word. Compare the pronunciation of these English and French cognates:

English:	French:
patient	patient
police	police
telephone	téléphone
capital	capitale
content	content

The French pronunciation of these consonants is closer to their pronunciation in English when they follow an *s*. (Compare, for instance, these English words: *pair / spare; top / stop; kit / skit.*) Practice repeating French words containing these sounds:

/p/	/t/	/k/
peu à peu	tôt ou tard	qui?
des petits pains	tu es têtu	quoi?
un petit peu	tu te trompes	quand?
c'est plus pratique	tout est tranquille	comment?
un petit peu plus	de temps en temps	combien?

Petite conversation. Practice repeating the following conversation.

—Si tu as perdu ton portefeuille, il faut que tu appelles la police.
—Quand? Tout de suite?
—Oui, aussi vite que possible.
—Tu crois? On ne peut pas attendre encore un peu?... On va peut-être le retrouver...

Vocabulaire

Le corps humain (Voir p. 308)
La santé (Voir p. 309)
Le sport (Voir p. 310)
Les verbes réfléchis (Voir pp. 316–317)

Noms

augmentation (f) increase
charlatan (m) quack, charlatan
coup (m) **de foudre** love at first sight
cyclisme (m) cycling
échec (m) failure

effet (m) effect, result
énergie (f) energy
hôpital (m) hospital
loisirs (m) leisure activities
médecin (m) physician
miracle (m) miracle
muscle (m) muscle

peau (f) skin
pharmacien(ne) (m, f) pharmacist
poids (m) weight
promesse (f) promise
raison (f) reason
régime (m) diet

règle (f) rule
services (m) **d'urgence** emergency services
symptôme (m) symptom
tabac (m) tobacco
vitamine (f) vitamin

Verbes

appeler to call
attraper to catch
augmenter to increase
avoir sommeil to be sleepy
avoir tendance à to tend to
bouger to move
consulter to consult
croire to believe
se détendre to relax

diminuer to diminish
se disputer to quarrel
dormir to sleep
éviter to avoid
exagérer to exaggerate
exiger to require
se fâcher to become angry
faire sa toilette to wash up and get ready

maigrir to lose weight
se méfier de to watch out for
se plaindre to complain
pratiquer un sport to practice, engage in a sport
prendre une douche to take a shower

se quitter to leave each other
recommander to recommend, advise
se recoucher to go back to bed
surmonter to overcome

Adjectifs

humain(e) human
intense intense
mauvais(e) bad

mince thin, slender
normal(e) normal
opposé(e) opposite

suffisant(e) sufficient, enough

varié(e) varied

Divers

au moins at least
ceci this
cela that

de plus en plus more and more
en forme in shape

ne... aucun not any
par conséquent consequently
régulièrement regularly

tout de suite right away, quickly
vers toward, about

Le passé
et les souvenirs

Fonctions

Dans ce chapitre, vous allez apprendre à
- parler de votre vie et de vos sentiments
- décrire des situations et des événements passés
- parler d'une chose ou d'un lieu déjà mentionné
- exprimer des idées et des faits négatifs

Vocabulaire et structures

Point de départ: La vie et les sentiments
Exploration 1: L'imparfait et le passé composé
Exploration 2: Les pronoms **y** et **en**
Exploration 3: La négation

Point de départ: La vie et les sentiments

Les étapes (stages) de la vie

La naissance
On naît, on sourit¹ à la vie.

L'enfance
On grandit. On apprend à marcher, à parler, à lire et à écrire.

La jeunesse
On est jeune. On fait ses études. On apprend un métier.

L'âge adulte
On devient adulte. Certains se marient et élèvent des enfants. D'autres restent célibataires ou vivent avec leur partenaire. Si on ne s'entend pas bien, quelquefois on finit par divorcer.

Le troisième âge et la vieillesse
On prend sa retraite. On vieillit. Puis, c'est la mort.

¹ **Sourire** (to smile) and **rire** (to laugh) are irregular verbs. Their forms are **je ris (je souris), tu ris, il / elle / on rit, nous rions, vous riez, ils / elles rient. Passé composé: j'ai ri; subjonctif: que je rie.**

Les sentiments et les rapports avec les autres

Le plaisir, la joie et le bonheur
On est content. On est heureux.
On rit.

La tristesse
On est triste. On est malheureux. On a le cafard
(is depressed). On pleure *(cries)*.

L'inquiétude et les soucis
On est inquiet. On se fait
du souci.

La fierté, la honte *(shame)* et les regrets
On est fier—ou on a honte—de ce qu'on a fait.

Les hauts et les bas de la vie quotidienne
On est de bonne / de mauvaise humeur *(in a good / bad mood)*.
On s'amuse. On s'ennuie. On en a marre *(is fed up)*. On est surpris.

L'amitié et l'amour
On éprouve *(feels)* de l'affection, du respect,
de la tendresse pour quelqu'un. On tombe
amoureux. On sort ensemble. On s'aime.
Quelquefois, on est jaloux, surtout si l'autre
personne n'est pas fidèle.

La bonne entente
On a bon / mauvais caractère *(good / bad tempered)*. On est gentil /
méchant. On s'entend bien / mal avec quelqu'un. On se met en colère *(to get
angry)*. On se dispute. On se sépare. Puis, on pardonne et on se réconcilie.

Les vœux et les condoléances

Félicitations! C'est un succès bien mérité!
Je te souhaite un bon anniversaire!
C'est demain la Saint-Christophe, alors, je te souhaite une bonne fête!
Meilleurs vœux de bonheur et de santé pour la nouvelle année!
Je vous présente mes sincères condoléances.
Sincères regrets. Mes pensées sont avec vous dans ces moments difficiles.

Communication et vie pratique

Ⓐ Une vie. Racontez la vie d'un membre de votre famille ou d'une personne que vous trouvez particulièrement intéressante. Indiquez, par exemple...

- où elle (il) est né(e)
- où elle (il) a passé son enfance
- où elle (il) a fait ses études (lycée, université)
- si elle (s'il) s'est marié(e) et à quel âge
- si elle (s'il) a eu des enfants
- les principaux événements de sa vie
- ce qu'elle (il) fait maintenant

Ⓑ Réactions et sentiments. Regardez les photos suivantes et décrivez les situations et les réactions des gens représentés. Inspirez-vous du vocabulaire présenté dans le **Point de départ.** Si vous préférez, vous pouvez décrire vos propres photos.

EXEMPLE *Ils ont l'air heureux. Ils sourient; ils jouent; ils s'amusent.*

1.

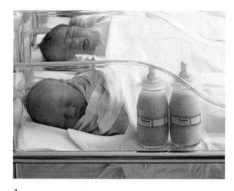

2.

3.

4.

5.

 C Vœux et condoléances. Vous allez envoyer une carte à des amis qui se trouvent dans les situations suivantes. Quel va être votre message dans chaque cas? Vous pouvez consulter la liste d'expressions dans le **Point de départ** ou des sites Internet tels que http://fr.greetings.yahoo.com ou http://www.obseques-liberte.com/menus/menu017.html

If the Web sites suggested are no longer available, use a search engine to find similar information (e.g., http://fr.yahoo.com or http://www.google.fr).

    EXEMPLE   à un ami qui vient d'avoir une promotion
                  Félicitations et bonne chance dans ton nouveau travail!

1. à un ami à l'occasion de son anniversaire
2. à une amie qui va partir en voyage
3. à des amis français à l'occasion du nouvel an
4. à une amie qui vient de passer son baccalauréat
5. à un ami qui vient de perdre un membre de sa famille
6. à des amis qui vont se marier
7. à des amis qui viennent d'avoir un bébé
8. à un de vos profs de français qui va prendre sa retraite

En France, comme dans la plupart des autres cultures, les étapes et les événements importants de la vie sont marqués par des rites particuliers. La France est un pays de tradition catholique; par conséquent, la plupart de ces cérémonies ont une origine religieuse.

■ **Le baptême.** Les enfants sont généralement baptisés dans les quelques mois qui suivent leur naissance. Jusqu'à une époque récente, l'Église exigeait même qu'on donne aux enfants des noms de saints, tels que *(such as)* Jean, Paul, Thérèse ou Marie. Ainsi, en France, on célèbre non seulement l'anniversaire mais aussi la fête d'une personne. Le baptême est suivi d'un dîner qui réunit toute la famille et bien sûr le parrain *(godfather)* et la marraine *(godmother)*.

■ **La première communion.** Il y a également une cérémonie religieuse suivie d'un repas de famille quand l'enfant fait sa première communion, généralement à l'âge de 11 ou 12 ans.

■ **Le mariage.** Selon les statistiques, la plupart des Français se marient entre l'âge de 24 et 26 ans. Pour être marié légalement, il faut se marier à la mairie, mais un grand nombre de couples choisissent également d'avoir une cérémonie religieuse.

■ **Les obsèques.** En France, il n'y a pas de maisons funéraires comme aux USA. Lorsqu'une personne meurt, les pompes funèbres (un service de l'État) s'occupe de l'enterrement. Elles préparent le corps et le transportent à l'église où il y a une cérémonie religieuse (les obsèques) pour la famille et les amis. Il est fréquent que des personnes de la paroisse *(parish)* parlent et soutiennent la famille du (de la) défunt(e) *(deceased person)* dans ces circonstances. Les gens sont ensuite enterrés au cimetière ou bien ils se font incinérer. Seules la famille et les personnes proches accompagnent le cercueil *(casket)* au cimetière. De plus en plus de gens décident de se faire incinérer, surtout dans les grandes villes.

■ **Autres religions; autres rites et coutumes.** En France, il y a également des protestants, des juifs et des musulmans. La religion islamique est maintenant la deuxième religion de France, avec plus de 5 millions de musulmans, ce qui explique le rôle du gouvernement et de l'administration dans la construction de nouvelles mosquées dans la plupart des grandes villes. Les pratiquants de ces différentes religions célèbrent les événements de la vie selon les traditions propres à leur religion.

Et vous?

Étudiez les statistiques présentées dans le tableau suivant. D'après ces statistiques, quels changements pouvez-vous noter dans la vie familiale française au cours des vingt dernières années? Est-ce qu'on peut observer les mêmes tendances dans la société américaine? Ensuite, formez des petits groupes et comparez vos observations.

Famille	1980	2001
Hommes célibataires (% 15 ans et plus)	29,2	38,6
Femmes célibataires (% 15 ans et plus)	22,4	31,3
Union libre (% des couples)	6	17
Hommes mariés (% 15 ans et plus)	65,1	53,2
Femmes mariées (% 15 ans et plus)	59,5	48,7
Mariages (milliers)	334	304
Age des femmes au 1er mariage (ans)	23	28
Age des hommes au 1er mariage (ans)	25	30
Naissances (milliers)	800	775
Indicateur conjoncturel de fécondité	1,94	1,90
Age moyen des mères (ans)	26,8	29,4
Naissances hors mariage (% du total)	11	43
Hommes divorcés (% 15 ans et plus)	2,4	5,5
Femmes divorcées (% 15 ans et plus)	3,4	7,0
Divorces (pour 100 couples mariés)	6,3	9,6
Couples sans enfant (% des ménages)	23,1	27,2
Familles avec 3 enfants et plus (en %)	14,4	11,0
Familles monoparentales (% ménages)	3,6	7,2

Exploration ①

Décrire des situations et des événements passés: L'imparfait et le passé composé

The imperfect tense (**l'imparfait**) provides another way of talking about the past. It is formed by dropping the **-ons** ending from the **nous** form of the present tense and adding the endings shown here.

nous parlons	→	**parl** + IMPERFECT ENDINGS
nous avons	→	**av** + IMPERFECT ENDINGS
nous finissons	→	**finiss** + IMPERFECT ENDINGS

je parl**ais**	nous parl**ions**
tu parl**ais**	vous parl**iez**
il / elle / on parl**ait**	ils / elles parl**aient**

The only exception is **être,** whose stem is **ét-.**

j'ét**ais**	nous ét**ions**
tu ét**ais**	vous ét**iez**
il / elle / on ét**ait**	ils / elles ét**aient**

Depending on the context, the **imparfait** can be equivalent to several verb tenses in English:

j'habitais $\left\{ \begin{array}{l} \textit{I was living} \\ \textit{I used to live} \\ \textit{I lived} \end{array} \right.$

1.1 There are two main uses of the imperfect.

- To indicate a habitual past action:

  Nous **allions** en Bretagne **tous les étés.**
  Chaque matin, je **me levais** à huit heures.

- To describe a situation or condition that existed in the past:

  Quand il **était** petit, il **était** souvent malade.
  Ils **avaient** une petite maison à la campagne.

1.2 Certain time expressions are often used with the **imparfait**.

à cette époque-là	*at that time, in those days*
autrefois	*in the past, long ago*
d'habitude	*usually, generally*
chaque année / mois, etc.	*every year / month, etc.*
tous les jours	*every day*

1.3 Although the **imparfait** and the **passé composé** are both past tenses, they have different purposes. Whether the **imparfait** or the **passé composé** is used depends on the speaker's view or perception of a past action.

Imparfait

Background

The **imparfait** is used to describe a situation that existed in the past. There is no concern for the time when the situation began or ended. It can describe, for example, the following:

- a condition

  Il **pleuvait.** *(It was raining.)*

- an action that was continuing or that was in progress

  Il **finissait** ses devoirs. *(He was finishing his homework.)*

  À cette époque-là, il **travaillait** dans une usine. *(At that time, he was working in a factory.)*

- a state of mind

  Elle **avait** toujours peur quand elle était petite. *(She was always afraid when she was little.)*

Passé composé

Event

In contrast, the **passé composé** is used to describe specific events. It expresses:

- an event that had a known beginning or end, or a specific duration, whether the duration was a few moments or many years

  Il **a plu** pendant deux heures. *(It rained for two hours.)*

- an action that is a completed event

  Il **a fini** ses devoirs. *(He finished his homework.)*

  Il **a travaillé** l'été dernier. *(He worked last summer.)*

- a change in state of mind or a reaction to an event

  Elle **a eu** peur quand le téléphone a sonné. *(She got scared when the telephone rang.)*

- a succession of events, each event moving the story forward

  Elle **s'est réveillée,** elle **s'est habillée** et elle **a quitté** la maison. *(She woke up, got dressed, and left the house.)*

	Imparfait	Passé composé
	Repeated Action	**Specific Action**

Imparfait	Passé composé
The **imparfait** describes a habitual action in the past.	In contrast, the **passé composé** describes what was done or said at a particular time.
Le samedi, mon père **faisait** la cuisine. *(My father used to do the cooking on Saturdays.)*	Hier, mon père **a fait** la cuisine. *(Yesterday my father did the cooking.)*
Autrefois, j'**allais** rarement au cinéma. *(In the past, I rarely went to the movies.)*	Je **suis allé** quatre fois au cinéma la semaine dernière. *(I went to the movies four times last week.)*

The **passé composé** and the **imparfait** are frequently contrasted when a continuing action is interrupted by a specific event and when a reason for a specific action is given.

> Nous **parlions** quand le professeur **est entré**.
> Ils **étaient** en train de manger quand nous **sommes arrivés**.
> Il **faisait** froid quand je **suis sortie** ce matin.
> Je **suis allé** chez le dentiste parce que j'**avais** mal aux dents.
> Elle **a pris** un taxi parce qu'elle **était** en retard.

Situation: Je me souviens...

Track 46 Catherine Gagnon, une jeune Québécoise, parle avec son arrière-grand-mère, Francine Hébert, maintenant âgée de 90 ans. Elles évoquent des souvenirs d'autrefois.

CATHERINE: Tu habitais déjà à Jonquière quand tu étais petite?

MME HÉBERT: Non, j'ai déménagé quand je me suis mariée. Avant ça, nous habitions à Roberval.

CATHERINE: La vie était dure à cette époque-là, hein?

MME HÉBERT: Oui, mais on n'était pas malheureux. Je me souviens, en hiver, on restait bloqué par la neige pendant plusieurs mois. Pour aller à l'église, le dimanche, on prenait notre traîneau. Il fallait traverser un grand lac glacé. Tout était couvert de neige. On entendait seulement les pas du cheval...

> **Mots à retenir / Mots en contexte: l'arrière-grand-mère** *(f)*
> *great-grandmother*, **déménager** *to move*, un traîneau *a sleigh*, glacé *frozen*,
> **un pas** *a step*

Avez-vous compris?

Qu'avez-vous appris au sujet de Francine Hébert et de la vie d'autrefois au Canada?

Communication et vie pratique

Ⓐ Quand j'étais petit... Au cours d'une visite dans le quartier du vieux Lyon où il a grandi, Monsieur Berger évoque quelques souvenirs de son enfance.

> **EXEMPLE**   je / jouer souvent dans cette rue
> *Je jouais souvent dans cette rue.*

1. mes parents / habiter dans ce quartier
2. ma mère / faire les courses chaque matin
3. je / aller toujours avec elle
4. nous / s'arrêter dans chaque magasin
5. elle / prendre le temps de parler avec les marchands
6. ils / parler de la pluie et du beau temps
7. nous / passer ensuite devant le magasin de Monsieur Giraud
8. je / vouloir être boulanger comme lui
9. il / répondre à toutes mes questions
10. ma mère / attendre patiemment

Ⓑ Pourquoi? Bertrand demande toujours des explications à ses amis. Qu'est-ce qu'ils répondent à ses questions?

> **EXEMPLE**   Pourquoi est-ce que tu as téléphoné à Mireille? (s'ennuyer)
> *J'ai téléphoné à Mireille parce que je m'ennuyais.*

1. Pourquoi est-ce que tu es allé chez le médecin? (ne pas se sentir bien)
2. Pourquoi est-ce que tu t'es levé si tôt? (avoir beaucoup de travail)
3. Pourquoi est-ce que tu as vendu ta vieille voiture? (ne pas marcher bien)
4. Pourquoi est-ce que tu as quitté Nathalie? (ne pas s'entendre bien avec elle)
5. Pourquoi est-ce que tu as décidé de faire une promenade? (faire beau)
6. Pourquoi est-ce que tu as pleuré? (avoir le cafard)
7. Pourquoi est-ce que ta mère a téléphoné? (être inquiète à mon sujet)
8. Pourquoi est-ce que tu as dit ça? (être de mauvaise humeur)
9. Pourquoi est-ce que tu n'as pas répondu à mes questions? (en avoir marre de tes questions)

G **L'histoire de Cendrillon.** Pour compléter l'histoire de Cendrillon, mettez les verbes suggérés à l'imparfait ou au passé composé selon le cas.

Il était une fois une jeune fille qui _____ (s'appeler) Cendrillon. Elle _____ (avoir) deux demi-sœurs qui _____ (être) très méchantes. C'_____ (être) Cendrillon qui _____ (faire) tout le travail à la maison.

Un jour, le prince _____ (décider) de donner un grand bal. Mais Cendrillon ne _____ (pouvoir) pas aller au bal parce qu'elle n'_____ (avoir) pas de jolis vêtements.

Cendrillon _____ (avoir) le cafard et elle _____ (être) en train de pleurer quand sa marraine *(godmother)* _____ (arriver). Elle _____ (posséder) une baguette magique *(magic wand)*. Avec cette baguette, elle _____ (toucher) les vêtements de Cendrillon et ils _____ (devenir) très beaux. La marraine _____ (poser) une seule condition: Cendrillon devait être de retour avant minuit. Cendrillon _____ (accepter) et elle _____ (partir) au bal.

Le prince _____ (inviter) à danser la mystérieuse jeune fille et ils _____ (danser) pendant tout le bal. Cendrillon _____ (être) si heureuse qu'elle _____ (oublier) l'heure. Quand elle _____ (entendre) minuit sonner *(ring)*, elle _____ (partir) si vite qu'elle _____ (perdre) une de ses chaussures.

Le prince, qui _____ (aimer) Cendrillon, _____ (aller) dans toutes les maisons de son pays pour essayer de la retrouver. Finalement, le prince _____ (venir) à la maison où Cendrillon et ses sœurs _____ (habiter). Les deux sœurs _____ (essayer) la chaussure mais elle _____ (être) beaucoup trop petite pour leurs grands pieds. Timidement, Cendrillon _____ (demander) si elle _____ (pouvoir) l'essayer. La chaussure lui _____ (aller) parfaitement. Il _____ (être) évident que la belle jeune fille du bal et Cendrillon _____ (être) la même personne. Le prince et Cendrillon _____ (se marier) et ils _____ (avoir) beaucoup d'enfants.

D **Cendrillon, tu viens de loin, ma petite!** L'histoire de Cendrillon appartient au folklore international et reflète les valeurs traditionnelles de notre culture. Transformez-la pour la rendre plus moderne, moins sexiste, plus amusante, etc. Vous pouvez changer les personnages, le pays où l'action a lieu, le développement de l'histoire ou sa conclusion. Si vous préférez, inventez une autre histoire.

E **Souvenirs d'enfance.** Utilisez les questions suivantes pour évoquer des souvenirs de votre enfance et partagez ces souvenirs avec d'autres étudiants. Si vous préférez, vous pouvez poser ces mêmes questions à un(e) autre étudiant(e) ou les utiliser comme point de départ pour une conversation sur un ou plusieurs des sujets proposés.

La famille

Où et quand es-tu né(e)? Est-ce que tu as grandi dans cette ville? Est-ce que tu as des frères et des sœurs? Comment étaient-ils quand ils étaient plus jeunes? Est-ce que tu t'entendais bien avec eux? Peux-tu raconter une anecdote amusante au sujet de ta famille?

Les amis

Comment s'appelaient tes meilleur(e)s ami(e)s? Habitaient-ils (elles) près de chez toi? Peux-tu nous raconter une de vos aventures? Est-ce que tu es resté(e) en contact avec ces ami(e)s? Que sont-ils (elles) devenu(e)s?

Les gens

Est-ce que tu te souviens d'une personne de ton enfance que tu aimais particulièrement? Qui était cette personne? Pourquoi est-ce que tu te souviens de cette personne en particulier? Est-ce que tu l'admirais beaucoup? Comment était-elle?

Les études

Comment était le lycée où tu es allé(e)? Quel âge avais-tu quand tu es entré(e) au lycée? Quels étaient tes cours et tes professeurs préférés? Est-ce que tu avais un travail après l'école? En quoi consistait ce travail? Quelles étaient tes responsabilités à la maison? En quelle année est-ce que tu as fini tes études secondaires? Qu'est-ce que tu as fait après? Pourquoi as-tu décidé de venir faire tes études ici?

Les voyages

Peux-tu nous raconter un voyage que tu as fait quand tu étais petit(e)? Où est-ce que tu es allé(e)? Avec qui? Qu'est-ce que tu as fait? Comment est-ce que c'était? Est-ce que tu t'es bien amusé(e)?

C'est votre tour

Imaginez que vous avez l'âge d'être grand-père ou grand-mère. Vos petits-enfants (ou des enfants du quartier), joués par d'autres étudiants, vous posent des questions sur votre vie quand vous étiez jeune, et en particulier sur votre vie à l'université. Répondez à leurs questions et donnez autant de détails que possible.

Exploration ②

Parler d'une chose ou d'un lieu déjà mentionné: Les pronoms y et en

2.1 The pronoun **y** (*there*) is used to replace a prepositional phrase indicating location.

La voiture n'est plus **dans le garage.**	La voiture n'**y** est plus.
Elle va rester deux mois **en Belgique.**	Elle va **y** rester deux mois.
Je ne suis jamais allé **en Afrique.**	Je n'**y** suis jamais allé.
N'allez pas **au cinéma** sans moi.	N'**y** allez pas sans moi.
Va **chez le dentiste.**	Vas-**y.**

Note that an **s** is added to **va** for the affirmative command with **y** to make it easier to pronounce.

2.2 The pronoun **y** can also replace other phrases with the preposition **à,** as long as the object of the preposition is a *thing*, not a person.

Je pense **à mon enfance.**	J'**y** pense.
Est-ce que tu as répondu **à sa lettre?**	Est-ce que tu **y** as répondu?
Je m'intéresse beaucoup **à l'art.**	Je m'**y** intéresse beaucoup.
Ne pensez pas trop **à vos problèmes.**	N'**y** pensez pas trop.

2.3 When the object of the preposition **à** is a person, disjunctive pronouns are used instead of **y.** This contrast is especially important when using the verb **penser à,** which means *to think about* or *to have one's mind on someone or something.* Compare:

Je pense **à mon travail.**	J'**y** pense.
Je pense **à mes parents.**	Je pense **à eux.**

2.4 The pronoun **en** replaces the partitive. Its meaning is usually the equivalent of *some, any, not any.*

Nous avons acheté **du pain.**	Nous **en** avons acheté.
Prenez **de la salade.**	Prenez-**en.**

Note that when **y** and **en** are the object of an infinitive (including the infinitive of reflexive verbs), they are placed before the infinitive.

Tu vas t'habituer **à cette situation.**	Tu vas t'**y** habituer.
Elle va me prêter **des livres.**	Elle va m'**en** prêter.

En is also used to replace a noun modified by a number or by an expression of quantity.

J'ai **une moto.**	J'**en** ai **une.**
Il y a **dix étudiants.**	Il y **en** a **dix.**
Nous avons **beaucoup de travail.**	Nous **en** avons **beaucoup.**

2.5 En is used with verbs followed by the preposition **de** (**parler de quelque chose, se souvenir de quelque chose**) and in particular with the verb **penser de,** which is used to ask someone's opinion about something (**Qu'est-ce que tu penses de cette situation?**). However, when the object of either verb is a person, disjunctive pronouns are used. Compare:

Qu'est-ce que tu penses **de cette idée?**   Qu'est-ce que tu **en** penses?
Qu'est-ce que tu penses **du professeur?**   Qu'est-ce que tu penses **de lui?**
Est-ce que tu te souviens **de ce jour-là?**   Oui, je m'**en** souviens.
Est-ce que tu te souviens **de ma**   Non, je ne me souviens pas
    cousine?   **d'elle.**

Questions using **penser de** are answered by **je pense que...**

— Qu'est-ce que **tu penses de** son camarade de chambre?
— **Je pense qu'**il est assez sympa.

2.6 Y and **en** are used in many common expressions.

Allons-y.	*Let's go.*
Je n'y peux rien.	*I can't do anything about it.*
J'en ai marre (J'en ai assez).	*I've had it!*
Ne m'en veux pas.	*Don't be angry with me.*
Ne t'en fais pas.	*Don't worry.*
Je m'en vais.	*I am leaving.*
Va-t'en / Allez-vous-en.	*Go away!*

Situation: Souvenirs d'enfance

Track 47   Catherine Gagnon continue sa conversation avec son arrière-grand-mère.

CATHERINE: Dis, mémé, est-ce que tu te souviens de ton enfance?
MME HÉBERT: Bien sûr que je m'en souviens! J'étais justement en train d'y penser...
CATHERINE: Tu en gardes de bons souvenirs?
MME HÉBERT: Des souvenirs, tu sais, il y en a des bons et des mauvais!...
CATHERINE: Et des frères et sœurs, tu en avais combien?
MME HÉBERT: Nous étions huit enfants, mais il y en a deux qui sont morts quand ils étaient encore petits. Maman ne s'y est jamais habituée, la pauvre...
CATHERINE: Et ton père, il n'était pas à la maison?
MME HÉBERT: Non, il n'y était pas souvent. Pendant toute la belle saison, il s'en allait travailler comme bûcheron. Mais il revenait passer l'hiver avec nous.

Mots à retenir / Mots en contexte: un souvenir *a memory,*
s'habituer à *to get used to,* **s'en aller** *to go away,* un bûcheron *a logger*

Avez-vous compris?

Pourquoi Mme Hébert a-t-elle à la fois de bons souvenirs et de mauvais souvenirs de son enfance?

Communication et vie pratique

Ⓐ Fêtes de famille. Votre cousin veut savoir qui va aller aux différentes fêtes de famille qui vont bientôt avoir lieu.

> **EXEMPLE**   Est-ce que Serge va au mariage de Véronique? (oui)
> *Oui, il y va.*

1. Est-ce que tu vas au mariage de ta cousine? (non)
2. Est-ce que Bruno va aller au mariage? (oui)
3. Est-ce que Robert et Anne-Marie vont au baptême de leur neveu? (non)
4. Est-ce que vous allez à la réunion de famille ce week-end? (oui)
5. Est-ce que ton frère va aussi aller à la réunion? (oui)
6. Est-ce que tout le monde va à la première communion de Charlotte? (oui)

Ⓑ À quoi pensez-vous? À quoi ou à qui pensez-vous souvent?

> **EXEMPLES**   vos études?
> *Oui, j'y pense souvent. Je ne suis pas content de mon travail ce trimestre.*
>
> vos amis du lycée?
> *Je pense souvent à eux. Ils étaient vraiment sympa.*

1. votre enfance?
2. vos anciens profs?
3. vos amis d'enfance?
4. ce que vous allez faire plus tard?
5. votre future profession?
6. la situation politique?
7. vos prochaines vacances?
8. ?

Ⓒ C'est la vie. Imaginez que c'est la fin du trimestre. Vous êtes très fatigué(e) et vous en avez marre d'étudier—bref, tout va mal—et vous voulez que tout le monde le sache. Qu'est-ce que vous allez dire à propos de chacun des sujets suivants? Utilisez le pronom **en** dans vos réponses ainsi qu'une expression de quantité (**assez, peu, trop,** etc.).

> **EXEMPLE**   de l'argent?
> *Je n'en ai jamais assez!*

1. des devoirs?
2. de l'argent?
3. des problèmes?
4. des examens?
5. de la chance?
6. du travail?
7. des soucis?
8. du temps libre?

ⓓ Habitudes et activités. Utilisez les suggestions suivantes pour poser des questions aux autres étudiants sur leurs activités de loisirs. N'oubliez pas d'utiliser le pronom **y** ou **en** dans vos réponses.

EXEMPLES   aller souvent au cinéma
— *Est-ce que tu vas souvent au cinéma?*
— *Oui, j'y vais souvent, mais pas pendant la semaine.*

boire souvent du café
— *Est-ce que tu bois souvent du café?*
— *Non, j'en bois rarement; je préfère le thé.*

1. aller souvent au concert
2. passer beaucoup de temps à la maison
3. aller quelquefois au théâtre
4. acheter souvent des revues françaises
5. écouter souvent de la musique classique
6. écouter de temps en temps des chansons françaises
7. regarder quelquefois des films étrangers

C'est votre tour

Notre vie est marquée d'événements mémorables: notre premier jour à l'école, la première fois qu'on voyage seul(e), notre premier amour, etc. Travaillez en petits groupes de trois ou quatre et posez-vous mutuellement des questions pour explorer ce type de souvenir.

Exploration ③

Exprimer des idées et des faits négatifs: La négation

In addition to **ne... pas** and **ne... jamais,** there are other ways to express negative meanings.

3.1 **Ne... plus** (*No longer, No more*) and **ne... pas du tout** (*not at all*) function in the same way as **ne... pas.**

Nous **n'**avons **plus** d'argent.
Je **ne** comprends **pas du tout.**

3.2 **Personne** (*No one*) and **rien** (*nothing*), used with **ne,** can be either the subject or the object of the verb.

Est-ce qu'il y a quelqu'un à la porte?	Il **n'**y a **personne** à la porte.
Est-ce que tu as parlé à Jean?	Je **n'**ai parlé à **personne.**
Est-ce que vous faites quelque chose ce soir?	Nous **ne** faisons **rien.**
Est-ce que tu te souviens de ça?	Je **ne** me souviens de **rien.**

When **rien** and **personne** are subjects, both come at the beginning of the sentence.

Rien n'est simple.
Personne n'est venu.
Rien ne s'est passé.

Notice the word order when **rien** and **personne** are direct objects in the **passé composé: rien** comes before the past participle; **personne** comes after it.

Je **ne** vois **rien.**	Je **n'**ai **rien** vu.
Je **ne** vois **personne.**	Je **n'**ai vu **personne.**

3.3 **Rien** and **personne** (as well as **quelqu'un** and **quelque chose**) are often used with adjectives. Note that the adjective is always masculine singular and is preceded by **de.**

Est-ce qu'il y avait **quelque chose de bon** au menu?	Non, il **n'**y avait **rien de bon** au menu.
Est-ce que tu as fait **quelque chose de spécial** hier?	Non je **n'**ai **rien** fait **de spécial.**
Est-ce que tu as rencontré **quelqu'un d'intéressant**?	Non, je **n'**ai rencontré **personne d'intéressant.**

3.4 In response to a question, **jamais, personne,** and **rien** can be used alone.

Quand vas-tu prendre une décision?	**Jamais!**
Qui a téléphoné?	**Personne.**
Qu'est-ce qui est arrivé?	**Rien.** Absolument **rien!**

3.5 **Aussi** is used to agree with an affirmative statement; **non plus** is used to agree with a negative statement.

Elle était très contente.	Ses amis **aussi.**
Ils ne se souviennent de rien.	Nous **non plus.**

Situation: Il y a eu un cambriolage!

Track 48 Quand ils sont rentrés des vacances, les Perretti ont eu la mauvaise surprise de découvrir que leur maison avait été cambriolée pendant leur absence. Ils parlent avec leurs voisins, les Darmon.

MME PERRETTI:	Est-ce que vous avez entendu ou vu quelque chose de suspect?
M. DARMON:	Non, rien. Nous n'avons rien entendu et nous n'avons vu personne. Tout était très calme dans le quartier.
MME DARMON:	En fait, il n'y avait presque plus personne ici. Il n'y avait plus que nous et les Giraud!
MME PERRETTI:	Et personne d'autre n'a été cambriolé?
M. DARMON:	Non, personne. Du moins, je ne crois pas... On ne sait jamais!...
MME DARMON:	Au fait, qu'est-ce qu'on vous a volé?
M. PERRETTI:	Notre télé et nos bijoux. À part ça, il ne manque rien.
M. DARMON:	Et comment sont-ils entrés dans la maison?
M. PERRETTI:	Ils n'ont laissé aucune trace. Rien. C'est bizarre, vous ne trouvez pas?

> **Mots à retenir / Mots en contexte: un cambriolage** *a burglary,* **en fait** *in fact, by the way,* **je ne crois pas*** *I don't believe so,* **on ne sait jamais** *one never knows,* **vous ne trouvez pas?** *don't you think?*
>
> ***Croire** is an irregular verb; its forms are: **je crois, tu crois, il / elle / on croit, nous croyons, vous croyez, ils / elles croient. Passé composé: j'ai cru; subjonctif: que je croie.**

Avez-vous compris?

Vous êtes l'officier de police chargé de faire un rapport sur ce qui s'est passé. Indiquez la nature de l'incident en question, les renseignements donnés par les victimes, les renseignements donnés par les voisins et, pour finir, les détails de votre enquête et votre conclusion.

Communication et vie pratique

Ⓐ Que la vie est cruelle! Jean se sent abandonné et négligé par ses amis. Qu'est-ce que Jean répond aux questions de son cousin?

> **EXEMPLE** Est-ce que tes amis viennent souvent te voir? (non... jamais)
> *Non, ils ne viennent jamais me voir.*

1. Est-ce qu'ils te téléphonent? (non... personne)
2. Est-ce qu'ils te donnent des cadeaux pour ton anniversaire? (non... rien)
3. Est-ce qu'ils t'invitent à sortir? (non... personne)
4. Est-ce qu'ils s'intéressent à toi? (non... pas du tout)
5. Est-ce que tu vois encore Stéphanie de temps en temps? (non... plus)
6. Est-ce que tu joues quelquefois au tennis avec Paul? (non... jamais)
7. Est-ce que tu as quelque chose d'intéressant à faire ce week-end? (non... pas grand-chose)
8. Est-ce que tu sors toujours avec Suzanne? (non... plus)

Ⓑ Mais non, ne t'inquiète pas. Bernadette est inquiète au sujet de son ami Christian et de sa famille. Essayez de la rassurer.

> **EXEMPLE** Tout le monde est malade en ce moment.
> *Mais non, personne n'est malade.*

1. Christian a l'air triste, tu ne crois pas?
2. Est-ce qu'il sort encore avec Julie?
3. Est-ce que sa mère est encore à l'hôpital?
4. Est-ce que quelque chose lui est arrivé?
5. Il a souvent des problèmes d'argent, je crois.

Ⓒ Rien ne va plus. Imaginez que c'est un de ces jours où tout va mal. Indiquez d'abord ce que vous avez à dire au sujet de votre propre situation. Ensuite, mettez-vous à la place des personnes suivantes et imaginez ce qu'elles peuvent dire.

> **EXEMPLE** vous-même
> *Personne ne s'est souvenu de mon anniversaire.*
> *Je n'ai rien fait d'intéressant pendant le week-end.*

1. vous-même
2. votre professeur(e) de français
3. les étudiants de votre classe
4. les parents d'un enfant qui n'est pas sage
5. ?

ⓓ J'en ai marre! En ce moment, tout va mal dans votre vie, et vos amis semblent être dans la même situation. Ils vous racontent leurs malheurs et vous leur expliquez votre propre situation. Voici quelques suggestions pour commencer.

> **EXEMPLE** Vous n'aimez pas les plats qu'on sert au restaurant universitaire.
> *Il n'y a jamais rien de bon ici.*

1. Vous n'êtes pas content(e) de la région où vous passez vos vacances.
2. Vous essayez de préparer un bon dîner, mais c'est un vrai fiasco.
3. Vous allez dîner dans un restaurant, mais vous n'aimez pas ce qu'il y a au menu et la cuisine laisse beaucoup à désirer.
4. Vous avez envie d'aller au cinéma avec des amis, mais il n'y a pas grand-chose d'intéressant en ce moment et en plus de cela, vous avez tous des opinions et des goûts très différents.
5. Vous partagez un appartement avec une autre personne, mais vous avez des habitudes et des goûts très différents.

C'est votre tour

Vous rentrez le soir dans votre appartement ou dans votre chambre et vous découvrez que toutes sortes de choses ont disparu. Vous parlez avec vos voisins et amis (joués par d'autres étudiants) pour savoir s'ils ont vu ou entendu quelque chose.

Intégration et perspectives

Barbara

Jacques Prévert (1900–1977) a été le poète des sentiments, de la vie de tous les jours et de la solidarité humaine. Il prend le temps de regarder et de sentir les gens et les choses vivre autour de lui. Et ensuite, il les exprime avec des mots de tous les jours, dans un style simple et spontané, mais plein d'intensité et de tendresse.

Dans ses poèmes et ses chansons, Prévert parle des gens et des choses qu'il aime. Parfois aussi, comme dans le poème suivant, il est le témoin impuissant des drames de la vie, et il évoque de façon poignante la dévastation de la guerre et son indignation devant une telle stupidité.

Le poème suivant comprend trois étapes, ou trois scènes, bien distinctes:

- Le théâtre de l'action: La ville de Brest, sous la pluie, avant la guerre. Une pluie heureuse, sur une ville heureuse. Une femme, Barbara, à qui Prévert adresse son poème, marche sous la pluie. Nous sommes ici dans le passé, un passé qui reste gravé dans le souvenir du poète, témoin impuissant du drame qui va se dérouler.

- L'action: Barbara a rendez-vous avec l'homme qu'elle aime. Les deux amants se retrouvent, sous la pluie. Ils sont heureux. Le poète s'attarde *(lingers)* longuement sur la description de leur bonheur et de la ville où ils vivent. Puis, brusquement, tout change. C'est la guerre.

- Le présent: Il pleut de nouveau sur Brest; mais maintenant tout est vide et dévasté. Les bombes ont tout détruit. Et on ne sait pas ce que les deux amants sont devenus.

Le poème est ponctué par une phrase qui revient constamment: «Rappelle-toi Barbara». Le poète demande à Barbara de ne pas oublier son amour passé, et surtout de ne pas oublier l'horreur de la guerre. Mais, en même temps, c'est aussi à nous qu'il demande de ne pas oublier.

Pour mieux lire: Dans les manuels scolaires, les indications qu'on vous donne à l'avance sur un auteur ou sur le texte lui-même sont souvent très utiles pour vous aider à mieux le comprendre. Il est également important de savoir à quelles circonstances historiques le texte fait allusion. Par exemple, cela va vous aider de savoir que la ville de Brest, qui servait de base sous-marine allemande pendant la Deuxième Guerre mondiale, a été complètement détruite par les bombardements alliés. Vous pouvez également consulter un atlas ou une encyclopédie pour savoir exactement où Brest est situé, son rôle historique et sa situation actuelle.

Rappelle-toi Barbara
Il pleuvait sans cesse sur Brest ce jour-là
Et tu marchais souriante
Épanouie ravie ruisselante
5 Sous la pluie
Rappelle-toi Barbara
Il pleuvait sans cesse sur Brest
Et je t'ai croisée rue de Siam
Tu souriais
10 Et moi je souriais de même
Rappelle-toi Barbara
Toi que je ne connaissais pas
Toi qui ne me connaissais pas
Rappelle-toi
15 Rappelle-toi quand même ce jour-là
N'oublie pas
Un homme sous un porche s'abritait
Et il a crié ton nom Barbara
Et tu as couru vers lui sous la pluie
20 Ruisselante ravie épanouie
Et tu t'es jetée dans ses bras
Rappelle-toi cela Barbara
Et ne m'en veux pas si je te tutoie
Je dis tu à tous ceux que j'aime
25 Même si je ne les ai vus qu'une seule fois
Je dis tu à tous ceux qui s'aiment
Même si je ne les connais pas
Rappelle-toi Barbara
N'oublie pas

30 Cette pluie sage et heureuse
Sur ton visage heureux
Sur cette ville heureuse
Cette pluie sur la mer
Sur l'arsenal
35 Sur le bateau d'Ouessant
Oh Barbara
Quelle connerie la guerre
Qu'es-tu devenue maintenant
Sous cette pluie de fer
40 De feu d'acier de sang
Et celui qui te serrait dans ses bras
Amoureusement
Est-il mort disparu ou bien encore vivant
Oh Barbara
45 Il pleut sans cesse sur Brest
Comme il pleuvait avant
Mais ce n'est plus pareil et tout est abîmé
C'est une pluie de deuil terrible et désolée
Ce n'est même plus l'orage
50 De fer d'acier de sang
Tout simplement des nuages
Qui crèvent comme des chiens
Des chiens qui disparaissent
Au fil de l'eau sur Brest
55 Et vont pourrir au loin
Au loin très loin de Brest
Dont il ne reste rien.

Jacques Prévert, *Barbara*, extrait de
Paroles, Éditions Gallimard

Mots à retenir / Mots en contexte: épanouie *face lit up*, ruisselante *dripping wet*, croiser *to meet*, **connaître*** *to know, to be familiar with*, s'abriter *to take shelter*, **courir** *to run*, **(se) jeter** *to throw (oneself)*, Ouessant *an island near Brittany*, une connerie *a stupid thing*, le fer *iron*, le feu *fire*, l'acier *(m) steel*, le sang *blood*, pareil *the same*, abîmé *ruined, destroyed*, le deuil *mourning*, crever *to burst, to die*, au fil de l'eau *with the flow*, pourrir *to rot*, dont *of which*

***Connaître** is an irregular verb. Its forms are **je connais, tu connais, il / elle / on connaît, nous connaissons, vous connaissez, ils / elles connaissent.** Passé composé: **j'ai connu;** subjonctif: **que je connaisse.**

Avez-vous compris?

Le poème décrit ce que le poète a vu et pensé. Racontez l'histoire du point de vue de chacun des deux amants. Utilisez les trois étapes (le théâtre de l'action, l'action, le présent) pour vous guider.

Info-culture: Le jour du débarquement

Le grand jour, le jour du débarquement, c'est le 6 juin 1944, «D Day» en anglais, ce fameux jour où les troupes alliées ont débarqué en Normandie pour venir aider la France à repousser l'invasion allemande. C'est le jour évoqué dans de nombreux films de guerre et en particulier dans *Le jour le plus long* de Daryl Zanuck et plus récemment dans *Il faut sauver le soldat Ryan* de Spielberg. Mais quelle est la chronologie de ces événements?

En fait, c'est le 5 juin, à 22 heures que commencent les opérations. Cinq forces d'assaut composées de 6 939 navires *(ships)* et de 130 000 hommes quittent les ports du sud de l'Angleterre et se rassemblent en convois à un endroit prédéterminé.

À 0h05, les alliés commencent le bombardement des positions allemandes entre Cherbourg et Le Havre. Les divisions aéroportées composées de 15 000 hommes passent alors à l'action et les parachutistes arrivent par vagues *(waves)* successives. Leur mission est de préparer le chemin pour les troupes qui vont débarquer. Le courage héroïque de ces commandos a été immortalisé dans la scène de la prise de «Pegasus Bridge» dans *Le jour le plus long*.

À 5h50 commence le bombardement naval des fortifications allemandes pour permettre aux bateaux du débarquement d'arriver à proximité des plages. Dix minutes plus tard, les bombardiers laissent tomber 5 316 tonnes de bombes sur les fortifications allemandes. Cinq minutes avant l'heure «H», les bombardements cessent. Puis, c'est le débarquement.

Dès 6h30, les Américains débarquent sur les plages d'Omaha et Utah. À partir de 7h10, ils s'attaquent à la Pointe du Hoc. À 7h30, les Britanniques et les Canadiens débarquent sur les plages de Juno et Sword. Toute la journée, les troupes débarquent par vagues successives.

Au soir du 6 juin, Eisenhower peut déclarer que l'opération «Overlord» est un succès. Les troupes du débarquement ont réussi à prendre pied sur les plages normandes. Pourtant, l'inquiétude reste car il y a encore des poches de résistance et la «tête de pont» *(beachhead)* alliée reste fragile. Et surtout la victoire vient à un très lourd prix: 10 000 soldats sont morts, blessés ou portés disparus.

Mais c'est la libération de l'Europe qui vient de commencer.

Et vous?

Parle-t-on beaucoup de la Seconde Guerre mondiale dans les cours d'histoire que vous avez suivis? Qu'avez-vous appris au sujet du débarquement des forces alliées en particulier? Quels films sur ce sujet avez-vous vus? Y a-t-il des membres de votre famille, ou des gens que vous connaissez bien, qui ont participé à ces événements? Que vous ont-ils dit à ce sujet?

Communication et vie pratique

A **Silence, on tourne!** Vos amis et vous avez décidé de faire un film sur la Deuxième Guerre mondiale et vous avez choisi de centrer une partie de l'action sur la scène évoquée dans *Barbara.* Commencez par écrire la partie du scénario qui correspond à cette scène. N'oubliez pas de choisir la musique et, si possible, les décors qui vont accompagner cette scène. Ensuite, choisissez les étudiants qui vont jouer le rôle de Barbara, de son amant et du narrateur, et jouez la scène.

B **Déjeuner du matin.** Lisez *Déjeuner du matin,* un autre poème de Jacques Prévert. À votre avis, quels sont les différents sentiments éprouvés par chaque personnage? Quels sentiments semblent absents de leur vie? Ensuite, essayez d'écrire un poème ou une histoire du même style. Comme sujet, vous pouvez choisir votre routine matinale ou un autre sujet qui vous inspire.

> *Il a mis le café*
> *Dans la tasse*
> *Il a mis le lait*
> *Dans la tasse de café*
> 5 *Il a mis le sucre*
> *Dans le café au lait*
> *Avec la petite cuiller*
> *Il a tourné*
> *Il a bu le café au lait*
> 10 *Et il a reposé la tasse*
> *Sans me parler*
> *Il a allumé*
> *Une cigarette*
> *Il a fait des ronds*
> 15 *Avec la fumée*
> *Il a mis les cendres*
> *Dans le cendrier*
> *Sans me parler*
> *Sans me regarder*
> 20 *Il s'est levé*
> *Il a mis*
> *Son chapeau sur sa tête*
> *Il a mis*
> *Son manteau de pluie*
> 25 *Parce qu'il pleuvait*
> *Et il est parti*
> *Sous la pluie*
> *Sans une parole*
> *Sans me regarder*
> 30 *Et moi j'ai pris*
> *Ma tête dans ma main*
> *Et j'ai pleuré*

Jacques Prévert, *Déjeuner du matin,*
extrait de *Paroles,* Éditions Gallimard

Mots en contexte: un rond *a smoke ring,* les cendres *(f) ashes,* la parole *word*

C Internet. Sur Internet, on peut même trouver des poèmes de Prévert et des renseignements sur sa vie et son œuvre. Utilisez un moteur de recherche pour trouver un de ces sites. Quels autres poèmes de Prévert avez-vous trouvés? De quels sujets Prévert parle-t-il dans ces poèmes? Si vous préférez, vous pouvez explorer des sites dédiés à d'autres poètes français comme Guillaume Apollinaire, Victor Hugo, Arthur Rimbaud, Charles Baudelaire, etc.

D Les étapes de la vie. Racontez votre vie jusqu'au moment présent, ou si vous préférez, la vie de quelqu'un d'autre. Utilisez le vocabulaire présenté dans le **Point de départ** et les verbes et les temps appropriés.

Pour mieux écrire: Exprimer vos idées telles qu'elles vous viennent à l'esprit quand vous traitez un sujet est seulement le premier pas. Pour bien écrire, il faut aussi porter une attention particulière à la composition de votre texte. Voici quelques questions qui vont vous aider dans cette tâche.

L'introduction: Est-ce qu'elle est intéressante, et est-ce qu'elle donne envie de continuer la lecture?

Les paragraphes: Est-ce qu'il y a une idée principale dans chaque paragraphe, et est-ce que le reste du paragraphe développe cette idée de façon claire et logique?

Les transitions: Est-ce qu'il y a une bonne transition d'un paragraphe à l'autre?

La conclusion: Est-ce que vous avez une conclusion, et est-ce qu'elle est bien adaptée au contenu de votre texte?

E Familiale. Écoutez le poème de Prévert intitulé *Familiale* et ensuite, indiquez qui sont les trois personnages du poème, ce qu'ils font et comment se termine le poème. Utilisez les images à la page 367 pour vous guider dans votre récit.

Track 49

Pour mieux comprendre: Un poème est fait pour être écouté autant que pour être lu. Son interprétation va vous aider à rétablir la ponctuation (absente dans un poème en vers libres) et surtout à «sentir» les émotions exprimées. Faites aussi très attention aux mots et aux phrases qui sont répétés fréquemment. Qu'est-ce que cela vous dit? Pour vous aider à comprendre, vous pouvez également regarder les images à la page 367 et faire appel à ce que vous savez déjà au sujet de Prévert et de son attitude vis-à-vis de la guerre.

Invitation au Voyage: Destination Madagascar

L'auteur de **Chez nous à Madagascar,** à la page 368, va vous parler de certaines traditions qui existent dans son pays. Mais que savez-vous déjà au sujet de cette île de l'océan Indien? Quel type de végétation et de climat y trouve-t-on? Quels types d'animaux y rencontre-t-on? Pourquoi le français est-il une des langues parlées dans cette île? Pour répondre à ces questions, travaillez en groupe et partagez les tâches. Consultez Internet ou les ressources de votre bibliothèque.

Chez nous

○ ○ ○ ○ ○ ○ ○ ○

à Madagascar

«Nous, les Malgaches, nous n'avons pas peur de la mort car elle est considérée comme le simple passage d'une vie à l'autre. Mais attention, il y a des rituels à respecter!

Quand quelqu'un meurt (dies), les vivants doivent demander aux ancêtres déjà morts d'accepter le nouveau venu parmi eux; sinon, il risque d'errer (wander) éternellement. Et pour se venger de ce mauvais sort, il va passer son temps à embêter les vivants au lieu de les aider de ses conseils!

À l'occasion des enterrements, ainsi que de tous les événements importants, on fait venir des griots, c'est-à-dire des professionnels de la parole. La marque d'un bon discours se trouve dans la subtilité et l'originalité des images et des allégories. Les images les plus utilisées par les orateurs viennent des proverbes et elles forment la base des discours. Un orateur, par exemple, ne va pas hésiter à citer des séries entières de proverbes et, en général, il va terminer son discours par un petit poème. En voici un exemple:

Comment sont les reproches?
Comme les vents. J'ai entendu leur nom, mais je ne vois pas leur visage.
Comment sont les reproches?
Ils sont comme le froid.
On ne l'entend pas, mais il engourdit.»

Superficie: 587 041 km²	Population: 15 980 000 h

Capitale: Tananarive

Statut politique: République démocratique depuis 1960

Langues: français et malgache

Monnaie: le franc malgache (Fmg)

Avez-vous compris?

1. Comment appelle-t-on les habitants de Madagascar?
2. Pourquoi est-ce que les Malgaches n'ont pas peur de la mort?
3. Quels rites doit-on observer quand quelqu'un meurt, et qu'est-ce qui risque d'arriver si on ne les observe pas?
4. Qu'est-ce que c'est qu'un «griot»?
5. Quelles sont les caractéristiques d'un bon discours, selon les Malgaches?
6. Quel est le rôle des proverbes dans les discours?

Ⓐ Qui sont les griots de votre culture? Les griots traditionnels ne font pas partie de la culture américaine ni de la culture française. Mais il y a peut-être dans notre culture des personnes ou des groupes qui jouent un peu le même rôle? À votre avis, qui sont ces personnes, et quels sont leurs moyens d'expression? Pouvez-vous donner des exemples de discours importants qui ont marqué le cours de notre histoire?

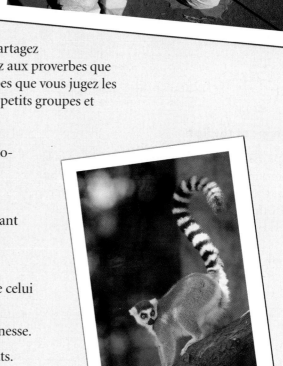

Ⓑ Proverbes africains. Comme vous le savez maintenant, les proverbes jouent un rôle important dans les discours des griots et dans la sagesse populaire en général. Lisez les proverbes africains qui suivent et choisissez-en au moins cinq. Ensuite, écrivez une petite explication de chacun des proverbes que vous avez choisis et partagez vos interprétations avec le reste de la classe. Maintenant, pensez aux proverbes que les Américains aiment citer et faites une petite liste des proverbes que vous jugez les plus communs ou les plus importants. Travaillez seul(e) ou en petits groupes et ensuite comparez vos listes.

- En Afrique, chaque fois qu'un vieillard meurt, c'est une bibliothèque qui brûle *(burns)*.

- Le soleil n'ignore pas un village parce qu'il est petit.

- Le bœuf ne se vante pas *(does not brag about)* de sa force devant l'éléphant.

- Traverse la rivière avant d'insulter le crocodile.

- On ne jette pas le poisson qu'on a dans la main pour prendre celui qu'on a sous le pied.

- Le vieux se chauffe avec le bois récolté *(gathered)* dans sa jeunesse.

- Un seul lionceau vaut mieux qu'un plein panier de petits chats.

- À défaut du poulet, on se contente du moineau *(sparrow)*.

- Même si tu n'aimes pas le lièvre *(hare)*, reconnais au moins sa vitesse.

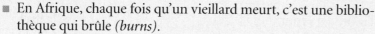

Bien prononcer: Le système vocalique français

Vowels can be classified according to several criteria. Although there are several nasal vowels, (/ɛ̃/, /œ̃/, /ɑ̃/, /ɔ̃/), most French vowels are oral vowels, that is, air passes through the mouth only. Oral vowels can be differentiated according to the following characteristics:

■ **The point of articulation,** that is, the position of the tongue along the vocal tract.

Front vowels (**voyelles antérieures**) are articulated near the front of the mouth; back vowels (**voyelles postérieures**) are articulated toward the back of the mouth. Repeat the following pair of words, paying attention to the position of your tongue:

Front	Back
du	doux
vu	vous
tu	tout
jus	joue
nu	nous

■ **The degree of aperture,** that is, how open the mouth is while pronouncing the vowel.

For instance, the following three series of vowels go from most closed (**voyelles fermées**) to most open (**voyelles ouvertes**). Repeat the following series of words, paying attention to your jaw opening progressively, reading left to right, as you move from closed vowels to open ones:

Closed	→	Open
/i/	/e/	/ɛ/
si	ses	cette
lis	les	lettre
/y/	/ø/	/œ/
fu	feu	fleur
pu	peu	peur
/u/	/o/	/ɔ/
sous	sot	sotte
nous	nos	notre

■ **The shape of the lips**

The lips may be spread (**voyelles écartées**), as in **la vie,** or rounded (**voyelles arrondies**), as in **la vue.** Repeat the following pairs of words (that differ only by this one characteristic), paying close attention to the contrast in the shape of your lips:

Spread	Rounded
riz	rue
si	su
ni	nu
dis	du

The French vowel system can be summarized in the following table:

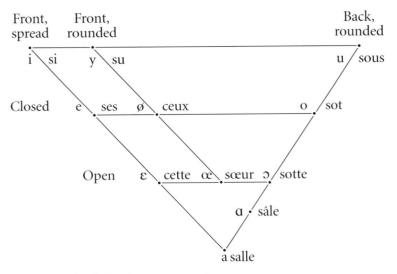

Petite conversation. Repeat the following conversation.

—Chéri, tu as bu le café que je t'ai préparé?
—Non, où est-ce que tu l'as mis?
—Sur la table, à côté de tes céréales.
—Ah oui, excuse-moi, je ne l'avais pas vu. Il est là sous mon journal!

Vocabulaire

Les étapes de la vie (Voir p. 342)
Les sentiments (Voir p. 343)
Les vœux et les condoléances (Voir p. 344)
Expressions used with **imparfait** (Voir p. 349)
Les pronoms **y** et **en** (Voir pp. 354–355)
Negative expressions (Voir pp. 358–359)

Noms

arrière-grand-mère *(f)*
  great-grandmother
cambriolage *(m) burglary*
carte *(f) card, map*
chapeau *(m) hat*

enfance *(f) childhood*
enquête *(f) inquiry*
feu *(m) fire*
guerre *(f) war*
mémé *(f) grandma*

parole *(f) word*
pas *(m) step*
situation *(f) job*
souvenir *(m) memory*
témoin *(m) witness*

Verbes

se confier à *to confide in*
connaître *to know, become*
  familiar with
courir *to run*
crier *to cry out, shout*
déménager *to move*
disparaître *to disappear*

élever *to raise*
s'en aller *to go away*
évoquer *to evoke*
s'habituer à *to become ac-*
  customed to
(se) jeter *to throw (oneself)*
manquer *to miss*

se mettre en colère *to*
  become angry
se passer *to happen*
pleurer *to cry*
souhaiter *to wish*
vieillir *to age, get old*
voler *to steal*

Adjectifs

agité(e) *restless, agitated*
malheureux(-euse)
  unhappy, miserable
pareil(le) *the same*
tel(le) *such*
vide *empty*

Divers

avant *before*
ensuite *then, next*
justement *just, exactly*
sans cesse *continuously,*
  without stopping

Des goûts et des couleurs

Fonctions

Dans ce chapitre, vous allez apprendre à
- décrire vos vêtements et votre apparence
- parler d'une personne déjà mentionnée
- parler de ce que vous portez
- exprimer vos intentions et vos réactions

Vocabulaire et structures

Point de départ: Être et paraître
Exploration 1: Les compléments d'objet indirect
Exploration 2: Les verbes conjugués comme **mettre**
Exploration 3: Le subjonctif avec les verbes de volition, d'émotion et de doute

Point de départ: Être et paraître

Les vêtements et les chaussures

Quels types de vêtements aimez-vous porter?

un costume
une cravate
une chemise
une veste
un pantalon

un haut
une jupe
des chausssures à talons

une robe

un maillot de bain

des sous-vêtements

un chapeau de soleil

un pyjama

un jogging ou un sweat

un short

un tee-shirt

un manteau
un pull-over
des chaussettes
un jean
des chaussures

Les commentaires et les compliments

Quand vous allez dans un magasin pour essayer des vêtements, comment allez-vous exprimer votre opinion sur ce qu'on vous propose?

Est-ce que ça me va bien? *(Does this fit me? Does this look good on me?)*
Ça vous (te) va bien.
Ce style (Cette couleur) vous (te) va très bien.
C'est trop grand / petit.
C'est trop long / court *(short).*
C'est à la mode *(in fashion).* / C'est démodé *(out of style).*
C'est très chic.
C'est très élégant.
Ça me plaît *(I like this).* / Ça ne me plaît pas.

Les mesures

Comment allez-vous indiquer la taille ou la pointure qu'il vous faut?
Pour les vêtements, on parle de la taille:

> — Quelle est votre taille?
> — Je fais du 38.

Pour les chaussures, par contre, on parle de la pointure:

> — Quelle est votre pointure?
> — Je fais du 46.

Pour les équivalences entre les tailles américaines et les tailles européennes, consultez la table de comparaison, p. 376.

Le portrait

Comment êtes-vous physiquement?

> Êtes-vous grand(e) ou petit(e)?
> Avez-vous les cheveux bruns *(dark)* / châtains *(brown)* / roux *(red)* /
>   blonds / gris?
> Avez-vous les cheveux longs ou courts?
> Avez-vous les yeux bleus / verts / gris / marron?
> Avez-vous une barbe ou une moustache?
> Portez-vous des lunettes ou des verres de contact?

Les couleurs

Quelles sont vos couleurs préférées?

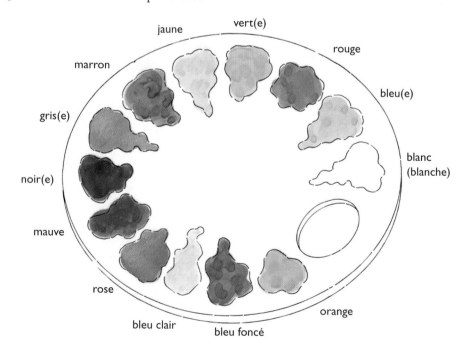

Communication et vie pratique

Ⓐ Faites vos valises. Des amis français vont passer un an dans votre université, et ils ont besoin de savoir quelles sortes de vêtements ils doivent apporter. Ils vous ont demandé ce que les étudiants américains portent habituellement dans les circonstances suivantes. Qu'est-ce que vous allez leur conseiller d'apporter?

1. pour aller à l'université
2. pour faire du sport
3. pour sortir ou pour aller dîner dans des restaurants élégants
4. pour aller à la plage
5. pour rester à la maison

If the Web sites suggested are no longer available, use a search engine to find similar information (e.g., http://fr.yahoo.com or http://www.google.fr).

Ⓑ Internet. Imaginez que vous voulez faire un cadeau à un(e) ami(e). Pour vous aider à trouver quelque chose, vous consultez quelques boutiques en ligne. Utilisez un moteur de recherche ou visitez les sites suivants: Les Trois Suisses (http://www.3suisses.fr/) et La Redoute (http://www.laredoute.fr/homepage.html).

Ⓒ Arrivée à l'aéroport. Vous allez étudier en France et votre famille d'accueil va vous attendre à l'aéroport. Avant votre départ, vous leur téléphonez—ou vous leur envoyez un fax—pour leur donner votre signalement: taille, apparence générale, couleur et longueur des cheveux, vêtements que vous allez porter, signes particuliers (barbe, moustache, tatouages, bijoux), etc.

Ⓓ Aidez-les. Un employé du Printemps aide des clients américains à trouver leur taille ou leur pointure. Jouez les différents rôles. Les clients vont expliquer ce qu'ils cherchent et indiquer leur pointure ou leur taille selon le système américain. Les employés vont utiliser la table des comparaisons pour leur donner les équivalents français.

EXEMPLE
> — *Je voudrais acheter des chaussures, mais je ne sais pas quelle est ma pointure.*
> — *Quelle est votre pointure aux États-Unis?*
> — *Je fais du 6.*
> — *Alors, ici, ça correspond au 37.*

Table de comparaison de tailles								

FEMMES
Robes, manteaux et jupes
Petites tailles

USA	5	7	9	11	13	15
France	34	36	38	40	42	44

Tailles normales

USA	6	8	10	12	14	16	18
France	36	38	40	42	44	46	48

Chaussures

USA	5½	6	6½	7	7½	8	8½	9
France	36½	37	37½	38	38½	39	39½	40

HOMMES

Complets

USA	34	36	38	40	42	44
France	44	46	48	50	52	54

Chemises

USA	14½	15	15½	16	16½	17
France	37	38	39	41	42	43

Chaussures

USA	8	9	10	11	12	13
France	41	42	43	44½	46	47

La France est depuis longtemps la capitale de la haute couture et le lieu de nombreux défilés de mode. Parmi les grands couturiers français les plus célèbres, on trouve Chanel, Christian Lacroix, Christian Dior, Guy Courrèges, Lanvin, Pierre Cardin et Paco Rabanne, tous connus dans le monde entier.

Comment se porte la haute couture de nos jours?

Pour «rester à la mode», même la haute couture doit s'adapter aux exigences du monde moderne. Cette évolution de la mode française a été en grande partie l'œuvre de nouveaux venus comme Inès de la Fressange, Thierry Mugler, Emanuel Ungaro ou Jean-Paul Gaultier. Grâce à eux, la «petite touche française» reste très demandée partout dans le monde. Ils ont aussi permis à la haute couture d'être plus abordable *(affordable)* et donc d'être de plus en plus présente dans notre quotidien. Leur présence dans notre vie de tous les jours se manifeste également par la popularité de leurs parfums qui, eux aussi, sont des signes reconnus de l'esthétique française.

Et pour des vêtements moins chers mais tout aussi chic?

Certains de ces créateurs ont réussi à s'adapter aux besoins d'un plus large public et à inventer des modèles pour le prêt-à-porter. Jean-Paul Gaultier, par exemple, signe une seconde ligne de vêtements plus abordables qu'il nomme JPG. Cacharel, Daniel Hechter, Sonia Rykiel font également partie des créateurs qui maintiennent dans le prêt-à-porter la qualité et l'esthétique de leurs créations.

Comment les Français se distinguent-ils dans la rue?

Certains accessoires de luxe font partie de la garde-robe des Français, avec notamment les foulards *(scarves)* Hermès pour les femmes, ou bien la célèbre chemise Lacoste pour les hommes. Même quand les Français portent des vêtements relativement bon marché, il y a souvent «un petit je ne sais quoi» dans la qualité de la coupe *(cut)*, dans l'harmonie des couleurs, dans le choix des accessoires ou simplement dans la façon de les porter qui permet de les reconnaître.

Et quand on est jeune, comment s'habille-t-on?

De plus en plus, les jeunes empruntent des articles de la mode américaine, comme le jean Levi's 501, les sweat-shirts et les casquettes des universités américaines. Les chaussures Converse font aussi partie de la panoplie. Bien que ce soient des vêtements venant de l'étranger, la manière de les porter reste bien française. En fin de compte, à chacun sa mode, à chacun son style.

Pour en savoir plus sur les professionnels de la mode, consultez le site de la mode et des créateurs: http://www.modeaparis.com/.

Et vous?

Que pouvez-vous dire au sujet de la mode aux USA? Quels sont les couturiers les plus connus ici? Ont-ils plusieurs lignes de vêtements comme certains couturiers français? Que pensez-vous des vêtements qu'on porte aujourd'hui? Peut-on parler d'un style «étudiant»? d'un style typiquement américain? La mode américaine a-t-elle beaucoup évolué au cours des 30 dernières années? Est-ce que ce qui était à la mode un jour le redevient automatiquement?

Exploration ①

Parler d'une personne déjà mentionnée: Les compléments d'objet indirect

As you have already seen, the object of a verb can be direct:

Nous avons vendu **notre voiture.**

It can also be indirect (usually introduced by the preposition **à**):

Nous avons vendu notre voiture **à M. Girard.**

The following indirect object pronouns can replace **à** + NOUN.

À qui parle-t-il?			
À moi?	Il **me** parle.	À nous?	Il **nous** parle.
À toi?	Il **te** parle.	À vous?	Il **vous** parle.
À lui?	Il **lui** parle.	À eux?	Il **leur** parle.
À elle?	Il **lui** parle.	À elles?	Il **leur** parle.

Note that only the third-person indirect object pronouns differ from direct object pronouns: **lui** means either *to him* or *to her;* **leur** means *to them.*

1.1 Indirect object pronouns, like direct object pronouns, are placed directly before the verb of which they are the object.

Présent	Passé composé	Infinitif
Il **me** téléphone.	Il **m'**a téléphoné.	Il va **me** téléphoner.
Ils ne **te** répondent pas.	Ils ne **t'**ont pas répondu.	Ils ne vont pas **te** répondre.
Est-ce qu'elle **te** parle de moi?	Est-ce qu'elle **t'**a parlé de moi?	Est-ce qu'elle va **te** parler de moi?

1.2 In affirmative commands, the indirect object pronoun follows the verb, and **moi** and **toi** replace **me** and **te.** In negative commands, the indirect object pronoun remains in its usual place before the verb, and its form does not change.

Affirmatif	Négatif
Répondez-**lui.**	Ne **lui** répondez pas.
Apportez-**moi** votre livre.	Ne **m'**apportez pas votre livre.
Expliquez-**lui** la situation.	Ne **lui** expliquez pas la situation.
Donnez-**leur** un cadeau.	Ne **leur** donnez pas de cadeau.
Dites-**moi** la vérité.	Ne **me** dites pas la vérité.

Situation: Noël approche

Track 57 Madame et Monsieur Humbert se demandent ce qu'ils vont acheter comme cadeaux de Noël pour leurs enfants.

M. HUMBERT:	Si tu veux, on peut leur acheter des vêtements...
MME HUMBERT:	Ce n'est pas une mauvaise idée. Henri grandit si vite. Les vêtements que je lui ai achetés l'hiver dernier ne lui vont plus...
M. HUMBERT:	Alors, achète-lui un anorak. Et pour Annette, tu as une idée?
MME HUMBERT:	Elle m'a dit qu'elle avait envie d'une guitare.
M. HUMBERT:	Dis-moi, et à toi? Qu'est-ce que je vais te donner?
MME HUMBERT:	Si tu veux me faire plaisir, achète-moi un caméscope ou un appareil photo numérique.

> **Mots à retenir: si** *if*, **un anorak** *a ski jacket*, **dire*** *to say, to tell*, **faire plaisir à quelqu'un** *to please someone*, **un caméscope** *a camcorder*, **un appareil photo numérique** *a digital camera*
>
> ***Dire** is an irregular verb. Its present-tense forms are **je dis, tu dis, il / elle / on dit, nous disons, vous dites, ils / elles disent. Passé composé: j'ai dit; Imparfait: je disais; Subjonctif: (Il faut) que je dise**

Avez-vous compris?

Quel cadeau chaque membre de la famille Humbert va-t-il recevoir et pourquoi?

Communication et vie pratique

Ⓐ Générosité. Robert a acheté des cadeaux pour sa famille et ses amis. Qu'est-ce qu'il leur a donné? Et vous, qu'est-ce que vous avez donné à votre famille ou à vos amis? Et eux, qu'est-ce qu'ils vous ont donné?

EXEMPLE   à ses parents / un magnétoscope
Il leur a donné un magnétoscope.

1. à ses petits frères / des jouets
2. à son père / une cravate
3. à ses grands-parents / une boîte de chocolats
4. à sa sœur / une jupe
5. à sa mère / une robe
6. à ses amis / des disques compacts
7. à son oncle / un livre
8. à ses neveux / des jeux vidéo

B **Messages.** Ce soir, Laurent est sorti avec ses amis. Quand il rentre, il demande à Renaud, son camarade de chambre, si différentes personnes ont téléphoné ou laissé un message pendant qu'il était absent.

> **EXEMPLE** Est-ce que quelqu'un m'a téléphoné?
> (oui, plusieurs personnes)
> *Oui, plusieurs personnes t'ont téléphoné.*

1. Est-ce que Muriel m'a téléphoné? (non)
2. Et Sonia, est-ce qu'elle m'a téléphoné? (oui)
3. Est-ce qu'elle m'a laissé un message? (non)
4. Est-ce qu'elle t'a posé des questions à mon sujet? (oui)
5. Et-ce que tu lui as dit que je sors avec Muriel? (non)
6. Est-ce qu'elle t'a parlé de sa famille? (oui)
7. Est-ce qu'elle va rendre visite à ses parents le week-end prochain? (oui)
8. Est-ce qu'elle va leur dire que nous ne sortons plus ensemble? (non)

C **J'ai changé d'avis.** Il y a des gens qui changent d'avis comme ils changent de chemise. Jean-Luc est une de ces personnes. Une minute, c'est une chose, l'autre, c'est le contraire. Qu'est-ce qu'il dit?

> **EXEMPLE** Explique-lui ta situation.
> *Ne lui explique pas ta situation.*

1. Téléphone-nous ce soir.
2. Parle-moi de tes voyages.
3. Montre-leur tes revues.
4. Donnez-moi votre opinion.
5. Demandez-lui son adresse.
6. Répondez-moi.

D **Dans le salon d'essayage.** Vous faites des courses avec vos amis qui vous demandent si les vêtements qu'ils essaient leur vont bien. Qu'est-ce que vous allez leur dire?

> **EXEMPLE** — *Est-ce que ce tee-shirt me va bien?*
> — *Non, ça ne te va pas très bien.*
> *C'est trop petit.*

1.

2.

3.

4.

5.

6.

E **J'ai une autre suggestion.** Un(e) ami(e) vous a fait les propositions suivantes. Allez-vous accepter ou suggérer quelque chose d'autre?

> **EXEMPLE**   Est-ce que je peux te parler de mon travail?
> *Oui, parle-moi de ton travail.*
> ou
> *Non, ne me parle pas de ton travail. Parle-moi de tes voyages.*

1. Est-ce que je peux te téléphoner ce soir?
2. Est-ce que je peux te montrer mes photos de voyage?
3. Est-ce que je peux te donner mon numéro de téléphone?
4. Est-ce que je peux t'apporter un sandwich?
5. Est-ce que je peux te rendre visite pendant l'été?
6. Est-ce que je peux t'acheter des fleurs?

C'est votre tour

Parlez avec un(e) ami(e) de ce que vous allez offrir comme cadeau de Noël ou comme cadeau d'anniversaire à différentes personnes. Commencez par faire une liste des différentes personnes à qui vous voulez donner quelque chose et une liste de cadeaux possibles. Ensuite, expliquez ces choix à votre ami(e) et demandez-lui ce qu'il (elle) pense de vos choix et s'il (si elle) a d'autres suggestions à vous faire.

Exploration ②

Parler de ce que vous portez:
Les verbes conjugués comme *mettre*

The verb **mettre** communicates the idea of "putting on" clothes or "to put or place something somewhere."

m e t t r e	
je **mets**	nous **mettons**
tu **mets**	vous **mettez**
il / elle / on **met**	ils / elles **mettent**

Passé composé: j'ai **mis**

Imparfait: je **mettais**

Subjonctif: (il faut) que je **mette**

— Qu'est-ce que je vais **mettre** ce soir?
— **Mets** ton joli complet gris.

Je ne **mets** pas de sucre dans mon café.
Où est-ce que tu **as mis** mon livre?

2.1 Mettre has several other uses.

mettre la table	*to set the table*	Est-ce que tu **as mis la table**?
se mettre à	*to start*	Il **s'est mis à** pleuvoir.
se mettre à table	*to sit down to eat*	Nous allons **nous mettre à table.**
se mettre en colère	*to get angry*	Il **se mettait** souvent **en colère.**
se mettre d'accord	*to come to an agreement*	Elles **se sont mises d'accord** sur les points importants.

2.2 Several other verbs are conjugated like **mettre**.

permettre à	*to allow, permit*	Elle ne **permet** pas **à** sa fille de sortir seule.
promettre à	*to promise*	J'**ai promis à** mes parents de leur rendre visite.
admettre	*to admit*	J'**admets** que j'ai eu tort.
commettre	*to commit*	Quel crime a-t-il **commis**?
remettre	*to hand in; to postpone*	Quand faut-il que nous **remettions** nos devoirs?

Note that both **permettre** and **promettre** take indirect object pronouns: **permettre à quelqu'un de faire quelque chose; promettre à quelqu'un de faire quelque chose.**

Situation: Un compromis acceptable

Track 58

Martine a envie de sortir ce soir, mais Sébastien a déjà d'autres projets. Heureuse-ment, ils trouvent une solution.

MARTINE: Tu es libre ce soir?

SÉBASTIEN: Non, j'ai promis à ma petite sœur de l'accompagner à une soirée...
Ma mère ne lui permet pas de sortir seule le soir.

MARTINE: Zut!... C'est dommage.

SÉBASTIEN: Si tu veux, tu peux venir avec nous.

MARTINE: Oui, mais qu'est-ce que je vais mettre? Je n'ai rien de joli.

SÉBASTIEN: Mais si! Mets ta petite robe bleue; elle te va si bien!

MARTINE: Bon, alors... Vous pouvez venir me chercher vers huit heures?

SÉBASTIEN: C'est promis.

> **Mots à retenir: heureusement** *fortunately,* **zut!** *darn!,* **c'est dommage**
> *that's too bad*

Avez-vous compris?

Quels sont les problèmes, et quelles solutions Martine et Sébastien trouvent-ils?

Communication et vie pratique

A Qu'est-ce qu'on va mettre? Danielle vous parle de ce que ses amis vont mettre pour aller au concert ce soir. Qu'est-ce qu'elle dit?

> **EXEMPLE** Philippe / pantalon gris
> *Philippe met un pantalon gris.*

1. il / chemise blanche
2. Roger / complet gris
3. Isabelle / robe noire
4. nous / quelque chose de joli
5. je / jupe bleu foncé
6. tu / pantalon et pull

B Et vous? Dites ce que vous mettez dans les situations suivantes. Est-ce que vous avez les mêmes préférences que les autres étudiants?

> **EXEMPLE** pour aller en classe?
> *En général, je mets un jean et un pull pour aller en classe.*

Qu'est-ce que vous mettez...

1. pour aller en classe?
2. pour sortir avec des amis?
3. pour aller dîner dans un bon restaurant?
4. quand vous avez envie de vous détendre?
5. quand vous avez un entretien d'embauche?
6. pour faire du camping?

C **Chose promise, chose due.** Une de vos amies vient de prendre quelques bonnes résolutions. Qu'est-ce qu'elle a promis aux personnes suivantes?

> **EXEMPLE** à ses parents... de ranger ses affaires
> *Elle leur a promis de ranger ses affaires.*

1. à sa mère... de l'aider plus souvent à la maison
2. à son professeur... de venir en classe tous les jours
3. à nous... d'être plus patiente
4. à son patron... d'être toujours à l'heure
5. à ses grands-parents... de téléphoner plus souvent
6. à moi... de ne pas se mettre en colère

D **Les bonnes résolutions.** Au début du trimestre, on essaie toujours de faire mieux et de prendre de bonnes résolutions. Qu'est-ce que vous avez promis de faire ou de ne pas faire ce trimestre?

> **EXEMPLE** *J'ai promis de mieux écouter en classe et de ne pas remettre mon travail à la dernière minute.*

E **On change de rôle.** Imaginez que vous êtes professeur(e). Qu'est-ce que vous allez permettre et ne pas permettre à vos étudiants? Par exemple, est-ce que vous allez leur permettre de dormir en classe? de ne pas faire leurs devoirs? d'être souvent en retard?

C'est votre tour

Vous avez promis à des amis (joués par d'autres étudiants) de sortir avec eux, mais à la dernière minute, vous hésitez parce que vous n'avez rien à mettre. Vous critiquez tout (**ça ne me va pas bien, c'est démodé,** etc.). Vos amis essaient de vous rassurer et de vous donner des suggestions.

Exploration ③

Exprimer vos intentions et vos réactions: Le subjonctif avec les verbes de volition, d'émotion et de doute

The subjunctive is used after verbs and expressions of wanting or wishing, emotion, or doubt.

3.1 Wanting or wishing (**vouloir, désirer, préférer, aimer mieux,** etc.):

Le professeur veut que nous **fassions** des progrès.
Je voudrais que vous **soyez** heureux.
Elle aimerait mieux que vous **mettiez** une cravate.

3.2 Emotion (**avoir peur, être content, regretter, être triste, être surpris, c'est dommage, c'est regrettable,** etc.):

Nous regrettons que vous ne **puissiez** pas venir.
Je suis surpris que vous leur **permettiez** de faire ça.
J'ai peur qu'ils **aient** un accident.

3.3 Doubt (**douter, ne pas croire, ne pas être sûr,** etc.):

Je doute qu'ils s'en **souviennent.**
Je ne crois pas que tu le **saches.**
Je ne suis pas sûr que vous **puissiez** comprendre.

Croire and **penser** are followed by the subjunctive only when used in the negative (and sometimes in the interrogative)—that is, when doubt is implied. Compare:

Je crois qu'ils viendront.
Tu penses qu'il pourra se débrouiller tout seul.

Je ne crois pas qu'ils viennent.
Penses-tu qu'il puisse se débrouiller tout seul?

The verb **espérer** is not followed by the subjunctive.

J'espère que tu ne vas pas oublier ce que tu m'as promis.

3.4 The subjunctive is used only when the subject of the first clause is different from the subject of the second clause. When there is only one subject, an infinitive is used instead. Compare:

Elle est contente que nous partions.
Mon père veut que je finisse mes études.

Nous sommes contents de partir.
Je veux finir mes études.

Situation: Différences d'opinion

Track 59 Catherine est très agitée parce que ses parents et elle ne sont pas d'accord au sujet de son avenir. Elle se confie à son grand-père et lui demande conseil.

CATHERINE: Ah, pépé! Je suis contente que tu sois là; je voudrais te demander conseil.

M. LÉVÊQUE: Je ne suis pas sûr de pouvoir t'aider, mais dis-moi quand même ce qui ne va pas.

CATHERINE: Papa et maman veulent que j'aille à l'université, mais moi, je n'en ai pas envie...

M. LÉVÊQUE: Je comprends que tu n'aies pas envie de nous quitter, mais, tu sais, j'ai peur qu'ils aient raison...

CATHERINE: Ils veulent que je fasse des études parce qu'ils ont peur que je sois un mauvais exemple pour mon petit frère! J'en suis sûre!

M. LÉVÊQUE: Mais non, mais non; calme-toi... Je ne crois pas que ce soit la raison! Tout ce qu'ils veulent, c'est que tu sois heureuse et que tu aies une bonne situation.

> **Mots à retenir: se confier à** *to confide in,* **demander conseil** *to ask for advice,* **quand même** *anyway*

Avez-vous compris?

Quelles sont les différences d'opinion entre Catherine et ses parents? Quel est le rôle du grand-père dans tout ça?

Communication et vie pratique

A Ça dépend du temps qu'il va faire. Thierry et Sandrine ont organisé une grande fête. Tous leurs amis sont invités. Ils se demandent ce qu'ils vont mettre pour cette occasion. Évidemment, ça dépend du temps qu'il va faire.

> **EXEMPLES** je crois
> *Je crois qu'il va faire beau.*
>
> je ne crois pas
> *Je ne crois pas qu'il fasse beau.*

1. je suis sûr(e)
2. je doute
3. j'espère
4. je ne pense pas
5. je voudrais bien
6. je crois
7. je souhaite
8. je ne suis pas sûr(e)

B **Confidences.** Vos amis partagent avec vous leurs soucis et leurs joies. Vous écoutez avec sympathie et vous réagissez à ce qu'ils disent.

> EXEMPLE Je ne me sens pas très bien. (Je regrette)
> *Je regrette que tu ne te sentes pas très bien.*

1. Nous avons des soucis d'argent. (Je regrette)
2. Je peux me débrouiller tout(e) seul(e). (Je doute)
3. Nous nous mettons souvent en colère. (C'est dommage)
4. Ma grand-mère va beaucoup mieux. (Je suis content[e])
5. Pierre et moi, nous nous disputons souvent. (C'est dommage)
6. Denise a mauvais caractère. (Je ne crois pas)
7. Je me sens beaucoup mieux. (Je suis heureux[-euse])
8. Martine et moi, nous ne sortons plus ensemble. (Je suis surpris[e])

C **Différences d'opinion.** Jean-Luc et ses parents ne sont pas toujours d'accord. Quelle est sa situation?

> EXEMPLES Ses préférences: aller à l'université de Nice
> *Il voudrait aller à l'université de Nice.*
>
> Les préférences de ses parents: aller à l'université de Lille
> *Ils voudraient qu'il aille à l'université de Lille.*

Ses préférences	Les préférences de ses parents
1. louer un appartement	1. habiter dans une résidence universitaire
2. acheter une moto	2. utiliser son vieux vélo
3. apprendre le chinois	3. apprendre l'anglais
4. être musicien	4. être médecin
5. faire des études de musique	5. faire des études de médecine
6. sortir tous les soirs	6. sortir moins souvent
7. s'amuser	7. être plus sérieux
8. choisir des cours intéressants	8. choisir des cours plus pratiques

D **C'est la vie.** Êtes-vous d'accord avec les opinions exprimées? Pour indiquer votre opinion, commencez la phrase avec **je crois, je suis sûr(e), je ne suis pas sûr(e), j'ai peur, je regrette, je doute,** etc.

> EXEMPLE On peut être à la fois riche et heureux.
> *Je crois qu'on peut être à la fois riche et heureux.*
> ou
> *Je doute (Je ne crois pas) qu'on puisse être à la fois riche et heureux.*

1. On apprend beaucoup de choses utiles à l'école.
2. Les vêtements d'aujourd'hui sont très jolis.
3. Le gouvernement tient toujours ses promesses.
4. On peut être à la fois pauvre et heureux.
5. Les jeunes sont bien préparés pour la vie.
6. Les parents donnent trop de liberté à leurs enfants.
7. On a le droit de faire et de dire ce qu'on veut.
8. On peut être très bien habillé sans dépenser beaucoup d'argent.

C'est votre tour

Il y a des gens qui voient toujours «la vie en rose» et d'autres qui voient tout «en noir». Imaginez que vous faites partie du premier groupe et que vos amis (joués par d'autres étudiants) font partie du deuxième groupe. Ils vous parlent de leurs problèmes, de leurs doutes et de leurs craintes. Vous essayez de les rassurer et de les aider à voir la vie sous un meilleur jour. Utilisez la **Situation** à la page 387 et les activités qui précèdent comme point de départ.

Intégration et perspectives

L'ABC des bonnes manières: Ce qu'il faut faire et ne pas faire

Pour mieux lire: Comme le titre l'indique, vous allez trouver dans ce texte des conseils sur ce qu'il faut faire et ne pas faire quand vous êtes en France. Pour vous aider à mieux comprendre ce texte, prenez une feuille de papier et divisez-la en deux colonnes. Vous intitulez la première colonne «Ce qu'il faut faire» et la deuxième «Ce qu'il ne faut pas faire». À mesure que vous lisez le texte, vous notez dans chaque colonne les conseils qu'on vous donne. Ensuite, relisez le texte et notez également dans deux colonnes les mots et les tournures de phrases utilisés par l'auteur pour indiquer d'une part, ce qu'il faut faire (par exemple, «il est toujours poli de... ») et d'autre part, ce qu'il faut éviter (par exemple, «ça ne se fait pas»). Après cela, relisez le texte encore une fois pour voir si vous avez bien noté tous les points importants.

En général, on peut dire que la politesse et les bonnes manières sont basées sur le respect des autres. Cependant, ce qui constitue les bonnes manières peut varier d'un pays à l'autre. Il est donc bon de savoir comment on doit se comporter pour éviter les malentendus et les faux pas. Voici quelques conseils pour les étudiants qui se préparent à visiter un pays francophone européen.

À table

Tenez-vous bien à table. Ne parlez pas la bouche pleine. Ne mettez pas les coudes sur la table, ni les pieds sur la chaise de votre voisin—sauf, peut-être, si vous êtes en famille ou entre jeunes. N'oubliez pas qu'en France, il faut garder les deux mains sur la table pendant le repas. Ne gardez pas la main gauche sous la table comme vous avez l'habitude de le faire aux États-Unis. Ça risque d'amuser vos amis français.

Aux États-Unis, vous devez remettre votre fourchette dans votre main droite chaque fois que vous avez fini de couper un petit morceau de viande. En France, ça ne se fait pas. Gardez votre fourchette dans la main gauche. Ne vous servez[1] pas avant d'être invité à le faire. Quand l'hôte ou l'hôtesse vous demande de vous servir une deuxième fois, répondez: «Oui, avec plaisir» si vous avez envie de reprendre un peu de ce qui vous est proposé. Mais attention, «merci» veut généralement dire «Non, merci, je n'ai plus faim». Et surtout, ne dites jamais «Je suis plein». C'est très vulgaire en français.

Quand vous êtes invité à dîner, il est toujours poli—et gentil—d'apporter quelques fleurs, des bonbons ou un petit cadeau. Si vous apportez des fleurs, n'apportez jamais de chrysanthèmes. Ils sont associés avec l'idée de mort et de deuil. N'arrivez jamais en avance. En fait, il est bon d'arriver quelques minutes en retard pour laisser à vos hôtes le temps de s'occuper des préparatifs de dernière minute.

Rencontres et visites

Ne soyez pas choqué: Les Français s'embrassent sur les joues quand ils rencontrent des parents ou des amis (même les hommes quelquefois). Par contre, c'est vous qui allez les choquer si vous les embrassez sur la bouche! Ça ne se fait pas, même entre parents et enfants. C'est réservé aux amoureux. Les Français se serrent aussi très souvent la main. On se serre la main chaque fois qu'on se rencontre et qu'on se quitte, excepté, bien sûr, si on travaille dans le même endroit ou si on se rencontre plusieurs fois par jour.

Ne tutoyez pas tout le monde! On se tutoie entre amis et en famille. Attendez qu'on vous le suggère. C'est une marque d'affection et d'amitié. Un conseil général: Quand vous n'êtes pas sûr(e) de ce que vous devez faire, observez d'abord les gens autour de vous et laissez-les prendre l'initiative!

Mots à retenir / Mots en contexte: la politesse *politeness,* **cependant** *however,* **se comporter** *to behave,* **le malentendu** *misunderstanding,* **se tenir bien** *to behave properly,* **le coude** *elbow,* **sauf** *except,* **la fourchette** *fork,* **ça ne se fait pas** *that's not done,* **poli(e)** *polite,* **les bonbons** *(m) candy,* le deuil *mourning, grief,* les amoureux *(m) lovers,* **se serrer la main** *to shake hands,* **tutoyer** *to use* **tu,** **l'amitié** *(f) friendship,* **autour de** *around*

---

[1] **Servir** *(to serve)* is conjugated like **partir** and **sortir.** Its forms are **je sers, tu sers, il / elle / on sert, nous servons, vous servez, ils / elles servent. Passé composé: j'ai servi; Subjonctif: (il faut) que je serve**

Avez-vous compris?

Les Johnson, une famille américaine, rendent visite à des Français. Indiquez si, en France, les actions suivantes sont considérées comme de bonnes manières ou non. Expliquez pourquoi. À votre avis, qu'est-ce qu'il faudrait faire dans ces situations?

1. Les Johnson sont invités chez les Grandjean. Ils arrivent dix minutes avant l'heure indiquée parce qu'ils ne veulent pas faire attendre leurs hôtes.

2. Ils se sont arrêtés chez un fleuriste et ils ont acheté de beaux chrysanthèmes pour les Grandjean.

3. Mme Johnson veut montrer ses bonnes manières et elle fait très attention à remettre sa fourchette dans sa main droite chaque fois qu'elle se prépare à porter à sa bouche le morceau de viande qu'elle vient de couper.

4. La conversation tourne à la politique et la discussion devient très animée. M. Johnson commence à tutoyer son voisin de table, le beau-père de M. Grandjean.

5. M. Johnson a envie de reprendre un peu de soufflé. Il se tourne vers sa voisine et dit: «Pouvez-vous me passer le soufflé, s'il vous plaît?»

6. Mme Grandjean remarque que Mme Johnson garde sa main gauche sous la table. Elle est inquiète et elle se demande si Mme Johnson a mal au bras.

7. Mme Grandjean demande à M. Johnson s'il veut reprendre un peu de dessert. M. Johnson a beaucoup mangé et il n'a plus faim. Il répond: «Non, merci, madame, votre tarte est délicieuse, mais je suis plein.»

8. Le fils des Johnson ne veut pas faire de faux pas. Il observe les gens autour de lui. Il remarque que le fils des Grandjean tutoie un monsieur d'une cinquantaine d'années qu'il appelle «tonton Pierre». Il décide qu'il peut faire la même chose et se met à le tutoyer aussi.

Info-culture: Les gestes parlent

Toutes les cultures ont leurs gestes caractéristiques qui sont souvent plus expressifs et éloquents que les mots. Ces gestes permettent quelquefois de communiquer sans parler. Les Français, en particulier, ont la réputation de faire beaucoup de gestes et de parler avec les mains.

Pouvez-vous interpréter les gestes suivants? Sinon, consultez les réponses.

1. a. Cette conférence n'est pas très intéressante.
   b. Je suis perplexe.
   c. Où est mon rasoir électrique?

2. a. Tu as l'air fatigué.
   b. Veux-tu sortir avec moi?
   c. Mon œil! Tu exagères; je ne te crois pas.

3. a. Embrasse-moi!
   b. Ce champagne est superbe!
   c. Au revoir et bon voyage!

4. a. Il est très intelligent, ce type.
   b. Il est fou, ce garçon!
   c. J'ai mal à la tête. Donnez-moi deux aspirines.

5. a. Où est le ballon?
   b. Quelle heure est-il?
   c. Je ne sais pas.

6. a. Un, deux...
   b. Attention, il a un revolver.
   c. Vive la France!

Réponses: 1. a; 2. c; 3. b; 4. b; 5. c; 6. a

Et vous?

Les Américains aussi font souvent des gestes pour indiquer—ou pour ponctuer—ce qu'ils veulent dire. Quels gestes faites-vous pour communiquer les messages suivants? Y a-t-il d'autres gestes typiques que vous voulez expliquer à vos amis français?

Quels gestes faites-vous...

1. pour indiquer que vous êtes fatigué(e)?
2. pour indiquer que quelqu'un est fou?
3. pour indiquer que quelque chose est de qualité supérieure?
4. pour indiquer que quelque chose est de qualité très inférieure?
5. quand quelqu'un parle trop?
6. pour indiquer que vous n'avez pas de solution à un problème?
7. pour exprimer la surprise?
8. pour dire au revoir à quelqu'un?

Communication et vie pratique

A **Ne mettez pas les pieds dans le plat!** Imaginez que vous êtes invité(e) à déjeuner chez des Français. Certains étudiants jouent le rôle des Français et d'autres jouent le rôle des Américains. Jouez la scène. Les Français vont (1) dire bonjour, serrer la main à leurs invités et indiquer qu'ils sont heureux de les voir; (2) inviter leurs amis à entrer; (3) offrir un apéritif à leurs invités; (4) demander à leurs amis s'ils ont fait bon voyage; demander des nouvelles de la famille et parler de choses et d'autres; (5) inviter leurs invités à se mettre à table.

B **L'ABC des bonnes manières.** Expliquez à des Français ce qu'il faut faire ou ne pas faire aux États-Unis dans différentes circonstances (par exemple, à table, quand on est invité dans une famille américaine pour la fête de «Thanksgiving», quand on sort avec des amis, quand on va à un match de football, etc.).

C **Portraits.** Faites le portrait de quelqu'un que vous connaissez (ou votre portrait si vous préférez). Parlez des caractéristiques physiques, de la façon de s'habiller et des vêtements que cette personne porte d'habitude. Vous pouvez aussi comparer cette personne à d'autres personnes pour rendre votre portrait plus vivant et plus intéressant.

Pour mieux écrire: Avant de commencer le portrait de la personne en question, faites trois listes: (1) caractéristiques physiques, (2) façon de s'habiller, (3) personnalité et habitudes. Ensuite, ajoutez quelques adverbes à chaque liste—par exemple, «C'est quelqu'un qui s'habille extrêmement bien; il / elle a de très beaux yeux noirs». Utilisez ces listes comme point de départ pour faire le portrait de la personne que vous avez choisie.

ⓓ Aux Galeries Lafayette. Micheline et Robert ont décidé d'aller faire des courses aux Galeries Lafayette. Écoutez les conversations qu'ils ont eues aux différents rayons et répondez aux questions suivantes.

Track 60

> **Pour mieux comprendre:** Écoutez une première fois pour découvrir l'essentiel de chaque conversation, c'est-à-dire ce que chaque personne va acheter. Une fois que vous avez compris cela, le reste de la conversation est beaucoup plus facile à comprendre parce que vous avez déjà une idée de ce que chaque personne va dire.

1. Qu'est-ce que Robert a l'intention d'acheter?
2. Quelle est sa taille?
3. Combien est-ce qu'il va payer?
4. Qu'est-ce que Micheline a l'intention d'acheter?
5. Quelle couleur est-ce qu'elle cherche?
6. Quelle est sa pointure?

Invitation au voyage: Destination la Guinée

Dans le texte à la page 396, Awa va nous parler de la Guinée et en particulier des vêtements qu'on porte dans son pays. Pour vous préparer à la lecture de ce texte, répondez d'abord aux questions qui suivent. Ensuite comparez vos réponses avec les renseignements donnés dans **Chez nous en Guinée,** ou avec les renseignements que vous pouvez obtenir en étudiant la carte du monde située au début de votre livre.

Vrai ou faux?

1. La Guinée est située en Afrique du Nord, à l'est de l'Algérie.
2. On y parle français et plusieurs langues locales.
3. Il y a plus de 8 millions d'habitants en Guinée.
4. La capitale de la Guinée est Kankan.
5. Une partie de la Guinée est située au bord de l'océan Pacifique.
6. Le Sénégal se trouve au nord de la Guinée et la Sierra Leone au sud.
7. On porte un mélange de vêtements modernes et de vêtements traditionnels en Guinée.

Chez nous

○ ○ ○ ○ ○ ○ ○ ○ ○

en Guinée

Superficie: 245 857 km²	**Population:** 7 813 670 h
Capitale: Conakry	**Villes importantes:** Kankan, Labé
Statut politique: république indépendante depuis 1958	
Langues: français et langues locales: mandingue (malinké), peul, soussou, bassari	
Monnaie: le franc guinéen	

«Chez nous, on porte bien sûr des vêtements européens comme chez vous, mais en général, ces vêtements sont faits avec des tissus différents, plus au goût africain. Et nous avons aussi nos vêtements typiquement africains. En fait, beaucoup de jeunes recommencent à les porter assez régulièrement parce qu'ils font partie de notre identité. Et nous sommes fiers d'être des Africains! À mon avis, ces vêtements sont aussi très beaux et très pratiques quand on vit dans des climats chauds comme ici. Les couleurs aussi sont différentes—ou plutôt les motifs et les assemblages de couleurs. Nous aimons les couleurs vibrantes et profondes. Des couleurs à l'image de notre continent.

En général, nous portons nos vêtements africains pour toutes les occasions spéciales: cérémonies culturelles et religieuses, fêtes de famille, etc. Il y a aussi une différence entre les grands centres urbains où l'influence européenne est plus forte et les régions rurales où le respect de la tradition compte davantage. Il faut dire que nos vêtements reflètent aussi l'influence islamique qui est très importante dans toute l'Afrique occidentale.

Les hommes portent un «trois pièces» composé d'un pantalon en tissu assez léger, d'une courte jallaba et d'un boubou, une tunique longue et ample qu'on peut enlever si on a trop chaud. Sur la tête, ils portent le bonnet traditionnel, et aux pieds, des sandales en cuir (leather)

décorées au goût ethnique (chaque groupe a sa façon de travailler le cuir). Les femmes portent un pagne, c'est-à-dire, une sorte de jupe longue nouée à la taille, un corsage ou un boubou. Elles portent également un foulard sur la tête et une écharpe ou un voile léger sur les épaules. Elles aiment aussi porter des bijoux, surtout des boucles d'oreilles et des bracelets.»

Avez-vous compris?

Écrivez un petit résumé du texte que vous venez de lire. N'oubliez pas qu'un bon résumé doit être court (pas plus de 50 mots, dans ce cas) et qu'il doit contenir les points principaux abordés dans le texte et les détails les plus importants. Utilisez les rubriques suivantes pour vous guider. Quand vous avez fini, mettez-vous en petits groupes et comparez vos résumés.

- Le retour aux vêtements traditionnels
- La couleur des vêtements
- L'influence islamique sur la mode
- Les vêtements traditionnels pour les hommes
- Les vêtements traditionnels pour les femmes

A **Et aux USA?** Imaginez qu'Awa vous demande quels sont les vêtements traditionnels qu'on porte aux États-Unis et à quelles occasions on les porte. Indiquez quelles sont ces occasions spéciales et décrivez les vêtements qu'on porte dans ces circonstances, sans oublier les différences régionales ou ethniques qui peuvent exister.

B **À la découverte de la Guinée.** Choisissez au moins cinq des questions suivantes et répondez-y. Vous pouvez travailler seul(e) ou en petits groupes. Pour vous aider dans vos recherches, consultez Internet ou les ressources de votre bibliothèque. Ensuite, comparez vos réponses. Avez-vous découvert d'autres faits importants au cours de vos recherches?

1. Qui est le président actuel de la Guinée?
2. Quel est le pourcentage de musulmans dans la population de ce pays?
3. Comment est le climat de la Guinée?
4. Quel pourcentage de la population guinéenne parle français?
5. Nommez deux pays voisins de la Guinée.
6. Combien de partis politiques y a-t-il en Guinée? Nommez-en plusieurs.
7. Nommez et décrivez plusieurs régions du pays.
8. En quelle année, et de quel pays, la Guinée a-t-elle obtenu son indépendance?

⬛ Bien prononcer

Tracks 61–62 **Basic phonetic differences between French and English**

The French phonetic system contrasts in important ways with the English system.

1. Predominance of front vowels

The majority of French vowels are pronounced in the front of the mouth, whereas English vowels tend to be articulated toward the middle or the back. This difference becomes problematic for English speakers when combined with the rounded shape of the lips, a combination that does not exist in English. Thus, many English speakers have problems with the following series of front, rounded vowels: /y/ as in **du,** /ø/ as in **deux,** and /œ/ as in **peur.**

To help with these sounds, combine the shape of the lips as in the English word "you" and the front position of the tongue as in "see." You can also produce the French **u** by saying **i** with rounded lips. Repeat the following words ending with front, rounded vowels:

/y/	/ø/	/œ/
su	ceux	sœur
pu	peut	peuvent
vu	veut	veulent
bu	bœufs	beurre

Now repeat and contrast these pairs of words that differ only by the position of the tongue:

Front	Back
peur	port
cœur	corps
beurre	bord
sœur	sort

2. Muscular tension

This aspect of French pronunciation contrasts sharply with the more relaxed articulation of English sounds. Lack of muscular tension produces diphthongs, as in the English word "oil," and diphthongized vowels, as in "row." French has neither diphthongs nor diphthongized vowels. To produce a French vowel, the lips do not move during the production of the sound, and the same degree of muscular tension is maintained throughout. Repeat the following words, being careful to produce a pure vowel instead of a diphthong as you would when saying the English words in parentheses.

chez *(Shay)*	mule *(mule)*	tôt *(toe)*
quai *(quay)*	beau *(bow)*	gauche *(gauche)*
fée *(Fay)*		

Petite conversation. Practice repeating the following conversation.

—Allô, Rose... Veux-tu aller te promener sur les quais?
—Mais non, Claude, il est encore beaucoup trop tôt!... Je viens de me réveiller!
—C'est un si beau jour d'été, il faut en profiter!... Allez, laisse-toi tenter.

Vocabulaire

Les vêtements et les chaussures (Voir p. 374)
Les commentaires et les compliments (Voir p. 374)
Les mesures (Voir p. 375)
Le portrait (Voir p. 375)
Les couleurs (Voir p. 375)
Les verbes comme **mettre** (Voir p. 383)
Le subjonctif avec les verbes de volition, d'émotion et de doute (Voir p. 386)

Noms

affection *(f) affection*
amitié *(f) friendship*
anorak *(m) ski jacket*
appareil *(m)* **photo
numérique** *digital
camera*

bonbon *(m) candy*
caméscope *(m) camcorder*
coude *(m) elbow*
faux pas *(m) faux pas,
foolish mistake*
fourchette *(f) fork*

goût *(m) taste*
guitare *(f) guitar*
malentendu *(m)
misunderstanding*
manière *(f) manner*
marque *(f) sign, mark*

politesse *(f) politeness*
style *(m) style*

Verbes

avoir l'habitude de
to be in the habit of
choquer *to shock*
se comporter *to behave*
se confier à *to confide in*

demander conseil
to ask for advice
dire *to say; to tell*
faire plaisir (à) *to please*
se mettre d'accord
to come to an agreement

paraître *to appear, seem*
recevoir *to receive*
(se) serrer la main
to shake hands
(se) servir *to serve (oneself)*

se tenir bien *to sit and
behave properly*
tutoyer *to use the familiar
form **tu***
varier *to vary*

Adjectifs

poli(e) *polite*
regrettable *unfortunate,
regrettable*
vulgaire *vulgar*

Divers

ailleurs *elsewhere*
autour de *around*
ça ne se fait pas
that's not done
cependant *however*

c'est dommage
that's too bad
heureusement *fortunately*
pas grand-chose
not much, not a big deal

quand même *all (just)
the same, anyway*
sauf *except*
si *so, if*
zut! *darn!*

Le monde d'aujourd'hui et de demain

Fonctions

Dans ce chapitre, vous allez apprendre à
- vous tenir au courant de ce qui se passe dans le monde
- parler de l'avenir
- parler des possibilités
- relier deux idées

Vocabulaire et structures

Point de départ: À la une des journaux
Exploration 1: Le futur et le futur antérieur
Exploration 2: Le conditionnel et la phrase conditionnelle
Exploration 3: Les pronoms relatifs

Point de départ:
À la une des journaux

Les médias (journaux et revues, informations à la radio et à la télévision, sites et groupes de discussion Internet) nous permettent de nous tenir au courant *(to stay informed)* de ce qui se passe dans le monde. De quels sujets parle-t-on en ce moment? À quels sujets vous intéressez-vous particulièrement?

La vie politique

une élection, un(e) candidat(e), une campagne électorale, un parti politique, voter pour ou contre un projet de loi *(f)*, le gouvernement, prendre une décision, les citoyens *(citizens)*, participer à une manifestation *(demonstration)*, lutter pour une cause

La justice

la police, protéger le public, arrêter un suspect, commettre un crime, être accusé(e), être jugé(e) coupable *(guilty)* ou non coupable, aller en prison, être condamné(e) à la peine de mort

Les relations internationales

la paix, les conflits *(m)* et les guerres, attaquer un autre pays, défendre son pays, signer un accord (un traité, un armistice), les hostilités *(f)*, le terrorisme, un attentat *(criminal attempt, attack)*

Les problèmes sociaux

l'inflation *(f)*, le chômage, la drogue, les injustices *(f)* et les inégalités *(f)* sociales, l'intolérance *(f)* et les préjugés *(m)*, le racisme et le sexisme, les scandales *(m)* financiers

Les catastrophes

une inondation *(flood)*, un tremblement de terre *(earthquake)*, une tornade, un ouragan, un incendie *(fire)*, un accident d'avion, les accidents de la route

La nature et l'environnement

la pollution, les déchets *(m) (waste)* toxiques, les armes *(f)* nucléaires, le gaspillage *(wasting)* des ressources naturelles, la surpopulation, la protection de l'environnement, conserver l'énergie, protéger les espèces en voie d'extinction, recycler les déchets

Le progrès et la recherche scientifique

les découvertes *(f)* scientifiques et les progrès *(m)* technologiques, l'exploration *(f)* spatiale, un(e) astronaute, lancer une fusée *(rocket)*, un satellite, une navette *(shuttle)* spatiale, une station spatiale

Communication et vie pratique

Ⓐ À la une des journaux. Lisez les titres suivants et indiquez le sujet de chaque article. Si vous préférez, apportez vous-même quelques titres d'articles trouvés dans des revues et des journaux de langue française.

EXEMPLE

> **Les prix ont augmenté au mois de février**

C'est un article au sujet de l'inflation.

Découverte de la plus grande des galaxies

STOP À L'ÉVAPORATION DE L'EAU

Hostilités au Moyen-Orient: journalistes en danger

Cinq incendies brûlent toujours en Corse

Les inondations ont fait au moins 170 morts en Indonésie

Inégalités entre les sexes face à la pauvreté et à l'emploi

L'inflation semble stable dans la zone euro

Le nombre de pauvres en hausse

L'Assemblée vote le projet de budget de la sécurité sociale

B Sondage d'opinion. Quelle est, à votre avis, l'importance des problèmes suivants dans le monde? Et aux États-Unis? Justifiez votre point de vue. Quels autres sujets aimeriez-vous ajouter à cette liste et quel degré d'importance leur accordez-vous?

1 = ce n'est pas très important   3 = c'est très important
2 = c'est assez important   4 = c'est extrêmement important

Les problèmes	Dans le monde				Aux États-Unis			
	1	2	3	4	1	2	3	4
le chômage								
la violence								
le racisme								
les scandales financiers								
la pauvreté								
la faim								
la pollution								
le SIDA								
les conflits entre les nations								
les risques d'accidents nucléaires								
les crimes contre les enfants								
le gaspillage des ressources naturelles								
?								

C Discussions et débats. Formez des petits groupes de discussion sur les sujets suivants. Présentez et défendez votre point de vue. Pour enrichir vos discussions et vos débats, utilisez les expressions suivantes.

Expressions utiles

Pour indiquer que vous êtes d'accord avec quelqu'un:

Je suis d'accord avec toi (avec ce que tu dis).
C'est aussi mon opinion.
Tu as tout à fait raison.
C'est exactement ce que je pensais.

Pour indiquer que vous n'êtes pas d'accord avec quelqu'un:

Je ne suis pas (du tout) d'accord avec toi.
C'est le contraire de ce que je pensais.
Ce que tu dis n'est pas logique.

Pour interrompre poliment quelqu'un:

Je regrette de t'interrompre.
Permets-moi de t'interrompre.
Permets-moi d'ajouter ceci.

1. **Les lois:** Êtes-vous satisfait(e) des lois que nous avons dans ce pays? Quelles lois désirez-vous changer? Pourquoi?

2. **Les élections:** Que pensez-vous des différents candidats et de leurs idées? Avez-vous voté aux dernières élections? Sinon, pourquoi pas?

3. **La situation sociale:** Que pensez-vous de la situation sociale aux États-Unis? Quels sont les problèmes qui vous préoccupent le plus? Que faut-il faire pour les résoudre?

4. **La situation internationale:** Qu'est-ce qui se passe en ce moment dans le monde? Quels sont, à votre avis, les problèmes ou les événements les plus importants? Pourquoi?

5. **La recherche et le progrès:** Quels sont les aspects de la recherche et du progrès qui vont apporter le plus de changements dans notre vie? Expliquez.

 D Internet. Quelles sont les principaux événements dont parle la presse française ces jours-ci? Utilisez un moteur de recherche pour trouver un journal français ou, si vous préférez, consultez le site suivant qui vous donnera une liste des principaux journaux: http://www.presseradiotv.com.

If the Web sites suggested are no longer available, use a search engine to find similar information (e.g., http://fr.yahoo.com or http://www.google.fr).

«Liberté, égalité, fraternité», telle est la devise *(motto)* de la France, dont la Constitution est basée sur la «Déclaration des droits de l'homme et du citoyen» de 1789. La France est maintenant sous le régime de la Ve République (Constitution de 1958, modifiée en 1962). Elle est composée de deux branches: la branche exécutive et la branche législative.

■ **Le pouvoir exécutif**

Le président de la République... Il est élu au suffrage universel (par tous les citoyens âgés d'au moins 18 ans) avec un scrutin à deux tours (élection à deux tours), pour un mandat de cinq ans. Il nomme le Premier ministre et il préside les délibérations du Cabinet, c'est-à-dire du gouvernement. Gardien de la Constitution, le président promulgue les lois et peut dissoudre le Parlement en cas de nécessité. Le président est aussi le commandant en chef des forces armées.

Le Premier ministre et son Cabinet... Nommé par le président, il dirige la politique du gouvernement et il est chargé de l'administration du pays et de l'exécution des lois votées par le Parlement. Il peut également soumettre des projets de lois au Parlement.

■ **Le pouvoir législatif**

Le Parlement est composé de deux chambres: l'Assemblée nationale, composée de 577 députés élus au suffrage universel direct (directement élus par les citoyens) et répartis en fonction des circonscriptions (555 pour la métropole et 22 répartis entre les DOM-TOM et les collectivités territoriales d'outre-mer). Leur mandat est pour une période de cinq ans. Le Sénat est composé de 321 sénateurs élus au suffrage indirect pour une période de neuf ans, et dont un tiers est renouvelé tous les trois ans. Le Parlement est chargé de proposer et de voter les lois. Le président ne peut pas déclarer la guerre sans l'accord du Parlement. L'Assemblée nationale peut, en outre, «poser la question de confiance» et forcer le gouvernement à démissionner. Les députés et les sénateurs appartiennent à un des nombreux partis politiques; au moment d'une élection, plusieurs partis peuvent se grouper et former une coalition. Dans le cas où le président et le Premier ministre sont de partis politiques différents, il y a une cohabitation, ce qui est arrivé souvent sous la présidence de François Mitterrand et celle de Jacques Chirac.

Les partis principaux sont le PS (Parti socialiste) à gauche, et l'UMP (Union pour un mouvement populaire) à droite. Depuis quelques années, les Verts, Génération Écologie les Bleus et le FN (Front national) remportent eux aussi quelques sièges aux élections.

Pour en savoir plus sur le pouvoir législatif, allez sur: http://www.assemblee-nat.fr/

Et vous?

La Constitution américaine et la Constitution française sont toutes deux basées sur les idées des philosophes français du 18e siècle. Quelles sont les ressemblances et les différences entre la Constitution américaine et la Constitution française telles qu'elles existent maintenant?

Exploration ①

▌ Parler de l'avenir: Le futur et le futur antérieur

In English, the future tense can be recognized by the presence of "will" or "shall" in a verb phrase: *We will need to work on this. Shall we start now?* In French, the future is formed by adding the endings in the chart that follows to the infinitive. The future is used both in writing and in speaking, though **aller** + infinitive is also often used in conversation.

1.1 Most verbs form the future by adding the endings shown to the infinitive. When the infinitive ends in -**re,** the **e** is dropped.

je penser**ai**	nous penser**ons**
tu penser**as**	vous penser**ez**
il / elle / on penser**a**	ils / elles penser**ont**

je choisir**ai**	nous choisir**ons**
tu choisir**as**	vous choisir**ez**
il / elle / on choisir**a**	ils / elles choisir**ont**

j'attendr**ai**	nous attendr**ons**
tu attendr**as**	vous attendr**ez**
il / elle / on attendr**a**	ils / elles attendr**ont**

Je ne **voterai** pas pour ce candidat.
Quand le gouvernement **prendra**-t-il une décision?
J'espère qu'ils **signeront** bientôt un accord.

1.2 Although the future endings are the same for all verbs, certain common verbs have irregular stems.

Verb	Future Stem	
aller	**ir**	Est-ce qu'il **ira** en prison?
avoir	**aur**	Vous **aurez** le droit de voter.
devoir	**devr**	On **devra** trouver une solution.
être	**ser**	Nous **serons** tous à la manifestation.
faire	**fer**	Que **ferez**-vous s'il y a une guerre?
falloir	**faudr**	Il **faudra** résoudre ce problème.
pleuvoir	**pleuvr**	**Pleuvra**-t-il encore longtemps?
pouvoir	**pourr**	Je **pourrai** vous aider plus tard.
savoir	**saur**	Nous **saurons** bientôt les résultats.
tenir	**tiendr**	J'espère que vous nous **tiendrez** au courant.
venir	**viendr**	Quand le président **viendra**-t-il à Lille?
vouloir	**voudr**	Tu pourras faire ce que tu **voudras**?

1.3 In French, when a clause begins with **quand** *(when)*, **lorsque** *(when)*, **dès que** *(as soon as)*, or **aussitôt que** *(as soon as)* and future time is implied, the verb is in the future. In English, the present tense is used in similar instances.

Ils pourront voter **quand** ils **auront** 18 ans.	*They'll be able to vote when they are 18.*
Lorsque nous **irons** en France, nous visiterons le palais de l'Élysée.	*When we go to France, we'll visit the Élysée palace.*
Nous commencerons la discussion **dès que** tout le monde **sera** ici.	*We'll begin the discussion as soon as everyone is here.*
Je te téléphonerai **aussitôt que** j'**aurai** la réponse.	*I'll call you as soon as I have the answer.*

1.4 To indicate that one future event will occur before another, the **futur antérieur** is used. It is simply the future tense of **avoir** or **être** and the past participle.

j'**aurai fini**	nous **aurons fini**
tu **auras fini**	vous **aurez fini**
il / elle / on **aura fini**	ils / elles **auront fini**

je **serai parti(e)**	nous **serons parti(e)s**
tu **seras parti(e)**	vous **serez parti(e)(s)**
il / elle / on **sera parti(e)**	ils / elles **seront parti(e)s**

On **aura signé** un accord avant la fin de la semaine.
Téléphonez-nous dès que vous **serez rentré.**
Les enfants pourront sortir quand ils **auront fini** leurs devoirs.

Situation: Ne sois pas si pessimiste!

Track 70 Patrick et Régine ont deux enfants. Ils se demandent comment sera la vie de leurs enfants quand ils seront grands.

PATRICK: Je me demande comment sera leur vie quand ils auront notre âge...

RÉGINE: Si on n'arrête pas de polluer la planète, c'est un monde bien triste qu'on leur laissera.

PATRICK: Ne t'inquiète pas, d'ici là, on trouvera bien une solution!

RÉGINE: Oui, mais entre temps, on aura détruit tout ce qui fait la qualité de notre vie. Et qui sera à blâmer si on ne fait rien? Nous, personne d'autre!

PATRICK: Je sais bien. Mais on ne peut pas arrêter le progrès...

RÉGINE: Non, mais il faudra bien faire quelque chose, sinon, tout ce progrès ne servira à rien.

> **Mots à retenir: se demander** *to wonder,* **s'inquiéter** *to worry,* **sinon** *if not, otherwise*

Avez-vous compris?

À votre avis, qui est le plus pessimiste des deux, Patrick ou Régine? Justifiez votre opinion.

Communication et vie pratique

Ⓐ Il y a des optimistes... et des pessimistes. Il y a des gens qui sont assez optimistes quand ils pensent à l'avenir, et d'autres qui sont pessimistes. Qu'est-ce qu'ils disent? Et vos amis, est-ce qu'ils sont optimistes ou pessimistes quand ils pensent à l'avenir? Donnez des exemples de leur attitude.

> **EXEMPLE** nous / trouver du travail
> Les optimistes: *Nous trouverons du travail.*
> Les pessimistes: *Nous ne trouverons pas de travail.*

1. Valérie / réussir bien dans la vie
2. vous / faire des progrès
3. Sylvie et Bertrand / se marier
4. ses parents / acheter une maison
5. tu / finir tes études
6. je / devenir célèbre
7. nous / être contents
8. tu / aller très loin

Ⓑ Projets d'avenir. Qu'est-ce que les autres étudiants ont l'intention de faire plus tard? Posez-leur des questions pour le savoir. Demandez-leur aussi d'expliquer leurs choix.

> **EXEMPLE** apprendre une autre langue étrangère
> —*Est-ce que tu apprendras une autre langue étrangère?*
> —*Oui, j'apprendrai le russe parce que c'est important pour ma future profession.*

1. aller travailler à l'étranger
2. faire souvent des voyages
3. gagner beaucoup d'argent
4. devenir riche et célèbre
5. avoir un métier intéressant
6. prendre le temps de vivre
7. se marier et avoir des enfants
8. faire du sport régulièrement
9. acheter une maison
10. passer un an dans un pays francophone
11. ?

G **Prédictions.** Dites ce que vous pensez de chacune des prédictions suivantes. Ensuite, faites vos propres prédictions et demandez aux autres étudiants ce qu'ils en pensent.

> **EXEMPLE**   Les hommes ne seront jamais parfaits.
> *C'est vrai, les hommes ne seront jamais parfaits.*

1. On ne pourra jamais éliminer la nécessité de travailler.
2. L'énergie solaire sera notre principale source d'énergie.
3. Dans deux siècles, il n'y aura plus de vie sur cette planète.
4. On pourra habiter sous les mers.
5. Un jour, on mangera seulement des aliments artificiels.
6. On n'aura plus besoin de travailler. Ce sont les robots qui feront tout.
7. On ne pourra jamais résoudre le problème des inégalités sociales.
8. Un jour, il n'y aura plus de guerre.

D **Boule de cristal.** Imaginez que vous pouvez prédire l'avenir. Quelles sont vos prédictions pour les autres étudiants de votre classe?

> **EXEMPLE**   *Toi, Julie, tu iras loin. Un jour, tu seras juge à la Cour suprême.*

C'est votre tour

Vous avez une discussion avec des amis au sujet de l'avenir de notre planète. Certains sont optimistes; d'autres sont plutôt pessimistes. Chaque groupe prépare des arguments et donne des exemples qui illustrent son point de vue. Ensuite, présentez vos points de vue respectifs et parlez-en. Utilisez le vocabulaire présenté dans le **Point de départ** pour vous aider à exprimer vos idées.

Exploration ②

Parler des possibilités: Le conditionnel et la phrase conditionnelle

In English, a conditional verb can be recognized by the presence of the word *would* in a verb phrase: *I would like to study in Quebec. Would you vote for this candidate?* In French, the conditional is formed by adding the endings of the imperfect tense to the future stem of a verb.

j'aimer**ais**	nous aimer**ions**
tu aimer**ais**	vous aimer**iez**
il / elle / on aimer**ait**	ils / elles aimer**aient**

The conditional is used in the following situations.

2.1 To express a wish or suggestion:

Elle **aimerait mieux** lire le journal. *She would prefer to read the newspaper.*
Nous **voudrions** parler aux candidats. *We'd like to speak to the candidates.*

2.2 When a condition is implied:

À votre place, je ne **dirais** pas ça. *In your place (If I were you), I wouldn't say that.*

Dans ce cas-là, tu **pourrais** venir demain. *In that case, you could come tomorrow.*

2.3 With **si** clauses. The condition (hypothesis or supposition) is stated in the **si** clause, and the verb is in the imperfect tense. The result clause is in the conditional. Note that either the **si** clause or the result clause can come first.

Si j'**avais** le temps, j'**écouterais** les informations. *If I had the time, I would listen to the news.*
J'**achèterais** un ordinateur si j'**avais** assez d'argent. *I would buy a computer if I had enough money.*
Tu **serais** mieux informé si tu **lisais** le journal. *You would be better informed if you read the newspaper.*

When the **si** clause is in the present tense, the result clause can be in the present, the future, or the imperative.

Si vous **avez** un accident, vous **pouvez** appeler Police-Secours.
Si tout **marche** bien, l'avenir **sera** meilleur que le présent.
Si vous **achetez** du coca, n'**oubliez** pas de recycler les bouteilles.

2.4 To be less direct and more polite in:

- making requests or suggestions (**je voudrais..., pourriez-vous..., accepteriez-vous..., aimeriez-vous...,** etc.).

  Pourriez-vous me rendre un service?   *Could you do me a favor?*

- accepting invitations (**ça me ferait plaisir, ce serait une excellente idée, j'aimerais bien**).

  —**Aimeriez**-vous venir dîner à la maison?

  —Oui, ça me **ferait** plaisir.

  —*Would you like to come have dinner at our house?*

  —*I would love to. (Yes, that would please me.)*

2.5 In indirect style, to relate what somebody has said:

Il a dit qu'il **parlerait** au juge.   *He said that he would speak to the judge.*

Situation: Si on allait lui rendre visite?

Track 71   André et Robert font des projets de voyage. L'idée leur vient d'aller rendre visite à Liliane, une amie québécoise.

ANDRÉ: Si on allait rendre visite à Liliane? Qu'est-ce que tu en penses?

ROBERT: Ce serait une bonne idée. Ça me ferait vraiment plaisir de la revoir.

ANDRÉ: Et si elle, elle n'avait pas envie de nous revoir, on aurait l'air plutôt bête, tu ne crois pas... ?

ROBERT: Mais non, souviens-toi, elle nous a dit: «Si jamais vous avez l'occasion de venir au Canada, n'hésitez pas à me le dire.» Elle a même ajouté qu'elle serait heureuse de nous accueillir chez elle.

ANDRÉ: Avant d'acheter nos billets, il vaudrait quand même mieux lui passer un coup de fil.

Mots à retenir: si on allait *how about going,* **plutôt** *rather,* **accueillir** *to welcome,* **passer un coup de fil** *to telephone*

Avez-vous compris?

Pourquoi est-ce que Robert est sûr que leur visite ferait plaisir à Liliane? Qu'est-ce qu'André préférerait?

Communication et vie pratique

Ⓐ Je me suis trompée. Monique a mal compris ce qu'on lui a dit. Elle est surprise d'apprendre qu'elle s'est trompée. Qu'est-ce qu'elle dit?

EXEMPLE Il viendra demain. (aujourd'hui)
Ah oui? Moi, je croyais qu'il viendrait aujourd'hui.

1. La manifestation aura lieu vendredi. (samedi)
2. Nous irons au cinéma. (au théâtre)
3. Nos amis arriveront lundi. (dimanche)
4. On mangera à la maison. (au restaurant)
5. Tu m'attendras devant le musée. (dans le parc)
6. On sera de retour à huit heures. (à sept heures)

Ⓑ À chacun ses responsabilités. Plusieurs amis ont décidé de faire un voyage au Canada. Voici ce que chaque personne a promis de faire.

EXEMPLE Luc va choisir l'itinéraire.
Luc a dit qu'il choisirait l'itinéraire.

1. Nous allons louer une voiture.
2. Tu vas acheter une carte.
3. Michel va consulter une agence de voyages.
4. Catherine va écrire à ses cousins québécois.
5. Vous allez acheter les billets d'avion.
6. Mes amis vont me donner une valise.

Ⓒ Si c'était possible. Si vous pouviez changer certains aspects de votre vie, quelles sont les choses que vous feriez différemment? Utilisez les suggestions suivantes comme point de départ, et ensuite, indiquez s'il y a d'autres choses que vous aimeriez faire ou changer.

EXEMPLE chercher un autre travail
Si je pouvais, je chercherais un autre travail.

continuer mes études
habiter dans un autre quartier
apprendre à jouer d'un instrument de musique
vendre ma vieille voiture
m'acheter une nouvelle voiture
rendre visite à mes amis
voyager à l'étranger
faire plus d'efforts pour protéger l'environnement
travailler pour un(e) candidat(e) politique
?

Ⓓ Interview. Demandez à d'autres étudiants de la classe ce qu'ils feraient s'ils avaient plus de temps, plus d'argent, etc. Comparez vos réponses.

> **EXEMPLE** —*Qu'est-ce que tu ferais si tu avais plus d'argent?*
> —*Si j'avais plus d'argent, je m'achèterais une nouvelle voiture.*

Demandez-leur ce qu'ils feraient...

1. s'ils avaient plus d'argent.
2. s'ils avaient plus de temps.
3. s'il n'y avait pas de cours aujourd'hui.
4. s'ils pouvaient passer un an en France.
5. s'ils habitaient dans un autre pays.
6. s'ils étaient millionnaires.
7. s'ils pouvaient être une autre personne.
8. s'ils pouvaient habiter dans une autre ville.
9. s'ils pouvaient faire tout ce qu'ils veulent.

Ⓔ Changez de rôle. Que feriez-vous si vous étiez à la place des personnes suivantes?

1. le / la professeur(e)
2. le président des États-Unis
3. le président de votre université
4. une vedette de cinéma
5. le ministre de l'Environnement
6. un(e) des candidat(e)s aux prochaines élections

C'est votre tour

Des amis français (joués par d'autres étudiants) envisagent la possibilité de venir faire un séjour aux États-Unis. Ils vous demandent si vous pourriez les aider et les conseiller au cas où ils décideraient de venir. Établissez la date et le lieu de votre rencontre éventuelle et des projets possibles.

> **EXEMPLE** —*Si nous venions au printemps, est-ce que vous seriez libre?*
> —*Non, ce serait mieux si vous pouviez venir en été parce que je serais en vacances et j'aurais le temps de voyager un peu avec vous.*

Exploration ③

Comment relier deux idées: Les pronoms relatifs

It is important to know how to connect ideas together when we speak or write. One way to connect a main idea with a secondary idea in the same sentence is by using relative pronouns (*who, that, which*, etc.). These pronouns cannot be omitted in French as they often are in English: *This is the book that I read. This is the book I read.*

3.1 **Qui** and **que** *(who, that, which)* refer to both people and things. Use **qui** as the subject of the dependent clause and **que** as the direct object.

Subject:
Voici une des personnes **qui** étaient à la manif.
Avez-vous entendu parler de l'attentat **qui** a eu lieu hier?

Direct object:
Voici les suspects **que** la police a arrêtés.
Où sont les revues **que** j'ai achetées?

3.2 **Dont** *(of whom, of which, whose)* replaces **de** plus a noun. It can refer to people or things.

Voici les renseignements **dont** vous aurez besoin.
J'ai rencontré une des candidates **dont** vous m'avez parlé.
Voici les gens **dont** la maison a été détruite par les inondations.

3.3 **Ce qui, ce que,** and **ce dont** (which correspond to **qui, que,** and **dont**) refer to ideas that do not have number or gender.

Je ne comprends pas **ce qui** s'est passé.
Ce qui m'impressionne le plus, c'est son courage.
Je dis toujours **ce que** je pense.
Nous ne savons pas **ce que** les autres vont faire.
Ce dont vous parlez est intéressant.
Je te donnerai tout **ce dont** tu as besoin.

Ce qui and **ce que** are often used to answer questions beginning with **qu'est-ce qui** and **qu'est-ce que.**

—**Qu'est-ce qui** intéresse les jeunes?
—Je ne sais pas **ce qui** les intéresse.

—**Qu'est-ce que** tu penses de ce parti politique?
—Je préfère ne pas dire **ce que** j'en pense.

3.4 **Lequel, laquelle, lesquels,** and **lesquelles** are relative pronouns that can be used after prepositions. They also may function as interrogative pronouns.

Voici une question sur **laquelle** vous devriez réfléchir.

Here is a question that you should think about.

Je ne connais pas les journalistes avec **lesquels** vous parliez.

I don't know the journalists with whom you were speaking.

Lequel de ces candidats préférez-vous?

Which one of these candidates do you prefer?

Situation: Elle te plaît?

Track 72

Au cours d'une manifestation écologique à laquelle il a participé, Guillaume a fait la connaissance d'une jeune fille qui lui plaît. Il parle d'elle avec son copain Jonas.

GUILLAUME: Regarde la fille là-bas, devant le panneau d'affichage.

JONAS: La fille qui est en train de mettre une affiche anti-gaspi?

GUILLAUME: Oui, c'est la fille dont je t'ai parlé.

JONAS: Ah oui! La fille que tu as rencontrée à la manif et dont tu es tombé amoureux.

GUILLAUME: Mais non. Ce n'est pas ce que je t'ai dit! Je t'ai dit que je la trouvais sympa. Un point, c'est tout.

> **Mots à retenir / Mots en contexte:** qui lui plaît *whom he likes, finds attractive,* plaire *to please,* **un panneau d'affichage** *a bulletin board,* **le gaspi (le gaspillage)** *waste,* **un point, c'est tout** *period (that's it, nothing more)*

Avez-vous compris?

De quelle fille Guillaume et Jonas parlent-ils? Donnez au moins trois façons de l'identifier.

Communication et vie pratique

Ⓐ Un amoureux bien malheureux. Votre ami Bruno n'a pas de chance. Il aime Natacha mais elle n'a pas les mêmes goûts que lui. Qu'est-ce qu'il dit?

> **EXEMPLE**   J'ai écrit des chansons.
> *Elle n'aime pas les chansons que j'ai écrites.*

1. J'ai acheté des cassettes.
2. Je lui ai apporté des fleurs.
3. J'ai composé des poèmes.
4. Je lui ai donné un cadeau.
5. Je lui ai écrit une lettre.
6. J'ai pris des photos.
7. Je lui ai envoyé une carte.
8. J'ai acheté de nouveaux vêtements.

Ⓑ À chacun son opinion. Brigitte sait exactement ce qu'elle aime et ce qu'elle n'aime pas. Quelle est son opinion sur les personnes ou les sujets suivants?

> **EXEMPLE**   les gens / Ils s'intéressent à ce qui se passe dans le monde. / Ils pensent seulement à eux-mêmes.
> *Elle aime les gens qui s'intéressent à ce qui se passe dans le monde. Elle n'aime pas les gens qui pensent seulement à eux-mêmes.*

Sujets / Personnes	Ce qu'elle aime	Ce qu'elle n'aime pas
1. les politiciens	Ils défendent les intérêts du public.	Ils n'ont pas l'esprit ouvert.
2. les hommes	Ils sont gentils et sensibles.	Ils sont trop «machos».
3. les femmes	Elles savent ce qu'elles veulent.	Elles ne sont jamais contentes.
4. les journalistes	Ils ont le courage de dire la vérité.	Ils disent seulement une partie de la vérité.
5. les reportages	Ils expliquent bien la situation.	Ils donnent une idée simpliste de la situation.
6. les industries	Elles essaient de ne pas trop polluer.	Elles pensent seulement à gagner de l'argent.
7. les discussions	Elles nous font réfléchir.	Elles ne servent à rien.

Ⓒ Et vous, quelle est votre opinion? Quelle est votre opinion sur les personnes ou les sujets mentionnés dans l'activité précédente? Y a-t-il d'autres sujets sur lesquels vous avez une opinion bien définie? Comparez vos réponses. En général, êtes-vous d'accord avec les autres étudiants ou avez-vous des opinions radicalement opposées?

D **Vos opinions.** Indiquez les types de gens et de choses que vous appréciez et ceux que vous n'appréciez pas du tout.

> **EXEMPLE** les cours
> *J'apprécie les cours qui sont intéressants même s'ils sont un peu difficiles.*

1. les partis politiques
2. les hommes
3. les femmes
4. les revues

5. les livres
6. les gens
7. les discussions
8. les professeurs

E **J'ai suivi tes conseils.** Vous avez suivi les conseils que votre amie Camille vous a donnés. Qu'est-ce que vous dites?

> **EXEMPLE** écouter les CD
> *J'ai écouté les CD dont tu m'as parlé.*

1. aller à la réunion
2. lire le livre
3. aller chez le médecin

4. consulter l'avocat
5. acheter le CD
6. voter pour la candidate

F **Snobisme.** Vous avez des voisins qui sont très fiers de connaître, même indirectement, des gens célèbres. Qu'est-ce qu'ils disent?

> **EXEMPLE** leur fils est astronaute
> *Nous avons des amis dont le fils est astronaute.*

1. leur fille est journaliste
2. leur petit-fils a participé au Tour de France
3. leur grand-mère connaissait de Gaulle
4. leur cousin a acheté un château
5. leur famille habite dans le 16ᵉ
6. leur cousin fait de la politique

G **On invite des copains.** Vous avez décidé d'inviter des copains et vous demandez conseil à votre ami(e), joué(e) par un(e) autre étudiant(e). Malheureusement, il (elle) n'a pas de suggestions à vous faire. Qu'est-ce qu'il (elle) vous répond?

> **EXEMPLE** Qu'est-ce qu'on va faire s'il pleut?
> *Je ne sais pas ce qu'on va faire s'il pleut!*

1. Qu'est-ce qu'on va faire pour s'amuser?
2. Qui est-ce qu'on va inviter?
3. Qu'est-ce qu'on va manger?
4. Qu'est-ce qu'on va boire?
5. Qui va acheter les provisions?
6. Qu'est-ce que tu vas porter?
7. Qu'est-ce qui va arriver si personne ne vient?

ⓗ Enrichissez votre style. Quand on ne connaît pas très bien une langue, on a souvent tendance à s'exprimer d'une façon un peu trop simple. Pensez aux mots, expressions et constructions que vous pourriez utiliser pour enrichir les phrases suivantes.

> **EXEMPLE** C'était un bon débat politique.
> *Je viens d'écouter un débat politique qui m'a beaucoup intéressé(e) et dont je voudrais vous parler.*

1. Ce candidat a de bonnes idées.
2. Cet homme a commis un crime horrible.
3. L'incendie a détruit plusieurs maisons.
4. L'accusé a été condamné à la peine de mort.
5. La tornade a tout dévasté sur son passage.
6. C'est une découverte formidable.

C'est votre tour

Imaginez que vous êtes en pleine discussion avec des amis et brusquement, vous avez «un trou de mémoire»: vous oubliez le nom de la personne dont vous parlez (homme ou femme politique, acteur ou actrice, musicien ou musicienne, etc.)! Vous essayez d'expliquer de qui il s'agit. Vos amis, de leur côté, vont deviner de qui vous parlez.

> **EXEMPLE** *C'est la personne dont tout le monde parle en ce moment, vous savez, le candidat qui a proposé des mesures radicales pour mettre fin aux problèmes de l'immigration...*

Intégration et perspectives

Soyez acteur de l'environnement

Le texte suivant fait partie d'une brochure invitant les Français à devenir «acteurs de l'environnement», c'est-à-dire à participer activement à la protection de l'environnement. Cette initiative est parrainée par différentes compagnies dont vous reconnaîtrez peut-être le nom.

> **Pour mieux lire:** Vous noterez dans ce texte l'utilisation fréquente du gérondif qui indique comment on peut faire quelque chose, par exemple, **en utilisant** veut dire *by using,* et **en ne les abandonnant pas** veut dire *by not abandoning them.*

LES 10 ENGAGEMENTS DE

l'Acteur de l'Environnement

1 Je respecte la nature et ses éléments,
plantes, fleurs, animaux et tout milieu naturel sensible (marais, lacs, rivières, bords de mer...) avec Sélection du Reader's Digest, acteur de l'environnement.

2 Je suis responsable de mes déchets,
en ne les abandonnant pas, en utilisant autant que possible les poubelles appropriées (verre, huile, carton, papier, piles) et, pour les déchets les plus encombrants, en allant à la déchetterie... avec Allibert Développement Urbain, acteur de l'environnement.

3 Je protège l'eau,
en veillant à la préservation de l'environnement, en ne rejetant pas de produits toxiques dans les cours d'eau, en gérant ma consommation... avec la Lyonnaise des Eaux-Dumez, acteur de l'environnement.

4 Je me déplace "futé",
en utilisant prioritairement les transports en commun, en adaptant mon véhicule à mon itinéraire, en me déplaçant à pied ou en vélo, ce qui est bon pour ma santé... avec la SNCF, acteur de l'environnement.

5 J'économise l'énergie,
en éteignant la lumière, en ne chauffant pas la fenêtre ouverte, en isolant ma maison, en me renseignant sur toutes les économies d'énergie protectrices de l'environnement et en choisissant des matériels appropriés... avec IBM, acteur de l'environnement.

6 Je lutte contre le bruit et ses méfaits,
en baissant mon poste de télévision, ma radio et ma chaîne hi-fi, en réglant ma mobylette, en utilisant ma tondeuse à gazon à une heure raisonnable... avec le Centre d'Information et de Documentation sur le Bruit (CIDB), acteur de l'environnement.

7 Je préserve ma santé en préservant l'environnement,
en appliquant chacun des principes de la charte, et notamment en portant attention à l'eau, aux déchets, au bruit, au comportement de mes animaux... avec Rhône-Poulenc, acteur de l'environnement.

8 Je préserve le paysage,
en respectant le cahier des charges de mon immeuble, de ma commune, de ma région, et les règles élémentaires du bon voisinage, en laissant la nature plus propre encore que j'ai pu la trouver... avec Vacances Propres, acteur de l'environnement.

9 Je choisis des produits,
et autant que possible des matériaux recyclés ou réutilisables (papier, verre, plastique, etc.) dont les emballages sont recyclables et réduits au minimum... avec Carrefour, acteur de l'environnement.

10 J'informe et je m'informe,
je m'informe auprès des associations, de ma mairie et de tout organisme compétent en ce domaine. Je sensibilise ma famille, mes amis, mes collègues de travail à la protection et à la promotion de l'environnement... avec Elf, acteur de l'environnement.

Signez

la charte Acteur de l'Environnement

Mots à retenir / Mots en contexte: parrainé *sponsored*, **reconnaître** *to recognize*, **sensible** *sensitive*, le marais *swamp*, l'huile *(f) oil*, la pile *battery*, encombrant *bulky*, la déchetterie *waste collection center*, veiller *to watch over*, gérer *to manage*, se déplacer *to move about*, futé *smart, wise*, **économiser** *to save*, éteindre *to turn off*, **chauffer** *to heat*, **se renseigner** *to inform oneself*, les méfaits *(m) damages*, **baisser** *to lower*, **la mobylette** *moped*, la tondeuse à gazon *lawnmower*, le cahier des charges *terms and conditions*, **la règle** *rule*, l'emballage *(m) packaging*, auprès de *about, with*

Avez-vous compris?

Quelles sont les dix choses principales que ferait un bon «acteur de l'environnement»? (Par exemple, un bon acteur de l'environnement est une personne qui prendrait l'autobus au lieu d'utiliser sa voiture.)

Info-culture: Le mouvement écologique

Le rôle que jouent les deux partis écologiques—les Verts et Génération Écologie les Bleus—sur la scène politique française est une indication de l'importance que les Français accordent à la protection de l'environnement. Cette prise de conscience s'est manifestée officiellement dès le début des années 70 par la création du ministère de l'Environnement. Des groupes écologiques, de leur côté, ont commencé à s'organiser dès cette époque. Leur action a pour but de sensibiliser le public et de faire pression sur le gouvernement pour qu'il prenne des mesures en faveur de la protection de l'environnement. Les partis écologiques sont de plus en plus populaires, et aux élections présidentielles de 2002, plusieurs candidats de ces partis se sont présentés et ont reçu un nombre important de voix. Dans le domaine de l'éducation, de plus en plus d'ouvrages et de programmes scolaires adressent la question de la protection de la planète.

Avec les années, et en dépit des efforts de l'administration, les problèmes écologiques deviennent de plus en plus nombreux. Même s'il y a des centres de traitement des déchets dans beaucoup de villes, ils restent très coûteux et ne sont pas encore en nombre suffisant. Pour faire face à ce problème, certaines villes ont mis en place un système selon lequel chaque ménage doit utiliser trois poubelles: une pour les déchets ménagers qui peuvent être brûlés pour produire de l'électricité, une pour le plastique et le verre qui vont être recyclés et une pour les déchets toxiques dont il faut disposer d'une manière sûre et efficace.

D'autres problèmes se sont ajoutés aux grands problèmes de l'eau et des déchets:

- La pollution de l'air, due aux transports surtout dans les grandes villes

- Les marées noires, dues aux accidents de pétroliers le long des côtes de l'océan Atlantique

- Les incendies de forêt pendant l'été, surtout en Provence et en Corse

- Le vieillissement des centrales nucléaires. Construites dans les années 70, leur durée de vie est de 30 à 40 ans. De nouveaux réacteurs devront donc être installés dans les années qui viennent.

Et vous?

Quels sont les principaux dangers qui menacent l'environnement dans votre région? Et aux États-Unis en général? Y a-t-il d'autres sources de pollution ou des problèmes particuliers qui vous préoccupent?

Communication et vie pratique

Ⓐ Soyez acteur de l'environnement. Quelles sont les choses que vous ferez ou que vous pourriez faire pour devenir un vrai «acteur de l'environnement»? Écrivez votre propre charte de l'acteur de l'environnement. Expliquez et justifiez pourquoi chacune de vos suggestions est importante, et ce que vous allez faire personnellement pour obtenir les résultats que vous désirez.

EXEMPLE *Je commencerai à séparer et à recycler mes déchets et j'essaierai de convaincre mes amis de faire la même chose.*

Pour mieux écrire: La charte de l'acteur de l'environnement contient deux types de prose. Pour commencer, l'auteur utilise des phrases très simples et très directes pour attirer l'attention du lecteur sur le problème en question. Une fois ce but accompli, il / elle explique plus en détail comment ce but peut être réalisé. Inspirez-vous de ce modèle et essayez d'utiliser ces deux types de prose quand vous écrivez votre propre charte de l'acteur de l'environnement.

B La planète menacée. La carte du monde qui suit indique les principaux problèmes écologiques qui menacent notre planète. Répondez aux questions suivantes selon les renseignements que cette carte nous donne.

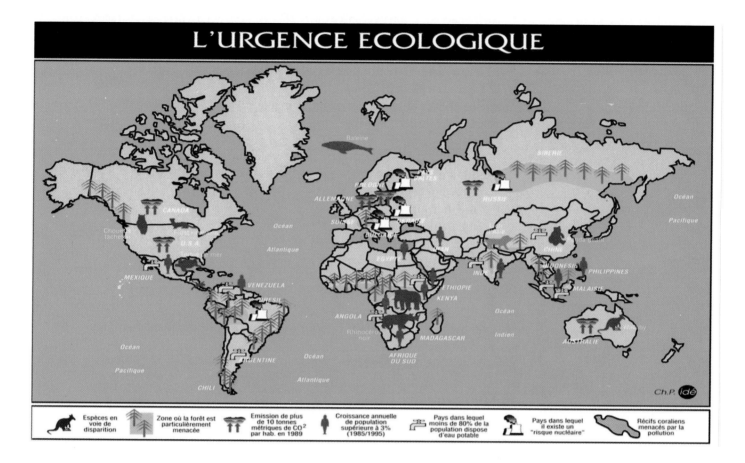

1. Quelles espèces animales sont en voie de disparition?

2. Dans quels pays du monde la déforestation est-elle un problème?

3. Dans quels pays l'émission de CO_2 (gaz carbonique) présente-t-elle un problème sérieux?

4. Quels sont les pays du monde où il n'y a pas assez d'eau potable *(drinking water)*?

5. Dans quels pays existe-t-il un risque nucléaire?

C Ah, si seulement... À votre avis, qu'est-ce qui serait différent si les gens s'intéressaient plus à la protection de l'environnement?

    EXEMPLE   *Si seulement les gens ne jetaient pas leurs papiers et leurs déchets partout, les rues seraient beaucoup plus propres.*

D **Dans 20 ans.** Comment imaginez-vous votre avenir? Les questions suivantes font partie d'un sondage d'opinion. Comment allez-vous y répondre? Comparez vos réponses.

1. **Votre cadeau d'anniversaire dans 20 ans:** Pour fêter votre anniversaire, vous pourrez enfin vous acheter...
   - un vieux cottage à la campagne
   - une machine à remonter *(to go back in)* le temps
   - un week-end dans l'espace
   - une voiture entièrement programmable
   - un abri *(shelter)* anti-nucléaire
   - autre

2. **Les plaisirs:** Quels seront vos plus grands plaisirs dans 20 ans?
   - me promener dans la nature
   - faire du sport
   - faire l'amour
   - nager dans ma piscine privée
   - voir des films
   - jouer avec mon ordinateur
   - autre

3. **La famille:** Si vous formez un jour un couple stable, combien d'enfants aurez-vous?
   - je ne veux pas d'enfants
   - un seul suffira
   - deux enfants
   - trois enfants
   - quatre ou plus

4. **Le travail et la personnalité:** En dehors des diplômes, qu'est-ce qui vous sera, à votre avis, le plus utile pour trouver un emploi?
   - mes qualités personnelles
   - ma façon de me présenter
   - les relations de ma famille
   - c'est uniquement une question de chance
   - autre

5. **Le niveau de vie:** Par rapport à vos parents, votre niveau de vie dans 20 ans sera-t-il...
   - supérieur
   - le même
   - inférieur

6. **Les problèmes sociaux:** Pensez-vous que vous connaîtrez une période de chômage?
   - Oui, à tout moment il y aura un risque.
   - Oui, sans doute au début.
   - Je pense que non.

7. **Le monde où nous vivons:** Quel est le problème qui devra être résolu en priorité d'ici 20 ans?

- la faim dans le monde
- le chômage
- la prolifération des armes nucléaires
- le cancer
- le racisme
- autre

 E Internet. Le parti politique «les Verts» travaille à la protection de l'environnement. Utilisez un moteur de recherche, ou consultez le site http://www.verts.imaginet.fr/campagne.html pour voir leurs buts spécifiques. Comparez et discutez les résultats de vos recherches avec d'autres étudiants.

F «Les Verts». Hélène parle avec son amie Martine. L'une d'elles a décidé de devenir membre d'un groupe d'action écologique. Écoutez leur conversation et ensuite, répondez aux questions suivantes.

Track 73

Pour mieux comprendre: Souvent, l'attitude ou le point de vue particulier d'une personne vis-à-vis d'un problème ou d'une situation devient vite évident quand on l'écoute parler. Par la suite, cela nous aide à mieux comprendre ce qu'elle dit. Écoutez la conversation suivante et essayez de décider laquelle des deux étudiantes est plus positive et laquelle est plus négative. Quels sont les mots ou les phrases qui vous ont permis d'arriver à cette conclusion?

1. Selon Hélène, qui est responsable de la pollution?

2. Selon Martine, qu'est-ce qui va arriver si on ne fait rien?

3. Qu'est-ce que Martine voudrait qu'on fasse?

Invitation au voyage: Destination le Cameroun

Dans le texte à la page 428, vous allez rencontrer non pas une Camerounaise, mais une Américaine qui a passé plusieurs années de sa vie au Cameroun où elle travaillait comme volontaire dans le Corps de la Paix. Que savez-vous déjà au sujet de ce pays? de sa position géographique sur le continent africain? de son économie? de sa situation politique?

Chez nous

○ ○ ○ ○ ○ ○ ○ ○

au Cameroun

Superficie: 475 650 km²	**Population:** 16 180 000 h
Capitale: Yaoundé	**Villes importantes:** Douala, Garoua

Langues: français, anglais et langues locales

Monnaie: le franc CFA (Communauté Financière Africaine)

Institutions: république indépendante depuis 1960

«Le Cameroun, c'est presque mon pays. Je dis "presque" parce que je ne suis pas camerounaise, mais j'y ai passé plusieurs années comme volontaire dans le Corps de la Paix, et cette expérience m'a tellement marquée que le Cameroun fait un peu partie de moi maintenant. Et je suis prête à y retourner dès que possible! J'ai d'abord passé quelques mois dans un centre urbain pour finir ma formation. Après ça, je suis partie vivre en pleine brousse (bush), dans une région très pauvre et très isolée. Et c'est là que j'ai passé les cinq meilleures années de ma vie... et surtout les cinq années les plus importantes!

Dans cette région, le manioc était la principale culture et la base de l'alimentation. Ça remplit l'estomac, mais ça n'apporte pas les protéines nécessaires pour nourrir le corps. Beaucoup d'enfants souffraient de malnutrition. Mon rôle était donc d'aider les gens du village à diversifier leur alimentation. Je ne suis pas agronome mais le Corps de la Paix m'avait enseigné des rudiments de pisciculture et comment creuser des étangs suffisamment grands pour que les poissons puissent y vivre. Les gens du village et moi, nous avons d'abord cherché des sources (springs) et ensuite, armés de pioches et de pelles (hoes and shovels), nous avons creusé pendant des mois et même des années. C'était un travail incroyablement dur et, le soir, je tombais de fatigue. Mais c'était une "bonne" fatigue, et les résultats en valent la peine: Le village a maintenant trois petits étangs qui produisent assez pour qu'une ou deux fois par semaine chaque famille puisse ajouter un peu de poisson au manioc et aux légumes traditionnels.»

Avez-vous compris?

D'après ce que nous dit la narratrice, quel était son rôle dans ce petit village camerounais? Comment a-t-elle réussi à améliorer un peu la vie des habitants? Elle nous
explique aussi que chaque soir, elle tombait de fatigue; alors, à votre avis, pourquoi
dit-elle que c'est au Cameroun qu'elle a passé les cinq meilleures années de sa vie?
Pourquoi cette expérience l'a-t-elle si profondément marquée?

Ⓐ Et vous? Le Corps de la Paix offre-t-il des programmes qui pourraient vous
intéresser? Y a-t-il d'autres organisations bénévoles *(volunteer)* qui vous intéressent,
comme, par exemple, Médecins sans frontières ou la Croix-Rouge? Si oui, quel type
de travail aimeriez-vous faire et dans quels pays? Pour vous documenter sur ce sujet,
vous pouvez utiliser les ressources de votre bibliothèque ou d'Internet. Vous pouvez
aussi consulter des brochures du Corps de la Paix—ou de l'organisation particulière
qui vous intéresse—ou visiter leur site Internet. Est-ce que vous faites du travail
bénévole en ce moment sur votre campus ou dans la ville où vous habitez? Si oui,
qu'est-ce que vous faites? Sinon, quelle sorte de travail bénévole vous intéresserait si
vous aviez le temps? Aimeriez-vous, par exemple, rendre visite à des malades dans
un hôpital ou dans une maison de retraite? travailler pour les parcs de la région?
aider des enfants à apprendre à lire et à écrire?

Ⓑ À la une des journaux camerounais. Utilisez un moteur de recherche pour
trouver des revues ou des journaux camerounais sur Internet. Quelles sont les
principales nouvelles et les principaux sujets dont on parle en ce moment? Est-ce
que la presse ou la télévision américaine parle de ces sujets? À votre avis, sommes-
nous suffisamment informés sur ce qui se passe dans le reste du monde? (Vous
pouvez utiliser les catégories présentées dans le **Point de départ** de ce chapitre pour
vous aider à répondre à ces questions.)

Ⓒ Le gouvernement du Cameroun. Selon les renseignements présentés dans
Chez nous au Cameroun, ce pays est une république indépendante depuis 1960.
Utilisez les ressources que vous trouverez en ligne ou à la bibliothèque pour décrire
le gouvernement camerounais, les différents hommes et femmes politiques qui
jouent un rôle important en ce moment et les problèmes qu'ils essaient de résoudre.

Bien prononcer

Tracks 74–75 **Le français familier**

In French as in English, circumstances determine how things are said. You might hear casual, fast speech—or even slang—typical of many young people, or the extremely formal, stylized speech of classical poetry or theater. Casual speech (**le français familier**) affects vocabulary (colloquial or even slang words), syntax (word order revealing the feelings of the speaker), and pronunciation. You do not need to speak in this manner (a more careful form of language has a better chance of being acceptable no matter where you are), but it is useful to be able to understand French as it may be spoken by native speakers.

Below are some of the ways in which casual speech may affect your understanding:

1. Casual speech implies a degree of familiarity, shared knowledge, and freedom to express emotions in a spontaneous way. As a result, there is a deterioration of the traditional syntax, and word order tends to reflect what comes to speakers' minds first, or what they feel a need to emphasize. For example:

   Ce livre, tu l'as lu?   Toi, tu l'as lu, ce livre?   Toi, ce livre, tu l'as lu?

   Parts of speech that are not essential to the meaning are often dropped, especially the **ne** part of the negative:

   Il a pas pu venir.   Nous, on veut pas rester ici.

2. There is a heavier reliance on intonation (exclamations, laughter, irony, annoyance, etc), rhythm (faster tempo, groups of words rushed together, false starts), pauses (hesitations and fill-in words) and unfinished sentences. Intonation, for example, rather than syntax may signal a question:

   Alors, tu viens?   C'est fait avec quoi?
   C'est joli, hein?   Vous trouvez pas que c'est une bonne idée?

3. Because of the need for speed and facility, phonology is characterized by a careless articulation of many sounds and the dropping of some—particularly the mute **e,** which is dropped whenever the articulatory difficulty is not too great:

   Je n(e) te l(e) dirai pas.

   This elision often decreases the number of syllables in a word or in a breath group.

   C(el)a (ne) s(e) voit pas. (six syllables in careful speech, versus three in colloquial speech)

   Dropping the mute **e** can also result in devoicing (no vibration of the vocal cords) of consonants thus brought together.

   J(e) pense que oui.
   J(e) (ne) sais pas. (often reduced to **chépa** or even **chpa** in fast speech)

   Other sounds that can be dropped in fast speech are the **u** in **tu,** the **l** in the pronouns **il** and **ils,** and **l** and **r** when they occur at the end of a word.

   T(u) es pas v(e)nu à la manif?
   I(l)s ont dit qu'i(l)s (n)ont rien vu.
   I(l) (n)y a qu'à l(e) mett(re) su(r) la tab(le).

Because you do not need to speak in this manner, it is not necessary to practice repeating a **petite conversation.**

Vocabulaire

La vie politique (Voir p. 402)
La justice (Voir p. 402)
Les relations internationales (Voir p. 402)
Les problèmes sociaux (Voir p. 402)
Les catastrophes (Voir p. 403)
La nature et l'environnement (Voir p. 403)
Le progrès et la recherche scientifique (Voir p. 403)

Noms

déchets *(m pl) waste materials*
gaspillage (gaspi) *(m) wasting*
industrie *(f) industry*

loi *(f) law*
médias *(m pl) media*
nature *(f) nature*
panneau *(m)* **d'affichage** *bulletin board*

période *(f) period, era*
planète *(f) planet*
progrès *(m) progress*
protection *(f) protection*
règle *(f) rule*

ressources *(f pl) resources*
terre *(f) land, earth*

Verbes

accueillir *to welcome*
baisser *to lower*
chauffer *to heat*
conserver *to conserve*
se demander *to wonder*
économiser *to save*

hésiter *to hesitate*
s'inquiéter *to worry*
jeter *to throw away*
passer un coup de fil *to telephone*

polluer *to pollute*
protéger *to protect*
reconnaître *to recognize*
recycler *to recycle*
rendre visite à *to visit (a person)*

se renseigner *to ask for information, inform oneself*
revoir *to see again*
se tenir au courant *to stay informed*

Adjectifs

naturel(le) *natural*
nucléaire *nuclear*
sensible *sensitive*
toxique *toxic*

Divers

activement *actively*
elle lui plaît *he finds her attractive*
eux-mêmes *themselves*
particulièrement *particularly*

plutôt *rather*
sans doute *probably*
sinon *if not, otherwise*
si on allait... *how about going . . .*

Les arts et la vie

Fonctions

Dans ce chapitre, vous allez apprendre à
- parler de vos goûts artistiques
- préciser la personne ou l'objet dont on parle
- indiquer ce qui aurait pu être
- indiquer les rapports entre deux actions

Vocabulaire et structures

Point de départ: Sondage d'opinion sur les arts et les loisirs
Exploration 1: Les pronoms démonstratifs
Exploration 2: Le plus-que-parfait et le conditionnel passé
Exploration 3: Le participe présent et l'infinitif

Point de départ: Sondage d'opinion sur les arts et les loisirs

Selon les statistiques, presque la moitié (50%) des Français ont pratiqué des activités artistiques au cours de leur vie, et plus de 15% en pratiquent au moins une régulièrement. Et vous, quelle place les activités artistiques et l'art en général occupent-ils dans votre vie?

Est-ce que vous allez souvent...

- au théâtre? Si oui, quelles pièces (*plays*) avez-vous vues récemment?
- au concert? Si oui, à quels concerts avez-vous assisté (*attended*) récemment?
- à des expositions (*exhibits*)? Si oui, sur quels thèmes ou quels sujets?
- au cinéma? Si oui, quels sont vos films et vos metteurs en scène (*directors*) favoris?

Possédez-vous—ou avez-vous envie de posséder—des œuvres d'art (*works of art*) ou des objets d'art? Si oui, quel type d'objet d'art?

- un tableau original
- un dessin
- une aquarelle (*a watercolor*)
- une reproduction de tableau
- une statue
- une sculpture
- une poterie
- un meuble ancien

Quelles activités artistiques pratiquez-vous? Aimez-vous...

- peindre? Si oui, est-ce que vous peignez des paysages, des portraits, des natures mortes ou des sujets abstraits?
- dessiner? Si oui, préférez-vous les dessins humoristiques ou les dessins sérieux?
- sculpter? Si oui, qu'est-ce que vous avez sculpté?
- faire de la poterie? Si oui, qu'est-ce que vous avez créé?
- faire de l'infographie (*computer graphics*)?
- prendre des photos? Si oui, possédez-vous un appareil photo ordinaire ou un appareil numérique?
- restaurer des meubles?
- faire du théâtre? Si oui, dans quelles pièces et quels rôles avez-vous joués?
- faire de la danse? Si oui, préférez-vous la danse classique ou la danse moderne?
- écrire? Si oui, est-ce que vous avez déjà écrit[1]...

  un journal intime?   une pièce de théâtre?
  un essai?   un scénario de film?
  un poème?   un roman (*a novel*)?
  une nouvelle (*a short story*)?

- chanter? Est-ce que vous composez la musique ou est-ce que vous écrivez les paroles de vos chansons? Est-ce que vous chantez seul(e), dans un groupe ou dans une chorale?

---

[1] **Écrire** (*to write*) is an irregular verb. Its forms are **j'écris, tu écris, il / elle / on écrit, nous écrivons, vous écrivez, ils / elles écrivent. Passé composé: j'ai écrit; Subjonctif: (il faut) que j'écrive**

■ jouer d'un instrument de musique? Si oui, de quel instrument jouez-vous?

du piano?	de la trompette?
de la guitare (électrique)?	du saxophone?
de la flûte?	de la batterie *(drums)*?
de la clarinette?	du synthétiseur?
du violon?	

Y a-t-il d'autres activités artistiques auxquelles vous vous intéressez? Si oui, lesquelles? Suivez-vous[2] des cours pour perfectionner—ou découvrir—vos talents artistiques?

Communication et vie pratique

Ⓐ La vie d'artiste. Il y a dans chacun de nous un artiste qui sommeille, n'est-ce pas? Quel est le rôle des activités artistiques dans votre vie? Travaillez en petits groupes et comparez vos réponses respectives. Essayez aussi de trouver les goûts et les activités que vous avez en commun.

Ⓑ Testez vos connaissances. Pouvez-vous répondre aux questions suivantes? Sinon, consultez les réponses à la fin du test.

1. Lequel des architectes suivants a dessiné les plans de la ville de Washington?
   a. Le Corbusier
   b. Pierre L'Enfant
   c. André Le Nôtre
2. Lequel des peintres suivants est considéré comme un des principaux représentants de l'école impressionniste?
   a. Auguste Renoir
   b. Eugène Delacroix
   c. Bernard Buffet
3. C'est un musicien du début du XXᵉ siècle dont l'œuvre la plus connue est le *Boléro*.
   a. Pierre Boulez
   b. Camille Saint-Saëns
   c. Maurice Ravel
4. Lequel des artistes suivants a peint le tableau intitulé *Guernica*?
   a. Édouard Manet
   b. Paul Gauguin
   c. Pablo Picasso
5. Cet auteur d'origine roumaine est un des principaux représentants du théâtre de l'absurde.
   a. Jean Cocteau
   b. Jean Anouilh
   c. Eugène Ionesco

6. Il est généralement considéré comme un des plus grands poètes de l'époque romantique. Qui est-ce?
   a. Victor Hugo
   b. Jean de la Fontaine
   c. Pierre de Ronsard
7. Dans quelle ville y a-t-il chaque année un festival d'art dramatique qui attire des gens du monde entier?
   a. Avignon
   b. Cannes
   c. Strasbourg
8. Un des trois peintres suivants a décoré l'Opéra de Paris et l'Opéra de New York (the Metropolitan Opera House). Qui est-ce?
   a. Henri Matisse
   b. Marc Chagall
   c. Vincent Van Gogh
9. Auteur de nombreux romans, cette femme a aussi écrit des scénarios de films et dirigé ses propres films. Qui est-ce?
   a. Simone de Beauvoir
   b. Marguerite Duras
   c. George Sand
10. Dans quelle ville y a-t-il chaque année un festival de cinéma de réputation internationale?
    a. Cannes
    b. Paris
    c. Aix-en-Provence

Réponses: 1. b, 2. a, 3. c, 4. c, 5. c, 6. a, 7. a, 8. b, 9. b, 10. a

[2] **Suivre** *(to follow; to take [a course])* is an irregular verb. Its forms are **je suis, tu suis, il / elle / on suit, nous suivons, vous suivez, ils / elles suivent. Passé composé: j'ai suivi; Subjonctif: (il faut) que je suive**

C **Encore des questions.** Préparez des questions du même type que celles de l'activité B sur les artistes, les musiciens et les écrivains francophones. Ensuite posez ces questions aux autres étudiants de la classe.

EXEMPLE *Pouvez-vous donner le nom d'un des tableaux de Van Gogh?*

If the Web sites suggested are no longer available, use a search engine to find similar information (e.g., http://fr.yahoo.com or http://www.google.fr).

 D **Internet.** Vous allez passer une semaine à Paris. Consultez les sites Web qui donnent la liste des différents spectacles parisiens: http://paris.cityvox.com/fra/paris/spectacle.html, www.paris-gratuit.com/soirees_paris.htm. Quels spectacles vous intéressent? Travaillez avec d'autres étudiants et comparez vos choix.

LES ÉVÉNEMENTS DES PROCHAINS JOURS¶
|¶
~Théâtre   →   Voir tous les événements : Théâtre¶
Du 20/03 au 31/03 → Le sénateur Fox, par Jean-Luc Tardieu -- Théâtre de la Porte Saint-Martin¶
Du 20/03 au 18/04 → Portrait de famille, par Marion Bierry -- Théâtre de Poche Montparnasse¶
Du 20/03 au 28/03 → Y'en a encore en réserve, par Popeck -- Théâtre Rive Gauche¶
Du 20/03 au 27/03 → Raconte-toi, raconte-moi ta Ville..., par Jean-Yves Auffret et Trois Petits Points et Cie -- Ferme des jeux de Vaux-le-Pénil¶
Du 20/03 au 20/04 → Philippe Lellouche -- Le Méry¶
Du 21/03 au 28/03 → Les quatre morts de Marie, par Maud le Guénégal -- Théâtre du Nord-Ouest (Salle Laborey, Economidès)¶
Du 21/03 au 20/04 → Poil de carotte, par Patrick Bricard -- Théâtre Dejazet¶
Du 21/03 au 28/06 → Politic academy, par Alain de Troie -- Le Triomphe¶
Du 21/03 au 27/06 → Première Heure, par Gilles Hoyer -- Le Point-Virgule¶
Du 21/03 au 27/04 → Peut-on avoir été conçu dans l'amour ..., de et par Trinidad - Café de la Gare¶
¶
~Spectacles   →   Voir tous les événements : Spectacles¶
Du 22/03 au 30/03 → J'espérons que je m'en sortira, par Marjorie Nakache -- Studio Théâtre de Stains¶
Du 22/03 au 25/03 → Charlène Duval -- La Comédia¶
Du 23/03 au 26/03 → La Conférence des Oiseaux, par Pierre Lamoureux -- Studio 14 Paradis¶
Du 24/03 au 28/03 → Pour toi, Baby ! ou Sérénade électorale, par J. Lacornerie -- dir. B. Yannotta -- Théâtre Silvia-Monfort¶
Du 24/03 au 27/03 → Juste une Illusion, avec Gary Kurtz - Bataclan¶
Le 25/03   →   Performances, par Arnaud Labelle-Rojoux -- Fondation Cartier pour l'Art Contemporain¶
Du 25/03 au 16/05 → La voix de la Muette, par Amamouche -- Le Samovar¶
Du 25/03 au 26/03 → Music Hall Fantaisie -- Club Med World - Le World¶
Du 26/03 au 30/04 → Cabaret Ael Mat -- Babalù Café¶
Du 26/03 au 27/03 → Charlène Duval -- China Club¶
¶
~Danse   →   Voir tous les événements : Danse¶
Du 21/03 au 03/04 → Signes, par Carolyn Carlson - Opéra Bastille¶
Du 22/03 au 30/03 → J'espérons que je m'en sortira, par Marjorie Nakache -- Studio Théâtre de Stains¶
Du 22/03 au 27/03 → L'Armoire de Martirio, par la Cie Esther Aumatell -- Auditorium Saint-Germain des Près¶
Du 22/03 au 26/04 → Ballets Burlesques, par Yannick Vabre -- Théâtre Trévise¶
Du 23/03 au 26/03 → La Conférence des Oiseaux, par Pierre Lamoureux -- Studio 14 Paradis¶
Du 23/03 au 29/03 → Anjali, du temple à l'écran, par Raghunath Manet -- MK2 Bibliothèque¶
Du 24/03 au 03/04 → (And), par Grace Ellen Barkey -- Théâtre de la Bastille¶
Du 25/03 au 05/04 → Couleurs Tango - Galerie Artitude¶
Le 25/03   →   Le ciel au-dessus de sa tête, par la Cie La Zampa / Magali Milian et Romuald Luydlin -- Centre Culturel Boris Vian¶
Du 25/03 au 26/03 → Chronique Nomade, par la Cie Kaméléonite -- Espace Culturel Bertin Poirée -- Association Franco-Japonaise de Tenri¶
¶
▬¶

Info-culture: La vie culturelle

Même si les Français ne s'intéressent pas tous à l'art, d'une façon générale, on accorde une assez grande importance à l'art en France. Ce respect de l'art est évident dans les institutions du pays; il existe un ministère de la Culture dont le rôle est de protéger et de développer le patrimoine culturel national et d'intéresser le public à l'art.

Le gouvernement accorde aussi d'assez généreuses subventions aux différentes entreprises culturelles: théâtres, musées, salles de concert, expositions, maisons de la culture, etc. Chaque année, on organise de nombreux festivals qui attirent des artistes et des spectateurs du monde entier: le festival d'art dramatique d'Avignon, le festival de Cannes (cinéma), le festival d'Aix (musique), par exemple.

Pour les Français, l'art est aussi dans la rue. À Paris, ainsi que dans la plupart des villes françaises, il y a partout de magnifiques exemples d'architecture ancienne, des places et des jardins ornés de statues, des galeries d'art et même des artistes qui travaillent dans la rue sous les yeux des passants. On peut passer quelques minutes (ou quelques heures) à regarder les gravures des bouquinistes installés sur les quais de la Seine; on peut aller faire un tour au marché aux fleurs. Si on est fatigué, on peut se reposer tranquillement à l'ombre de la cathédrale Notre-Dame, dans le jardin des Tuileries ou du Luxembourg, ou sur les bancs des nombreux jardins et parcs publics.

Un certain nombre de musiciens et compositeurs français ont leur place parmi les grands noms de la musique. Par exemple, le *Boléro* de Maurice Ravel (1875–1937) et le *Prélude à l'après-midi d'un faune* de Claude Debussy (1862–1918) sont des classiques de l'impressionnisme. À l'époque moderne, le groupe des Six, fondé en 1918 et qui comprenait Francis Poulenc, Darius Milhaud et Arthur Honegger, un Suisse—ainsi que des compositeurs comme Olivier Messiaen, Erik Satie et plus récemment Pierre Boulez—a eu un rôle important dans l'évolution de la musique classique moderne.

Les amateurs d'opéra ont probablement eu l'occasion d'entendre *Carmen, Les Pêcheurs de perles* ou *L'Arlésienne* de Georges Bizet (1838–1875) ou un opéra de Charles Gounod (1818–1893) tel que *Faust* ou *Mireille*. Même le jazz, dont les origines sont typiquement américaines, occupe une place importante dans la vie musicale française. Au jazz américain s'ajoute le jazz européen au développement duquel ont beaucoup contribué des musiciens comme Stéphane Grappelli et Jean-Luc Ponty.

La France a aussi joué un rôle important dans l'histoire du cinéma, souvent appelé «le septième art». Cette histoire a commencé en 1895 quand Louis Lumière a présenté ses premières projections animées à une assemblée de 120 personnes. C'est seulement deux ans plus tard que Georges Méliès a construit le premier studio du monde et a commencé à inventer des truquages. À partir de ce moment-là, la vogue du cinéma s'est répandue dans le monde entier. Les Français moyens sont cependant loin d'être tous des cinéphiles. Beaucoup vont au cinéma surtout pour se distraire, et un grand nombre d'entre eux préfèrent rester à la maison pour regarder la télévision. Mais il existe aussi un assez large public bien informé qui recherche la qualité. Les ciné-clubs, groupés en sept fédérations nationales, contribuent beaucoup à éduquer le public et attirent chaque année des millions de spectateurs. Les critiques de films occupent une place importante dans les principales revues françaises, et il existe aussi plusieurs revues spécialisées telles que *Les Cahiers du cinéma*.

Et vous?

En général, quelle importance accorde-t-on à l'art aux USA? Et vous, quelle place les activités artistiques occupent-elles dans votre vie? Quels sont les principaux musées et les principales salles de spectacles de votre ville? Est-ce que vous connaissez des artistes américains qui ont été influencés par l'art français ou européen?

Exploration ①

Pour préciser la personne ou l'objet dont on parle: Les pronoms démonstratifs

As you know, **ce, cet, cette,** and **ces** are used to point out specific items. Nouns modified by these demonstrative adjectives can be replaced by demonstrative pronouns.

	Singulier	Pluriel
Masculin	celui	ceux
Féminin	celle	celles

1.1 Demonstrative pronouns are frequently followed by prepositions, particularly **de** to show possession.

—À qui est cette guitare? C'est **celle de** Robert?
—Non, c'est **celle de** Josyanne.

—*Whose guitar is this? Is it Robert's?*
—*No, it's Josyanne's.*

Il prend l'avion pour Strasbourg, et moi, je prends **celui pour** Lyon.

He is taking the plane to Strasbourg and I'm taking the one to Lyon.

1.2 They can also be followed by dependent clauses with relative pronouns.

Je préfère cette affiche à **celle** que Paul a achetée.

I prefer this poster to the one that Paul bought.

Ces tableaux ne sont pas aussi beaux que **ceux** qu'il y avait à l'autre exposition.

These paintings are not as beautiful as those that were at the other exhibit.

1.3 Demonstrative pronouns can be used with the suffixes **-ci** and **-là.**

Je ne sais pas quel dessin choisir. **Celui-ci** est moins cher, mais **celui-là** est plus joli.

I don't know which drawing to choose. This one is less expensive, but that one is prettier.

1.4 **Ceci** *(this)* and **cela** *(that)* and the less formal **ça** *(that)* refer to ideas or unspecified things rather than to specifically named items. Thus, they do not indicate number and gender.

Ceci va vous intéresser.
Je ne comprends pas **cela.**
Ça, c'est super!

This is going to interest you.
I don't understand that.
That's great!

Situation: Tu n'y connais rien!

Françoise et Christophe ont un peu de difficulté à communiquer. La conversation porte sur certaines reproductions. Mais de quelles reproductions s'agit-il?

FRANÇOISE: Qu'est-ce que tu penses de mes nouvelles reproductions?
CHRISTOPHE: Quelles reproductions? Celles que tu as achetées à la galerie d'art?
FRANÇOISE: Non, celles que mon cousin m'a envoyées.
CHRISTOPHE: Quel cousin? Celui de Lyon ou celui de Dijon?
FRANÇOISE: Mais non! Celui dont je t'ai parlé. Tu sais, celui qui est peintre.
CHRISTOPHE: Ah oui! Je me souviens! Ses tableaux ressemblent à ceux de Picasso.
FRANÇOISE: Mais non! Tu n'y connais rien!

Mots à retenir: porter sur *to relate to,* **il s'agit de** *it is about,* **tu n'y connais rien** *you don't know anything about it*

Avez-vous compris?

De quelles reproductions et de quel cousin s'agit-il?

Communication et vie pratique

Ⓐ Contradictions. Vos goûts sont très différents de ceux de votre amie Julie. Chaque fois qu'elle donne son opinion sur quelque chose, vous donnez l'opinion opposée.

> **EXEMPLE**   Cette reproduction est très jolie.
>   *Ah non, celle-ci est beaucoup plus jolie.*

1. Cette exposition est très intéressante.
2. Ce peintre est très célèbre.
3. Ces tableaux sont très modernes.
4. Ces photos sont très belles.
5. Cet article est intéressant.
6. Cette affiche est amusante.
7. Cette danseuse a beaucoup de talent.
8. Cette sculpture est très originale.

B La nostalgie du bon vieux temps. Il y a des gens qui pensent toujours que le passé était bien plus agréable que le présent. Honoré Regret est une de ces personnes. Qu'est-ce qu'il dit?

EXEMPLES   Je n'aime pas ma nouvelle maison. (la maison où nous habitions autrefois)
J'aimais mieux celle où nous habitions autrefois.

Je n'aime pas ma nouvelle maison. (la maison de mes parents)
J'aimais mieux celle de mes parents.

1. Je n'aime pas les cours que je suis ce trimestre. (les cours que je suivais le trimestre passé)
2. Je n'aime pas mes professeurs. (les professeurs que j'avais au lycée)
3. Je n'aime pas la mode d'aujourd'hui. (la mode d'il y a 10 ans)
4. Je n'aime pas ma nouvelle chambre. (la chambre que j'avais l'année dernière)
5. Je n'aime pas mon nouveau camarade de chambre. (le camarade de chambre que j'avais l'année dernière)
6. Je n'aime pas la musique qu'on entend à la radio. (la musique qu'on entendait autrefois)
7. Je n'aime pas les vêtements d'aujourd'hui. (les vêtements qu'on portait autrefois)
8. Je n'aime pas les jeux d'aujourd'hui. (les jeux de mon enfance)

C Préférences. Répondez aux questions suivantes selon vos préférences personnelles ou bien posez ces questions aux autres étudiants.

1. Quels romans préférez-vous, les romans d'aventure ou ceux de science-fiction?
2. Quels musées préférez-vous, ceux où il y a seulement des tableaux ou ceux où on peut voir toutes sortes d'objets d'art?
3. Préférez-vous les films d'aventures ou ceux de science-fiction?
4. Quelle musique préférez-vous, la musique d'aujourd'hui ou celle des années 60?
5. Quel type de vie préférez-vous, la vie d'aujourd'hui ou celle d'autrefois?
6. Quel type de vêtements préférez-vous, les vêtements d'aujourd'hui ou ceux des années 70?

C'est votre tour

Vous parlez de certains objets ou de certaines personnes (livres, tableaux, peintres, écrivains), mais la personne avec qui vous parlez ne sait jamais exactement de quel objet ou de quelle personne vous parlez. Vous êtes constamment obligé(e) de préciser (par exemple, **Mais non, il ne s'agit pas de celui-ci; il s'agit de celui que je t'ai montré hier**). Utilisez la **Situation** à la page 439 comme guide.

Exploration ②

Comment indiquer ce qui aurait pu être: Le plus-que-parfait et le conditionnel passé

Sometimes when we are talking about the past, we want to indicate that one event happened prior to another past event. The other past event is sometimes stated, but sometimes just understood (*They had already gone* or *They had already gone when I arrived.*) In French, the **plus-que-parfait** (past perfect tense) is used to express this meaning.

2.1 The **plus-que-parfait** is formed by using the imperfect of **avoir** or **être** and the past participle.

j'**avais fini**	nous **avions fini**
tu **avais fini**	vous **aviez fini**
il / elle / on **avait fini**	ils / elles **avaient fini**

j'**étais allé(e)**	nous **étions allé(e)s**
tu **étais allé(e)**	vous **étiez allé(e)(s)**
il / elle / on **était allé(e)**	ils / elles **étaient allé(e)s**

Elle **avait** déjà **publié** plusieurs articles quand elle a écrit son premier roman.
Je ne savais pas que vous n'**étiez** jamais **allé** à Québec.
Je n'**avais** jamais **pensé** à ça.

2.2 The **conditionnel passé** (past conditional) describes a past hypothetical event or condition (*I wouldn't have done that*). It is formed by using the conditional of **avoir** or **être** and the past participle.

j'**aurais fini**	nous **aurions fini**
tu **aurais fini**	vous **auriez fini**
il / elle / on **aurait fini**	ils / elles **auraient fini**

je **serais allé(e)**	nous **serions allé(e)s**
tu **serais allé(e)**	vous **seriez allé(e)(s)**
il / elle / on **serait allé(e)**	ils / elles **seraient allé(e)s**

À votre place, j'**aurais pris** plus de photos.
À votre place, je ne **serais** pas **allé(e)** voir cette exposition.
Cette reproduction **aurait coûté** moins cher.

2.3 The **plus-que-parfait** and the **conditionnel passé** are used together in **si** clauses indicating what would have happened if things had been different. Note that sentences can begin with either the **si** clause (with verb in the **plus-que-parfait**) or the result clause (with verb in the **conditionnel passé**).

S'il **avait fait** beau, nous **serions allés** à la plage.
Si vous **aviez écouté,** vous **auriez compris.**
Ça ne **serait** pas **arrivé** si tu avais fait attention.

Situation: Je te l'avais bien dit!

Track 78   M. et Mme Clément ont décidé d'aller au concert. M. Clément était chargé d'acheter les billets, mais il a oublié de le faire. Ils arrivent au guichet.

M. CLÉMENT: Bonjour, madame. Nous voudrions deux places au balcon, s'il vous plaît.
LA CAISSIÈRE: Je regrette. Il ne reste que des places à l'orchestre. Si vous aviez retenu vos places à l'avance, vous auriez eu plus de choix...
MME CLÉMENT: Je te l'avais bien dit!
M. CLÉMENT: Oui, mais si tu n'avais pas mis si longtemps à te préparer, nous serions arrivés plus tôt!
MME CLÉMENT: C'est toujours comme ça. On ne peut jamais compter sur toi. Si j'avais su, je m'en serais occupée moi-même!

> **Mots à retenir: le billet** *ticket,* **le guichet** *ticket window,* **je te l'avais bien dit** *I told you so,* **si j'avais su** *if I had known*

Avez-vous compris?

Pourquoi M. et Mme Clément se disputent-ils? À votre avis, qui est responsable?

Communication et vie pratique

A Tant pis pour vous! Vous étiez invité(e) chez des amis, mais vous êtes arrivé(e) beaucoup trop tard.

EXEMPLE   ils / manger
          Ils avaient déjà mangé.

1. Martine / servir le dîner
2. ils / manger le dessert
3. tout le monde / passer sur la terrasse
4. vous / boire votre café
5. Louis / faire la vaisselle
6. les autres invités / partir

B Sur la piste des ancêtres. Philippe Laforêt, un Cajun de Louisiane, a retrouvé la trace d'un de ses ancêtres, Jean-Baptiste Laforêt, qui avait émigré au Canada quand il était jeune. Racontez son histoire.

> **EXEMPLE** Jean-Baptiste / naître en France
> *Jean-Baptiste était né en France.*

1. il / passer les premières années de sa vie en Normandie
2. il / venir au Canada quand il avait 16 ans
3. il / s'installer en Acadie
4. il / apprendre le métier de boulanger
5. il / rencontrer Angèle, sa future femme, quelques années plus tard
6. Angèle / grandir en Acadie
7. ses parents / mourir quand elle avait 12 ans
8. elle / s'occuper de ses petits frères et sœurs
9. Jean-Baptiste et Angèle / se marier en 1750
10. ils / devoir tout quitter quelques années plus tard

C Si j'avais été à ta place. Vous avez un ami qui n'hésite pas à dire ce que lui, il aurait fait s'il avait été à votre place. Cette fois-ci, ce sont vos activités du week-end passé qu'il critique. Qu'est-ce qu'il vous dit?

> **EXEMPLE** ne pas assister à ce concert
> *À ta place, je n'aurais pas assisté à ce concert.*

1. aller voir une exposition d'art moderne
2. prendre le métro pour y aller
3. passer l'après-midi au musée
4. étudier soigneusement chaque tableau
5. essayer de comprendre les intentions de l'artiste
6. ne pas avoir peur de poser des questions
7. acheter des reproductions
8. ne pas revenir directement à la maison

D Si on avait eu plus de temps... Des amis parlent de leur récent voyage à Paris et de ce qu'ils auraient fait s'ils avaient eu plus de temps. Qu'est-ce qu'ils disent?

> **EXEMPLE** je / rendre visite à mes amis parisiens
> *Si j'avais eu plus de temps, j'aurais rendu visite à mes amis parisiens.*

1. nous / rester plus longtemps à Paris
2. tu / aller au musée d'Orsay
3. nous / visiter le château de Versailles
4. vous / passer au moins deux semaines à Paris
5. je / sortir tous les soirs
6. Robert / se promener le long de la Seine
7. nous / visiter la Sainte-Chapelle
8. mes amis / aller voir une pièce de théâtre

E **Si...** Imaginez ce qui se serait passé si les événements suivants avaient eu lieu.

1. Si vous étiez né(e) il y a deux cents ans...
2. Si Christophe Colomb n'avait pas découvert l'Amérique...
3. Si on n'avait pas inventé l'automobile...
4. Si vous aviez décidé de ne pas faire d'études universitaires...
5. Si vous aviez grandi dans une autre région...
6. Si vous étiez né(e) en France...
7. Si on n'avait pas inventé l'ordinateur...

C'est votre tour

Vous voyagez avec des amis français (joués par d'autres étudiants). Vos amis devaient s'occuper de tous les préparatifs. Certains devaient acheter les billets, d'autres devaient faire les réservations, etc., mais chacun a pensé que c'était quelqu'un d'autre qui allait s'en occuper. Résultat: confusion et panique! Imaginez la conversation (à l'aéroport, à la gare, à l'hôtel, à l'agence de location de voitures, etc.). Chaque groupe d'étudiants peut choisir un de ces lieux et jouer la scène.

EXEMPLE *Je croyais que tu allais acheter nos billets... Si tu m'avais dit que tu ne pouvais pas le faire, je l'aurais fait moi-même, et nous ne serions pas dans cette situation.*

Exploration ③

Pour indiquer les rapports entre deux actions: Le participe présent et l'infinitif

In French, as in English, when we relate two ideas, we can use phrases rather than complete clauses. Present participles and infinitives can be used for two types of these phrases.

3.1 The present participle functions much like English forms ending in *-ing,* such as *speaking, walking, finding.* In French, the present participle is formed by adding **-ant** to the stem of the present-tense **nous** form of the verb.

nous parlons → **parlant**	nous faisons → **faisant**
nous finissons → **finissant**	nous commençons → **commençant**
nous attendons → **attendant**	nous mangeons → **mangeant**

Only three verbs have irregular present participles:

être → **étant**	savoir → **sachant**	avoir → **ayant**

Étant étudiant, je n'avais pas beaucoup d'argent.
Sachant cela, nous avons pris la décision de rester.
L'avion arrivant de Montréal **ayant** un retard de trente minutes, je vais aller prendre un café.

3.2 The most frequent use of the present participle is after the preposition **en,** forming what is called the **gérondif.** It indicates:

- that two actions are taking place at the same time (similar to *while* or *upon* plus the *-ing* form of the verb). Sometimes no preposition is used in English.

J'écoute de la musique **en faisant** mes devoirs.	*I listen to music while doing my homework.*
En entrant, nous avons remarqué qu'il y avait peu de spectateurs.	*Upon entering, we noticed that there were few spectators.*
Elle s'est cassé la jambe **en faisant** du ski.	*She broke her leg skiing.*

- the manner in which an action is done or the means by which an end is achieved (similar to using *by, in,* or *through* plus the *-ing* form of a verb).

C'est **en jouant** tous les jours qu'on apprend à bien jouer.	*It is by playing every day that one learns to play well.*
Je me détends **en écoutant** de la musique.	*I relax by listening to music.*

3.3 When prepositions other than **en** are used with verb forms, the verb is always in the infinitive.

Venez me voir **avant de partir.**   *Come see me before leaving.*
Lisez lentement **pour** bien   *Read slowly in order to understand*
   comprendre.   *well.*
Ne décidez pas **sans réfléchir.**   *Don't decide without thinking.*

3.4 After the preposition **après,** the past infinitive must be used.

Après avoir lu ce roman, faites-en   *After reading (having read) this novel,*
   un résumé.   *summarize it.*
Elle a fait la connaissance de   *She met Jean-Claude after returning*
   Jean-Claude **après être revenue**   *(having returned) from Europe.*
   d'Europe.
Nous sortirons **après nous être**   *We'll go out after resting*
   reposés.   *(having rested).*

Situation: C'est plutôt bizarre...

Track 79   Mylène s'est cassé le bras. Son amie Anne-Sophie est plutôt surprise quand Mylène lui explique comment ça lui est arrivé.

ANNE-SOPHIE: Quoi! Tu t'es cassé le bras en allant au théâtre?!...
MYLÈNE: Oui, je me suis fait ça juste après avoir assisté à la première.
ANNE-SOPHIE: Je ne vois pas le rapport!
MYLÈNE: Laisse-moi t'expliquer... En sortant du théâtre, j'avais encore la tête pleine de ce que je venais de voir et je marchais sans regarder où je mettais les pieds.
ANNE-SOPHIE: Et alors?
MYLÈNE: Ne sachant pas qu'il avait plu pendant le spectacle, j'ai glissé en descendant l'escalier... et je me suis cassé le bras en tombant!
ANNE-SOPHIE: Tu avoueras que c'est plutôt bizarre, ton histoire!

> **Mots à retenir: plutôt** *rather,* **le rapport** *relationship, connection,* **glisser** *to slip,* **l'escalier** *(m) stairway,* **avouer** *to confess, admit*

Avez-vous compris?

Dans quelles circonstances Mylène s'est-elle cassé le bras?

Communication et vie pratique

Ⓐ En avant la musique! On peut facilement écouter de la musique en faisant autre chose. Que font les personnes suivantes en même temps qu'elles écoutent de la musique?

> **EXEMPLE** moi / quand je fais de la gymnastique
> *Moi, j'écoute de la musique en faisant de la gymnastique.*

1. nous / quand nous préparons le dîner
2. mon père / quand il lit son journal
3. moi / quand je m'habille
4. nous / quand nous prenons notre petit déjeuner
5. mes amis / quand ils font du jogging
6. toi / quand tu fais le ménage
7. moi / quand je reviens de mon travail
8. vous / quand vous prenez votre douche

Ⓑ Assez d'excuses. Madame Lebrun est fatiguée d'entendre des excuses. Elle veut que ses enfants rangent d'abord leur chambre. Après ça, ils pourront faire ce qu'ils voudront. Qu'est-ce qu'elle leur dit?

> **EXEMPLE** Vous écouterez vos CD après.
> *Rangez votre chambre avant d'écouter vos CD.*

1. Vous jouerez après.
2. Tu iras au musée après.
3. Tu téléphoneras à tes amis après.
4. Vous vous reposerez après.
5. Tu sortiras après.
6. Tu feras du vélo après.
7. Vous irez à l'exposition après.
8. Tu liras ces revues après.

Ⓒ On sortira plus tard. Julie veut savoir quand ses amis pourront sortir. Donnez la réponse.

> **EXEMPLE** Monique doit d'abord faire ses devoirs.
> *Elle sortira après avoir fait ses devoirs.*

1. Judith doit laver sa voiture.
2. Mireille a besoin de se reposer.
3. Joël doit ranger ses affaires.
4. Gérard voudrait regarder la fin du film.
5. Yves doit aller à sa leçon de trompette.
6. Édouard est en train de préparer le dîner.
7. François veut lire le journal.
8. Karine est en train d'écrire une lettre.

D **Avant, pendant ou après?** Vos amis ont des habitudes très différentes. Laurent aime écouter de la musique en faisant autre chose. Colette préfère finir son travail pour pouvoir mieux se concentrer. Quant à Nadine, elle est trop impatiente pour attendre. Quand Laurent, Colette et Nadine écoutent-ils de la musique?

> EXEMPLE faire ses devoirs
> *Nadine écoute de la musique avant de faire ses devoirs.*
> *Laurent écoute de la musique en faisant ses devoirs.*
> *Colette écoute de la musique après avoir fait ses devoirs.*

1. lire le journal
2. aller à l'université
3. se préparer
4. manger
5. faire la cuisine
6. s'habiller
7. faire le ménage
8. finir ses devoirs

E **À chacun ses préférences.** Quelles sont les choses que vous aimez faire en même temps ou l'une après l'autre? Faites des phrases qui expriment vos préférences personnelles.

> EXEMPLE *Moi, j'aime bien écouter des disques en faisant le ménage, mais je préfère regarder la télé après avoir fini mon travail.*

1. regarder la télévision
2. faire ses devoirs
3. lire le journal
4. se détendre
5. écouter de la musique
6. regarder des revues
7. faire le ménage
8. faire du jogging
9. ?

F **Votre emploi du temps.** Indiquez ce que vous allez faire demain ou pendant le week-end et dans quel ordre vous allez le faire.

> EXEMPLE *Après avoir pris ma douche, je vais déjeuner en écoutant les informations.*

C'est votre tour

Racontez à des amis (joués par d'autres étudiants) un accident (réel ou imaginaire) qui vous est arrivé (par exemple, un accident de ski, de voiture, de vélo). Expliquez quand et comment cet accident est arrivé. Vos amis vous posent des questions pour essayer de comprendre ce qui s'est passé.

Intégration et perspectives

Van Gogh et Millet enfin réunis

L'article suivant a été publié dans la revue *L'Express* à l'occasion d'une exposition qui réunit pour la première fois les œuvres de Van Gogh et de Millet. Selon cet article, c'est en copiant les œuvres de Millet que le jeune Vincent Van Gogh a appris à peindre.

Pour mieux lire: Vous allez remarquer dans ce texte que pour évoquer des faits passés, on utilise ce qu'on appelle «le présent historique» en même temps que le passé composé et l'imparfait. Notez et comparez l'utilisation de ces différents temps. Qu'est-ce que l'auteur essaie d'exprimer par cette technique? Quel en est le résultat?

Le tableau le plus cher du monde est, on le sait, un bouquet d'iris peint à Arles en 1889 par Vincent Van Gogh. On sait aussi que cet artiste a influencé plusieurs courants majeurs de la peinture moderne. Il a préfiguré le fauvisme. Ses autoportraits ont annoncé l'impressionnisme. Sa touche libre a posé les prémices de l'abstraction. Mais lui, d'où a-t-il tiré son inspiration? De Jean-François Millet, le peintre des paysans. Une exposition qui leur rend hommage les réunit pour la première fois au musée d'Orsay.

Fils de cultivateur, Millet déclarait à ses amis: «Je n'ai jamais vu de ma vie autre chose que des champs. Paysan je suis né, paysan je mourrai.» Il meurt à Barbizon en 1875. Quelques mois après sa mort, un certain Vincent Van Gogh, de passage à Paris, visite la salle de vente de l'hôtel Drouot. Dans la salle, il y a 95 dessins et pastels de Millet qui sont là pour être vendus aux enchères. Le jeune Hollandais est frappé par ce qu'il voit.

À 27 ans, après quelques années passées en Belgique comme missionnaire évangélique, Van Gogh décide de vivre pour la peinture. En août 1880, il demande à son frère Théo de lui envoyer une série de reproductions tirées des *Travaux des champs* de Millet. Grâce à ces images, Vincent apprend à dessiner les figures humaines. De son maître posthume, il aime la rigueur et surtout, l'idéologie de l'homme qui gagne son pain à la sueur de son front. Chez Millet, il retrouve des valeurs chrétiennes chères à son cœur, l'humilité et la compassion. Van Gogh est séduit aussi par la sérénité qui se dégage de cette campagne. Pendant plusieurs années, il s'exerce à copier les œuvres de son maître. Dans une lettre à son frère, Théo, Vincent confie: «Pour moi, ce n'est pas Manet, c'est Millet, le peintre essentiellement moderne.»

La sieste, by Vincent Van Gogh. Oil on canvas, 73 × 91 cm, R. F. 1952-17, Musée d'Orsay, Paris, France.

The Haymaker's Rest, by Jean-François Millet, 1849. 89 × 116 cm. R. F. 2049, Musée d'Orsay, Paris, France.

Van Gogh s'installe à Paris en 1886. Là, il découvre l'impressionnisme et l'art japonais. Il abandonne Millet pour se consacrer à la transparence des ciels et aux couleurs vives. Deux ans plus tard, à Arles, il revient à celui qu'il appelle son «maître éternel». Mais la présente exposition prouve que Vincent va plus loin que son maître. Millet écrivait: «Peindre la fin du jour, voilà l'épreuve d'un tableau», mais le Hollandais illumine le rythme des saisons dans une explosion de couleurs. Le soleil du Midi éclaire enfin les paysans. Van Gogh élimine le superflu, donne de l'ampleur à la forme. Les personnages ne sont plus des statues; ils vivent, bougent, sous un ciel bleu lavande. Et la lumière est omniprésente.

Vers la fin de sa vie, quand il est à l'asile de Saint-Rémy-de-Provence, Vincent, en plein délire, couvre les murs blancs du *Travail des champs* de Millet. Auparavant, il avait peint une étonnante copie de son maître: *Nuit étoilée*, où la voie lactée évoque l'infini. À Théo, en septembre 1888, il écrit: «J'ai un besoin terrible de religion, alors je vais la nuit dehors pour peindre les étoiles... »

Van Gogh meurt le 29 juillet 1890, rejoignant définitivement la nuit, les étoiles et Jean-François Millet.

EXTRAIT ADAPTÉ D'UN ARTICLE DE LOÏC STAVRIDÈS, PUBLIÉ DANS *L'EXPRESS*

Mots à retenir / Mots en contexte: la touche *stroke*, tirer *to draw*, le paysan *farmer, peasant*, **le champ** *field*, **vendre aux enchères** *to auction off*, **frappé** *struck*, **grâce à** *thanks to*, le maître *master*, la sueur *sweat*, le front *forehead, brow*, séduire *to seduce*, se dégager *to emanate*, s'exercer *to practice*, l'épreuve *(f) test*, éclairer *to illuminate*, l'ampleur *(f) fullness*, **bouger** *to move*, l'asile *(m) mental hospital*, **auparavant** *beforehand, previously*, **étonnant** *surprising*, la voie lactée *Milky Way*, **dehors** *outside*, **une étoile** *a star*

Avez-vous compris?

Qu'est-ce que ces deux artistes ont en commun? Qu'est-ce que Van Gogh admire particulièrement chez Millet? Et qu'est-ce qui différencie Van Gogh de son maître Millet?

À Paris, chaque type d'art a son propre musée. Parmi les plus célèbres, on trouve:

- Le Louvre, célèbre pour les antiquités égyptiennes, grecques, étrusques et romaines, *La Joconde (Mona Lisa)* et la *Vénus de Milo.*

- Le Centre Beaubourg ou Georges Pompidou, où est exposé l'art moderne.

- Le musée Picasso, un ancien hôtel particulier où sont regroupées les œuvres principales qui illustrent les différentes périodes de la vie de Picasso.

- Le musée Rodin, un ancien hôtel particulier qui regroupe les sculptures d'Auguste Rodin et de Camille Claudel.

- Le musée d'Orsay, une ancienne gare sur les bords de la Seine, contient les œuvres des impressionnistes.

Dernier-né des grands musées parisiens, le musée d'Orsay a éte aménagé *(established)* dans une ancienne gare, construite par l'architecte Victor Laloux pour l'Exposition universelle de 1900, et abandonnée en 1939. Dès 1973, sous le gouvernement de Georges Pompidou, on envisage l'implantation, dans la gare d'Orsay, d'un musée de tous les arts de la seconde moitié du XIXe siècle. En 1980, l'architecture intérieure et l'aménagement en musée sont confiés à l'architecte italienne Gae Aulenti. Elle prend soin de respecter les traits architecturaux de l'édifice et d'utiliser au maximum la lumière naturelle distribuée par ses 3 500 m^2 de verrières *(glass roof)*. Après six ans de travaux, le musée est inauguré le 1er décembre 1986 par le président François Mitterrand.

Exposées sur trois niveaux, les collections du musée, d'une qualité et d'une diversité exceptionnelles, éclairent l'histoire de l'art du milieu du XIXe au début du XXe siècle (de 1848 à 1914 plus précisément). On peut y admirer toutes les formes d'art de cette période (peinture, sculpture, architecture, objets d'art, meubles, cinéma, photographie, musique, décors d'opéra) groupées en courants artistiques et présentées dans l'ordre chronologique. Du Symbolisme à l'Art Nouveau, en passant par l'Impressionnisme, on y trouve tous les grands maîtres de cette époque: Courbet, Monet, Gauguin, Van Gogh, Rodin et Lalique, pour n'en nommer que quelques-uns. Le musée d'Orsay comble l'espace *(fills the gap)* entre les collections du Louvre et celles du Musée national d'art moderne du Centre Georges Pompidou.

Le musée est aussi un lieu de spectacle, de réflexion et de formation. Il offre, par exemple,

- un programme de concerts consacrés au répertoire de la période 1848–1914 et présentés dans l'auditorium

- des projections de films avec, en particulier, un festival annuel consacré au cinéma des origines

- des conférences et des débats qui développent les thèmes traités par les expositions temporaires et un ensemble d'activités éducatives consacrées aux enfants des écoles.

Et vous?

Et vous, quel est votre musée favori? Quelles sont les principales œuvres qui y sont exposées? Y a-t-il beaucoup de musées intéressants dans votre ville ou dans votre région (musée de la marionnette, musée de l'automobile, musée-village de l'époque des pionniers, etc.)? Lesquels d'entre eux recommanderiez-vous à des visiteurs étrangers et pourquoi?

Communication et vie pratique

 A **Internet.** Visitez le musée du Louvre (http://www.louvre.fr) ou, si vous préférez, utilisez un moteur de recherche pour découvrir un autre musée français. Quelles sont les œuvres d'art qui vous ont le plus impressionné(e)? Pourquoi? Est-ce que les autres étudiants partagent votre opinion? Si oui, pourquoi? Sinon, essayez de les convaincre!

B **Préférences.** Les tableaux suivants ont été peints par des peintres français, mais ils représentent des époques et des styles très différents. Que pensez-vous de chacun de ces tableaux? Lequel préférez-vous et pourquoi? Trouvez un ou deux autres étudiants qui ont choisi le même tableau et comparez vos impressions. Ensuite, imaginez que vous êtes des critiques d'art et faites une présentation de ce tableau au reste de la classe.

Mozart Kubelick, by George Braque, 1912, 47 × 61 cm. Private collection, Basel, Switzerland.

Impression: Sunrise, by Claude Monet, Musée Marmottan, Paris, France.

Sappho and Phaon, by Jacques-Louis David, Hermitage, St. Petersburg, Russia.

ⒸSondage d'opinion. Les questions suivantes font partie d'un sondage sur le cinéma. Répondez à ces questions et travaillez avec d'autres étudiants. Ensuite, vous pouvez comparer vos réponses.

1. Allez-vous au cinéma...
   - ❏ plusieurs fois par semaine?
   - ❏ une fois par semaine?
   - ❏ une fois par mois?
   - ❏ moins souvent?
   - ❏ jamais?

2. Parmi les genres de films suivants, quels sont ceux que vous préférez et ceux qui ne vous intéressent pas du tout?
   - ❏ les films comiques
   - ❏ les films policiers
   - ❏ les films de science-fiction
   - ❏ les films d'aventures
   - ❏ les films d'épouvante *(horror)*
   - ❏ les grands classiques
   - ❏ les westerns
   - ❏ les dessins animés
   - ❏ les comédies musicales
   - ❏ les films historiques
   - ❏ autres

3. Préférez-vous les films étrangers...
   - ❏ en version originale avec sous-titres?
   - ❏ en version doublée *(dubbed)*?
   - ❏ pas de préférence

4. Comment choisissez-vous les films que vous allez voir? Qu'est-ce qui vous influence le plus dans vos choix?
   - ❏ le sujet du film
   - ❏ les vedettes
   - ❏ les commentaires de vos amis
   - ❏ les critiques que vous avez lues
   - ❏ les émissions à la télévision
   - ❏ le metteur en scène
   - ❏ le titre
   - ❏ la proximité de la salle
   - ❏ les prix *(awards)* obtenus
   - ❏ autres raisons

5. Quels sont vos acteurs et actrices préférés? Donnez trois noms et expliquez pourquoi vous les avez choisis.

6. Quel est votre metteur en scène préféré?

7. Quels sont les trois derniers films que vous avez vus? Qu'est-ce que vous en avez pensé?

8. De tous les films que vous avez vus, quels sont ceux que vous avez particulièrement aimés?

D **On va au cinéma?** Thierry voudrait que Maryse aille avec lui voir un film qu'on joue en ce moment. Écoutez leur conversation et répondez aux questions qui suivent.

Track 80

Pour mieux comprendre: Dans la conversation suivante, vous avez une situation où une personne veut absolument que l'autre fasse quelque chose et essaie de la convaincre à tout prix. L'autre personne, de son côté, a de bonnes raisons de ne pas se laisser convaincre. Concentrez votre attention sur ces deux aspects de leur conversation et notez rapidement les arguments de chacun.

1. Qu'est-ce que Thierry voudrait que Maryse fasse?
2. Pourquoi est-ce qu'elle hésite à accepter son invitation?
3. Pourquoi est-ce qu'il insiste?
4. Maryse est-elle libre ou non vendredi soir? Pourquoi?
5. Qui est Chantal, et que savez-vous au sujet de son cousin?

E **Critiques de films.** Imaginez que, grâce à Internet, vous avez pris contact avec des étudiants français. Vous aimeriez leur faire connaître les films qu'on passe en ce moment dans votre ville (ou les films qui ont été sélectionnés pour recevoir un Oscar). Par conséquent, vous écrivez une description et une critique d'un de ces films: qualité générale, moments ou parties du film qui vous ont particulièrement intéressé(e) ou impressionné(e), raisons pour lesquelles vous pensez que ce film mérite l'attention du public, qualité des acteurs et de la mise en scène, etc.

Pour mieux écrire: Pour vous aider dans cette tâche, vous pouvez consulter des critiques de films dans des revues françaises ou des journaux et voir comment l'auteur procède et comment il (elle) analyse le film en question. Quels sont les aspects du film qu'il (elle) mentionne? Comment essaie-t-il (elle) de nous convaincre de la bonne—ou de la mauvaise—qualité du film? Après avoir consulté plusieurs critiques de films, essayez d'incorporer, dans votre description, les bonnes idées que vous aurez probablement trouvées.

Invitation au voyage: Destination le Sénégal

Dans le texte à la page 456, la narratrice nous parle de la place importante que les femmes sénégalaises occupent dans la littérature africaine francophone. Elle évoque aussi la lutte de ces «pionnières» pour faire entendre leur voix et pour améliorer la condition des femmes dans la société africaine.

Que savez-vous déjà au sujet du Sénégal? Qui est Léopold Senghor? Quel a été son rôle dans l'histoire politique du Sénégal? Et dans la littérature africaine? Que savez-vous au sujet de la littérature africaine de langue française? Pouvez-vous donner le nom de quelques auteurs?

Chez nous

○ ○ ○ ○ ○ ○ ○ ○

au Sénégal

Superficie: 197 000 km²	**Population:** 9 970 000 h
Capitale: Dakar	**Villes importantes:** Thiès, Kaolack
Institutions: république indépendante depuis 1958	
Langues: français, wolof, peul, sérère, mandé	
Monnaie: le franc CFA	

«C'est à partir des années 70 que les femmes africaines ont vraiment fait leur entrée dans le monde littéraire francophone. Les thèmes abordés dans leurs œuvres sont souvent les mêmes que dans la littérature masculine, mais la perspective qu'elles offrent est très différente. Elles parlent de la condition des femmes dans les diverses sociétés africaines et surtout, elles dénoncent les abus du système patriarcal et la subordination des femmes, non seulement dans la société traditionnelle, mais aussi dans la société moderne. Je suis très fière de dire qu'en Afrique francophone, ce sont mes compatriotes, les femmes sénégalaises qui ont été les pionnières de ce mouvement. Dans des genres littéraires variés, chacune de ces romancières offre un portrait poignant mais très réaliste de la condition des femmes dans notre culture. Par exemple, De Tilène au Plateau, une enfance dakaroise de Nafissatou Diallo (1975) est le premier roman autobiographique écrit par une femme au Sénégal. Le Revenant (1976), suivi de La grève des Battus en 1979 et de L'appel des arènes en 1982 d'Aminata Sow Fall, présente une satire de la classe bourgeoise. Le roman épistolaire Une si longue lettre de Mariama Bâ, la plus célèbre des auteurs parmi les femmes-écrivains d'Afrique francophone, a connu un succès international pour son engagement féministe et son mérite littéraire. Dans ce roman, Mariama Bâ n'hésite pas à critiquer les pratiques culturelles qui contribuent à la subjugation des femmes, telles que la polygamie, les préjugés, l'élitisme de classe et la mauvaise interprétation du Coran. Elle fait aussi appel à une prise de conscience de l'importance de l'éducation formelle pour l'émancipation des femmes, la reconnaissance de leurs contributions et le respect de leurs droits dans notre société. Toutes ces femmes ont eu une grande influence dans ma vie, et je leur suis reconnaissante de nous avoir ouvert le chemin.»

Avez-vous compris?

Indiquez...

1. quand les femmes africaines ont fait leur entrée dans le monde littéraire francophone.
2. ce qui caractérise et différencie la contribution des écrivaines africaines par rapport à celle de leurs collègues masculins.
3. de quel pays viennent les principales pionnières de ce mouvement littéraire.
4. les principaux thèmes abordés par Mariama Bâ dans son roman épistolaire intitulé *Une si longue lettre*.

Ⓐ Connaissez-vous les écrivains du monde francophone? Pouvez-vous associer les auteurs mentionnés dans la colonne A avec les œuvres décrites ou les renseignements donnés dans la colonne B? Vous pouvez travailler seul(e) ou en petits groupes. Pour vous aider, vous pouvez aussi consulter Internet ou les ressources de votre bibliothèque.

A	B
_____ 1. Ferdinand Oyono	a. Né en Martinique, il est à la fois écrivain et homme politique.
_____ 2. Anne Hébert	b. Professeur de lettres, poète et premier président du Sénégal (de 1960 à 1980).
_____ 3. Léopold Sédar Senghor	c. Auteur camerounais qui a écrit *Une vie de boy*.
_____ 4. Assia Djebar	d. Écrivaine de la Guadeloupe qui a écrit *En attendant le bonheur*, roman qui a ensuite été adapté au cinéma.
_____ 5. Birago Diop	e. C'est une des plus grandes poétesses canadiennes du XXᵉ siècle.
_____ 6. Camara Laye	
_____ 7. Aimé Césaire	f. Auteur et vétérinaire sénégalais qui s'inspire des griots pour ses poèmes et ses contes pour enfants.
_____ 8. Maryse Condé	g. Né en Guinée, cet auteur a écrit *L'enfant noir*, qui a été ensuite adapté au cinéma.
_____ 9. Gabrielle Roy	j. Écrivaine canadienne qui a connu un grand succès grâce à son premier roman *Bonheur d'occasion*.
	i. Elle est d'origine algérienne et tous ses livres sont sur le problème de l'identité des femmes.

Réponses: 1. c; 2. e; 3. b; 4. i; 5. f; 6. g; 7. a; 8. d; 9. j.

Ⓑ Et vous? Connaissiez-vous déjà les auteurs francophones mentionnés dans l'activité précédente? Avez-vous déjà lu quelques-unes de leurs œuvres? Si oui, lesquelles? Est-ce que vous avez envie de lire les œuvres des écrivaines mentionnées dans **Chez nous au Sénégal**? Expliquez votre réponse. Et parmi les auteurs de la France métropolitaine, lesquels avez-vous lus? Quels sont, parmi eux, vos auteurs et vos œuvres préférés? Si des amis français vous demandaient quels auteurs américains ils devraient lire, quels auteurs et quelles œuvres leur recommanderiez-vous?

▌ Bien prononcer

Track 81 **Comment lire la poésie classique**

In general, where more formal language is expected, a greater number of **liaisons** are made and, conversely, there are fewer elisions of the mute **e** (/ə/). In classical poetry, these rules become even more formalized because each line (**un vers**) contains a set number of syllables (**une syllabe**). An **alexandrin,** for example, is a verse of 12 syllables. As seen earlier, elision of the /ə/ can reduce the number of syllables, and **liaisons** can increase it. Therefore, the writing of poetry is based on fairly rigid conventions as to which sounds should be pronounced. The reading of poetry, in turn, must observe these same rules in order not to destroy the carefully crafted rhythm intended by the poet. To illustrate these rules, consider the following lines from a poem by Charles Baudelaire.

> *La nature est un temple où de vivants piliers*
> *Laissent parfois sortir de confuses paroles.*

1. In French, the tendency is to have open syllables, that is, syllables ending with a vowel sound, whereas English tends to have closed syllables, that is, ending in a consonant sound. Thus, the word *temple* in *Roman temple* has two closed syllables in English, whereas in French, **un temple romain** /tɑ̃ plə/ has two open syllables.

2. If a word ends in a consonant sound and the next word starts with a vowel, the consonant is linked to that vowel and forms the start of the next syllable (**un enchaînement**). For instance, **La nature est un temple** should be divided into syllables as follows: /la na ty rɛ tœ̃ tɑ̃pl/.

3. The new consonant sound introduced in a **liaison** also goes with the next vowel sound (for example, in **...est un temple** /ɛ tœ̃ tɑ̃pl/).

4. A mute /ə/ followed by a consonant sound must be pronounced. However, if /ə/ is followed by a vowel sound or comes at the end of the line, it is not pronounced. In **la nature est un temple...,** the /ə/ in **nature** is not pronounced because it is followed by a vowel. But in **laissent parfois sortir de confuses paroles,** all the mute /ə/ in the verse are pronounced except for the /ə/ in **paroles** because it is at the end of the line.

Now practice saying the following two stanzas of Baudelaire's poem entitled *Correspondances.*

> *La nature est un temple où de vivants piliers*
> *Laissent parfois sortir de confuses paroles;*
> *L'homme y passe à travers des forêts de symboles*
> *Qui l'observent avec des regards familiers*
>
> *Comme de longs échos qui de loin se confondent*
> *Dans une ténébreuse et profonde unité,*
> *Vaste comme la nuit et comme la clarté,*
> *Les parfums, les couleurs et les sons se répondent.*

Vocabulaire

Les arts et les loisirs (Voir pp. 434–435)

Noms

balcon (m) balcony
billet (m) ticket; bill
champ (m) field
conversation (f)
  conversation
escalier (m) stairway, stairs

étoile (f) star
festival (m) festival
galerie (f) gallery
guichet (m) ticket window
impressionnisme (m)
  impressionism

journal (m) **intime** diary
metteur (m) **en scène**
  film director
musicien(ne) (m, f)
  musician
personnage (m) character

rapport (m) relationship,
  connection
siècle (m) century
sondage (m) survey

Verbes

appartenir to belong
avouer to confess
bouger to move
communiquer
  to communicate

connaître to know, be
  familiar with
déclarer to declare
décorer to decorate
diriger to direct

écrire to write
frapper to strike
glisser to slip
s'installer to settle
porter sur to relate to

suivre to follow; to take
  (a course)
vendre aux enchères
  to auction off

Adjectifs

bizarre strange, bizarre
étonnant(e) surprising
majeur(e) major

Divers

à l'occasion de on the
  occasion of
auparavant beforehand,
  previously
dehors outside
grâce à thanks to
il s'agit de it's a matter of,
  it's about

je te l'avais bien dit
  I told you so
plutôt rather
tu n'y connais rien
  you don't know
  anything about it

○ ○ ○ ○ ○ ○ ○ ○

International Phonetic Alphabet

Vowels

a   la
ɑ   pâte
e   été
ɛ   fête
ə   le
i   midi
o   dos
ɔ   votre
ø   deux
œ   leur
u   nous
y   du
ɑ̃   dans
ɛ̃   vin
ɔ̃   mon
œ̃   un

Consonants

b   beau
d   danger
f   fin
g   gare
k   quand
l   livre
m   maman
n   non
p   petit
r   rêve
s   sa
t   tête
v   victoire
z   zéro
ʃ   chien
ʒ   juge
ɲ   montagne

Semivowels

j   famille, métier, crayon
w   Louis, voici
ɥ   lui, depuis

Glossary of Grammar Terms

As you learn French, you may come across grammar terms in English with which you are not familiar. The following glossary is a reference list of grammar terms and definitions with examples. You will find that these terms are used in the grammar explanations of this and other textbooks. If the terms are unfamiliar to you, it will be helpful to refer to this list.

adjective   a word used to modify, qualify, define, or specify a noun or noun equivalent (*intricate* design, *volcanic* ash, *medical* examination)
       demonstrative adjective designates or points out a specific item (*this* area)
       descriptive adjective provides description (*narrow* street)
       interrogative adjective asks or questions (*Which* page?)
       possessive adjective indicates possession (*our* house)

In French, the adjective form must agree with, or show the same gender and number as, the noun it modifies.

adverb   a word used to qualify or modify a verb, adjective, another adverb, or some other modifying phrase or clause (soared *gracefully*, *rapidly* approaching train)

agreement   the accordance of forms between subject and verb, in terms of person and number, or between tenses of verbs (The *bystander witnessed* the accident but *failed* to report it.)

In French, the form of the adjective must conform in gender and number with the modified noun or noun equivalent.

article   one of several types of words used before a noun
       definite article limits, defines, or specifies (*the* village)
       indefinite article refers to a nonspecific member of a group or class (*a* village, *an* arrangement)
       partitive article refers to an indefinite quantity of an item (*some* coffee, *any* tea)

In French, the article takes different forms to indicate the gender and number of a noun.

auxiliary   a verb or verb form used with other verbs to construct certain tenses, voices, or moods (He *is* leaving. She *has* arrived. You *must* listen.)

clause   a group of words consisting of a subject and a predicate and functioning as part of a complex or compound sentence rather than as a complete sentence
       subordinate clause modifies and is dependent upon another clause (*Since the rain has stopped,* we can have a picnic.)
       main clause is capable of standing independently as a complete sentence (If all goes well, *the plane will depart in twenty minutes.*)

cognate   a word resembling a word in another language (*university* and **université** in French)

command   *See* **mood (imperative).**

comparative   level of comparison used to show an increase or decrease of quantity or quality or to compare or show inequality between two items (*higher* prices, the *more* beautiful of the two mirrors, *less* diligently, *better* than)

comparison	modification of the form of an adjective or adverb to show change in the quantity or quality of an item or to show the relation between the items
conditional	a verb construction used in a contrary-to-fact statement consisting of a condition or an *if*-clause and a conclusion (If you had told me you were sick, *I would have offered* to help.)
conjugation	the set of forms a verb takes to indicate changes of person, number, tense, mood, and voice
conjunction	a word used to link or connect sentences or parts of sentences (*and, but*)
contraction	an abbreviated or shortened form of a word or word group (*can't, we'll*)
gender	the classification of a word by sex. In English, almost all nouns are classified as masculine, feminine, or neuter according to the biological sex of the thing named; in French, however, a word is classified as feminine or masculine (there is no neuter classification) primarily on the basis of its linguistic form or derivation.
idiom	an expression that is grammatically or semantically unique to a particular language (*I caught a cold. Happy birthday.*)
imperative	*See* **mood.**
indicative	*See* **mood.**
infinitive	the basic form of the verb, and the one listed in dictionaries, with no indication of person or number; it is often used in verb constructions and as a verbal noun, usually with "to" in English or with **-er, -ir,** or **-re** in French.
inversion	*See* **word order (inverted).**
mood	the form and construction a verb assumes to express the manner in which the action or state takes place **imperative mood** used to express commands (*Walk* to the park with me.) **indicative mood** the form most frequently used, usually expressive of certainty and fact (My neighbor *walks* to the park every afternoon.) **subjunctive mood** used in expression of possibility, doubt, or hypothetical situations (I wish he *were* here.)
noun	a word that names something and usually functions as a subject or an object (*lady, country, family*)
number	the form a word or phrase assumes to indicate singular or plural (*light/lights, mouse/mice, he has/they have*) **cardinal number** used in counting or expressing quantity (*1, 23, 6,825*) **ordinal number** refers to sequence (*second, fifteenth, thirty-first*)
object	a noun or noun equivalent **direct object** receives the action of the verb (The boy caught a *fish*.) **indirect object** affected by the action of the verb (Please do *me* a favor.)
participle	a verb form used as an adjective or adverb and in forming tenses **past participle** relates to the past or a perfect tense and takes the appropriate ending (*written* proof, the door has been *locked*) **present participle** assumes the progressive "-ing" ending in English (*protesting* loudly; *seeing* them)

In French, a participle used as an adjective or in an adjectival phrase must agree in gender and number with the modified noun or noun equivalent.

passive	*See* **voice (passive).**
person	designated by the personal pronoun and/or by the verb form **first person** the speaker or writer (*I, we*) **second person** the person(s) addressed (*you*)

In French, there are two forms of address: the familiar and the polite.

	third person the person or thing spoken about (*she, he, it, they*)
phrase	a word group that forms a unit of expression, often named after the part of speech it contains or forms
prefix	a letter or letter group added at the beginning of a word to alter the meaning (*non*committal, *re*discover)

preposition	a connecting word used to indicate a spatial, temporal, causal, affective, directional, or some other relation between a noun or pronoun and the sentence or a portion of it (We waited *for* six hours. The article was written *by* a famous journalist.)
pronoun	a word used in place of a noun **demonstrative pronoun** refers to something previously mentioned in context (If you need hiking boots, I recommend *these*.) **indefinite pronoun** denotes a nonspecific class or item (*Nothing* has changed.) **interrogative pronoun** asks about a person or thing (*Whose* is this?) **object pronoun** functions as a direct, an indirect, or a prepositional object (Three people saw *her*. Write *me* a letter. The flowers are for *you*.) **possessive pronoun** indicates possession (The blue car is *ours*.) **reflexive pronoun** refers back to the subject (They introduced *themselves*.) **subject pronoun** functions as the subject of a clause or sentence (*He* departed a while ago.)
reflexive construction	*See* **pronoun (reflexive).**
sentence	a word group, or even a single word, that forms a meaningful, complete expression **declarative sentence** states something and is followed by a period (*The museum contains many fine examples of folk art.*) **exclamatory sentence** exhibits force or passion and is followed by an exclamation point (*I want to be left alone!*) **interrogative sentence** asks a question and is followed by a question mark (*Who are you?*)
subject	a noun or noun equivalent acting as the agent of the action or the person, place, thing, or abstraction spoken about (*The fishermen* drew in their nets. *The nets* were filled with the day's catch.)
suffix	a letter or letter group added to the end of a word to alter the meaning or function (like*ness*, transport*ation*, joy*ous*, love*ly*)
superlative	level of comparison used to express the utmost or lowest level or to indicate the highest or lowest relation in comparing more than two terms (*highest* prices, the *most* beautiful, *least* diligently)
tense	the form a verb takes to express the time of the action, state, or condition in relation to the time of speaking or writing *imparfait* relates to an action that continued over a period of time in the past (It *was existing*. We *were learning*.) *futur antérieur* relates to something that has not yet occurred but will have taken place and be complete by some future time (It *will* have existed. We *will* have learned.) *future tense* relates to something that has not yet occurred (It *will* exist. We *will* learn.) *passé composé* relates to an occurrence that began at some point in the past but was finished by the time of speaking or writing (It *has existed*. We *have learned*.) *present tense* relates to now, the time of speaking or writing, or to a general, timeless fact (It *exists*. We *learn*. Fish *swim*.)
verb	a word that expresses action or a state or condition (*walk, be, feel*) **intransitive verb** no receiver is necessary (The light *shines*.) **orthographic-changing verb** undergoes spelling changes in conjugation (infinitive: *buy*; past indicative: *bought*) **transitive verb** requires a receiver or an object to complete the predicate (He *throws* the ball.)
voice	the form a verb takes to indicate the relation between the expressed action or state and the subject **active voice** indicates that the subject is the agent of the action (The child *sleeps*. The professor *lectures*.) **passive voice** indicates that the subject does not initiate the action but that the action is directed toward the subject (I *was contacted* by my attorney. The road *got slippery* from the rain.)
word order	the sequence of words in a clause or sentence **inverted word order** an element other than the subject appears first (*If the weather permits*, we plan to vacation in the country. *Please* be on time. *Have* you met my parents?)

○ ○ ○ ○ ○ ○ ○ ○

Verb Charts

Regular Verbs

Infinitif Participes	Indicatif				
	Présent	**Imparfait**	**Passé composé**	**Passé simple**	**Plus-que-parfait**
parler parlant parlé	parle parles parle parlons parlez parlent	parlais parlais parlait parlions parliez parlaient	ai parlé as parlé a parlé avons parlé avez parlé ont parlé	parlai parlas parla parlâmes parlâtes parlèrent	avais parlé avais parlé avait parlé avions parlé aviez parlé avaient parlé
finir finissant fini	finis finis finit finissons finissez finissent	finissais finissais finissait finissions finissiez finissaient	ai fini as fini a fini avons fini avez fini ont fini	finis finis finit finîmes finîtes finirent	avais fini avais fini avait fini avions fini aviez fini avaient fini
rendre rendant rendu	rends rends rend rendons rendez rendent	rendais rendais rendait rendions rendiez rendaient	ai rendu as rendu a rendu avons rendu avez rendu ont rendu	rendis rendis rendit rendîmes rendîtes rendirent	avais rendu avais rendu avait rendu avions rendu aviez rendu avaient rendu
partir (dormir, s'endormir, mentir, sentir, servir, sortir) partant parti	pars pars part partons partez partent	partais partais partait partions partiez partaient	suis parti(e) es parti(e) est parti(e) sommes parti(e)s êtes parti(e)(s) sont parti(e)s	partis partis partit partîmes partîtes partirent	étais parti(e) étais parti(e) était parti(e) étions parti(e)s étiez parti(e)(s) étaient parti(e)s

		Conditionnel		**Impératif**	**Subjonctif**	
Futur	**Futur antérieur**	**Présent**	**Passé**		**Présent**	**Passé**
parlerai	aurai parlé	parlerais	aurais parlé		parle	aie parlé
parleras	auras parlé	parlerais	aurais parlé	parle	parles	aies parlé
parlera	aura parlé	parlerait	aurait parlé		parle	ait parlé
parlerons	aurons parlé	parlerions	aurions parlé	parlons	parlions	ayons parlé
parlerez	aurez parlé	parleriez	auriez parlé	parlez	parliez	ayez parlé
parleront	auront parlé	parleraient	auraient parlé		parlent	aient parlé
finirai	aurai fini	finirais	aurais fini		finisse	aie fini
finiras	auras fini	finirais	aurais fini	finis	finisses	aies fini
finira	aura fini	finirait	aurait fini		finisse	ait fini
finirons	aurons fini	finirions	aurions fini	finissons	finissions	ayons fini
finirez	aurez fini	finiriez	auriez fini	finissez	finissiez	ayez fini
finiront	auront fini	finiraient	auraient fini		finissent	aient fini
rendrai	aurai rendu	rendrais	aurais rendu		rende	aie rendu
rendras	auras rendu	rendrais	aurais rendu	rends	rendes	aies rendu
rendra	aura rendu	rendrait	aurait rendu		rende	ait rendu
rendrons	aurons rendu	rendrions	aurions rendu	rendons	rendions	ayons rendu
rendrez	aurez rendu	rendriez	auriez rendu	rendez	rendiez	ayez rendu
rendront	auront rendu	rendraient	auraient rendu		rendent	aient rendu
partirai	serai parti(e)	partirais	serais parti(e)		parte	sois parti(e)
partiras	seras parti(e)	partirais	serais parti(e)	pars	partes	sois parti(e)
partira	sera parti(e)	partirait	serait parti(e)		parte	soit parti(e)
partirons	serons parti(e)s	partirions	serions parti(e)s	partons	partions	soyons parti(e)s
partirez	serez parti(e)(s)	partiriez	seriez parti(e)(s)	partez	partiez	soyez parti(e)(s)
partiront	seront parti(e)s	partiraient	seraient parti(e)s		partent	soient parti(e)s

Spelling-Changing Verbs

Infinitif Participes	Indicatif				
	Présent	**Imparfait**	**Passé composé**	**Passé simple**	**Plus-que-parfait**
acheter (lever, mener, promener) achetant acheté	achète achètes achète achetons achetez achètent	achetais achetais achetait achetions achetiez achetaient	ai acheté as acheté a acheté avons acheté avez acheté ont acheté	achetai achetas acheta achetâmes achetâtes achetèrent	avais acheté avais acheté avait acheté avions acheté aviez acheté avaient acheté
préférer (considérer, espérer, exagérer, inquiéter, répéter) préférant préféré	préfère préfères préfère préférons préférez préfèrent	préférais préférais préférait préférions préfériez préféraient	ai préféré as préféré a préféré avons préféré avez préféré ont préféré	préférai préféras préféra préférâmes préférâtes préférèrent	avais préféré avais préféré avait préféré avions préféré aviez préféré avaient préféré
manger (arranger, changer, corriger, déranger, diriger, encourager, nager) mangeant mangé	mange manges mange mangeons mangez mangent	mangeais mangeais mangeait mangions mangiez mangeaient	ai mangé as mangé a mangé avons mangé avez mangé ont mangé	mangeai mangeas mangea mangeâmes mangeâtes mangèrent	avais mangé avais mangé avait mangé avions mangé aviez mangé avaient mangé
payer (essayer) payant payé	paie paies paie payons payez paient	payais payais payait payions payiez payaient	ai payé as payé a payé avons payé avez payé ont payé	payai payas paya payâmes payâtes payèrent	avais payé avais payé avait payé avions payé aviez payé avaient payé
commencer commençant commencé	commence commences commence commençons commencez commencent	commençais commençais commençait commencions commenciez commençaient	ai commencé as commencé a commencé avons commencé avez commencé ont commencé	commençai commenças commença commençâmes commençâtes commencèrent	avais commencé avais commencé avait commencé avions commencé aviez commencé avaient commencé
appeler (rappeler) appelant appelé	appelle appelles appelle appelons appelez appellent	appelais appelais appelait appelions appeliez appelaient	ai appelé as appelé a appelé avons appelé avez appelé ont appelé	appelai appelas appela appelâmes appelâtes appelèrent	avais appelé avais appelé avait appelé avions appelé aviez appelé avaient appelé

Auxiliary Verbs

	Présent	**Imparfait**	**Passé composé**	**Passé simple**	**Plus-que-parfait**
être étant été	suis es est sommes êtes sont	étais étais était étions étiez étaient	ai été as été a été avons été avez été ont été	fus fus fut fûmes fûtes furent	avais été avais été avait été avions été aviez été avaient été
avoir ayant eu	ai as a avons avez ont	avais avais avait avions aviez avaient	ai eu as eu a eu avons eu avez eu ont eu	eus eus eut eûmes eûtes eurent	avais eu avais eu avait eu avions eu aviez eu avaient eu

		Conditionnel		**Impératif**	**Subjonctif**	
Futur	**Futur antérieur**	**Présent**	**Passé**		**Présent**	**Passé**
achèterai	aurai acheté	achèterais	aurais acheté		achète	aie acheté
achèteras	auras acheté	achèterais	aurais acheté	achète	achètes	aies acheté
achètera	aura acheté	achèterait	aurait acheté		achète	ait acheté
achèterons	aurons acheté	achèterions	aurions acheté	achetons	achetions	ayons acheté
achèterez	aurez acheté	achèteriez	auriez acheté	achetez	achetiez	ayez acheté
achèteront	auront acheté	achèteraient	auraient acheté		achètent	aient acheté
préférerai	aurai préféré	préférerais	aurais préféré		préfère	aie préféré
préféreras	auras préféré	préférerais	aurais préféré	préfère	préfères	aies préféré
préférera	aura préféré	préférerait	aurait préféré		préfère	ait préféré
préférerons	aurons préféré	préférerions	aurions préféré	préférons	préférions	ayons préféré
préférerez	aurez préféré	préféreriez	auriez préféré	préférez	préfériez	ayez préféré
préféreront	auront préféré	préféreraient	auraient préféré		préfèrent	aient préféré
mangerai	aurai mangé	mangerais	aurais mangé		mange	aie mangé
mangeras	auras mangé	mangerais	aurais mangé	mange	manges	aies mangé
mangera	aura mangé	mangerait	aurait mangé		mange	ait mangé
mangerons	aurons mangé	mangerions	aurions mangé	mangeons	mangions	ayons mangé
mangerez	aurez mangé	mangeriez	auriez mangé	mangez	mangiez	ayez mangé
mangeront	auront mangé	mangeraient	auraient mangé		mangent	aient mangé
paierai	aurai payé	paierais	aurais payé		paie	aie payé
paieras	auras payé	paierais	aurais payé	paie	paies	aies payé
paiera	aura payé	paierait	aurait payé		paie	ait payé
paierons	aurons payé	paierions	aurions payé	payons	payions	ayons payé
paierez	aurez payé	paieriez	auriez payé	payez	payiez	ayez payé
paieront	auront payé	paieraient	auraient payé		paient	aient payé
commencerai	aurai commencé	commencerais	aurais commencé		commence	aie commencé
commenceras	auras commencé	commencerais	aurais commencé	commence	commences	aies commencé
commencera	aura commencé	commencerait	aurait commencé		commence	ait commencé
commencerons	aurons commencé	commencerions	aurions commencé	commençons	commencions	ayons commencé
commencerez	aurez commencé	commenceriez	auriez commencé	commencez	commenciez	ayez commencé
commenceront	auront commencé	commenceraient	auraient commencé		commencent	aient commencé
appellerai	aurai appelé	appellerais	aurais appelé		appelle	aie appelé
appelleras	auras appelé	appellerais	aurais appelé	appelle	appelles	aies appelé
appellera	aura appelé	appellerait	aurait appelé		appelle	ait appelé
appellerons	aurons appelé	appellerions	aurions appelé	appelons	appelions	ayons appelé
appellerez	aurez appelé	appelleriez	auriez appelé	appelez	appeliez	ayez appelé
appelleront	auront appelé	appelleraient	auraient appelé		appellent	aient appelé
serai	aurai été	serais	aurais été		sois	aie été
seras	auras été	serais	aurais été	sois	sois	aies été
sera	aura été	serait	aurait été		soit	ait été
serons	aurons été	serions	aurions été	soyons	soyons	ayons été
serez	aurez été	seriez	auriez été	soyez	soyez	ayez été
seront	auront été	seraient	auraient été		soient	aient été
aurai	aurai eu	aurais	aurais eu		aie	aie eu
auras	auras eu	aurais	aurais eu	aie	aies	aies eu
aura	aura eu	aurait	aurait eu		ait	ait eu
aurons	aurons eu	aurions	aurions eu	ayons	ayons	ayons eu
aurez	aurez eu	auriez	auriez eu	ayez	ayez	ayez eu
auront	auront eu	auraient	auraient eu		aient	aient eu

Irregular Verbs

Each verb in this list is conjugated like the model indicated by number. See the table of irregular verbs for the models.

admettre 13
(s') apercevoir 22
apprendre 21
commettre 13
comprendre 21
construire 3
couvrir 17
décevoir 22

découvrir 17
décrire 9
devenir 27
disparaître 4
inscrire 9
introduire 3
obtenir 27

paraître 4
permettre 13
poursuivre 25
prévoir 29
produire 3
promettre 13
reconduire 3

reconnaître 4
redire 8
relire 12
remettre 13
retenir 27
revenir 27
revoir 29

satisfaire 11
souffrir 16
se souvenir 27
surprendre 21
se taire 18
tenir 27
traduire 3

Infinitif Participes	Indicatif				
	Présent	**Imparfait**	**Passé composé**	**Passé simple**	**Plus-que-parfait**
1	vais	allais	suis allé(e)	allai	étais allé(e)
	vas	allais	es allé(e)	allas	étais allé(e)
aller	va	allait	est allé(e)	alla	était allé(e)
allant	allons	allions	sommes allé(e)s	allâmes	étions allé(e)s
allé	allez	alliez	êtes allé(e)(s)	allâtes	étiez allé(e)(s)
	vont	allaient	sont allé(e)s	allèrent	étaient allé(e)s
2	bois	buvais	ai bu	bus	avais bu
	bois	buvais	as bu	bus	avais bu
boire	boit	buvait	a bu	but	avait bu
buvant	buvons	buvions	avons bu	bûmes	avions bu
bu	buvez	buviez	avez bu	bûtes	aviez bu
	boivent	buvaient	ont bu	burent	avaient bu
3	conduis	conduisais	ai conduit	conduisis	avais conduit
	conduis	conduisais	as conduit	conduisis	avais conduit
conduire	conduit	conduisait	a conduit	conduisit	avait conduit
conduisant	conduisons	conduisions	avons conduit	conduisîmes	avions conduit
conduit	conduisez	conduisiez	avez conduit	conduisîtes	aviez conduit
	conduisent	conduisaient	ont conduit	conduisirent	avaient conduit
4	connais	connaissais	ai connu	connus	avais connu
	connais	connaissais	as connu	connus	avais connu
connaître	connaît	connaissait	a connu	connut	avait connu
connaissant	connaissons	connaissions	avons connu	connûmes	avions connu
connu	connaissez	connaissiez	avez connu	connûtes	aviez connu
	connaissent	connaissaient	ont connu	connurent	avaient connu
5	cours	courais	ai couru	courus	avais couru
	cours	courais	as couru	courus	avais couru
courir	court	courait	a couru	courut	avait couru
courant	courons	courions	avons couru	courûmes	avions couru
couru	courez	couriez	avez couru	courûtes	aviez couru
	courent	couraient	ont couru	coururent	avaient couru
6	crois	croyais	ai cru	crus	avais cru
	crois	croyais	as cru	crus	avais cru
croire	croit	croyait	a cru	crut	avait cru
croyant	croyons	croyions	avons cru	crûmes	avions cru
cru	croyez	croyiez	avez cru	crûtes	aviez cru
	croient	croyaient	ont cru	crurent	avaient cru

		Conditionnel		Impératif	Subjonctif	
Futur	**Futur antérieur**	**Présent**	**Passé**		**Présent**	**Passé**
irai	serai allé(e)	irais	serais allé(e)		aille	sois allé(e)
iras	seras allé(e)	irais	serais allé(e)	va	ailles	sois allé(e)
ira	sera allé(e)	irait	serait allé(e)		aille	soit allé(e)
irons	serons allé(e)s	irions	serions allé(e)s	allons	allions	soyons allé(e)s
irez	serez allé(e)(s)	iriez	seriez allé(e)(s)	allez	alliez	soyez allé(e)(s)
iront	seront allé(e)s	iraient	seraient allé(e)s		aillent	soient allé(e)s
boirai	aurai bu	boirais	aurais bu		boive	aie bu
boiras	auras bu	boirais	aurais bu	bois	boives	aies bu
boira	aura bu	boirait	aurait bu		boive	ait bu
boirons	aurons bu	boirions	aurions bu	buvons	buvions	ayons bu
boirez	aurez bu	boiriez	auriez bu	buvez	buviez	ayez bu
boiront	auront bu	boiraient	auraient bu		boivent	aient bu
conduirai	aurai conduit	conduirais	aurais conduit		conduise	aie conduit
conduiras	auras conduit	conduirais	aurais conduit	conduis	conduises	aies conduit
conduira	aura conduit	conduirait	aurait conduit		conduise	ait conduit
conduirons	aurons conduit	conduirions	aurions conduit	conduisons	conduisions	ayons conduit
conduirez	aurez conduit	conduiriez	auriez conduit	conduisez	conduisiez	ayez conduit
conduiront	auront conduit	conduiraient	auraient conduit		conduisent	aient conduit
connaîtrai	aurai connu	connaîtrais	aurais connu		connaisse	aie connu
connaîtras	auras connu	connaîtrais	aurais connu	connais	connaisses	aies connu
connaîtra	aura connu	connaîtrait	aurait connu		connaisse	ait connu
connaîtrons	aurons connu	connaîtrions	aurions connu	connaissons	connaissions	ayons connu
connaîtrez	aurez connu	connaîtriez	auriez connu	connaissez	connaissiez	ayez connu
connaîtront	auront connu	connaîtraient	auraient connu		connaissent	aient connu
courrai	aurai couru	courrais	aurais couru		coure	aie couru
courras	auras couru	courrais	aurais couru	cours	coures	aies couru
courra	aura couru	courrait	aurait couru		coure	ait couru
courrons	aurons couru	courrions	aurions couru	courons	courions	ayons couru
courrez	aurez couru	courriez	auriez couru	courez	couriez	ayez couru
courront	auront couru	courraient	auraient couru		courent	aient couru
croirai	aurai cru	croirais	aurais cru		croie	aie cru
croiras	auras cru	croirais	aurais cru	crois	croies	aies cru
croira	aura cru	croirait	aurait cru		croie	ait cru
croirons	aurons cru	croirions	aurions cru	croyons	croyions	ayons cru
croirez	aurez cru	croiriez	auriez cru	croyez	croyiez	ayez cru
croiront	auront cru	croiraient	auraient cru		croient	aient cru

Infinitif Participes	Présent	Imparfait	Passé composé	Passé simple	Plus-que-parfait
7 **devoir** devant dû	dois dois doit devons devez doivent	devais devais devait devions deviez devaient	ai dû as dû a dû avons dû avez dû ont dû	dus dus dut dûmes dûtes durent	avais dû avais dû avait dû avions dû aviez dû avaient dû
8 **dire** disant dit	dis dis dit disons dites disent	disais disais disait disions disiez disaient	ai dit as dit a dit avons dit avez dit ont dit	dis dis dit dîmes dîtes dirent	avais dit avais dit avait dit avions dit aviez dit avaient dit
9 **écrire** écrivant écrit	écris écris écrit écrivons écrivez écrivent	écrivais écrivais écrivait écrivions écriviez écrivaient	ai écrit as écrit a écrit avons écrit avez écrit ont écrit	écrivis écrivis écrivit écrivîmes écrivîtes écrivirent	avais écrit avais écrit avait écrit avions écrit aviez écrit avaient écrit
10 **envoyer** envoyant envoyé	envoie envoies envoie envoyons envoyez envoient	envoyais envoyais envoyait envoyions envoyiez envoyaient	ai envoyé as envoyé a envoyé avons envoyé avez envoyé ont envoyé	envoyai envoyas envoya envoyâmes envoyâtes envoyèrent	avais envoyé avais envoyé avait envoyé avions envoyé aviez envoyé avaient envoyé
11 **faire** faisant fait	fais fais fait faisons faites font	faisais faisais faisait faisions faisiez faisaient	ai fait as fait a fait avons fait avez fait ont fait	fis fis fit fîmes fîtes firent	avais fait avais fait avait fait avions fait aviez fait avaient fait
12 **lire** lisant lu	lis lis lit lisons lisez lisent	lisais lisais lisait lisions lisiez lisaient	ai lu as lu a lu avons lu avez lu ont lu	lus lus lut lûmes lûtes lurent	avais lu avais lu avait lu avions lu aviez lu avaient lu
13 **mettre** mettant mis	mets mets met mettons mettez mettent	mettais mettais mettait mettions mettiez mettaient	ai mis as mis a mis avons mis avez mis ont mis	mis mis mit mîmes mîtes mirent	avais mis avais mis avait mis avions mis aviez mis avaient mis
14 **mourir** mourant mort	meurs meurs meurt mourons mourez meurent	mourais mourais mourait mourions mouriez mouraient	suis mort(e) es mort(e) est mort(e) sommes mort(e)s êtes mort(e)(s) sont mort(e)s	mourus mourus mourut mourûmes mourûtes moururent	étais mort(e) étais mort(e) était mort(e) étions mort(e)s étiez mort(e)(s) étaient mort(e)s

Futur	Futur antérieur	Présent	Passé		Présent	Passé
devrai	aurai dû	devrais	aurais dû		doive	aie dû
devras	auras dû	devrais	aurais dû	dois	doives	aies dû
devra	aura dû	devrait	aurait dû		doive	ait dû
devrons	aurons dû	devrions	aurions dû	devons	devions	ayons dû
devrez	aurez dû	devriez	auriez dû	devez	deviez	ayez dû
devront	auront dû	devraient	auraient dû		doivent	aient dû
dirai	aurai dit	dirais	aurais dit		dise	aie dit
diras	auras dit	dirais	aurais dit	dis	dises	aies dit
dira	aura dit	dirait	aurait dit		dise	ait dit
dirons	aurons dit	dirions	aurions dit	disons	disions	ayons dit
direz	aurez dit	diriez	auriez dit	dites	disiez	ayez dit
diront	auront dit	diraient	auraient dit		disent	aient dit
écrirai	aurai écrit	écrirais	aurais écrit		écrive	aie écrit
écriras	auras écrit	écrirais	aurais écrit	écris	écrives	aies écrit
écrira	aura écrit	écrirait	aurait écrit		écrive	ait écrit
écrirons	aurons écrit	écririons	aurions écrit	écrivons	écrivions	ayons écrit
écrirez	aurez écrit	écririez	auriez écrit	écrivez	écriviez	ayez écrit
écriront	auront écrit	écriraient	auraient écrit		écrivent	aient écrit
enverrai	aurai envoyé	enverrais	aurais envoyé		envoie	aie envoyé
enverras	auras envoyé	enverrais	aurais envoyé	envoie	envoies	aies envoyé
enverra	aura envoyé	enverrait	aurait envoyé		envoie	ait envoyé
enverrons	aurons envoyé	enverrions	aurions envoyé	envoyons	envoyions	ayons envoyé
enverrez	aurez envoyé	enverriez	auriez envoyé	envoyez	envoyiez	ayez envoyé
enverront	auront envoyé	enverraient	auraient envoyé		envoient	aient envoyé
ferai	aurai fait	ferais	aurais fait		fasse	aie fait
feras	auras fait	ferais	aurais fait	fais	fasses	aies fait
fera	aura fait	ferait	aurait fait		fasse	ait fait
ferons	aurons fait	ferions	aurions fait	faisons	fassions	ayons fait
ferez	aurez fait	feriez	auriez fait	faites	fassiez	ayez fait
feront	auront fait	feraient	auraient fait		fassent	aient fait
lirai	aurai lu	lirais	aurais lu		lise	aie lu
liras	auras lu	lirais	aurais lu	lis	lises	aies lu
lira	aura lu	lirait	aurait lu		lise	ait lu
lirons	aurons lu	lirions	aurions lu	lisons	lisions	ayons lu
lirez	aurez lu	liriez	auriez lu	lisez	lisiez	ayez lu
liront	auront lu	liraient	auraient lu		lisent	aient lu
mettrai	aurai mis	mettrais	aurais mis		mette	aie mis
mettras	auras mis	mettrais	aurais mis	mets	mettes	aies mis
mettra	aura mis	mettrait	aurait mis		mette	ait mis
mettrons	aurons mis	mettrions	aurions mis	mettons	mettions	ayons mis
mettrez	aurez mis	mettriez	auriez mis	mettez	mettiez	ayez mis
mettront	auront mis	mettraient	auraient mis		mettent	aient mis
mourrai	serai mort(e)	mourrais	serais mort(e)		meure	sois mort(e)
mourras	seras mort(e)	mourrais	serais mort(e)	meurs	meures	sois mort(e)
mourra	sera mort(e)	mourrait	serait mort(e)		meure	soit mort(e)
mourrons	serons mort(e)s	mourrions	serions mort(e)s	mourons	mourions	soyons mort(e)s
mourrez	serez mort(e)(s)	mourriez	seriez mort(e)(s)	mourez	mouriez	soyez mort(e)(s)
mourront	seront mort(e)s	mourraient	seraient mort(e)s		meurent	soient mort(e)s

Infinitif Participes	Indicatif				
	Présent	Imparfait	Passé composé	Passé simple	Plus-que-parfait
15 **naître** naissant né	nais nais naît naissons naissez naissent	naissais naissais naissait naissions naissiez naissaient	suis né(e) es né(e) est né(e) sommes né(e)s êtes né(e)(s) sont né(e)s	naquis naquis naquit naquîmes naquîtes naquirent	étais né(e) étais né(e) était né(e) étions né(e)s étiez né(e)(s) étaient né(e)s
16 **offrir** offrant offert	offre offres offre offrons offrez offrent	offrais offrais offrait offrions offriez offraient	ai offert as offert a offert avons offert avez offert ont offert	offris offris offrit offrîmes offrîtes offrirent	avais offert avais offert avait offert avions offert aviez offert avaient offert
17 **ouvrir** ouvrant ouvert	ouvre ouvres ouvre ouvrons ouvrez ouvrent	ouvrais ouvrais ouvrait ouvrions ouvriez ouvraient	ai ouvert as ouvert a ouvert avons ouvert avez ouvert ont ouvert	ouvris ouvris ouvrit ouvrîmes ouvrîtes ouvrirent	avais ouvert avais ouvert avait ouvert avions ouvert aviez ouvert avaient ouvert
18 **plaire** plaisant plu	plais plais plaît plaisons plaisez plaisent	plaisais plaisais plaisait plaisions plaisiez plaisaient	ai plu as plu a plu avons plu avez plu ont plu	plus plus plut plûmes plûtes plurent	avais plu avais plu avait plu avions plu aviez plu avaient plu
19 **pleuvoir** pleuvant plu	pleut	pleuvait	a plu	plut	avait plu
20 **pouvoir** pouvant pu	peux peux peut pouvons pouvez peuvent	pouvais pouvais pouvait pouvions pouviez pouvaient	ai pu as pu a pu avons pu avez pu ont pu	pus pus put pûmes pûtes purent	avais pu avais pu avait pu avions pu aviez pu avaient pu
21 **prendre** prenant pris	prends prends prend prenons prenez prennent	prenais prenais prenait prenions preniez prenaient	ai pris as pris a pris avons pris avez pris ont pris	pris pris prit prîmes prîtes prirent	avais pris avais pris avait pris avions pris aviez pris avaient pris
22 **recevoir** recevant reçu	reçois reçois reçoit recevons recevez reçoivent	recevais recevais recevait recevions receviez recevaient	ai reçu as reçu a reçu avons reçu avez reçu ont reçu	reçus reçus reçut reçûmes reçûtes reçurent	avais reçu avais reçu avait reçu avions reçu aviez reçu avaient reçu

		Conditionnel		**Impératif**	**Subjonctif**	
Futur	**Futur antérieur**	**Présent**	**Passé**		**Présent**	**Passé**
naîtrai	serai né(e)	naîtrais	serais né(e)		naisse	sois né(e)
naîtras	seras né(e)	naîtrais	serais né(e)	nais	naisses	sois né(e)
naîtra	sera né(e)	naîtrait	serait né(e)		naisse	soit né(e)
naîtrons	serons né(e)s	naîtrions	serions né(e)s	naissons	naissions	soyons né(e)s
naîtrez	serez né(e)(s)	naîtriez	seriez né(e)(s)	naissez	naissiez	soyez né(e)(s)
naîtront	seront né(e)s	naîtraient	seraient né(e)s		naissent	soient né(e)s
offrirai	aurai offert	offrirais	aurais offert		offre	aie offert
offriras	auras offert	offrirais	aurais offert	offre	offres	aies offert
offrira	aura offert	offrirait	aurait offert		offre	ait offert
offrirons	aurons offert	offririons	aurions offert	offrons	offrions	ayons offert
offrirez	aurez offert	offririez	auriez offert	offrez	offriez	ayez offert
offriront	auront offert	offriraient	auraient offert		offrent	aient offert
ouvrirai	aurai ouvert	ouvrirais	aurais ouvert		ouvre	aie ouvert
ouvriras	auras ouvert	ouvrirais	aurais ouvert	ouvre	ouvres	aies ouvert
ouvrira	aura ouvert	ouvrirait	aurait ouvert		ouvre	ait ouvert
ouvrirons	aurons ouvert	ouvririons	aurions ouvert	ouvrons	ouvrions	ayons ouvert
ouvrirez	aurez ouvert	ouvririez	auriez ouvert	ouvrez	ouvriez	ayez ouvert
ouvriront	auront ouvert	ouvriraient	auraient ouvert		ouvrent	aient ouvert
plairai	aurai plu	plairais	aurais plu		plaise	aie plu
plairas	auras plu	plairais	aurais plu	plais	plaises	aies plu
plaira	aura plu	plairait	aurait plu		plaise	ait plu
plairons	aurons plu	plairions	aurions plu	plaisons	plaisions	ayons plu
plairez	aurez plu	plairiez	auriez plu	plaisez	plaisiez	ayez plu
plairont	auront plu	plairaient	auraient plu		plaisent	aient plu
pleuvra	aura plu	pleuvrait	aurait plu		pleuve	ait plu
pourrai	aurai pu	pourrais	aurais pu		puisse	aie pu
pourras	auras pu	pourrais	aurais pu	(pas d'impératif)	puisses	aies pu
pourra	aura pu	pourrait	aurait pu		puisse	ait pu
pourrons	aurons pu	pourrions	aurions pu		puissions	ayons pu
pourrez	aurez pu	pourriez	auriez pu		puissiez	ayez pu
pourront	auront pu	pourraient	auraient pu		puissent	aient pu
prendrai	aurai pris	prendrais	aurais pris		prenne	aie pris
prendras	auras pris	prendrais	aurais pris	prends	prennes	aies pris
prendra	aura pris	prendrait	aurait pris		prenne	ait pris
prendrons	aurons pris	prendrions	aurions pris	prenons	prenions	ayons pris
prendrez	aurez pris	prendriez	auriez pris	prenez	preniez	ayez pris
prendront	auront pris	prendraient	auraient pris		prennent	aient pris
recevrai	aurai reçu	recevrais	aurais reçu		reçoive	aie reçu
recevras	auras reçu	recevrais	aurais reçu	reçois	reçoives	aies reçu
recevra	aura reçu	recevrait	aurait reçu		reçoive	ait reçu
recevrons	aurons reçu	recevrions	aurions reçu	recevons	recevions	ayons reçu
recevrez	aurez reçu	recevriez	auriez reçu	recevez	receviez	ayez reçu
recevront	auront reçu	recevraient	auraient reçu		reçoivent	aient reçu

Infinitif Participes	Indicatif				
	Présent	Imparfait	Passé composé	Passé simple	Plus-que-parfait
23	ris	riais	ai ri	ris	avais ri
	ris	riais	as ri	ris	avais ri
rire	rit	riait	a ri	rit	avait ri
riant	rions	riions	avons ri	rîmes	avions ri
ri	riez	riiez	avez ri	rîtes	aviez ri
	rient	riaient	ont ri	rirent	avaient ri
24	sais	savais	ai su	sus	avais su
	sais	savais	as su	sus	avais su
savoir	sait	savait	a su	sut	avait su
sachant	savons	savions	avons su	sûmes	avions su
su	savez	saviez	avez su	sûtes	aviez su
	savent	savaient	ont su	surent	avaient su
25	suis	suivais	ai suivi	suivis	avais suivi
	suis	suivais	as suivi	suivis	avais suivi
suivre	suit	suivait	a suivi	suivit	avait suivi
suivant	suivons	suivions	avons suivi	suivîmes	avions suivi
suivi	suivez	suiviez	avez suivi	suivîtes	aviez suivi
	suivent	suivaient	ont suivi	suivirent	avaient suivi
26	vaux	valais	ai valu	valus	avais valu
	vaux	valais	as valu	valus	avais valu
valoir	vaut	valait	a valu	valut	avait valu
valant	valons	valions	avons valu	valûmes	avions valu
valu	valez	valiez	avez valu	valûtes	aviez valu
	valent	valaient	ont valu	valurent	avaient valu
27	viens	venais	suis venu(e)	vins	étais venu(e)
	viens	venais	es venu(e)	vins	étais venu(e)
venir	vient	venait	est venu(e)	vint	était venu(e)
venant	venons	venions	sommes venu(e)s	vînmes	étions venu(e)
venu	venez	veniez	êtes venu(e)(s)	vîntes	étiez venu(e)(s)
	viennent	venaient	sont venu(e)s	vinrent	étaient venu(e)s
28	vis	vivais	ai vécu	vécus	avais vécu
	vis	vivais	as vécu	vécus	avais vécu
vivre	vit	vivait	a vécu	vécut	avait vécu
vivant	vivons	vivions	avons vécu	vécûmes	avions vécu
vécu	vivez	viviez	avez vécu	vécûtes	aviez vécu
	vivent	vivaient	ont vécu	vécurent	avaient vécu
29	vois	voyais	ai vu	vis	avais vu
	vois	voyais	as vu	vis	avais vu
voir	voit	voyait	a vu	vit	avait vu
voyant	voyons	voyions	avons vu	vîmes	avions vu
vu	voyez	voyiez	avez vu	vîtes	aviez vu
	voient	voyaient	ont vu	virent	avaient vu
30	veux	voulais	ai voulu	voulus	avais voulu
	veux	voulais	as voulu	voulus	avais voulu
vouloir	veut	voulait	a voulu	voulut	avait voulu
voulant	voulons	voulions	avons voulu	voulûmes	avions voulu
voulu	voulez	vouliez	avez voulu	voulûtes	aviez voulu
	veulent	voulaient	ont voulu	voulurent	avaient voulu

		Conditionnel		Impératif	Subjonctif	
Futur	**Futur antérieur**	**Présent**	**Passé**		**Présent**	**Passé**
rirai	aurai ri	rirais	aurais ri		rie	aie ri
riras	auras ri	rirais	aurais ri	ris	ries	aies ri
rira	aura ri	rirait	aurait ri		rie	ait ri
rirons	aurons ri	ririons	aurions ri	rions	riions	ayons ri
rirez	aurez ri	ririez	auriez ri	riez	riiez	ayez ri
riront	auront ri	riraient	auraient ri		rient	aient ri
saurai	aurai su	saurais	aurais su		sache	aie su
sauras	auras su	saurais	aurais su	sache	saches	aies su
saura	aura su	saurait	aurait su		sache	ait su
saurons	aurons su	saurions	aurions su	sachons	sachions	ayons su
saurez	aurez su	sauriez	auriez su	sachez	sachiez	ayez su
sauront	auront su	sauraient	auraient su		sachent	aient su
suivrai	aurai suivi	suivrais	aurais suivi		suive	aie suivi
suivras	auras suivi	suivrais	aurais suivi	suis	suives	aies suivi
suivra	aura suivi	suivrait	aurait suivi		suive	ait suivi
suivrons	aurons suivi	suivrions	aurions suivi	suivons	suivions	ayons suivi
suivrez	aurez suivi	suivriez	auriez suivi	suivez	suiviez	ayez suivi
suivront	auront suivi	suivraient	auraient suivi		suivent	aient suivi
vaudrai	aurai valu	vaudrais	aurais valu		vaille	aie valu
vaudras	auras valu	vaudrais	aurais valu	vaux	vailles	aies valu
vaudra	aura valu	vaudrait	aurait valu		vaille	ait valu
vaudrons	aurons valu	vaudrions	aurions valu	valons	valions	ayons valu
vaudrez	aurez valu	vaudriez	auriez valu	valez	valiez	ayez valu
vaudront	auront valu	vaudraient	auraient valu		vaillent	aient valu
viendrai	serai venu(e)	viendrais	serais venu(e)		vienne	sois venu(e)
viendras	seras venu(e)	viendrais	serais venu(e)	viens	viennes	sois venu(e)
viendra	sera venu(e)	viendrait	serait venu(e)		vienne	soit venu(e)
viendrons	serons venu(e)s	viendrions	serions venu(e)s	venons	venions	soyons venu(e)s
viendrez	serez venu(e)(s)	viendriez	seriez venu(e)(s)	venez	veniez	soyez venu(e)(s)
viendront	seront venu(e)s	viendraient	seraient venu(e)s		viennent	soient venu(e)s
vivrai	aurai vécu	vivrais	aurais vécu		vive	aie vécu
vivras	auras vécu	vivrais	aurais vécu	vis	vives	aies vécu
vivra	aura vécu	vivrait	aurait vécu		vive	ait vécu
vivrons	aurons vécu	vivrions	aurions vécu	vivons	vivions	ayons vécu
vivrez	aurez vécu	vivriez	auriez vécu	vivez	viviez	ayez vécu
vivront	auront vécu	vivraient	auraient vécu		vivent	aient vécu
verrai	aurai vu	verrais	aurais vu		voie	aie vu
verras	auras vu	verrais	aurais vu	vois	voies	aies vu
verra	aura vu	verrait	aurait vu		voie	ait vu
verrons	aurons vu	verrions	aurions vu	voyons	voyions	ayons vu
verrez	aurez vu	verriez	auriez vu	voyez	voyiez	ayez vu
verront	auront vu	verraient	auraient vu		voient	aient vu
voudrai	aurai voulu	voudrais	aurais voulu		veuille	aie voulu
voudras	auras voulu	voudrais	aurais voulu	veuille	veuilles	aies voulu
voudra	aura voulu	voudrait	aurait voulu		veuille	ait voulu
voudrons	aurons voulu	voudrions	aurions voulu	veuillons	voulions	ayons voulu
voudrez	aurez voulu	voudriez	auriez voulu	veuillez	vouliez	ayez voulu
voudront	auront voulu	voudraient	auraient voulu		veuillent	aient voulu

Vocabulaire

○ ○ ○ ○ ○ ○ ○ ○

Français–Anglais

A

à to, in, at; **à côté de** next to, beside; **à crédit** on credit; **à la légère** lightly; **à l'avance** in advance, **à la mode** in style; **à l'étranger** abroad; **à l'occasion de** on the occasion of, **à mi-temps** half-time; **à mon avis** in my opinion; **à part ça** apart from that; **à partir de** beginning in (starting from), since; **à plein temps** full-time; **à plus tard** see you later; **à proximité** nearby; **à temps partiel** part-time; **à tout à l'heure** see you later; **au cours de** during, while; **au fil de** with the flow, current; **au milieu de** in the middle of; **au moins** at least; **au pair** working in exchange for food and lodging; **au revoir** good-bye; **au sujet de** about, concerning

abandonner to abandon
abondant abundant, plentiful
aborder to bring up; to treat
s'abriter to take cover
absence f absence
absent absent
abstraction f abstraction
absolument absolutely
abstrait abstract
absurde absurd, preposterous, nonsensical
abus m abuse
accepter to accept
accessoire m accessory
accident m accident
accompagner to accompany
accomplir to accomplish
accord m agreement; **être d'accord** to agree
accorder to award, grant, to give
accueillant friendly, welcoming
accueillir (pp **accueilli**) irreg to welcome, greet

accuser to accuse
achat m purchase
acheter (**j'achète**) to buy
acide m **aminé** amino acid
acier m steel
acompte m partial payment, down payment
acquérir to acquire
acteur, actrice m, f actor
actif/ive active, working
action f action
activement actively
activité f activity
actualités f pl news, current events
actuel(le) current
s'adapter to adapt
adieu good-bye, farewell
admettre (like **mettre**) irreg to admit
administration f administration
admirer to admire
adorable adorable
adorer to adore, to love
adresse f address
adulte m, f adult
aéroport m airport
affaires f pl business, matters; things
affecté affected
affection f affection, fondness
affectueusement affectionately
affiche f poster
agence f agency, office; **agence de voyages** travel office; **agence immobilière** real estate agency
agent m **de police** police officer; **agent immobilier** real estate agent
agglomération f town, urban area
agir to act
agité restless, agitated
agréable pleasant
agricole agricultural
agriculteur/trice m, f farmer
agronome m agronomist

aide f help
aide m, f assistant, aide
aider to help, aid
ail m garlic
aile f wing
ailleurs elsewhere; **d'ailleurs** besides, anyway
aimer to like, love; **aimer mieux** to prefer
aîné older
ainsi thus; **ainsi que** as well as
air m air, atmosphere; **avoir l'air** to seem
ajouter to add; **s'ajouter** to add to
alcool m alcohol
algérien(ne) Algerian
alimentation f food, groceries; **alimentaire** grocery
allégorie f allegory
allemand German
aller irreg to go
allergique allergic
allô hello (on the telephone)
allocations f pl subsidy, allowance
allumer to light, to turn on
alors then, so, well
amateur m fan, enthusiast, lover of (sports, music, etc.)
ambitieux/euse ambitious
américain American
ami(e) m, f friend
amidon m starch
amitié f friendship
amoureusement lovingly
amoureux/euse in love
ampleur f fullness
amusant entertaining, fun
s'amuser to have fun, have a good time
ananas m pineapple
ancêtre m, f ancestor
ancien(ne) old, former
anglais English
animal m animal
animation f liveliness, animation

animé lively, spirited; **dessin** m **animé** cartoon
animiste animist
année f year
annoncer (**nous annonçons**) to announce
anorak m ski jacket
août m August
apéritif m before-dinner drink
appareil photo m camera; **appareil numérique** digital camera
apparition f appearance
appartenir (like **tenir**) irreg to belong
appellation f designation, term
appeler to call; **s'appeler** (**je m'appelle**) to be named (called)
apporter to bring
apprendre (like **prendre**) irreg to learn
apprentissage m learning
après after
après-midi m afternoon
aptitude f aptitude
aquarelle f watercolor
arabe Arabic
arbre m tree; **arbre généalogique** family tree
archipel m archipelago
architecte m, f architect
argent m money; silver; **argent liquide** cash
arme f weapon
armistice m armistice
arôme m aroma
arrêt m stop
arrêter to stop, turn off; **s'arrêter** to stop
arrière-grand-mère f great-grandmother; **arrière-grands-parents** m pl great-grandparents; **arrière-grand-père** m great-grandfather
arrivée f arrival

arriver to arrive; to happen; to manage

arrondi round

arrondissement *m* administrative division, district

arsenal *m* arsenal

artichaut *m* artichoke

arts *m pl* the arts

ascenseur *m* elevator

ascension *f* climb, ascent

asile *m* asylum, mental hospital

aspirateur *m* vacuum cleaner; **passer l'aspirateur** to vacuum

aspirine *f* aspirin

assez rather, quite; **assez de** enough

assistant(e) social(e) social worker

assis seated, sitting

assister à to attend, be present at

associé associated

assurance *f* insurance; assurance

assurer to insure; to assure

attaquer to attack

attendre to wait (for); to expect

attentat *m* criminal attempt

attente *f* wait; **salle *f* d'attente** waiting room

attentif/ive attentive

atterrissage *m* landing (of a plane)

attirer to attract

attraper to catch

auberge *f* de jeunesse youth hostel

augmentation *f* increase

augmenter to increase

aujourd'hui today

auparavant formerly, before

auprès de with, next to

aussi also; **aussi... que** as . . . as

autant de... que as much (many) . . . as

autobiographique autobiographical

autobus *m* city bus

autocar *m* motorcoach, interurban bus

auto-école *f* driving school

automne *m* autumn

autoportrait *m* self-portrait

autoroute *f* freeway, highway

autour de around

autre other

autrefois in the past, a long time ago

Autriche *f* Austria

autruche *f* ostrich

avant before

avantage *m* advantage

avec with

avide avid, eager, greedy

avion *m* airplane

avis *m* opinion

avocat(e) *m, f* lawyer

avoir (*pp* **eu**) *irreg* to have; **avoir besoin de** to need; **avoir envie de** to feel like, to want; **avoir faim** to be hungry; **avoir l'air** to appear; **avoir le cafard** to feel depressed, to be down in the dumps; **avoir le délire** to be delirious; **avoir l'habitude** to be in the habit of, to be used to; **avoir lieu** to take place; **avoir l'intention de** to intend to; **avoir mal à la tête** to have a headache; **avoir peur** to be afraid; **avoir soif** to be thirsty; **avoir sommeil** to be sleepy; **avoir tendance à** to tend to

avouer to confess

avril *m* April

B

baguette *f* long loaf of French bread

baignade *f* swimming

baignoire *f* bathtub

bain *m* bath; **maillot *m* de bain** bathing suit; **salle *f* de bains** bathroom

baisser to lower

balcon *m* balcony

banane *f* banana

banlieue *f* suburb

barbe *f* beard

bas *m* bottom (*of something*); stocking

base-ball *m* baseball

baser to base, be the basis of

basket-ball *m* basketball

bateau *m* boat; **bateau-croisière** cruise ship

bâtiment *m* building

batterie *f* drum

battre to beat; **battu** beaten

bavarder to chat

beau, (bel, belle, beaux, belles) beautiful

beaucoup very much; **beaucoup de** much, many, a great deal

beauté *f* beauty

bébé *m* baby

belge Belgian

bénévole unpaid (*service, work*)

bénévole *m, f* volunteer

berceau *m* cradle

bête stupid

beurre *m* butter

bibliothèque *f* library

bien well, indeed; **bien sûr** of course

bientôt soon

bienvenu welcome

bienvenue *f* welcome

bière *f* beer

biguine *f* dance of Martinique

billet *m* ticket; bill (*currency*)

biologie *f* biology

bizarre strange, bizarre

blâmer to blame

blanc(he) white

blanchisserie *f* laundry

bleu blue

blond blond

bloquer to block, stop

bœuf *m* beef

boisson *f* drink

boîte *f* box, can, container

bon(ne) good; **bon marché** cheap; **bonnes occasions** *f pl* good buys

bonbons *m pl* candy

bonheur *m* happiness

bonjour hello, good day

bonnet *m* hat, headwear

bonsoir good evening

bordure *f* edge

boubou *m* long outer tunic

bouche *f* mouth

boucherie *f* butcher shop

bouger (nous bougeons) to move; **il n'a pas bougé** he did not move/budge; **ne bouge pas** sit still; **arrête-toi de bouger** stop fidgetting

bouillir (*pp* **bouilli**) *irreg* to boil

boulangerie *f* bakery

bouquet *m* bouquet; aroma

bout *m* end, far end, extremity

bouteille *f* bottle

boutique *f* shop

bovins *m pl* cattle

bracelet *m* bracelet

bras *m* arm

bronzé tanned

brosse *f* brush; **brosse à dents** toothbrush

brouillard *m* fog

bruit *m* noise

brûler to burn

brun dark brown

brusquement abruptly, suddenly

bûcheron *m* logger

buffet *m* cabinet, buffet

bureau *m* **de poste** post office

but *m* goal, purpose, end

C

ça that; **ça ne fait rien** that doesn't matter; **ça ne se fait pas** that's not done; **ça ne suffit pas** it's not enough; **ça va?** how are things?

cadeau *m* gift

cadre *m* structure, frame; business executive

café *m* coffee; café

cahier *m* notebook; **cahier des charges** specifications, requirements

camarade *m, f* **de chambre** roommate

caméscope *m* camcorder

campagne *f* country, countryside, rural area

camper to camp

camping *m* camping, campground

campus *m* campus

canadien(ne) Canadian

canapé *m* sofa

cancer *m* cancer

candidat(e) *m, f* candidate; applicant

canne *f* cane, stick; **canne à sucre** sugar cane

canot *m* canoe

canton *m* county, district

capitale *f* capital

car for

caractère *m* character, personality

carafe *f* carafe

cardiaque cardiac; **crise *f* cardiaque** heart attack

carence *f* deficiency

caribou *m* caribou

carotte *f* carrot

carrefour *m* crossroads

carte *f* map; card; **carte d'assuré social** insurance card; **carte de crédit** credit card; **carte d'électeur** voter registration card; **carte d'étudiant** student ID card; **carte d'identité** ID card; **carte postale** postcard

case *f* box, blank (*to fill in*)

casino *m* casino

casquette *f* cap

casser to break

casserole *f* pan

catamaran *m* catamaran

catastrophe *f* catastrophe, disaster

cause *f* cause

causerie *f* chat, talk

ce (cet, cette, ces) this, that, these, those; **ce que, ce qui, ce dont** which, what, that which

ceci this

cela that

célibataire unmarried, single

celui (celle, ceux, celles) the one, the ones

cendres *f pl* ashes

cendrier *m* ashtray

cent *m* hundred

centime *m* centime

centre *m* center; **centre commercial** shopping center; **centre-ville** *m* downtown

cependant however, yet
cerise f cherry
cerisier m cherry tree
certain certain; **certain(e)s** m, f certain ones, some
cesser to stop, cease
chacun(e) each one
chaîne f channel; **chaîne stéréo** stereo system
chaise f chair
chaleur f heat
chambre f bedroom, chamber (i.e. **la Chambre des députés** Chamber of Deputies)
chameau m camel
champignon m mushroom
champ m field
chance f luck; chance
changement m change
changer (nous changeons) to change
chanson f song
chanter to sing
chanteur/euse m, f singer
chapeau m hat
chaque each
charcuterie f pork butcher shop and delicatessen
charger (nous chargeons) to load, fill; to entrust (**charger quelqu'un de faire quelque chose** to trust someone to do something)
charlatan m charlatan; quack
charme m charm
chasse f hunting
chat(te) m, f cat
châtain brown (hair)
chatter to chat, communicate
chaud hot, warm; **avoid chaud (j'ai chaud)** to be hot, to be warm; **faire chaud (il fait chaud)** it's hot, it's warm
chauffage m heating, heating system
chauffer to heat, warm
chaussette f sock
chaussure f shoe
chef m head, leader; chef
chemin m road, way
chemise f shirt
chèque m check
cher (chère) dear; expensive
chercher to seek, look for
chercheur/euse m, f researcher
cheval (pl chevaux) m horse
chevalier m knight
cheveux m pl hair
chèvre m goat cheese
chez at the place (office) of, at the home of
chic (invariable) stylish, fashionable, nice

chien(ne) m, f dog
chimie f chemistry
chinois Chinese
chirurgien(ne) m, f surgeon
chocolat m chocolate
choisir to choose
choix m choice
cholestérol m cholesterol
chômage m unemployment
choquer to shock
chorale f choir
chose f thing; **quelque chose** something
chrysanthème m chrysanthemum
ciel m sky
cigale f cicada
cinéma m movie theater; movies
circulation f traffic
citadin(e) m, f city dweller, urbanite
cité f city
citer to cite
citoyen(ne) m, f citizen
citron m lemon; **citron** m **pressé** fresh lemonade
clair clear; light (color)
clarinette f clarinet
classique classic, classical
client(e) m, f customer
climat m climate, weather
climatisation f air conditioning; **climatisé** air conditioned
coca m Coca-Cola
code m **postal** postal code
cœur m heart
coin m corner
colère f anger; **se mettre en colère** to become angry
collection f collection
colorant m coloring
combien de how much, how many
combiner to combine
comité m committee
commander to order (in a restaurant)
comme like, as
commémorer to commemorate
commencer (nous commençons) to begin
comment how; **comment allez-vous** how are you; **comment vous appelez-vous** what's your name
commerçant(e) m, f businessperson, shopkeeper
commerce m business, commerce
commercial commercial; **centre** m **commercial** shopping center
commettre (like **mettre**) irreg to commit
commissariat m **de police** police station
commode f chest of drawers

commode easy, practical
communiquer to communicate
compagnie f company
comparaison f comparison
comparer to compare
compassion f compassion
compatriote m, f fellow countryman (woman)
compétent competent
complexe m complex (**un complexe sportif**)
compliqué complicated, difficult
se comporter to behave
comportement m behavior
composer to compose; to dial (a telephone number)
compositeur m composer
comprendre (like **prendre**) irreg to understand; to include
comprimé m tablet (aspirin)
compris included
comptable m, f accountant
compte m account; **en fin de compte** in the end, all things considered
compter to count; to include
concert m concert
concession f concession, compound
concourir to work toward
concours m competition
condamné condemned
condition f condition
conduire (pp **conduit**) irreg to drive; **permis** m **de conduire** driver's license
confédération f confederation
conférence f lecture
confiance f confidence, trust
se confier to confide
conflit m conflict
conformiste conformist
confortable comfortable
congé m leave, holiday
congélateur m freezer
connaissance f knowledge
connaître (pp **connu**) irreg to know, be familiar with
connu known
consacrer to dedicate, consecrate
conseiller/ère m, f advisor
conseil m advice
conserver to conserve, preserve
considérer (je considère) to consider
consommation f consumption
consommer to consume
constamment constantly
constituer to constitute
consulter to consult
contenir (like **tenir**) irreg to contain
content glad, happy, satisfied

continent m continent
continuer to continue
contre against; **à contre-pied** to take an opposite direction or view
contrôleur/euse m, f controleur, administrative director
conversation f conversation
convoité coveted
coopérative f cooperative; **une coopérative agricole** a farm co-op
copain (copine) m, f friend, pal
copier to copy
coranique Koranic, based on the Koran
corps m body; **Corps de la Paix** Peace Corps
corsage m blouse
costume m outfit, apparel; suit
côte f coast
couche f layer
coucher m **du soleil** sunset
se coucher to go to bed
coude m elbow
couler to flow
couleur f color
coup m blow, knock; **coup de fil** phone call; **coup de foudre** love at first sight; **coup de pompe** feeling of exhaustion; **coup de soleil** sunburn
coupable guilty
couper to cut
cour f courtyard
courageux/euse brave, courageous
courant m current; **se tenir au courant** to stay informed; **tenir au courant** to keep (someone) informed
cours m course (school); **au cours de** during, while
court short
couscous m couscous (a North African dish)
cousin(e) m, f cousin
coûter to cost
couvercle m cap, top, cover
couvert covered; **le ciel est couvert** it's cloudy
couvrir (pp **couvert**) irreg to cover
craie f chalk
cravate f tie
crayon m pencil
créer to create
crème f cream
creuser to dig out
crever (je crève) to burst, to die (for an animal)
crier to cry out, to shout
crime m crime
crise f crisis; **crise cardiaque** heart attack

croire (*pp* **cru**) *irreg* to believe
croiser to meet, cross
croisière *f* cruise
croissant *m* crescent roll
croissant increasing, growing
cuiller, cuillère *f* spoon
cuisine *f* kitchen; cooking
cuisiner to cook
cuisinier *m* cook
cuisinière *f* cooking stove
cuit cooked
cultivateur/trice *m, f* farmer
cultiver to farm, cultivate
culturel(le) cultural
cumuler to take on, accumulate
cursus *m* course, degree
    program
cyclisme *m* cycling
cyclone *m* cyclone

D
d'abord first (of all)
dangereux/euse dangerous
dans in
danse *f* dance
danser to dance
date *f* date (*calendar*)
de of, from; **de façon** (+ *adjective*)
    in a . . . manner; **de plus en**
    plus more and more; **de**
    préférence preferably
débrouillard resourceful
se débrouiller to work things
    out, manage
débouché *m* job opening
début *m* beginning
décembre *m* December
déchets *m, pl* waste materials
déchetterie *f* waste collection
    site
se déchirer to break up, split
décider to decide
décision *f* decision; **prendre une**
    décision to make a decision
déclarer to declare
se décliner *to slope, decline*
décorer to decorate
découverte *f* discovery
découvrir (*like* **couvrir**)
    irreg to discover
défaut *m* weakness, fault, defect;
    à défaut de for lack of
défavorisé disadvantaged
défendre to defend; to forbid
définitivement definitely
se dégager to get free, extricate;
    to emanate
dehors outside, outdoors
déjà already
déjeuner *m* lunch; **petit déjeuner**
    breakfast
déjeuner to have lunch
délayé thinned out; mixed

demain tomorrow
demander to ask; **se demander**
    to wonder
déménager (**nous déménageons**)
    to move, change residences
demi *m* half; **une heure et**
    demie an hour and a half;
    demi-heure *f* half an hour
démissionnaire *m,f* person re-
    signing or leaving
démodé out of style, obsolete
dénoncer (**nous dénonçons**)
    to denounce
dent *f* tooth
dentifrice *m* toothpaste
dentiste *m, f* dentist
déodorant *m* deodorant
départ *m* departure
département *m* department
    (*administrative unit*)
se dépêcher to hurry
dépense *f* expense
se déplacer (**nous nous**
    déplaçons) to move,
    to go from one place
    to another, to travel
depuis since, ever since; for
dernier/ière last
se dérouler to occur, take place;
    to unwind
derrière behind
des some, any; of the
dès from, since
désagréable unpleasant
descendre to go down; to get off
désirable desirable
désirer to want, desire
désolé sorry
dessert *m* dessert
dessin *m* design, drawing, sketch;
    dessin animé *m* cartoon
dessiner to draw, sketch
destination *f* destination
détaillé detailed
se détendre to relax
détester to hate
détruire (*like* **conduire**)
    irreg to destroy
deuil *m* mourning
deuxième second
deuxièmement secondly
devant in front of
dévastation *f* devastation
développement *m* development
devenir (*like* **venir**)
    irreg to become
devoir (*pp* **dû**) *irreg* to have to
devoir *m* assignment;
    duty; *pl* homework
d'habitude usually
dictionnaire *m* dictionary
difficile difficult
difficulté *f* difficulty

digestif *m* after-dinner drink
dimension *f* dimension
diminuer to diminish
dîner to eat dinner, to dine
dîner *m* dinner
diplôme *m* diploma; **diplômé**
    having a degree
dire (*pp* **dit**) *irreg* to say;
    to tell; **c'est-à-dire** that is,
    that is to say
direct direct
directeur/trice *m, f* director,
    manager, head
direction *f* direction,
    management
diriger (**nous dirigeons**)
    to direct, to manage
disco *m* disco
discours *m* speech
discussion *f* discussion
discuter to discuss
disparaître (*like* **connaître**)
    irreg to disappear
disposer de to possess; **à votre**
    disposition *f* available to you
se disputer to quarrel, argue
disque *m* **compact**
    compact disk
distinguer to distinguish
diversifier to diversify
divorce *m* divorce
divorcer (**nous divorçons**)
    to divorce
dizaine *f* about ten
doctorat *m* doctorate
doigt *m* finger
domaine *m* domain
domicile *m* address, residence
dominance *f* dominance
dommage *m* harm, damage;
    c'est dommage it's too bad,
    it's a shame
donc therefore
donner to give
dont of which, from which;
    that; whose
dorer to gild, glaze; **faire dorer le**
    poulet to brown the chicken
dormir *irreg* to sleep
dos *m* back
dose *f* dose, amount
doubler to double; **doubler une**
    autre voiture to overtake or
    to pass a car
douche *f* shower
doué gifted, talented
douleur *f* pain, grief
doux (**douce**) gentle, mild; sweet
douzaine *f* dozen
dramatique dramatic
dramaturge *m, f* playwright
drogue *f* drug
droguerie *f* drugstore

droit straight, upright
droit *m* law
droite *f* right (*direction*)
drole funny
dune *f* dune
dur hard
durant for, during
durée *f* duration
dynamique dynamic

E
eau *f* water
éblouissant dazzling
échalote *f* shallot
échanger (**nous échangeons**)
    to exchange
échapper to escape
écharpe *f* neck scarf
échec *m* failure; **jouer aux échecs**
    to play chess
éclairer to light, illuminate;
    éclairage *m* lighting
écologique ecological
économie *f* economy; **faire des**
    économies to save (money)
économique economical
économiser to save
écouter to listen
écran *m* screen
écrire (*pp* **écrit**) *irreg* to write
écrivain(e) writer
éduquer to educate
effet *m* effect, result
efficace effective
également likewise
église *f* church
élection *f* election
électoral electoral
électricien(ne) *m, f* electrician
électricité *f* electricity
électronique electronic
élégant elegant
élevage *m* raising (*of animals*)
élève *m, f* pupil, student
élevé high, expensive
élever (**j'élève**) to raise, elevate
éliminer to eliminate
élitisme *m* elitism
elle she, her, it
éloigné distant
émancipation *f* emancipation
emblée; d'emblée right away;
    at once
emballage *m* packaging, wrapping
embaucher to hire
embêtant annoying, irritating
embêter to bother; to pester,
    to annoy
embrasser to kiss, embrace;
    s'embrasser to kiss each other
émeraude *f* emerald
émission *f* broadcast, program,
    transmission

emmener (j'emmène) to take (*someone*) along

emploi *m* employment, job; use

employé(e) *m, f* employee

employer (j'emploie) to employ, to use

emprunter to borrow

en of it, of them; from it, from them; some, any; in; to; at; **en commun** in common; **en délire** delirious; **en dépit de** in spite of; **en face de** facing, across from; **en fait** in fact; **en forme** in shape; **en général** in general; **en plus** moreover; **en pratique** in practice; **en priorité** first, most important; **en route** on the way; **en solde** on sale; **en voie de** on the way to, in the process of

enchanté pleased, delighted (to meet you)

encombrant cumbersome

encore yet; still; again

endroit *m* place, location

endurance *f* endurance

énergie *f* energy

enfance *f* childhood

enfant *m, f* child

enfin finally

engagement *m* commitment

engourdir to numb

enlever (j'enlève) to remove

ennui *m* problem, difficulty, boredom

ennuyer to bore, annoy; **s'ennuyer (je m'ennuie)** to be bored **ennuyeux/euse** boring

enquête *f* investigation, survey

enregistrer to record; **enregistrement** *m* recording, registration

enseignement *m* teaching

enseigner to teach

ensemble together

ensoleillé sunny

ensuite then, next

entendre to hear; **s'entendre** to get along with

entente *f* agreement, understanding, harmony

enterrement *m* funeral, burial

entier/ière entire, whole

entouré surrounded

entre between

entrée *f* first course (*of a meal*); entrance

entreprise *f* business, company

entretien *m* discussion, conversation; **entretien d'embauche** job interview

entrer to enter, to go in

entrevue *f* interview, meeting

environ about, approximately

environnement *m* environment

environs *m pl* surroundings

envol *m* flight

envoyer (j'envoie) to send

épais(se) thick

épanoui radiant, in full bloom

épanouissement *m* personal growth

épaule *f* shoulder

épice *f* spice

épicé spicy

épicerie *f* grocery store

épistolaire epistolary (*letter writing*)

époque *f* era, epoch

épreuve *f* test, ordeal

éprouver to feel, experience

équatorial equatorial

équilibré balanced

équipe *f* team

équipement *m* equipment, facilities

errer to wander

escalier *m* stairway; **escalier roulant** escalator

esclave *m,f* slave

espace *m* space

espagnol Spanish

espèce *f* species; kind

espérer (j'espère) to hope

espoir *m* hope

esprit *m* mind

essayer (j'essaie) to try

essentiel *m* essential

essentiellement essentially

estomac *m* stomach

et and

établir to establish

établissement *m* establishment

étage *m* floor, level

étalage *m* display

étang *m* pond

étape *f* stage

état *m* state

été *m* summer

éteindre (pp éteint) *irreg* to turn off, extinguish

s'étendre to stretch out

éternel(le) eternal

éternellement forever

ethnie *f* ethnic group

ethnique ethnic

étoile *f* star

étonnant surprising, astonishing; **étonner** to surprise; **s'étonner** to be surprised

étranger/ère foreign; *m,f* foreigner

être (pp été) *irreg* to be; **être à l'heure** to be on time; **être d'accord** to agree; **être en avance** to be early; **être en**

retard to be late; **être en train de** to be in the process of; **être né** to be born; **être obligé** to have to; **être passionné de** to be passionate about

études *f pl* studies

étudiant(e) *m, f* student

étudier to study

eux them; **eux-mêmes** themselves

évangélique evangelical

événement *m* event

éviter to avoid

évoquer to evoke

exagérer (j'exagère) to exaggerate

examen *m* examination, test; **passer un examen** to take a test or exam

excellent excellent

excepté except

exceptionnel(le) exceptional

s'exclamer to exclaim

excursion *f* trip, tour, excursion

excuse *f* excuse

excuser to excuse; **s'excuser** to apologize

exercice *m* exercise; **en exercice** in practice

exigence *f* requirement, demand

exiger (nous exigeons) to require, to demand

exotisme *m* exoticism

explication *f* explanation

expliquer to explain

exploration *f* exploration

explorer to explore

exposition *f* exhibit

expression *f* expression

exprimer to express

extérieur *m* exterior; **à l'extérieur** outside

extinction *f* extinction

extraordinaire extraordinary

extrême extreme

F

face *f* face, side; **en face de** facing, across from

facile easy; **facilement** easily

facilité *f* facility, ease

faciliter to make easier, to facilitate

faible weak, lacking

faire (pp fait) *irreg* to do; to make; **faire appel à** to appeal to; to call for; **faire beau** to be nice weather; **faire chaud** to be warm; **faire des achats** to shop; **faire des courses** to run errands; **faire des économies** to save (money); **faire du camping** to go camping; **faire du ski** to go skiing; **faire du soleil**

to be sunny; **faire du sport** to play sports; **faire du surfing** to go surfing; **faire du vent** to be windy; **faire frais** to be cool; **faire froid** to be cold; **faire la connaissance** to meet, become acquainted; **faire la cuisine** to cook; **faire la vaisselle** to wash the dishes; **faire le ménage** to do the housework, clean; **faire le tour de** to go around; **faire partie de** to be a part of, belong to; **faire plaisir** to please; **faire sa toilette** to get ready, wash; **faire ses devoirs** to do one's homework; **faire son lit** to make one's bed; **faire une promenade** to go for a walk; **faire un voyage** to take a trip

fait *m* fact; **en fait** in fact; **du fait que** because, owing to the fact that

falloir (pp fallu) *irreg* to have to, must

familial family

familiarité *f* familiarity

familier/ière familiar

famille *f* family

fascinant fascinating

fatigant tiring

fatigué tired

faune *f* fauna, animal life

fauteuil *m* armchair, easy chair

fauvisme *m* fauvism (*artistic style*)

faux (fausse) false; **faux pas** *m* foolish mistake

fax *m* fax

fécule *f* potato or corn starch

félicitations *f pl* congratulations

femme *f* woman; wife

fenêtre *f* window

ferme *f* farm

fermer to close

festival *m* festival

fête *f* holiday; patron saint's day

fêter to celebrate

feu *m* fire

feuilleton *m* soap opera, story

février *m* February

fidèle faithful

fier (fière) proud

fierté *f* pride

fièvre *f* fever

fil *m* thread; **au fil de** with the flow, current

fille *f* girl; daughter

filière *f* path, network

film *m* film

fils *m* son

fin *f* end

finir to finish; **finir par** to end up (*doing something*)

flanc *m* side

flatter to flatter
fleur *f* flower
fleuriste *m, f* florist
fleuve *m* major river
flore *f* flora, plant life
flûte *f* flute
fois *f* time, instance
folklore *m* folklore
foncé dark *(color)*
fonctionnement *m* functioning
fond *m* end, far end, bottom
fondre to melt
foot (football) *m* soccer
forêt *f* forest
formation *f* training, background
forme *f* form
former to form
formidable great, wonderful
fort strong
fougère *f* fern
foulard *m* scarf
four *m* oven; **four à micro-ondes** microwave oven
fourchette *f* fork
fournitures *f pl* **scolaires** school supplies
frais *m pl* cost, expenses
frais (fraîche) fresh, cool; **il fait frais** it's cool
fraise *f* strawberry
français French
frapper to strike
frère *m* brother
frigo *m* refrigerator, fridge
fromage *m* cheese
frontière *f* border *(between countries)*
frotté rubbed
frotter to rub
fruit *m* fruit
fusée *f* rocket
futé smart, sharp

G
gagner to earn; to win
galerie *f* gallery
garage *m* garage
garçon *m* boy; waiter
garder to keep; to take care of, to watch
gare *f* station *(railroad or bus)*
garni garnished, well-stocked
gaspillage (gaspi) *m* wasting
gâteau *m* cake
gauche *f* left
gaz *m* gas
geler (il gèle) to freeze
généralement generally
genou *m* knee
genre *m* kind, type
gens *m pl* people
gentil(le) nice, kind
géographie *f* geography

gérant(e) *m, f* manager
gérer (je gère) to manage, administer
gestion *f* management
glace *f* ice; ice cream; mirror
glacé frozen
glacier *m* glacier
glisser to slip, slide
glucide *m* carbohydrate
goalie *m* goalie
golf *m* golf
gorge *f* throat; gorge, canyon
gousse *f* clove *(of garlic)*, pod
goût *m* taste
goûter to taste
goûter *m* after-school snack
gouvernement *m* government; **gouvernemental** governmental
grâce à thanks to
graisse *f* fat
gramme *m* gram
grand large, tall; **grand-mère** grandmother; **grand-père** grand father; **pas grand-chose** not a big deal, not much
grandir to grow up
gras *m* **polyinsaturé** polyunsaturated fat
gratuit free of charge
grève *f* strike
grillé toasted, grilled
grillot *m* type of grilled pork in Haiti
grimpeur/euse cyclist
griot *m* African storyteller
grippe *f* influenza
gris gray
gros(se) big, large, heavy
groseille *f* currant
groupe *m* group
guerre *f* war
guichet *m* ticket window
guide *m, f* guide
guitare *f* guitar
gymnastique *f* gymnastics, physical education

H *(Words preceded by an asterisk begin with an aspirated* h.)
habillement *m* clothes
s'habiller to get dressed
habiter to live (in, at)
habitude *f* habit; **d'habitude** ususally
s'habituer to get accustomed
haie *f* hedge
hangar *m* lean-to
*****haricot** *m* bean; **haricot vert** green bean
*****haut** high; **hauteurs** *f* heights
hébergement *m* lodging
*****hein** eh, okay
herbe *f* grass

héritage *m* heritage
hésitation *f* hesitation
hésiter to hesitate
heure *f* hour, time; **quelle heure est-il** what time is it
heureusement fortunately
heureux/euse happy
hier yesterday
hippocampe *m* seahorse
histoire *f* history; story
hiver *m* winter
*****hockey** *m* **sur glace** ice hockey
homme *m* man
honnête honest, decent
*****honte** *f* shame
hôpital *m* hospital
horaire *m* schedule, timetable
horreur *f* horror
*****hors-d'œuvre** *m (invariable)* hors d'oeuvre, appetizer
hostilité *f* hostility
hôte/sse *m, f* host/hostess
hôtel *m* hotel
hôtellerie *f* hotel industry
hôtesse *f* hostess
huile *f* oil
humain human
humeur *f* mood; **être de bonne humeur** to be in a good mood; **être de mauvaise humeur** to be in a bad mood
humilité *f* humility
humoristique humorous
hygiène *f* hygiene
hypermarché *m* superstore, hypermarket

I
ici here
idée *f* idea
identité *f* identity
idéologie *f* ideology
ignorer not to know
il he, it; **il faut** it is necessary, you'll have to; **il reste** there remains; **il s'agit de** it's a matter of; **il vaudrait mieux** it would be better; **il vaut mieux** it is better; **il y a** there is, there are
île *f* island
illustrer to illustrate
image *f* picture, image
immensité *f* immensity
immeuble *m* apartment building
immobilier *m* real estate
impatient impatient
impératif/ive imperative, necessary
implantation *f* introduction, setting up
impossible impossible
impression *f* impression
impressionnisme *m* impressionism *(artistic style)*

impulsif/ive impulsive
incendie *m* fire, accidental blaze
inclus included
inconvénient *m* disadvantage
incroyable incredible; **incroyablement** incredibly
indépendance *f* independence
indépendant independent
indignation *f* indignation
indiquant indicating
indiquer to indicate
indispensable indispensable
individuel(le) individual
industrie *f* industry
inédit *m* unpublished material
inégalité *f* inequality
infection *f* infection
infini infinite
infiniment infinitely
infirmier/ière *m, f* nurse
inflation *f* inflation
infographie *f* computer graphics
informaticien(ne) *m, f* computer specialist
informations *f pl* news
informatique *f* computer science
informé informed
ingénieur *m* engineer
initiative *f* initiative; **syndicat** *m* **d'initiative** tourist information office
injuste unjust, unfair
injustice *f* injustice
inondation *f* flood, flooding
s'inquiéter (je m'inquiète) to worry
inquiétude *f* anxiety, restlessness
s'inspirer de to be inspired by
s'installer to set up; to settle
instituteur/trice *m, f* elementary school teacher
instrument *m* instrument
intelligent intelligent
intense intense
intensité *f* intensity
intéressant interesting
s'intéresser à to be interested in
intérêt *m* interest
intérieur interior; **à l'intérieur** inside, indoors
international international
Internet *m* Internet
interprète *m, f* interpreter
intervention *f* intervention
interview interview
intitulé entitled, called
intolérance *f* intolerance
inutile useless; **inutile de** no need to
inventer to invent
inviter to invite

iris *m* iris
italien(ne) Italian

J
jaloux/ouse jealous
jambe *f* leg
jambon *m* ham
janvier *m* January
japonais Japanese
jardin *m* garden; **jardin d'enfants** kindergarten
jaune yellow
jean *m* jeans
jeter (je jette) to throw; to drop *(anchor)*
jeu *(pl* **jeux)** *m* game
jeune young; **jeune fille** *f* girl
jeunesse *f* youth; **auberge** *f* **de jeunesse** youth hostel
jogging *m* jogging; jogging (sweat) suit
joie *f* joy
joli pretty
jouer to play; **jouer à** to play *(sport or game)*; **jouer de** to play *(musical instrument)*
jouet *m* toy, plaything
jour *m* day
journal *m* newspaper; **journal intime** diary
journaliste *m, f* journalist
journée *f* day, daytime
judo *m* judo
juger (nous jugeons) to judge
juillet *m* July
juin *m* June
jupe *f* skirt
jus *m* juice
jusqu'à until, up to
juste close, tight, fair, just
justement just, exactly, precisely
justice *f* justice

K
karaté *m* karate
kilogramme, kilo *m* kilogram
kinésithérapeute, kiné *m, f* physical therapist
kiosque *m* kiosk, newsstand

L
là there, here; **là-bas** over there
laborantin(e) *m, f* laboratory assistant
lac *m* lake
laisser to let, allow
lait *m* milk
lampe *f* light, lamp
lancer (nous lançons) to throw, toss, launch
langue *f* language; tongue
latitude *f* latitude
laurier *m* laurel

lavabo *m* washbasin, sink
lavande *f* lavender
laver to wash; **se laver** to wash up
leçon *f* lesson
lecteur *m* **CD** CD player
lecteur *m* **de DVD** DVD player
lecture *f* reading
légume *m* vegetable
lequel (laquelle, lesquels, lesquelles) which, which one
lettre *f* letter
lever to lift, to raise; to hold up; **se lever (je me lève)** to stand up, get up
liberté *f* liberty; freedom
librairie *f* bookstore; **librairie-papeterie** *f* book and office supply store
libre free
lien *m* bond, tie, link, connection
lieu *m* place; **avoir lieu** to take place
lièvre *m* hare
linguistique *f* linguistics
liqueur *f* liqueur
liquide liquid; **argent** *m* **liquide** cash, ready money
lire *(pp* **lu)** *irreg* to read
liste *f* list
lit *m* bed; **faire son lit** to make one's bed
litre *m* liter
littérature *f* literature
livre *m* book
livre *f* pound
logement *m* housing
loggia *f* balcony
loi *f* law
loin de far from
loisirs *m pl* leisure activities
long(ue) long; **le long de** along
longtemps for a long time
louer to rent
loup *m* wolf
lumière *f* light
lunettes *f pl* eyeglasses
lutter to struggle, fight; to wrestle
luxuriance *f* luxuriance
lycée *m* French secondary school

M
madère *m* Madeira wine
magasin *m* store
magie *f* magic
magique magic
magnétoscope *m* videotape recorder, VCR
magnifique magnificent
mai *m* May
maigrir to lose weight
maillot *m* **de bain** bathing suit
main *f* hand
maintenant now

maintenir *(like* **tenir)** *irreg* to maintain
mairie *f* city hall
mais but
maison *f* house, home
maître *m* master; teacher
maîtrise *f* master's degree
majeur major; of age
majorité *f* majority
mal badly
mal *m* pain, ache; evil; **avoir mal à la tête** to have a headache
malade sick, ill
maladie *f* illness, sickness, disease
malentendu *m* misunderstanding
malgré in spite of
malheur *m* misfortune, bad luck, tragedy
malheureux/euse unhappy, miserable, unfortunate
malnutrition *f* malnutrition
maman *f* mom, mother
manger (nous mangeons) to eat
manière *f* manner
manioc *m* manioc *(plant that tapioca comes from)*
manifestation (manif) *f* demonstration *(political)*
manquer to lack; to miss
manteau *m* coat
manuel(le) manual
maquillage *m* make-up
marais *m* swamp, marsh
marchand(e) *m, f* merchant, shopkeeper
marchandise *f* merchandise, goods
marcher to walk; to work, function *(machinery)*
mari *m* husband
marié married
se marier to get married; **se marier avec** to marry *(someone)*
marine *f* navy
marketing *m* marketing
maroquinerie *f* leather goods store
marque *f* sign, mark; brand name
marquer to mark, indicate; to influence
marraine *f* godmother
marron *(invariable)* brown
mars *m* March
match *m* game, match, competition
maternel(le) maternal, motherly; **langue maternelle** native language; **école maternelle** preschool
mathématiques (maths) *f pl* mathematics
matin *m* morning; **matinée** *f* morning
mauvais bad

mauve mauve, purple
mécanicien(ne) *m, f* mechanic
médecin *m* physician, doctor
médecine *f* medicine *(science)*
médias *m pl* media
médicament *m* medicine, medication
méfait *m* damage; misdeed; **se méfier de** to mistrust, to be aware of
meilleur better
mélange *m* mixture
melon *m* melon
mémé *f* grandma
même same; even
mémorisation *f* memorization
mener (je mène) to lead
mer *f* sea
merci thank you
mère *f* mother
merveilleux/euse wonderful, marvelous
message *m* message
mesure *f* measurement
mesurer to measure
métabolisme *m* metabolism
météo *f* weather report
métier *m* profession, trade, business
metteur *m* **en scène** theater or movie director
mettre *(pp* **mis)** *irreg* to put; **se mettre à** to start; **se mettre à table** to sit down to eat; **se mettre en colère** to become angry; **se mettre d'accord** to come to an agreement
meuble *m* piece of furniture
meubler to furnish
mexicain(e) Mexican
midi *m* noon; **le Midi** the south of France
mieux better
mijoter to simmer
milieu *m* middle, environment, location
mille thousand
millier *m* thousand
millionnaire *m, f* millionaire
mince thin, slender
minéral mineral
mini-croisière *f* short cruise
minuit *m* midnight
miracle *m* miracle
missionnaire *m, f* missionary
mobile mobile, movable
mobylette *f* moped
mode *f* fashion
modéré moderate
modérément moderately
moderne modern
modeste modest
moi me, I; **moi aussi** me too

moineau *m* sparrow

moins less; minus; **au moins** at least; **moins de** less, fewer; **moins que** less than, fewer than

moitié *f* half

moment *m* moment

monde *m* world; people

monsieur mister, sir

montagne *f* mountain

montagneux/euse mountainous

monter to go up, climb

montrer to show

monument *m* monument

morceau *m* piece, chunk

mort *f* death

morts *m pl* dead people; the dead

mosquée *f* mosque

mot *m* word

motif *m* pattern, design

mourir (*pp* **mort**) *irreg* to die

mousson *f* monsoon

moustache *f* mustache

mouton *m* sheep

moyen *m* means

moyen(ne) average; **avoir la moyenne** to pass (a test)

multimédia multimedia

multinational multinational

multiplication *f* multiplication

municipal municipal

mur *m* wall

muscle *m* muscle

musculation *f* body building

musée *m* museum

musicien(ne) *m, f* musician

musique *f* music

musulman *m,f* Moslem

mystère *m* mystery

mystérieux/euse mysterious

N

nager (**nous nageons**) to swim

naïf/ïve naive

naissance f birth

naître (*pp* **né**) *irreg* to be born

natal native

natation *f* swimming; **faire de la natation** to swim

nationalité *f* nationality

natte *f* mat

nature *f* nature; **nature morte** still life

naturel(le) natural

navet *m* turnip; "loser" (*movie, TV program*)

navette *f* shuttle

naviguer l'Internet to surf the Internet

ne: ne... aucun not any, not one; **n'est-ce pas** isn't that so; **ne... jamais** never; **ne... pas** not; **ne... pas du tout** not at all;

ne... personne no one; **ne... plus** no longer; **ne... rien** nothing

neige *f* snow

neiger (**il neigeait**) to snow

nettoyer (**je nettoie**) to clean

neuf (**neuve**) new, brand new

neveu *m* nephew

nez *m* nose

niché nestled

nièce *f* niece

niveau *m* level

noir black

nom *m* name

nomade *m, f* nomad

nombre *m* number

nombreux/euse numerous

non no; **non plus** neither, not either

non coupable not guilty

nord *m* north

normal normal

note *f* grade

noter to note

noué tied, cinched

nourrir to feed, nourish

nourriture *f* food

nouvelle *f* short story; *pl* news

nouveau (**nouvel, nouvelle, nouveaux, nouvelles**) new

novembre *m* November

nuage *m* cloud; **nuageux** cloudy

nucléaire nuclear; **centrale nucléaire** thermal or coal-fired/ nuclear power station

nuit *f* night

numéro *m* number

O

oasis *f* oasis

objet *m* object

obsèques *f pl* funeral

observer to observe

obtenir (*like* **tenir**) *irreg* to obtain

occasion *f* opportunity, occasion; **bonnes occasions** good buys; **d'occasion** used, secondhand

occidental western

occuper to occupy; **s'occuper de** to take care of

océan *m* ocean

octobre *m* October

œil *m* (*pl* **yeux**) eye

œuf *m* egg

œuvre *f* work (*literary, artistic*)

offert offered

offrir (*pp* **offert**) *irreg* to offer

oignon *m* onion

oiseau *m* bird

ombre *f* shadow, darkness

omniprésent omnipresent

oncle *m* uncle

opposé opposite

opticien(ne) *m, f* optician

optimiste optimistic

option *f* option; **en option libre** elective

or *m* gold

orage *m* storm

oral oral, verbal

orange *f* orange

orateur *m* orator

orchestre *m* orchestra

ordinateur *m* computer

ordonnance *f* prescription

ordre *m* order

oreille *f* ear

organiser to organize

organisme *m* organism

orientaliste oriental

orientation *f* orientation

s'orienter to find one's bearings

originalité *f* originality

origine *f* origin

ou or

où where

oublier to forget

ouest *m* west

outre-mer overseas

outre-monde *m* other world

ouverture *f* opening

ouvrier/ière working class

P

page *f* page

pagne *m* loin cloth

pain *m* bread

paix *f* peace

panneau *m* **d'affichage** bulletin board

panoplie *f* range, package

pantalon *m* pants

papa *m* daddy, dad

papier *m* paper; **papier hygiénique** toilet paper

papillon *m* butterfly

paquet *m* package

par by, through; **par conséquent** consequently; **par contre** on the other hand

paradis *m* paradise

paraître to appear

parapluie *m* umbrella

parc *m* park

parce que because

parcours *m* route

pardon *m* forgiveness; pardon

pardonner to forgive

pareil(le) (the) same

parent(e) *m, f* parent; relative

paresseux/euse lazy

parfait perfect

parfois sometimes, occasionally

parfum *m* scent, fragrance, perfume; flavor

parfumerie *f* perfume shop

parisien(ne) Parisian

parking *m* parking lot

parler to speak

parmi among

parole *f* word (*spoken*); *pl* lyrics

parrainer to sponsor

part *f* part, portion

partager (**nous partageons**) to share

partenaire *m, f* partner

parti *m* (*political*) party

particulièrement particularly

partie *f* part

partir (*like* **dormir**) *irreg* to leave

partout everywhere

pas *m* step

passage *m* passage, transition

passant *m, f* passer-by

passé past

passer to spend (*time*); to move on; **passer l'aspirateur** to vacuum; **passer un examen** to take a test; **se passer** to happen, take place

passion *f* enthusiasm, passion

passionnant fascinating, exciting

passionné(e) *m, f* enthusiast

pastel *m* pastel color

patates *f pl* potatoes

pâte *f* dough, paste; pasta

pâté *m* pâté

patient patient

patinage *m* skating

patriarcal patriarchal

patriarche *m* patriarch

patrimoine *m* inheritance, patrimony

patron(ne) *m, f* boss, head, chief

pauvre poor

pauvreté *f* poverty

payer (**je paie**) to pay

pays *m* country

paysage *m* landscape, scenery, countryside

paysagisme *m* landscape architecture

paysan(ne) *m, f* peasant, farmer

peau *f* skin

pêche *f* peach; fishing

pêcheur *m* fisherman

pédagogique pedagogic(al)

se peigner to comb one's hair

peindre (*pp* **peint**) *irreg* to paint

peine *f* pain, sorrow, punishment, trouble; **peine de mort** death penalty

pendant during

pénétrer (**je pénètre**) to penetrate, enter

pénible hard to bear, painful, a nuisance

pensée *f* thought

penser to think, **penser que oui (non)** to think so (not); **penser à, penser de** to think of

pension *f* boardinghouse, guesthouse; **pension complète** full room and board

perdre to lose; to waste

père *m* father

perfectionner to perfect

période *f* period (*of time*)

permettre (*like* **mettre**) *irreg* to permit

permis *m* permit, license; **permis de conduire** driver's license

persil *m* parsley

personnel(le) personal

personnage *m* character (*literary*)

personne *f* person; **ne... personne** no one

perspective *f* perspective

pessimiste pessimistic

petit small; **petit déjeuner** *m* breakfast;

petits pois *m pl* peas

peu (de) few, little

Peuls *m, pl* ethnic group of Mauritania

peur *f* fear; **avoir peur** to be afraid

peut-être perhaps

pharmacie *f* pharmacy; **pharmacien(ne)** *m,f* pharmacist

philosophie (philo) *f* philosophy

photo *f* photograph

photographie *f* photography

phrase *f* sentence, phrase

physique *f* physics

physiquement physically

piano *m* piano

pic *m* mountain peak

pièce *f* room; theatrical play

pied *m* foot; **à pied** on foot

pile *f* battery; stack

pilule *f* pill

piment *m* pepper, chili pepper

pionnier/ière *m, f* pioneer

piqûre *f* injection, shot

pisciculture *f* fish farming

piscine *f* swimming pool

place *f* place, seat; position

placer (**nous plaçons**) to put, place

plage *f* beach

se plaindre (*like* **peindre**) *irreg* to complain, grumble

plaine *f* plain, open country

plaire (*pp* **plu**) *irreg* to please; **s'il vous plaît** please; **ça ne me plaît pas** I don't like that

plaisanter to joke

plaisir *m* pleasure, delight; **faire plaisir (à)** to please

plan *m* drawing, diagram; map (*of a city*)

planche *f* board; **planche à neige** snow board

planétaire planetary

planète *f* planet

plantation *f* plantation

plante *f* plant

plat *m* course (*of a dinner*); dish

plat(e) flat

plateau *m* plateau; tray

plein full

pleurer to cry

pleuvoir (*pp* **plu**) *irreg* to rain

plombier/ière *m, f* plumber

pluie *f* rain

plupart *f* majority

plus more; plus; **plus (de)** more; **plus...que** more . . . than; **le plus** most

plusieurs several

plutôt rather, somewhat

pluvieux/euse rainy, wet

poche *f* pocket

poète *m* poet; **poésie** *f* poetry, **poème** *f* poem

poids *m* weight

poignant poignant

point *m* period, dot

pointure *f* size (*shoes*)

poire *f* pear

poisson *m* fish

poivre *m* pepper

poli polite

police *f* police; **agent** *m* **de police** police officer

polygamie *f* polygamy

politesse *f* politeness

politique political

politique *f* politics

polluer to pollute

pollution *f* pollution

pomme *f* apple; **pomme de terre** potato

pommier *m* apple tree

pompes *f, pl* **funèbres** funeral services

ponctuer to punctuate

pont *m* bridge

populaire popular

porc *m* pork, pig

porche *m* porch

port *m* port, harbor

portable *m* cell phone, laptop computer

porte *f* door

porter to carry; to wear; to relate to; **se porter** to proceed

portrait *m* portrait

posséder (**je possède**) to own, to possess

possession *f* possession

possibilité *f* possibility

possible possible

poste *f* post office; *m* job, position

poste *m* **de police** police station; **poste de télévision** television set

posthume posthumous

poterie *f* pottery

potiron *m* pumpkin

poubelle *f* trash can

poudrerie *f* drifting snow

poulet *m* chicken

pour for

pourrir to rot, decay, spoil

pourquoi why

pourtant nevertheless, however

poussière *f* dust

pouvoir *m* power

pouvoir (*pp* **pu**) *irreg* to be able, can: **on peut** one can

pratique practical; *f* practice

pratiquement practically

pratiquer to practice; to play (*sport*)

précédent preceding, previous

préciser to specify, make clear

préférer (**je préfère**) to prefer

préfigurer to prefigure, foreshadow

préjugé *m* predjudice

prémices *f pl* beginnings

premier/ière first

premièrement first, in the first place

prendre (*pp* **pris**) *irreg* to take; to have (in a restaurant); **prendre sa retraite** to retire; **prendre une décision** to make a decision

prénom *m* first name

préparatifs *m pl* preparations

préparer to prepare; **se préparer** to get ready

près (de) near

présenter to introduce, present

presque almost

presqu'île *f* peninsula

prêt ready

prêter to lend

preuve *f* proof

prévu planned, foreseen

principal principal

printemps *m* spring

prise *f* **de conscience** awareness

prison *f* prison

privé private

prix *m* price; prize

prochain next

proches *m,pl* those who are close

produit *m* product

professeur(e) teacher, professor

profession *f* profession

professionnel(le) *m, f* professional person

professionel/le professional

profiter de to take advantage of, enjoy

profond deep; dark

programmable programmable

programme *m* program, listing (*of TV shows, etc.*)

progrès *m* progress

projet *m* plan, project

prolifération *f* proliferation

promenade *f* walk, stroll; **faire une promenade** to go for a walk

promesse *f* promise

promettre (*like* **mettre**) *irreg* to promise

proposer to propose, suggest

propre clean; own

propriétaire *m, f* landlord, owner

protection *f* protection

protéger (**je protège, nous protégeons**) to protect

protéiforme protean

protéine *f* protein

prouver to prove

proverbe *m* proverb

provisions *f pl* food, supplies

psychiatre *m, f* psychiatrist

psychologue *m, f* psychologist

public/ique public

publicité *f* advertising, publicity

publier to publish

puis then, next

pull-over (pull) *m* sweater, jersey

pyjama *m* pajamas

Q

qualité *f* quality, strength

quand when; **quand même** in spite of it, just the same; nevertheless

quant à as for

quart *m* quarter, one fourth

quartier *m* neighborhood

que that, what

Québécois(e) *m, f* resident of Quebec

quel(le) what

quelque some; **quelque chose** something;

quelqu'un someone

quelquefois sometimes

qu'est-ce que, qu'est-ce qui what; **qu'est-ce que c'est** what is it

question *f* question; **poser une question** to ask a question

qui who, which, that

quitter to leave (*a place or person*); **se quitter** to leave each other

quoi what; **quoi de neuf** what's new, any news

quotidien(ne) daily

R

racisme *m* racism

raconter to tell (a story)

radio *f* radio

raisin *m* grape(s)

raison *f* reason; **avoir raison** to be right

ranger (nous rangeons) to arrange, put away

rapide fast

rappeler (je rappelle) to recall, remind

rapport *m* relationship; report

raquette *f* snowshoe; racket

rare rare

rarement rarely

rasoir *m* razor

ravi delighted

ravissant delightful

rayon *m* department, counter *(in a store)*; ray

réaliser to achieve

réaliste realistic

réalité *f* reality

récemment recently

recensement *m* census

réceptionniste *m, f* receptionist

recette *f* recipe

recevoir (pp reçu) irreg to receive

recherche *f* research

recommander to recommend, advise

se réconcilier to reconcile

reconnaissance *f* gratitude

reconnaissant grateful

reconnaître (like connaître) irreg to recognize

se recoucher to go back to bed

recouvrir to cover

recycler to recycle

réduction *f* reduction

réduire (like conduire) irreg to reduce

réfléchir to think, reflect

refléter (il reflète) to reflect

refrain *m* refrain

réfrigérateur (frigo) *m* refrigerator

réfugié(e) *m, f* refugee

se régaler to enjoy, to have a feast

regarder to look at, watch

régime *m* diet

région *f* region

registre *m* register

règle *f* rule

regret *m* regret; **regrettable** regrettable, unfortunate

régulier/ière regular

régulièrement regularly

rejoindre (pp rejoint) irreg to join *(a person)*, get back to *(a place)*

relations *f pl* acquaintances; relationships, relations

relax relaxed, informal

remède *m* remedy

remercier to thank

remettre (like mettre) irreg to put back, hand back; to postpone

remplir to fill

rencontrer to meet, run into; **se rencontrer** to meet, run into each other

rendez-vous *m* appointment

rendre to give back, return; to restore; to hand back; **rendre heureux** to make *(someone)* happy; **rendre visite à** to visit *(someone)*

renseignements *m pl* information

se renseigner to get information

rentrer to return home; to go back in

se répandre to spread

repas *m* meal

repasser to iron; to stop by again

répéter (je répète) to repeat

répondre to answer, respond

réponse *f* answer, response

reportage *m* reporting, report *(TV or newspaper)*

reposant relaxing, restful

reposer to put back, replace; **se reposer** to rest

repousser to push back, delay

représentant(e) *m, f* representative

reproche *m* reproach

reproduction *f* reproduction

réputation *f* reputation

réserver to reserve

résidence *f* dormitory, residence

respect *m* respect

respecter to respect

respectif/ive respective

respirer to breathe

responsabilité *f* responsibility

ressources *f pl* resources

restaurant (resto) *m* restaurant

restauration *f* restaurant business; restoration

reste *m* rest, remainder

rester to stay; **il reste** there remains

restrictif/ive restrictive

retour *m* return

retourner to return, go back

retraite *f* retirement; **prendre sa retraite** to retire

retrouver to rediscover, find again; **se retrouver** to meet *(by prior arrangement)*

réunion *f* meeting, reunion

réussir to succeed

rêve *m* dream

réveil *m* alarm clock; waking up

réveiller to awaken; **se réveiller** to wake up

revenir (like venir) irreg to come back, return

rêver to dream

revoir (like voir) irreg to see again; **au revoir** good-bye

revue *f* magazine, journal; review

rez-de-chaussée *m* ground floor

rhum *m* rum

rhume *m* cold

riche rich

richesse *f* wealth

rigueur *f* rigor, severity

risquer (de) to risk, be in danger of

rituel *m* ritual

rivière *f* river, stream

riz *m* rice

robe *f* dress

rocher *m* rock, boulder

rocheux/euse rocky

rock rock *(music)*

rock *m* rock and roll music

rôle *m* role

roman *m* novel

romanche *m* Romansh

romancier/ière *m, f* novelist

rond *m* ring, circle

rose pink

rouge red

rouler to travel, roll *(along)*

roumain Romanian

route *f* road, way; **en route** on the way

roux (rousse) red *(for hair)*

rue *f* street

rudiment *m* rudiment, basic element

ruisselant dripping wet, streaming

rythme *m* rhythm

S

sable *m* sand

sac *m* purse, bag; **sac à dos** backpack

sage well-behaved, wise

sagesse *f* wisdom

saison *f* season

salade *m* salad

salaire *f* salary

salle *f* room; **salle à manger** dining room; **salle de bains** bathroom; **salle de séjour** living room

salut hi

sandales *f pl* sandals

sandwich *m* sandwich

sans without; **sans cesse** continuously, without stopping; **sans doute** probably; **sans plus** nothing more

santé *f* health

satellite *m* satellite

satire *f* satire

sauce *f* sauce

saucisse *f* sausage

saucisson *m* salami

sauf except

sauvage wild

savane *f* savannah

savoir (pp su) irreg to know; to know how to; **passé composé** to discover

savon *m* soap

saxophone *m* saxophone

science-fiction *f* science fiction

science *f* knowledge, learning

sciences *f pl* science

scientifique scientific

sculpture *f* sculpture

séance *f* showing

sec (sèche) dry

sécheresse *f* drought

sèche-cheveux *m* hair dryer

secret *m* secret

sécurité *f* security

sédentaire sedentary

séduire (like conduire) irreg to seduce

séjour *m* stay

sel *m* salt

selon according to

semaine *f* week

Sénégal *m* Senegal

sentiment *m* feeling, sentiment

(se) sentir (like dormir) irreg to feel

(se) séparer de to separate, to part

septembre *m* September

sérénité *f* serenity

série *f* series

se serrer la main to shake hands

service *m* service; **services d'urgence** emergency services

serviette *f* towel

servir (like dormir) irreg to serve; **se servir** to help oneself; **se servir de** to use

session *f* session

seul alone

seulement only

sévère strict

sexisme *m* sexism

shampooing *m* shampoo

short *m* shorts

si if; so; yes *(to a negative question)*

SIDA *m* AIDS

siècle *m* century

siège *m* headquarters; seat

signer to sign

simple simple

simplifier to simplify

simpliste simplistic

sincère sincere

sinon if not; otherwise

sirop *m* syrup

site *m* site; Web site

situation *f* job; situation

situé located, situated

ski *m* ski; skiing; **ski de piste** downhill skiing; **ski de randonnée** cross-country skiing
skipper *m* skipper
slogan *m* slogan
sociologie *f* sociology
soclage *m* pedestal design
sœur *f* sister
soif *f* thirst; **avoir soif** to be thirsty
soigner to care for
soigneusement carefully
soir *m* evening
soirée *f* evening; party
sol *m* soil, land
solde *m* sale; **en solde** on sale
solder to sell
solidarité *f* solidarity
solution *f* solution
sommeil *m* sleep; **avoir sommeil** to be sleepy
sommeiller to doze
sondage *m* survey
sorcier *m* sorcerer
sort *m* fate
sorte *f* kind, type, sort
sortir (*like* **dormir**) *irreg* to go out
souci *m* worry
souffler to blow
souffrir (*like* **couvrir**) *irreg* to suffer; to be hurting
souhaiter to wish
souk *m* street market
soupçon *m* suspicion
soupçonner to suspect
soupe *f* soup
source *f* spring (water); source
sourire *m* smile
sourire (*pp* **souri**) *irreg* to smile
sous under; **sous-sol** *m* basement; **sous-titre** *m* subtitle; **sous-vêtements** *m pl* underwear
souvenir *m* memory, souvenir
se souvenir de (*like* **venir**) *irreg* to remember
souvent often
spatial space, spatial
spécial special
spécialisé specialized
spécialité *f* specialty, special feature
spectaculaire spectacular
splendeur *f* splendor
spontané spontaneous
sport *m* sport; sports
sportif/ive athletic
stade *m* stadium
station *f* **de métro** subway station; **station de ski** ski resort
stationnement *m* parking
statistique *f* statistics
statue *f* statue

stimulant *m* stimulant
stress *m* stress
studieux/euse studious, hardworking
studio *m* studio apartment
stupidité *f* stupidity
style *m* style
stylo *m* pen
subordination *f* subordination
subtilité *f* sublety
subvention *f* grant, subsidy
succès *m* success
succession *f* succession
sucre *m* sugar
sud *m* south
suffire (*pp* **suffi**) *irreg* to suffice
suffisant sufficient, enough
suisse Swiss; **petit suisse** *m* a kind of cream cheese
suivant following, next
suivre (*pp* **suivi**) *irreg* to follow; to take (*a course*)
sujet *m* subject, topic; **au sujet de** about, concerning
superflu superfluous, unnecessary
supérieur superior, higher
supermarché *m* supermarket
sûr sure; **bien sûr** of course
surfiste *m* surfer
surgelé deep- or quick-frozen; **produits** *m pl* **surgelés** frozen foods
surmonter to overcome
surpopulation *f* overpopulation
surprise *f* surprise
surtout especially
suspect *m* suspect
suspect suspicious, suspect
symbole *m* symbol
sympathique (**sympa**, *invariable*) nice, likable
symptôme *m* symptom
synagogue *f* synagogue
synthétiseur *m* synthesizer, keyboard instrument
systématiquement systematically

T
tabac *m* tobacco
table *f* table
tableau *m* painting; chalkboard
tablette *f* tablet; bar (*chocolate*)
taille *f* size (*clothing*); waist
talent *m* talent
tandis que while; whereas
tante *f* aunt
taquiner to tease
tard late
tasse *f* cup
taux *m* level, rate
technicien(ne) *m, f* technician
technique technical
technocrate *m, f* technocrat

technologique technological
tee-shirt *m* T-shirt
tel(le) such; **tel(le) que** such as
télécommunications *f pl* telecommunications
téléfilm *m* TV movie
téléphone *m* telephone; **téléphone sans fil** cordless telephone; **téléphone portable** cell telephone
téléphoner to telephone
téléviser to televise
téléviseur *m* TV set
télévision (télé) *f* television
témoin *m* witness
tempête *f* storm
temps *m* time; weather; **quel temps fait-il** what's the weather like
tendresse *f* tenderness
tenir (*pp* **tenu**) *irreg* to hold; **se tenir à** (a place) to take place; **se tenir au courant** to stay informed; **tenir au courant** to keep (*someone*) informed
tennis *m* tennis
tentation *f* temptation
tentative *f* attempt, try
tenter to tempt
terrasse *f* terrace
terre *f* land, earth
terrorisme *m* terrorism
tête *f* head
thé *m* tea
théâtre *m* theater
thème *m* theme
thermal hot; **source thermale** *f* hot spring
thym *m* thyme
timide timid, shy
tirer to pull (object/door); to shoot/fire (a weapon)
tisser to weave
tissu *m* fabric, material
titre *m* title; **sous-titre** *m* subtitle
toi you
tomate *f* tomato
tomber to fall; **tomber en panne** to break down; **tomber malade** to become ill
tondeuse *f* **à gazon** lawn mower
tornade *f* tornado
touche *f* touch, stroke; key (*on a keyboard*)
toucher to touch
toujours always
toundra *f* tundra
tour *f* tower
tour *m* trip, tour
tourisme *m* tourism
touristique touristic
tourner to turn; **tourner au ralenti** to idle (*engine*)
tousser to cough

tout (toute, tous, toutes) every, all; **tout le monde** everyone; **tous les jours** every day
tout entirely, all, quite; **tout de suite** right away; **tout droit** straight ahead
toxique toxic
traditionaliste traditionalist
traducteur/trice *m, f* translator
traduire (*pp* **traduit**) *irreg* to translate; **comment est-ce que ça se traduit** how is it translated
train *m* train
traîneau *m* sleigh
traité *m* treaty
tranche *f* slice
tranquille peaceful, **laisse-moi tranquille** leave me alone
transport *m* transportation; **moyen** *m* **de transport** means of transportation
travail (travaux *pl*) *m* work
travailler to work
traverser to cross
tremblement *m* trembling, shaking;
tremblement de terre earthquake
très very
triste sad
tristesse *f* sadness
trompette *f* trumpet
trop too; **trop de** too much, too many
tropical tropical
tropiques *m pl* tropics
trouver to find; **se trouver** to be located
truquage *m* effect (cinematic)
tunisien(ne) Tunisian
turbulent unruly
tutoyer (je tutoie) to use **tu**
type *m* character; guy; type

U
unique unique; only, sole
universitaire university-related
université *f* university
urbain urban
utile useful
utiliser to use

V
vacances *f pl* vacation
vahinée *f* Tahitian woman
valise *f* suitcase
vallée *f* valley
valoir (il vaut) to be worth; **il vaut mieux** it is better/preferable; **il vaudrait mieux** it would be better; **valoir la peine** (*pp* **valu**) *irreg* to be worth the trouble
vanille *f* vanilla

se vanter to boast
varier to vary
variété *f* variety
veau *m* veal; calf
vedette *f* star (*e.g., movie*)
végétation *f* vegetation
veiller to stay up, be awake
vélo *m* bicycle; **à vélo** by bike
vendre to sell; **vendre aux enchères** to auction
vendeur/euse *mf* salesperson
se venger (nous nous vengeons) to take revenge
venir (*pp* **venu**) *irreg* to come; **venir de** to have just (*done something*)
vent *m* wind; **sous le vent** to the leeward
venu(e) *m, f* who came
vente *f* sale, sales, marketing
véranda *f* veranda, porch
vérifier to confirm, verify
vérité *f* truth
verre *m* glass; **verre de contact** contact lens
vers toward; about

vert green; **haricot *m* vert** green bean; **les «Verts»** the "green" party (*supporting protection of the environment*)
veste *f* jacket
vêtements *m pl* clothes, clothing
vétérinaire *m, f* veterinarian
viande *f* meat
vibrant vibrant, bright
vide empty
vidéo-clip *m* music video
vider to empty
vie *f* life
vieillard *m* old man
vieillesse *f* old age
vieillir to age, to become old
vieux (vieil, vieille) old
village *m* village
ville *f* city, town
vin *m* wine
violence *f* violence
violent violent
violon *m* violin
visa *m* visa
visage *m* face
visiter to visit (*a place*)

visiteur/euse *m, f* visitor
vitamine *f* vitamin
vite quickly, fast
vitrine *f* display window, store window
vivant alive, living
vivants *m pl* the living
vivement strongly, sharply
vivre (*pp* **vécu**) *irreg* to live
vœux *m pl* wishes
voici here is/are
voie *f* **lactée** Milky Way
voilà there is/are, here is/are
voile *f* sail (boat); **faire de la voile** to go sailing
voile *m* veil
voir (*pp* **vu**) *irreg* to see
voiture *f* car, automobile; **en voiture** by car
voix *f* voice
vol *m* flight; theft
volcan *m* volcano
voler to steal
volontaire *m, f* volunteer
volume *m* volume
voter to vote

vouloir (*pp* **voulu**) *irreg* to want; to wish; **vouloir dire** to mean; **je voudrais** I would like
voyage *m* trip; **agence** *f* **de voyages** travel agency; **voyage d'affaires** business trip
voyager (nous voyageons) to travel
vrai true
vraiment truly, really
vulgaire vulgar

W
W.C. *m pl* toilet, restroom
week-end *m* weekend

Y
y there; to it, to them
yeux *m pl* eyes

Z
zut darn

Anglais–Français

A

abandon abandonner
about environ; au sujet de
abroad à l'étranger
absence absence *f*
absent absent
abuse abus *m*
accessory accessoire *m*
accident accident *m*
accompany accompagner
accomplish accomplir
according to selon
accountant comptable *m, f*
achieve réaliser
action action *f*
active actif/ive
activity activité *f*
actor acteur/trice *m, f*
add ajouter
address adresse *f*
administration administration *f*
admire admirer
admit admettre
adorable adorable
adore adorer
adult adulte *m, f*
advantage avantage *m*
advertising publicité *f*
advise conseiller
adviser conseiller/ère *m, f*
affection affection *f*
after après
afternoon après-midi *m*
again encore, de nouveau
against contre
agency agence *f*
agree être d'accord
airplane avion *m*
airport aéroport *m*
all tout (toute, tous, toutes)
allow permettre, laisser
almost presque
alone seul
already déjà
also aussi
always toujours
among parmi
and et
announce annoncer
annoying embêtant
apartment building immeuble *m*
apologize (to) s'excuser
apology excuse
appear apparaître, paraître, avoir l'air
apple pomme *f*
approximately environ
architect architecte *m, f*
arm bras *m*
around autour de
arrange ranger; arranger

arrive arriver
artichoke artichaut *m*
as comme; **as ... as** aussi... que
ask demander; **to ask a question** poser une question
aspirin aspirine *f*
assignment devoir *m*
at à, en; **at least** au moins; **at the place/office/home of** chez
athletic sportif/ive
attend assister à
attract attirer
aunt tante *f*
autumn automne *m*
avoid éviter
awaken réveiller; se réveiller

B

background formation *f*
bad mauvais
badly mal
bakery boulangerie *f*
balcony balcon *m*
banana banane *f*
basement sous-sol *m*
bathing suit maillot *m* de bain
battery pile *f*; **car battery** une batterie
be (to) être; **—able** pouvoir; **— afraid** avoir peur; **—angry** être en colère, **— born** naître; **— cold** avoir froid; **—early** être en avance; **—hot** avoir chaud; **— hungry** avoir faim; **—in the process of** être en train de; **— interested in** s'intéresser à; **— late** être en retard; **—on time** être à l'heure; **—sleepy** avoir sommeil; **—thirsty** avoir soif; **—worthwhile** valoir la peine
beach plage *f*
beautiful beau (bel, belle, beaux, belles)
beauty beauté *f*
because parce que
become devenir
bed lit *m*
bedroom chambre *f*
beef bœuf *m*
beer bière *f*
before avant
begin commencer
beginning début *m*, commencement *m*
behind derrière
believe croire
belong appartenir (à)
beside à côté de
better mieux; meilleur
between entre
bicycle bicyclette *f*, vélo *m*

bill billet (*currency*) *m*; addition *f*
biology biologie *f*
bird oiseau *m*
birth naissance *f*
black noir
blond blond
blue bleu
boat bateau *m*
body corps *m*
book livre *m*
bookstore librairie *f*
bore ennuyer
boring ennuyeux/euse
borrow emprunter
boss patron(ne) *m, f*
bottle bouteille *f*
bottom fond *m*, bas *m*
box boîte *f*
boy garçon *m*
bread pain *m*
break casser
breakfast petit déjeuner *m*
breathe respirer
bridge pont *m*
bring apporter (*an object*); emmener (*a person*)
broadcast émission *f*
brother frère *m*
brown brun, marron
building bâtiment *m*
bus *m* autobus (*city*); autocar *m* (*interurban*)
business affaires *f pl*
but mais
butter beurre *m*
buy acheter
by par, près de

C

cake gâteau *m*
calf veau *m*
camcorder caméscope *m*
camera appareil photo *m* **digital camera** appareil numérique
camp camper
campus campus *m*
can boîte *f*;
can, to be able pouvoir
candy bonbons *m pl*
car voiture *f*, automobile *f*
card carte *f*
carrot carotte *f*
cartoon dessin *m* animé
cash argent *m* liquide
cat chat(te) *m, f*
catch attraper
CD player lecteur *m* disques compacts
celebrate fêter, célébrer
center centre *m*
century siècle *m*

certain certain, sûr
chair chaise *f*
chalk craie *f*; **a piece of chalk** un morceau de craie
chalkboard tableau *m*
change changer; monnaie *f*
character personnage *m* (*literary*); caractère *m*
cheap bon marché
check chèque *m*
cheese fromage *m*
chemistry chimie *f*
cherry cerise *f*
chicken poulet *m*
child enfant *m, f*
childhood enfance *f*
chocolate chocolat *m*
choice choix *m*
choose choisir
church église *f*
city ville *f*
classic classique
clean (to) nettoyer; propre
close fermer
clothes vêtements *m pl*
cloud nuage *m*
coast côte *f*
coat manteau *m*
coffee café *m*
cold froid; rhume *m*; **to catch a cold** prendre froid; **to be or feel cold** avoir froid; **it's cold** il fait froid
color couleur *f*
comb (se) peigner
come venir; **come back** revenir
comfortable confortable
commit commettre
communicate communiquer
compact disk disque *m* compact, CD; **compact disk player** lecteur (*m*) disques compacts
company compagnie *f*, entreprise *f*
compare comparer
competent compétent
competition compétition *f*, concours *m*
complain se plaindre
computer ordinateur *m*; **computer graphics** infographie *f*; **computer science** informatique *f*
concert concert *m*
condition condition *f*
confide se confier
confirm confirmer
conflict conflit *m*
congratulations félicitations *f pl*
consequently par conséquent
consider considérer
consult consulter
consume consommer

continue continuer
conversation conversation *f*
cook cuisiner; cuisinier/ière *m, f*
copy copier
cost coûter
cough tousser
count compter
counter rayon *m*
country pays *m*; campagne *f*
course cours *m*; plat *m (dinner)*;
   of course bien sûr
cousin cousin(e) *m, f*
cream crème *f*
create créer
crime crime *m*
crisis crise *f*
cross traverser
cry pleurer; **cry out** crier
cultural culturel(le)
cup tasse *f*
customer client(e) *m, f*
cut couper

D
daily quotidien(ne)
dance danser; danse *f*
dangerous dangereux/euse
date date *f*
daughter fille *f*
day jour *m*; journée *f*
dear cher (chère)
decide décider
decision décision *f*; **make a**
   decision prendre une décision
declare déclarer
defend défendre
delighted ravi
demonstration *(political)*
   manifestation *f*
dentist dentiste *m, f*
deodorant déodorant *m*
desirable désirable
dessert dessert *m*
destination destination *f*
destroy détruire
development développement *m*
dial (a phone number) composer
   le numéro
dictionary dictionnaire *m*
die mourir
diet régime *m*
difficult difficile
diminish diminuer
dine dîner
dinner dîner *m*
diploma diplôme *m*
direct diriger; direct
director directeur/trice *m, f*
disadvantage inconvénient *m*
disappear disparaître
discover découvrir
discovery découverte *f*
discuss discuter

discussion discussion *f*
dish plat *m*
distinguish distinguer
divorce divorce *m*; divorcer
do faire
doctorate doctorat *m*
dog chien(ne) *m, f*
door porte *f*
dormitory résidence *f*
dozen douzaine *f*
draw dessiner; tirer
drawing dessin *m*
dream rêver; rêve *m*
dress robe *f*; **get dressed (to)**,
   dress (to) s'habiller
   (il s'habille bien)
drink boisson *f*; boire
driving school auto-école *f*
drug drogue *f*; **drugstore**
   droguerie *f*
during pendant
DVD player lecteur *m* de DVD
dynamic dynamique

E
each chaque
ear oreille *f*
early tôt
earn gagner
earth terre *f*; **earthquake**
   tremblement *m* de terre
easy facile
eat manger; **eat dinner** dîner
economy économie *f*; **to econo-**
   mize faire des économies
effect effet *m*
egg œuf *m*
elbow coude *m*
election élection *f*
electrician électricien(ne) *m, f*
electricity électricité *f*
electronic électronique
elegant élégant
elevator ascenseur *m*
elsewhere ailleurs
employ employer
employment emploi *m*
empty vider; vide
end fin *f*, bout *m*
energy énergie *f*
engineer ingénieur *m*
enough assez (de)
enter entrer
entertaining amusant
enthusiasm enthousiasme *m*
entire entier/ière
especially surtout
essential essentiel *m*
even même
evening soir *m*; soirée *f*
event événement *m*
every tout, tous, toute, toutes;
   every day tous les jours

everyone tout le monde
everywhere partout
exaggerate exagérer
examination examen *m*; **to take**
   an exam passer un examen
excellent excellent
except sauf, excepté
exchange échanger
excuse excuse *f*
exciting passionnant
exhibit exposition *f*
explain expliquer
explanation explication *f*
explore explorer
express exprimer
expression expression *f*
eye œil *m*; **eyes** yeux *m pl*
eyeglasses lunettes *f pl*

F
facing en face de
failure échec *m*
fall tomber; automne *m (season)*
family famille *f*
far (from) loin (de)
farm ferme *f*
farmer agriculteur/trice *m, f*,
   cultivateur/ trice *m, f*,
   fermier/ière *m, f*
fashion mode *f*
fast rapide; vite
father père *m*
feel sentir; se sentir; **feel like**
   avoir envie de
feeling sentiment *m*
fever fièvre *f*
few peu (de)
film film *m*
finally enfin
find trouver
finger doigt *m*
finish finir
fire feu *m*; **(forest) fire** incendie
   (de forêt) *m*
first premier/ière, d'abord;
   first name prénom *m*
fish poisson *m*
flight vol *m*
flood inondation *f*
florist fleuriste *m, f*
flower fleur *f*
flu *f* grippe
follow suivre
following suivant
food nourriture *f*
for pour
forbid défendre; interdire
forest forêt *f*
forget oublier
forgive pardonner
fork fourchette *f*
formerly auparavant, autrefois
fortunately heureusement

free libre; **free of charge** gratuit
freedom liberté *f*
freeway autoroute *f*
freeze geler
French français
fresh frais (fraîche)
friend ami(e) *m, f*
friendship amitié *f*
from de, à partir de
fruit fruit *m*
full plein

G
game match *m*, jeu *m*
garage garage *m*
garden jardin *m*
gas gaz *m*
generally en général
German allemand
get along s'entendre bien
gift cadeau *m*
gifted doué
girl fille *f*, jeune fille *f*
give donner
glad content
glass verre *m*; **glasses** lunettes *f pl*
go (to) aller; **to go down** descendre; **to go out** sortir; **to go**
   to bed se coucher; **to go up**
   monter
goal but *m*
gold or *m*
golf golf *m*
good bon(ne); **good-bye** au
   revoir, adieu; **good luck** bonne
   chance; **good evening** bonsoir
government gouvernement *m*
grape(s) raisin *m*
great grand; formidable
green vert
grocery store épicerie *f*
ground floor rez-de-chaussée *m*
group groupe *m*
grow up grandir
guide guide *m, f*
guilty coupable
guitar guitare *f*

H
hair cheveux *m pl*
half demi
hand main *f*; **hand in** rendre
happen arriver, se passer
happiness bonheur *m*
happy heureux/euse
hard dur; difficile
hat chapeau *m*
hate détester
have avoir; **have fun** s'amuser
heat chaleur *f*
head tête *f*; chef *m*
health santé *f*
healthy en bonne santé

hear entendre
heart cœur *m*
heavy lourd
hello bonjour; allô *(on the phone)*
help aider; aide *f*
here ici; **here is** voici
hesitate hésiter
hi salut
high haut; élevé
history histoire *f*
holiday fête *f;* vacances *f pl*
home maison *f,* domicile *m,*
    at the home of chez; **to stay**
    home rester à la maison
honest honnête
hope espérer; espoir *m*
horse cheval *m*
hospital hôpital *m*
host hôte *m*
hostess hôtesse *f*
hot chaud; **to be or feel hot**
    avoid chaud; **it's hot** *(weather)*
    faire chaud
hotel hôtel *m*
hour heure *f*
house maison *f*
how comment; **how much, many**
    combien (de)
however cependant
human humain
hurry se dépêcher
husband mari *m*

I

ice glace *f;* **ice cream** glace *f*
idea idée *f*
identity identité *f*
if si; **if not** sinon
ill malade
illness maladie *f*
impatient impatient
impossible impossible
impression impression *f*
in en; dans; **in front of** devant;
    in general en général; **in love**
    amoureux/euse; **in spite of**
    malgré; **in the middle of** au
    milieu de
included compris
incredible incroyable
indicate indiquer
individual individuel(le)
industry industrie *f*
infection infection *f*
information renseignements *m, pl*
intelligent intelligent
intend avoir l'intention (de)
intense intense
interest intérêt *m*
interesting intéressant
Internet Internet *m*
interpreter interprète *m, f*
interview interview

introduce présenter
invent inventer
invite inviter
island île *f*
Italian italien(ne)

J

Japanese japonais
jealous jaloux/ouse
jeans jean *m*
job poste *m,* emploi *m*
jogging jogging *m*
journalist journaliste *m, f*
joy joie *f*
judge juger
juice jus *m*
just juste

K

keep garder, tenir; **to keep one's**
    word tenir sa promesse
kind gentil(le); sorte *f*
kiss embrasser, s'embrasser
kitchen cuisine *f*
knee genou *m*
know savoir; connaître

L

lack manquer
land terre *f*
landlord propriétaire *m, f*
landscape paysage *m*
language langue *f;* **foreign**
    language langue étrangère
large grand, gros(se)
last dernier/ière
late tard; en retard
laugh rire
law loi *f;* droit *m*
lawyer avocat(e) *m, f*
lazy paresseux/euse
lead mener
leader chef *m*
learn apprendre
leave partir; quitter
    (a place or person)
lecture conférence *f*
left gauche *f*
leg jambe *f*
leisure activities loisirs *m pl*
lend prêter
less moins
lesson leçon *f*
let laisser, permettre
letter lettre *f*
level niveau *m*
liberty liberté *f*
library bibliothèque *f*
life vie *f*
like aimer (bien); comme
list liste *f*
listen écouter
literature littérature *f*

little petit; peu (de)
live vivre; **live in** habiter
long long(ue)
look: look at regarder;
    look for chercher
lose perdre
love aimer, adorer
lunch déjeuner *m*

M

magazine revue *f*
maintain maintenir
majority majorité *f,* plupart *f*
make faire; rendre **to make**
    bigger rendre plus grand;
    make-up maquillage *m*
man homme *m*
management gestion *f*
many beaucoup (de)
map carte *f;* plan *m (city)*
marry marier; se marier
marvelous merveilleux/euse
mathematics mathématiques *f pl*
measurement mesure *f*
meat viande *f*
mechanic mécanicien(ne) *m, f*
media médias *m pl*
medicine médecine *f (profession);*
    médicament *m (medication)*
meet (by chance) rencontrer
meeting réunion *f*
menu carte *f*
merchandise marchandise *f*
merchant marchand(e) *m, f*
message message *m*
midnight minuit *m*
milk lait *m*
minus moins
miracle miracle *m*
miss manquer
missionary missionnaire *m, f*
misunderstanding
    malentendu *m*
mixture mélange *m*
modern moderne
modest modeste
moment moment *m*
money argent *m*
monument monument *m*
more plus
morning matin *f*
mother mère *f*
mountain montagne *f*
mouth bouche *f*
move bouger; déménager
    (change residences)
much beaucoup
muscle muscle *m*
museum musée *m*
mushroom champignon *m*
music musique *f;* **music video**
    vidéoclip *m;* **rock music** rock *m*
musician musicien(ne) *m, f*

N

name nom *m;* **my name is . . .**
    je m'appelle...
nationality nationalité *f*
nature nature *f*
near près de
need avoir besoin de
neighborhood quartier *m*
nephew neveu *m*
new nouveau (nouvel, nouveaux,
    nouvelle, nouvelles); neuf
    (neuve)
news nouvelles *f pl,* actualités *f pl*
newspaper journal *m*
next prochain; **next to** à côté de
nice gentil(le), sympa(thique)
niece nièce *f*
night nuit *f*
noise bruit *m*
noon midi *m*
north nord *m*
nose nez *m*
notebook cahier *m*
novel roman *m*
now maintenant
number nombre *(counting) m;*
    numéro *(address) m*
nurse infirmier/ière *m, f*

O

object objet *m*
observe observer
obtain obtenir
occupy occuper
occur se passer
ocean océan *m*
of de; **of course** bien entendu,
    bien sûr
offer offrir
often souvent
oil huile *f*
old vieux (vieil, vieille, vieilles);
    old age vieillesse *f*
on sur
only seulement
opinion opinion *f,* avis *m*
optician opticien(ne) *m, f*
optimistic optimiste
or ou
orchestra orchestre *m*
order ordre *m;* commander
    (in a restaurant)
origin origine *f*
outdoors dehors
oven four *m;* **microwave oven**
    four à micro-ondes
over there là-bas
overcome surmonter
overseas outre-mer
own posséder; propre

P

package paquet *m*

page page *f*
pain peine *f*, mal *m*
paint peindre
painting peinture *f*; tableau *m*
pal copain (copine) *m, f*
pants pantalon *m*
paper papier *m*
paradise paradis *m*
pardon pardon *m*; pardonner
parent parent *m*
park parc *m*
parking stationnement *m*;
   parking lot parking *m*
part partie *f*
partner partenaire *m, f*
past passé
patient patient
pay payer
peace paix *f*
pear poire *f*
peas petits pois *m pl*
pen stylo *m*
pencil crayon *m*
people gens *m pl*
pepper poivre *m*
perfect parfait
perfume parfum *m*
perhaps peut-être
period période *f*; point *m*
   (punctuation)
permit permettre; permis *m*
person personne *f*
pessimistic pessimiste
pharmacy pharmacie *f*
philosophy philosophie *f*
photograph photo *f*
photography photographie *f*
physician médecin *m*
physics physique *f*
piano piano *m*
piece morceau *m*
pig porc *m*
pill pilule *f*
pink rose
place place *f*, lieu *m*; mettre
planet planète *f*
plant plante *f*
plateau plateau *m*
play jouer
please s'il vous plaît; faire plaisir (à)
pleasure plaisir *m*
plumber plombier/ière *m, f*
plus plus
poet poète *m*
police police *f*; **police officer**
   agent *m* de police
polite poli
politeness politesse *f*
political politique
politics politique *f*
pollute polluer
pollution pollution *f*
poor pauvre

popular populaire
pork porc *m*
portrait portrait *m*
possess posséder
possession possession *f*
possibility possibilité *f*
possible possible
post office poste *f*
poster affiche *f*
postpone remettre
potato pomme *f* de terre
pound livre *f*
poverty pauvreté *f*
prefer préférer
preferably de préférence
prepare préparer
prescription ordonnance *f*
preserve préserver
pretty joli
price prix *m*
pride fierté *f*
prison prison *f*
private privé
probably probablement, sans
   doute
problem problème *m*, ennui *m*
product produit *m*
profession profession *f*, métier *m*
professor professeur
   professeur professeur(e)
program programme *m*;
   émission *f (broadcast)*
progress progrès *m*
promise promettre;
   une promesse *f*
propose proposer; suggérer
protect protéger
protection protection *f*
proud fier (fière)
psychiatrist psychiatre *m, f*
psychologist psychologue *m, f*
purchase acheter; achat *m*
purse sac *m* main
put mettre; **put back** remettre
pajamas pyjama *m*

Q

quality qualité *f*
quarrel se disputer
question question *f*
quickly vite; rapidement'
   tout de suite

R

radio radio *f*
railroad station gare *f*
rain pluie *f*; pleuvoir
rare rare
rarely rarement
rather plutôt, assez
razor rasoir *m*
read lire
reading lecture *f*

ready prêt
real estate immobilier *m*
realistic réaliste
reality réalité *f*
reason raison *f*
receive recevoir
recently récemment
receptionist réceptionniste *m, f*
recipe recette *f*
recognize reconnaître
recommend recommander
red rouge; roux (rousse)
   (hair)
reduce réduire
reduction réduction *f*
reflect réfléchir
refrigerator réfrigérateur *m*,
   frigo *m*
region région *f*
regret regret *m*
regular régulier/ière
relationship rapport *m*
relative parent *m*
relax se détendre
relaxed relax
remedy remède *m*
remember se souvenir
rent louer
report rapport *m*;
   reportage *(article)*
reputation réputation *f*
research recherche *f*
reserve réserver, retenir
resourceful débrouillard
respect respect *m*
responsibility
   responsabilité *f*
rest reste *m*; se reposer
restaurant restaurant *m*
retire prendre sa retraite
return retourner; rendre;
   return home rentrer
rice riz *m*
rich riche
right *(direction)* droite;
   to have the right to
   avoir le droit de; **be right
   (to)** avoir raison; **right
   away** tout de suite
river rivière *f*; fleuve *m*
road route *f*, chemin *m*
role rôle *m*
room pièce *f*; salle *f*
roommate camarade *m, f*
   de chambre
rule règle *f*

S

sad triste
sadness tristesse *f*
salad salade *f*
salary salaire *m*
sale solde *m or f*

salt sel *m*
same même
sand sable *m*
sandwich sandwich *m*
sauce sauce *f*
save économiser
say dire
science sciences *f pl*
scientific scientifique
screen écran *m*
sculpture sculpture *f*
sea mer *f*
season saison *f*
secret secret *m*
see voir
seek chercher
sell vendre
send envoyer
sentence phrase *f*
series série *f*
serve servir
session session *f*
set up (s')installer
several plusieurs
shame honte *f*
share partager
shoe chaussure *f*
short court
shorts short *m*
show montrer; spectacle *m*;
   émission *f (broadcast)*
shower douche *f*
shut fermer
shy timide
sick malade
simple simple
since depuis
sincere sincère
sing chanter
singer chanteur/euse *m, f*
sir monsieur *m*
sister sœur *f*
site site *m*
size taille *f (clothing)*;
   pointure *f (shoes)*
skating patinage *m*
ski ski *m*; faire du ski
skin peau *f*
skirt jupe *f*
sky ciel *m*
sleep dormir; sommeil *m*
slice tranche *f*
slide glisser
small petit
smile sourire
smoke fumer
snow neige *f*; neiger
soap savon *m*; **soap opera**
   feuilleton *m*
soccer football *m*
sociology sociologie *f*
soldier soldat *m*
solution solution *f*

some quelques, des; **someone** quelqu'un

something quelque chose

sometimes quelquefois, parfois

son fils *m*

song chanson *f*

soon bientôt, tôt

soup soupe *f*

south sud *m*

Spanish espagnol

speak parler

special spécial

specialty spécialité *f*

specify spécifier

spend dépenser *(money)*; passer *(time)*

spontaneous spontané

spoon cuiller, cuillère

sport(s) sport *m*

spring printemps *m*

stadium stade *m*

stairway escalier *m*

stand up se lever

star étoile *f*; vedette *f (celebrity)*

start commencer

state état *m*

statistics statistique *f*

statue statue *f*

stay rester

step pas *m*

stereo chaîne *f* stéréo

still encore

stomach estomac *m*

stop arrêter, s'arrêter; arrêt *m*

store magasin *m*; **store window** vitrine *f*

storm orage *m*; tempête *f*

story histoire *f*

strawberry fraise *f*

street rue *f*

strict sévère

strike grève *f*

strong fort

struggle lutter

student étudiant(e) *m, f*

studies études *f pl*

study étudier

stupid bête, stupide

style style *m*

stylish chic

subject sujet *m*

suburb banlieue *f*

succeed réussir

success succès *m*

such tel(le)

suffice suffire

sufficient suffisant

sugar sucre *m*

suit costume *m*; **suitcase** valise *f*

summer été *m*

superfluous superflu

supermarket supermarché *m*

superstore hypermarché *m*

sure sûr

surf (the net) naviguer sur Internet

surprise surprise *f* **surprising** étonnant

survey sondage *m*

suspect soupçonner

sweet doux (douce)

swim nager

swimming natation *f*;

swimming pool piscine *f*

symbol symbole *m*

T

table table *f*

take prendre; **take (someone) along** emmener; **take (something) along** emporter; **take advantage of** profiter de

talent talent *m*

tall grand

taste goût *m*

tea thé *m*

teach enseigner

teacher professeur(e) instituteur/trice *m, f*

team équipe *f*

technician technicien(ne) *m, f*

tee-shirt t-shirt *m*

telephone téléphone *m*; téléphoner; **telephone number** numéro de téléphone

television télévision *f*; **television set** téléviseur *m* **watch TV** regarder la télé

tell dire

temptation tentation *f*

tennis tennis *m*

terrace terrasse *f*

thank remercier; **thanks to** grace à; **thank you** merci

that que; qui; ce (cet, cette, ces)

theater théâtre *m*

theme thème *m*

then ensuite, puis, alors

there là; y; **there is/are** il y a

therefore donc, par conséquent

thin mince

thing chose *f*

think penser

thought pensée *f*

throat gorge *f*

through par, à travers

throw (away) jeter

ticket billet *m*

tie cravate *f*

time temps *m*; fois *f*; heure *f*; **to have the time** avoir le temps; **several times** (or the first time) plusieurs fois; **what time is it** quelle heure est-il

timid timide

tired fatigué

title titre *m*

to à, en

tobacco tabac *m*

today aujourd'hui

together ensemble

tomato tomate *f*

tomorrow demain

tongue langue *f*

too trop; **too much, too many** trop de

tooth dent *f*

tornado tornade *f*

touch toucher

tourism tourisme *m*

toward vers

toy jouet *m*

traffic circulation *f*

train train *m*

translate traduire

trash can poubelle *f*

travel voyager

tree arbre *m*

trip voyage *m*

true vrai

truly vraiment

trumpet trompette *f*

truth vérité *f*

try essayer

turn tourner

type type *m*, sorte *f*

U

umbrella parapluie *m*

uncle oncle *m*

under sous

understand comprendre

unemployment chômage *m*

unfair injuste

university université *f*; universitaire

unmarried célibataire

until jusqu'à

use utiliser

useful utile

useless inutile

usually d'habitude

V

vacation vacances *f pl*

vacuum cleaner aspirateur *m*

variety variété *f*

vary varier

veal veau *m*

vegetable légume *m*

very très

veterinarian vétérinaire *m, f*

village village *m*

violence violence *f*

violent violent

violin violon *m*

visit visiter *(place)*; rendre visite à *(person)* visite *f*

vitamin vitamine *f*

volcano volcan *m*

vote voter

W

wait (for) attendre

walk marcher; promenade *f*

walking marche *f* à pied

wall mur *m*

wallet portefeuille *m*

want vouloir, désirer, avoir envie de

war guerre *f*

wash laver; **wash up** se laver

watch regarder; montre *f*; **watch out for** se méfier de

water eau *f*

wear porter

weather temps *m*; **weather report** météo *f*

Web site site *m*

week semaine *f*

weekend week-end *m*

welcome bienvenu; bienvenue *f*

well bien; **well-behaved** sage

west ouest *m*

what quel(le); qu'est-ce que, qu'est-ce qui; quoi

when quand

where où

which qui, que; ce qui, ce que

white blanc(he)

who qui

whom que

why pourquoi

wife femme *f*

wild sauvage

win gagner

wind vent *m*

window fenêtre *f*

wine vin *m*

winter hiver *m*

wish vouloir; souhaiter

with avec

without sans

witness témoin *m*

woman femme *f*

wonder se demander

word mot *m*; parole *f*

work travailler; travail *m*

world monde *m*

wrestle lutter

write écrire

Y

year an *m*, année *f*

yellow jaune

yesterday hier

yet encore

young jeune

youth jeunesse *f*

Text/Realia Credits

Photo Credits

All photographs not otherwise credited are owned by Heinle, Thomson.
We have made every effort to trace the ownership of all material and to secure permissions from the copyright holders. In the event of any question arising regarding the use of any material, we will make the necessary corrections for future printings.

Preliminary Chapter:
1: Gil Jarvis
Chapter One
11 : © David Frazier Photo Library
26 top right: ©Stewart Cohen/Index Stock Imagery
30: ©Omni Photo/Index Stock Imagery
31: ©Bettmann/CORBIS
34: ©Jack Hollingsworth/Index Stock Imagery
36 left: ©Ulrike Welsch
36 right: ©Gottlieb
37 top: ©Peter Adams/Index Stock Imagery
37 bottom: ©Stephen Saks/Index Stock Imagery
Chapter Two
41: ©Owen Franken/CORBIS
42 left: ©Stewart Cohen/Index Stock Imagery
42 right: ©Marc Asnin/CORBIS SABA
57: ©Michel Lambert/Gamma
59: ©Rachel Epstein/Photo Edit
62: Gil Jarvis
63: ©Jeff Greenberg/Index Stock Imagery
66: ©Wolfgang Kaehler
67 top: ©Wolfgang Kaehler
67 center: Gil Jarvis
67 bottom: ©Canstock Images, Inc./Index Stock Imagery
Chapter Three
71: ©Owen Franken/CORBIS
76 top left: ©Bill Bachman/Index Stock Imagery
76 top right: ©Wolfgang Kaehler/CORBIS
76 bottom left: Gil Jarvis
76 bottom right: ©Ulrike Welsch
81: ©Peter Menzel
87: ©Jutta Klee/CORBIS
91: ©Great American Stock/Index Stock Imagery
92: ©SuperStock
93 top: ©Jim Schwabel/Index Stock Imagery
93 bottom: ©Profolio Enr./Index Stock Imagery
Chapter Four
97: ©Alamy Images
114 top: ©David Simson/Stock Boston
114 bottom: ©Dave G. Houser/CORBIS
117: ©International Photobank/Index Stock Imagery
119 top: ©Joe Carini/The Image Works
119 bottom: ©William Floyd Holdman/Index Stock Imagery
120 left: ©Sylvain Grandadam/Stone/Getty Images
120 right: ©Hideo Haga /HAGA/The Image Works
121 top: ©Wolfgang Kaehler/CORBIS
121 bottom left: Paul Gauguin, "Vahine No Te Vi (Woman with a Mango)," 1892. The Bridgeman Art Library/Getty Images.
121 bottom right: Paul Gauguin, "Arearea (The Red Dog)," 1892. The Bridgeman Art Library/Getty Images.
Chapter Five
125: ©David Burch/Index Stock Imagery
129: © Esther Marshall
131: ©Owen Franken/CORBIS
133: ©Esther Marshall
141: ©Patrick Ward/Stock Boston
146: ©Macduff Everton/CORBIS
150 left: © Les Stone/CORBIS SYGMA
150 right: ©Arlene Collions
151: ©Daniel Morel/CORBIS

Chapter Six
159 top center and right: Gil Jarvis
159 center left: ©Owen Franken/Stock Boston
159 bottom: ©Ulrike Welsch
161: ©Georgina Bowater/CORBIS
167: ©PhotoDisc/Getty Images
172: ©John Elk/Stock Boston
177: ©Ulrike Welsch
178 left: ©Owen Franken/Stock Boston
178 right: ©Lauren Goldsmith/The Image Works
179 left: ©Margaret Courtney-Clarke/CORBIS
179 right: ©Bernard and Catherine Desjeux/CORBIS
Chapter Seven
183: ©Annebicque Bernard/CORBIS SYGMA
191: ©Owen Franken/CORBIS
202 bottom: ©Bettmann/CORBIS
205: ©Owen Franken/CORBIS
206: ©Wolfgang Kaehler
207: © Christophe Marciniak
Chapter Eight
211: ©Photick/Index Stock Imagery
214: Gil Jarvis
218: ©Ulrike Welsch
227: ©PhotoDisc/Getty Images
231 top: ©Walter Bibikow/Index Stock Imagery
231 bottom: ©Dave G. Houser/CORBIS
236 left: ©Penny Tweedie/CORBIS
236 right: ©Lucille Reyboz/CORBIS
237 top: ©Paul Almasy/CORBIS
237 bottom: © Penny Tweedie/CORBIS
Chapter Nine
241: ©Eric Robert/CORBIS SYGMA
242 top: ©Ulrike Welsch
242 bottom: ©T. Hooke/Stone/Getty Images
250: ©Esther Marshall
261: ©PhotoDisc/Getty Images
266: ©Tiziana and Gianni Baldizzone/CORBIS
267 top: ©Paul Almasy/CORBIS
267 bottom left: ©Michael S. Lewis/CORBIS
267 bottom right: ©Paul Almasy/CORBIS
Chapter Ten
271: ©Tom Craig
273: ©Langevin Jacques/CORBIS SYGMA
277: ©Richemond/The Image Works
278: ©Esther Marshall
296: ©Esther Marshall
301 left: ©John R. Jones; Papillo/CORBIS
301 right, both: ©Esther Marshall
302 left: ©Robert Fried/Stock Boston
302 right: ©Lauren Goldsmith/The Image Works
303: ©Paul Almasy/CORBIS
Chapter Eleven
307: ©Ulrike Welsch
312 top: ©Tabuteau/The Image Works
313 bottom: ©L. Mangino/The Image Works
321: ©Banana Stock Ltd./Index Stock Imagery
323: ©Ulrike Welsch
328 right: ©Banana Stock Ltd./Index Stock Imagery
329: ©Dihn-Phn/Explorer/Photo Researchers, Inc.
336: Gil Jarvis
337: ©Gil Jarvis/CORBIS
Chapter Twelve
341: ©Philip Lee Harvey/Stone/Getty Images
342 top left: ©LWA-Dann Tardif/CORBIS

342 top right: ©Omni Photo Communications, Inc./ Index Stock Imagery
342 bottom left: ©Owen Franken/Stock Boston
342 bottom center: ©A.M. Berger/Petit Format/ Photo Researchers, Inc.
342 bottom right: ©R. Rowan/Photo Researchers, Inc.
344: ©Henryk T. Kaiser/Index Stock Imagery
345 top left: ©Burt Glinn/Magnum Photos
345 top right: ©Russell Dian
345 bottom left: ©David Wells/The Image Works
345 bottom center: ©Peter Menzel
345 bottom right: ©Frank Siteman/Index Stock Imagery
347: ©Elfi Kluck/Index Stock Imagery
350: Gil Jarvis
357: ©PhotoDisc/Getty Images
361: ©David Young-Wolff/Photo Edit
362: ©CORBIS SYGMA
363: ©Hulton-Deutsch Collection/CORBIS
364: ©AP/Wide World Photos
367 top: ©Fabian Falcon/Stock Boston
367 center: ©Ermakoff/The Image Works
367 bottom left: ©AP/Wide World Photos
367 bottom right: ©R. Lucas/The Image Works
368 bottom left: ©Gallo Images/CORBIS
368 bottom right: ©David Austen/Stock Boston
369 top: ©Chris Hellier/CORBIS
369 bottom: ©Robert Franz/Index Stock Imagery
Chapter Thirteen
373: ©Stephanie Cardinale/People Avenue/CORBIS
377: ©Daniel Simon/Liaison
378: ©Hemera Photo Objects
382: ©Hemera Photo Objects
389: ©Image Source Limited/Index Stock Imagery
390: ©R. Lucas/The Image Works
391: ©David Simson/Stock Boston
396 left: ©Sean Sprague/Stock Boston
396 right: ©Wolfgang Kaehler
397 top: ©Rob Howard/CORBIS
397 bottom: ©Wendy Stone/CORBIS
Chapter Fourteen
401: ©Bisson/CORBIS SYGMA
402 left: ©L. Freed/Magnum
402 center: ©Magnum
402 right: ©Weather Stock
403: ©David Frazier Photo Library
409: ©Barbara Alper/Stock Boston
411: ©Comstock
417: Gil Jarvis
423: ©Mark Antman/The Image Works
428 left: ©P Maitre/Liaison
428 right: ©Bill Bachmann/The Image Works
429 both: ©Victor Englebert
Chapter Fifteen:
433: Gil Jarvis
450: (both) Photo by Erich Lessing/Art Resource, NY
453 top left: ©2005 Artists Rights Society (ARS), New York/ ADGAP, Paris. Photo by Giraudon/Art Resource, NY
453 top right: Photo by Giraudon/Art Resource, NY
453 bottom: Photo by Scala/Art Resource, NY
456 left: ©Brian Seed/Getty Images
456 right: ©Wolfgang Kaehler
457: ©Beryl Goldberg